一本书看透个人所得税

计敏 伍岳 肖亮华 雷炜炜 编著

机械工业出版社
China Machine Press

图书在版编目（CIP）数据

一本书看透个人所得税 / 计敏等编著. —北京：机械工业出版社，2019.6（2024.4重印）

ISBN 978-7-111-62750-0

I. 一… II. 计… III. 个人所得税 – 基本知识 – 中国 IV. F812.424

中国版本图书馆 CIP 数据核字（2019）第 088233 号

本书紧扣税收政策的变化和税收实践存在的热点、难点、盲点问题，以问题解答、政策解读、案例分析三位一体、深度融合的方式，分个人所得税基本规定，个人所得税扣除项目，综合所得，经营所得，财产租赁所得，利息、股息、红利所得，财产转让所得，偶然所得八章，从普遍问题到特殊问题、从基本规定到具体规定，将商业模式和政策解读进行有效结合，阐述了面对新税制、新问题，全面掌握个人所得税的操作实务知识。

一本书看透个人所得税

出版发行：机械工业出版社（北京市西城区百万庄大街22号 邮政编码：100037）				
责任编辑：孟宪勐		责任校对：李秋荣		
印　　刷：固安县铭成印刷有限公司		版　　次：2024年4月第1版第4次印刷		
开　　本：170mm×230mm　1/16		印　　张：31.5		
书　　号：ISBN 978-7-111-62750-0		定　　价：99.00元		

客服电话：（010）88361066　68326294

版权所有·侵权必究
封底无防伪标均为盗版

推荐序

拿到计敏老师牵头编写的《一本书看透个人所得税》，一口气读完，真是一次愉快的阅读体验！

全书紧紧围绕如何全面把握和准确运用新个人所得税税收政策，集实用性、指导性和操作性为一体，主题明确，主线清晰明了。细细品读，特点明显，优势凸显。

一是准确。本书结合对新个人所得税法的解析，将时间跨度大、文件数目多、政策涉及面广的个人所得税文件前后关联、左右串联，制度引用准确，条文分析逻辑清晰，表格分类明确，案例阐释直观、实用，充分反映出编写团队的专业精准度和经验熟练度，更增强了全书的可信性和权威性。

二是新颖。本书紧扣新税制，对综合所得到分类所得进行全方位解读；紧扣新模式，对劳动所得到财产性所得进行全方位解读；紧扣新业态，对个体工商户所得到有限合伙企业所得进行全方位解读；紧扣新优惠，对支持资本市场发展到创业股权投资进行全方位解读。本书各章以思维导图导引读者的思路和兴趣，不落窠臼，读完给人耳目一新的直接感觉。

三是翔实。本书围绕个人所得税基本规定，个人所得税扣除项目，综合所得，经营所得，财产租赁所得，利息、股息、红利所得，财产转让所得，偶然所得逐一分析研究，采用问题牵引知识点的手法，运用表格直观化表达方式，通过案例分析探讨，辅之必要的测试题和附录材料，使得全书内容丰富、翔实、细致。

四是实用。本书适用人群广泛：财税人员，可以一站式了解个人所得税征税范围、应纳税额、纳税时间、纳税地点、纳税申报等操作要点；普通工薪族，可以对工资薪金、劳务报酬、稿酬所得、特许权使用费各项综合所得一目了然；高净值人群，可以对银行存款、债券、股票、基金、期货等投资项目的个税政策一清二楚；证券行业从业人员，可以一揽子把握公募基金、私募基金、创投基金、沪港通、深港通、国外期货等交易市场行为的个税政策。

总之，这本书在个人所得税实践中一定会更管用、更适用、更实用。

计敏老师长期在所得税管理一线工作，又是多所高校的兼职老师，既有丰富的实践经验，也有深厚的理论功底，以她为核心的编写团队，既有参与个人所得税政策起草的专家，又有参与国家税务总局自然人税收管理系统（个人所得税部分）需求编写的核心成员，相信这本书一定会给读者带来有益的启发和有趣的体验。她邀请我为本书作序，是礼貌，更是尊重。对我而言，阅读本书并作序，更多的是学习、借鉴，并且在此过程中收获满满，感谢计敏老师的信任。

是为序。

岳彦芳

中央财经大学会计学院

前言

2018年,《中华人民共和国个人所得税法》第七次修订,是一次重要的里程碑式改革,标志着我国初步建立起综合与分类相结合的个人所得税税制,该法将充分发挥个人所得税调节收入分配的作用。这次改革,一方面聚焦民生领域,紧扣百姓诉求,提高减除费用标准,扩大中低档税率级距,新设六项专项附加扣除,让广大纳税人特别是中等以下收入群体实实在在地享受到改革减税的红利;另一方面通过完善制度设计,重塑征管模式,加强反避税管理,拓宽纳税申报渠道,推进部门共治共管,实施联合惩戒,构建以高收入、高净值人群为重点的税收管理体系。

与国外以直接税为主的税制相比,我国个人所得税的主体税种的地位并不显著,之前大家对这个税种的关注也相对较少,2018年个人所得税改革力度大,影响力空前,引起社会各界高度重视,大家学习个人所得税政策的热情也高涨起来。作为长期在税务管理一线工作,致力于个人所得税政策研究的税务人员,我们一致认为有必要编写这本实务性强、可读性佳又具有实战指导意义的《一本书看透个人所得税》,以帮助大家更好地理解新个人所得税政策,解决个人所得税实际问题。经过九个多月的日夜奋战,在各方的大力支持下,这本书终于与大家见面了。

与市面上的其他书籍相比,本书更注重实务操作,更注重难点突破。为方便大家阅读、理解、掌握和运用,在编写体例上,本书呈现以下四大鲜明特色。

一是递进式分类设置篇章内容。 20 世纪 80 年代至今,近 400 个有效的个人所得税文件相继发布，发布的时间跨度较大，涉及个人的所得也是林林总总。在对众多政策进行归类整理的基础上，本书的解读从个人所得税法税制基本要素到实施条例的具体规定，再到国务院财政、税务主管部门的规范性文件……层层递进，采用"8+1"体系设置编写内容："8"代表个人所得税基本规定，个人所得税扣除项目，综合所得，经营所得，财产租赁所得，利息、股息、红利所得，财产转让所得，偶然所得八章内容；"1"代表一套个人所得税知识测试题，方便读者对前期的学习成果进行自测，温故而知新，使读者更加系统化地掌握新个人所得税政策。

二是问答式详细解读政策要点。个人所得税业务覆盖人群广，不仅涉及中国人，还涉及外国人；不仅涉及扣缴单位，还涉及自然人纳税人；不仅与企业股东、企业员工有关，也与行政事业单位和民间组织人员有关……为了避免读者在阅读中对枯燥单调的法律条文产生厌烦和畏难情绪，本书按照从一般业务到特殊业务、从简单业务到复杂业务的编写规则，将复杂的个人所得税政策拆分成361个问题，采用一问一答的体例，生动详细地解读政策要点，方便读者对号入座，快速找到解决个人所得税问题的专业性答案。

三是表格式全面梳理政策重点。个人所得税的纳税申报非常复杂，不仅有居民个人的纳税申报，还有非居民个人的纳税申报；不仅有来源于境内所得的纳税申报，还有来源于境外所得的纳税申报；不仅有扣缴义务人的预扣预缴、代扣代缴申报，还有个人的自行申报；不仅有从一处取得所得的申报，还有从多处取得所得的申报……为了帮助读者全面构建知识体系和思维导图，本书采用表格化的方式，简洁明了地将复杂的政策梳理成51张表格，并且对表格编制了索引，读者可以通过目录顺利查找到相关的表格，快速地查找政策要点，更加条理化地掌握新个人所得税政策。

四是案例式逐一解析政策难点。个人所得税在征税项目方面分为劳动性所得、财产性所得和偶然性所得，在所得的表现形式上还分为货币性所得和非货币性所得，包括现金、实物、有价证券和其他形式的经济利益。可以说，个人所得税涵盖了单位和个人工作生活的方方面面……个人所得税政策理解难、落实难，原因就在于不同的人对所得的性质有不同的理解。本书聚集税收征管实际工作中，纳税人集中关注的热点、难点问题，运用情景式描述的方法设计了115个案例，逐一剖析和解读疑难政策，帮助读者深入而立体地理解个人所得税政策。

　　心心在一艺，其艺必工。编写组成员精心选题、精心编写、精心研究，希望给予读者精美而精致的呈现。相信通过我们的辛劳和努力，大家都可以体验到阅读的快乐，也真心期待本书成为您喜爱的个人所得税业务速查手册。

　　本书的相关政策更新至2019年6月30日，此后肯定还会有不少税制改革的配套政策出台，届时欢迎广大读者与我们进行交流和讨论。本书在定稿之前经过多次审校和修改，但作者水平有限，书中难免会有错漏之处，真诚希望读者给予批评和指正，我的联系邮箱是392784985@qq.com。

主编　计敏
2019年6月30日

目录 Contents

推荐序

前　言

第一章　个人所得税基本规定　/1

一、纳税人和纳税义务　/1

1. 如何区分居民个人和非居民个人？两者的纳税义务有什么不同？　/1

    表1-1　居民个人与非民居个人的判断标准及征税范围明细表　/1

    案例1-1　居民个人和非民个人的判断　/2

2. 如何计算无住所个人一个纳税年度内在中国境内累计居住天数？　/2

    案例1-2　个人累计居住是否满183天的判断　/3

3. 如何判定一项所得是从中国境内取得的，还是从境外取得的？　/3

    表1-2　来源于境内的所得判定要点明细表　/4

    案例1-3　来源于中国境内所得的判断　/4

4. 来华工作的外籍人员可以享受免收个人所得税的优惠吗？　/5

    表1-3　来华工作的外籍人员个人所得税优惠明细表　/6

    案例1-4　来华工作的外籍人员是否能享受优惠的判定　/6

二、征收项目　/7

5. 个人取得哪些所得应当缴纳个人所得税？具体范围如何？　/7

    表1-4　个人所得税各项所得具体范围明细表　/8

    案例1-5　征税项目的确认　/9

6. 个人以单车承包方式运营出租车取得的收入按什么税目缴纳个人所得税？ /9

   7. 企业为个人购买的房屋等财产按什么税目缴纳个人所得税？ /9

   8. 个人取得所得如果是非货币资产，怎么确定所得额？ /10

      表1-5 非现金形式的所得核定方法明细表 /10

      案例1-6 征税项目和所得的非现金形式 /11

      案例1-7 非现金形式应纳税所得额的核定 /11

   9. 员工股票期权收入按什么项目征收个人所得税？ /12

三、应纳税额的计算 /13

   10. 个人所得税的税率是多少？ /13

      表1-6 个人所得税税率表一（居民个人综合所得适用） /13

      表1-7 个人所得税税率表二（经营所得适用） /13

      表1-8 个人所得税税率表三（非居民个人的工资、薪金所得，劳务报酬所得，稿酬所得，特许权使用费所得适用） /14

   11. 个人所得税各项所得如何计算应纳税额？ /14

      表1-9 个人所得税应纳税所得额计算明细表 /15

   12. 多次、多处取得同一项所得，如何确认"每次"？ /16

      案例1-8 非现金形式应纳税所得额的核定如何确认"每次" /16

   13. 多人共同取得一项所得，如何计算个人所得税？ /17

      案例1-9 多人共同取得一项所得个人所得税的计算 /17

   14. 个人所得税法中基本减除费用、专项扣除、专项附加扣除、依法确定的其他扣除等概念，有什么区别？ /18

   15. 个人所得税扣除项目的具体标准是多少，适用范围是什么？ /18

      表1-10 个人所得税税前扣除项目明细表 /19

      案例1-10 居民个人综合所得扣除项目的计算 /20

   16. 居民个人取得各项所得如何计算个人所得税？ /21

      表1-11 居民个人各项所得个人所得税应纳税额计算明细表 /22

      案例1-11 居民个人应纳税额的计算 /22

   17. 居民个人的境外所得如何进行税收抵免？ /24

      案例1-12 居民个人的税收抵免额计算 /26

18. 非居民个人各项所得如何计算个人所得税？ / 27
    表 1-12　非居民个人各项所得应纳税额计算明细表 / 28
    案例 1-13　非居民个人应纳税额的计算 / 28
19. 个人取得的收入是外国货币的，如何计算个人所得税？ / 29
    案例 1-14　所得为外国货币应纳税额的计算 / 30
    案例 1-15　所得为外国货币汇算清缴时应纳税额的计算 / 30

四、法定减免　/ 31

20. 《个人所得税法》规定哪些所得可以免征个人所得税？ / 31
21. 《个人所得税法》规定哪些情形可以减征个人所得税？ / 32

五、反避税和协同治税　/ 32

22. 个人为避税而实施的交易安排，哪些情形税务机关会进行纳税调整？ / 32
    案例 1-16　反避税条款的适用 / 33
23. 税务机关实施纳税调整的补缴税款如何计算利息？ / 33
    案例 1-17　反避税纳税调整加收利息的计算 / 33
24. 《个人所得税法》中规定哪些部门有义务协同治税？ / 34

六、扣缴义务人及其法律责任　/ 34

25. 支付所得的单位或者个人有哪些法定扣缴义务？ / 34
26. 什么是扣缴义务人的全员全额申报，包括哪些所得？ / 35
    表 1-13　个人所得税的纳税申报新旧变化明细表 / 36
27. 个人所得多重或间接支付的怎么确定扣缴义务人？ / 36
28. 个人所得税代扣代缴手续费如何领取，有金额限制吗？税务机关查补的税款都能领取手续费吗？ / 36
29. 纳税人拒绝扣缴税款，扣缴义务人该怎么办？ / 38
30. 扣缴义务人未在规定期限内办理纳税申报的，将承担怎样的法律责任？ / 38
31. 扣缴义务人未在规定期限解缴税款的，将承担怎样的法律责任？ / 38
32. 扣缴义务人不履行扣缴义务，将承担怎样的法律责任？ / 39
33. 扣缴义务人采取虚假申报，少缴已扣缴税款，将承担怎样的法律责任？ / 39
34. 签订劳务合同约定不含税收入，扣缴义务人未扣缴申报个人所得税会被追究刑事责任吗？ / 40

七、自行申报和申请退税 / 40

35. 自然人如何取得纳税人识别号？ / 40

36. 个人信息与实际情况不符的，该如何处理？ / 41

37. 纳税人应当办理纳税申报的情形有哪些？ / 42

38. 纳税人自行申报个人所得税的期限是多长时间？ / 42

  表1-14 个人所得税自行申报操作要点明细表 / 43

39. 居民个人取得综合所得需要办理汇算清缴的情形有哪些？可以委托他人办理吗？ / 45

40. 个人多缴税款如何申请办理退税？ / 45

41. 个人有多处、多种所得，向哪儿的主管税务机关申报？ / 45

  表1-15 个人所得税自行申报纳税地点明细表 / 46

42. 扣缴义务人未将税款解缴入库，纳税人汇缴时可以申请退税吗？ / 46

  案例1-18 扣缴义务人未将扣缴税款解缴入库的退税 / 47

43. 纳税人可以通过App或Web页面办理个人所得税申报吗？ / 48

44. 2019年个税完税证明改成了纳税记录，纳税人如何申请开具？ / 49

45. 纳税人或扣缴义务人未在规定期限内办理纳税申报的，将承担怎样的法律责任？ / 51

46. 纳税人不申报缴纳个人所得税，将承担怎样的法律责任？ / 51

47. 纳税人未在规定期限缴纳税款的，将承担怎样的法律责任？ / 52

附录1A 个人所得税基础信息表（A表）及其填报说明 / 53

附录1B 个人所得税基础信息表（B表）及其填报说明 / 57

附录1C 个人所得税扣缴申报表及其填报说明 / 62

附录1D 个人所得税自行纳税申报表（A表）及其填报说明 / 67

附录1E 个人所得税年度自行纳税申报表及其填报说明 / 71

第二章 个人所得税扣除项目 / 77

一、基本减除费用 / 77

1. 为什么减除费用标准确定为年6万元（每月5000元）？ / 77

2. 为什么实行全国统一的基本减除费用标准？ / 78

二、专项扣除 / 78

3. 个人所得税规定的专项扣除有哪些项目? / 78

4. 为什么工伤保险、生育保险不能在个人所得税税前扣除? / 79

5. 个人缴纳社会保险费的扣除具体标准是什么? / 79

6. 个人缴纳住房公积金的扣除具体标准是什么? / 79

案例 2-1　住房公积金的扣除 / 80

三、专项附加扣除 / 80

7. 专项附加扣除包括哪些项目,具体标准如何? / 80

8. 子女教育专项附加扣除如何享受? / 80

表 2-1　专项附加扣除具体标准和扣除方法明细表 / 81

案例 2-2　子女教育专项附加扣除 / 82

9. 不是孩子亲生父母,但承担了抚养和教育义务,可以享受子女教育扣除吗? / 82

10. 继续教育专项附加扣除如何享受? / 83

案例 2-3　继续教育专项附加扣除 / 83

11. 在接受学历继续教育的同时取得多个资格证书的,如何享受继续教育扣除? / 84

12. 如果在国外进行的学历继续教育,或者是拿到了国外颁发的技能证书,能否享受扣除? / 84

13. 参加自学考试,纳税人应当如何享受扣除? / 84

14. 大病医疗专项附加扣除如何享受? / 85

案例 2-4　大病医疗专项附加扣除 / 85

15. 大病医疗支出中,纳税人年末住院,第二年年初出院,这种跨年度的医疗费用,如何计算扣除额? / 85

16. 住房贷款利息专项附加扣除如何享受? / 86

案例 2-5　婚前一方发生住房贷款利息专项附加扣除 / 87

案例 2-6　婚前分别发生住房贷款利息专项附加扣除 / 87

17. 父母和子女共同购房,房屋产权证明、贷款合同均登记为父母和子女,住房贷款利息专项附加扣除如何享受? / 87

18. 父母为子女买房,房屋产权证明登记为子女,贷款合同的贷款人为父母,住房贷款利息支出的扣除如何享受? / 88

19. 住房租金专项附加扣除如何享受？ / 88
   案例 2-7　住房租金专项附加扣除 / 89
20. 外派员工一年换几个城市租赁住房，如何申报住房租金专项附加扣除？ / 89
21. 公租房是公司与保障房公司签的协议，但员工要付房租的，是否可以享受专项附加扣除？ / 89
22. 赡养老人专项附加扣除如何享受？ / 90
   案例 2-8　赡养老人专项附加扣除 / 90
23. 实际承担对叔叔、伯伯的赡养义务或者赡养岳父、岳母或公婆的费用，是否可以扣除赡养老人支出？ / 91
24. 独生子女家庭，父母离异后再婚的，如何享受赡养老人专项附加扣除？ / 91
25. 非独生子女的兄弟姐妹都已去世，是否可以按独生子女赡养老人扣除 2 000 元/月？ / 91
26. 专项附加扣除什么时候开始享受，什么时间终止享受？ / 92
   案例 2-9　全年专项附加扣除的计算 / 92
27. 专项附加扣除在预扣预缴环节办理还是在汇算清缴环节办理？ / 94
   表 2-2　专项附加扣除办理环节明细表 / 95
   案例 2-10　工资、薪金所得在预扣预缴环节如何享受专项附加扣除？ / 95
28. 个人办理专项附加扣除，需要报送哪些信息？ / 96
   表 2-3　专项附加扣除填报信息明细表 / 97
29. 子女前两年在中国读书，后两年在境外读书，证书由境外发放，没有学籍号，如何填报信息？ / 97
30. 个人办理专项附加扣除，有哪些信息报送方式和渠道？ / 98
31. 员工没及时将专项附加扣除信息提交给扣缴义务人，可不可以下个月补报？如果一年内都没将专项附加扣除信息提交给扣缴义务人怎么办？ / 98
32. 纳税人年度中间更换工作单位的，专项附加扣除如何办理？ / 99
33. 专项附加扣除可能在几年内都无变化，每年享受时还需要确认信息吗？ / 99
34. 个人办理专项附加扣除，需要留存备查哪些资料？ / 100
35. 纳税人和扣缴义务人留存备查资料的年限是多长？ / 100
   表 2-4　专项附加扣除留存备查资料明细表 / 101
36. 纳税人填报专项附加扣除信息有哪些注意事项？ / 101

37. 哪些部门和单位有责任和义务协助税务部门核实与专项附加扣除有关的信息？ /102

38. 纳税人和扣缴义务人在办理专项附加扣除中各自的法律责任是什么？ /103

39. 税务机关如何对纳税人享受专项附加扣除进行事后抽查，如何进行税务处理？ /103

四、依法确定的其他扣除 /104

40. 哪些项目是依法确定的其他扣除？ /104

41. 什么是符合规定的商业健康保险产品的支出？ /104

　　表 2-5　依法确定的其他扣除的扣除标准明细表 /105

　　案例 2-11　商业健康保险的扣除 /106

42. 商业健康保险产品税前扣除如何进行操作？ /106

43. 企业年金、职业年金税前扣除如何操作？ /107

　　案例 2-12　企业年金的扣除 /108

44. 个人税收递延型商业养老保险支出税前扣除如何操作？ /108

　　表 2-6　税收递延型商业养老保险扣除标准明细表 /109

　　案例 2-13　税收递延型商业养老保险的扣除 /109

五、公益慈善事业捐赠 /110

45. 个人对教育、扶贫、济困等公益慈善事业进行的捐赠如何进行税前扣除？ /110

　　案例 2-14　公益慈善事业捐赠的扣除 /110

46. 个人捐赠需要取得什么票据才可以在税前扣除？ /111

47. 个人向地震灾区捐赠如何进行税前扣除？ /112

48. 哪些公益慈善事业捐赠可以在税前全额扣除？ /112

附录 2A　个人所得税专项附加扣除信息表及其填报说明 /115

附录 2B　商业健康保险税前扣除情况明细表及其填报说明 /123

附录 2C　个人税收递延型商业养老保险税前扣除情况明细表及其填报说明 /125

第三章　综合所得 /129

一、征税项目的界定 /129

1. 哪些所得应作为综合所得计缴个人所得税？ /129

案例 3-1　写小说的收入按什么项目计缴个人所得税？　/ 130

2. 工资、薪金所得与劳务报酬所得如何界定？　/ 131

案例 3-2　工资、薪金所得与劳务报酬所得的界定　/ 131

3. 个人兼职取得的收入怎么计缴个人所得税？　/ 131

4. 个人担任公司董事、监事取得的收入怎么计缴个人所得税？　/ 131

5. 企业以免费旅游方式对营销人员进行奖励的，怎么计缴个人所得税？　/ 132

6. 个人因专利被他人使用获得的专利赔偿款按什么项目征税？　/ 132

7. 个人举办学习班取得的收入怎么计缴个人所得税？　/ 133

8. 企业改制，员工取得的企业股权劳动分红怎么计缴个人所得税？　/ 133

9. 个人提供非有形商品推销、代理收入应按什么项目计缴个人所得税？　/ 133

10. 个人因包销商品房取得的包销补偿款应按什么项目计缴个人所得税？　/ 134

11. 医疗机构临时聘请坐诊的专家取得的收入怎么计缴个人所得税？　/ 134

12. 单位接受约稿后，支付给个人的稿费收入按什么项目计征个人所得税？　/ 134

13. 个人获得出版社的退稿费按什么项目征税？　/ 135

14. 演员参与本单位组织的演出取得的报酬怎么计缴个人所得税？　/ 135

15. 创作影视分镜头剧本取得的所得，是否按稿酬所得计缴个人所得税？　/ 135

16. 杂志社职员在本单位的刊物发表作品取得的所得按什么项目计缴个人所得税？　/ 136

17. 律师取得收入按什么项目计缴个人所得税？　/ 136

二、应纳税额的计算　/ 137

18. 综合所得的适用税率是多少？　/ 137

表 3-1　综合所得个人所得税税率明细表　/ 137

19. 居民个人的综合所得如何计算应纳税额？　/ 137

表 3-2　居民个人综合所得应纳税额计算明细表　/ 138

案例 3-3　居民个人综合所得的应纳税额计算　/ 138

20. 非居民个人取得综合所得，如何计算应纳税额？　/ 139

表 3-3　非居民个人综合所得应纳税额的计算　/ 140

案例 3-4　非居民个人综合所得的扣缴税款计算　/ 140

三、纳税申报　/ 141

21. 居民个人的综合所得如何进行纳税申报？　/ 141

表 3-4　居民个人综合所得扣缴申报和自行申报明细表　/ 142

22. 居民个人工资、薪金所得如何计算预扣预缴税款？　/ 142

表 3-5　个人所得税预扣率表一（居民个人工资、薪金所得预扣预缴适用）　/ 143

案例 3-5　工资、薪金所得预扣预缴税款的计算　/ 143

23. 居民个人的劳务报酬所得如何预扣预缴个人所得税？　/ 146

表 3-6　个人所得税预扣率表二（居民个人劳务报酬所得预扣预缴适用）　/ 146

案例 3-6　劳务报酬所得预扣预缴税款的计算　/ 147

24. 居民个人的稿酬所得如何预扣预缴个人所得税？　/ 147

案例 3-7　稿酬所得预扣预缴税款的计算　/ 148

25. 居民个人的特许权使用费所得如何预扣预缴个人所得税？　/ 149

案例 3-8　特许权使用费所得预扣预缴税款的计算　/ 149

26. 保险营销员、证券经纪人的佣金收入如何计缴个人所得税？　/ 150

案例 3-9　保险营销员、证券经纪人佣金收入的个人所得税处理　/ 151

27. 居民个人综合所得如何进行个人所得税汇算清缴？　/ 152

表 3-7　居民个人综合所得个人所得税汇算清缴操作要点　/ 153

案例 3-10　居民个人综合所得的个人所得税汇算清缴　/ 153

28. 支付给非居民个人综合所得，如何扣缴个人所得税？　/ 154

表 3-8　非居民个人综合所得扣缴申报操作要点明细表　/ 155

案例 3-11　支付非居民个人综合所得的扣缴申报　/ 155

29. 非居民个人从两处以上取得工资、薪金所得如何自行申报？　/ 156

案例 3-12　非居民个人从两处以上取得工资、薪金所得的自行申报　/ 157

30. 综合所得的纳税申报时间有什么规定？　/ 157

31. 综合所得的纳税申报地点有什么规定？　/ 158

32. 建筑安装业跨省异地作业人员在哪儿申报个人所得税？　/ 158

表 3-9　综合所得个人所得税申报期限明细表　/ 159

表 3-10　综合所得个人所得税申报纳税地点明细表　/ 160

四、员工社会保险、保障的征免规定　/ 160

33. 员工基本社会保险是否要计缴个人所得税？　/ 160

34. 员工住房公积金是否要计缴个人所得税？　/ 161

案例 3-13　超比例缴付的三险一金如何计缴个人所得税？　/ 161

35. 生育津贴和生育医疗费需要缴纳个人所得税吗？ / 162
36. 工伤职工取得的工伤保险待遇需要缴纳个人所得税吗？ / 162
37. 企业以现金形式发给个人的住房补贴、医疗补助费是否要计缴个人所得税？ / 162
38. 单位为职工个人购买商业性补充养老保险等，要计缴个人所得税吗？ / 163
  案例 3-14　为员工购买商业保险的个人所得税处理　/ 163
39. 个人领取企业年金、职业年金如何计缴个人所得税？ / 164
  案例 3-15　个人领取年金的个人所得税处理　/ 165
40. 个人税收递延型商业养老保险，领取商业养老金如何计缴个人所得税？ / 166
  案例 3-16　个人领取税收递延型商业养老保险的个人所得税处理　/ 167

五、员工补贴、津贴、生活补助的征免规定　/ 168

41. 单位发放的津贴、补贴需要缴纳个人所得税吗？ / 168
42. 企业如何处理差旅费的个人所得税问题？ / 168
43. 误餐补助、午餐补贴要计缴个人所得税吗？ / 170
44. 航空公司空勤和地勤人员的飞行小时费、伙食费需要缴纳个人所得税吗？ / 170
45. 统一用于集体用餐船员的伙食费需要缴纳个人所得税吗？ / 170
46. 职工取得的生活补助费和救济金需要缴纳个人所得税吗？ / 171
47. 个人取得的公务交通、通讯补贴需要缴纳个人所得税吗？ / 171
48. 军队干部取得的哪些补贴、津贴可以免征个人所得税？ / 176
49. 在西藏工作的人员哪些补贴、津贴可以免征个人所得税？ / 176

六、员工绩效及其他奖励的征免规定　/ 176

50. 居民个人取得全年一次性奖金，如何缴纳个人所得税？ / 176
  案例 3-17　全年一次性奖金的个人所得税处理　/ 177
  表 3-11　按月换算后的综合所得税率表（月度税率表）/ 178
51. 中央企业负责人年度绩效薪金延期兑现收入和任期奖励如何计缴个人所得税？ / 178
  案例 3-18　央企负责人绩效薪金延期兑现收入和任期奖励的个人所得税处理　/ 179
52. 科技人员取得职务科技成果转化现金奖励减按 50% 计入工资、薪金所得要符合哪些条件？ / 180
53. 单位向个人低价售房如何计缴个人所得税？ / 182
  案例 3-19　单位向个人低价售房的个人所得税处理　/ 182

七、员工退职费和退休费的征免规定 / 183

54. 个人与用人单位解除劳动关系取得的一次性补偿收入如何计缴个人所得税？ / 183
案例 3-20　个人与用人单位解除劳动关系取得的一次性经济补偿收入的个人所得税处理 / 184

55. 离退休人员取得返聘工资和奖金补贴如何计缴个人所得税？ / 184
案例 3-21　离退休人员返聘工资和奖金补贴的个人所得税处理 / 185

56. 高级专家延长离退休期间取得的工资需要缴纳个人所得税吗？ / 185

57. 个人取得提前退休一次性收入如何计缴个人所得税？ / 186
案例 3-22　个人取得提前退休一次性收入的个人所得税处理 / 186

58. 个人取得内部退养一次性收入如何计缴个人所得税？ / 187
案例 3-23　个人取得内部退养一次性收入的个人所得税处理 / 188

59. 退役士兵取得地方政府发放的一次性经济补助可以免征个人所得税吗？ / 188

八、员工股权激励的征免规定 / 189

60. 上市公司员工的股票期权激励收入如何计缴个人所得税？ / 189
案例 3-24　员工股票期权激励收入的个人所得税处理 / 191

61. 上市公司员工的限制性股票激励收入如何计缴个人所得税？ / 192
案例 3-25　员工限制性股票激励收入的个人所得税处理 / 194

62. 上市公司员工的股票增值权所得如何计缴个人所得税？ / 195
案例 3-26　员工股票增值权所得的个人所得税处理 / 196

63. 非上市公司员工的股权激励收入如何计缴个人所得税？ / 197
表 3-12　股权奖励税收优惠政策限制性行业目录 / 199
案例 3-27　非上市公司股权激励所得的个人所得税处理 / 201

64. 高新技术企业转化科技成果给予技术人员的股权奖励如何计缴个人所得税？ / 202
案例 3-28　高新技术企业转化科技成果给予技术人员的股权奖励的个人所得税处理 / 204

65. 科研机构、高等学校转化职务科技成果给予个人的股份奖励如何计缴个人所得税？ / 205

九、外籍个人的税收优惠 / 206

66. 外籍个人的住房补贴、语言训练费、子女教育费等补贴如何享受优惠政策？ / 206

67. 外籍个人取得港澳地区住房、语言培训、子女教育等补贴需要缴纳个人所得税吗？ / 207

68. 外籍个人如果达到我国居民个人标准，如何享受个税专项附加扣除？ / 208

69. 在横琴、平潭、前海工作的港澳台高端和紧缺人才取得的个人所得税税负差额补贴是否免征个人所得税？ / 208

    表 3-13 福建、广东省政府给予境外人才个人所得税税负差额补贴优惠政策明细表 / 209

70. 驻华机构、驻华使领馆、驻华新闻机构的雇员如何缴纳个人所得税？ / 210

71. 哪些外籍专家取得的工资、薪金所得可免征个人所得税？ / 211

72. 对外国来华工作人员的工资、薪金所得有什么优惠政策？ / 211

73. 对从事 2022 年冬奥会和冬残奥会相关工作的外籍个人有什么优惠政策？ / 212

74. 对亚洲开发银行员工的薪金和津贴有什么优惠政策？ / 213

十、非居民个人和无住所居民个人的个人所得税政策 / 213

75. 外籍个人取得工资薪酬，如何判断所得来源地？ / 213

76. 无住所个人工资、薪金所得收入额如何计算？ / 214

77. 无住所个人税款如何计算？ / 217

78. 无住所个人如何适用税收协定？ / 218

79. 对无住所个人，个人所得税有什么具体的征管规定？ / 220

80. 非居民个人取得股权激励，如何计算个人所得税？ / 221

    案例 3-29 非居民个人取得股权激励个人所得税的计算方法 / 221

    附录 3A 上市公司股权激励个人所得税延期纳税备案表及其填报说明 / 222

    附录 3B 非上市公司股权激励个人所得税递延纳税备案表及其填报说明 / 225

    附录 3C 技术成果投资入股个人所得税递延纳税备案表及其填报说明 / 229

    附录 3D 个人所得税递延纳税情况年度报告表及其填报说明 / 232

    附录 3E 个人所得税分期缴纳备案表（股权奖励）及其填报说明 / 234

第四章 经营所得 / 237

一、征税范围的界定 / 237

1. 经营所得的征税范围是哪些？ / 237

2. 个人举办各类学习班，如何计缴个人所得税？　／237

3. 个人从事医疗服务活动取得收入，要缴纳个人所得税吗？　／238

4. 以合伙企业资金为家庭成员支付消费性支出或购买财产，需要缴纳
个人所得税吗？　／239

5. 建筑安装工程承包人取得的所得，适用什么项目缴纳个人所得税？　／240

二、应纳税额的计算　／240

6. 经营所得的个人所得税适用税率是多少？　／240

　　表4-1　经营所得个人所得税适用税率表　／240

7. 经营所得如何计算个人所得税应纳税额？　／240

　　表4-2　经营所得应纳税额计算明细表　／242

　　案例4-1　经营所得的应纳税额计算　／242

8. 经营所得可以税前扣除哪些项目，标准是多少？　／243

9. 2018年10～12月的经营所得，如何预缴个人所得税？　／243

　　表4-3　居民个人经营所得税前扣除项目明细表　／244

　　案例4-2　2018年10月生产经营所得预缴税额的计算　／245

10. 2018年度的生产经营所得，个人所得税如何汇算清缴？　／245

　　案例4-3　2018年度生产经营所得的汇算清缴　／246

11. 个人经营所得能否采用核定征收方式征收个人所得税？　／247

三、预缴申报与汇算清缴　／248

12. 取得经营所得，需要进行纳税申报的纳税人有哪些？　／248

13. 个人从两个以上独资或合伙企业取得经营所得，如何进行纳税申报？　／248

　　表4-4　经营所得个人所得税纳税申报明细表　／249

　　案例4-4　创办两个以上独资或合伙企业，经营所得的个人所得税申报　／249

14. 个体工商户、个人独资企业和合伙企业纳税年度中间开业，如何进行
纳税申报？　／250

　　案例4-5　2018年度中间开业，投资者经营所得的纳税申报　／251

　　案例4-6　2019年度中间开业，投资者经营所得的纳税申报　／253

四、个体工商户的具体规定　／253

15. 个体工商户的纳税义务人有哪些？　／253

16. 个体工商户需要建账吗？建账标准是什么？ /254

17. 个体工商户的个人所得税有哪些征收方式？ /255

18. 查账征收的个体工商户计算应纳税所得额的原则是什么？ /256

19. 查账征收的个体工商户的收入总额怎么确认？ /256

20. 查账征收的个体工商户应纳税所得额可以扣除哪些成本、费用、损失？ /257

21. 查账征收的个体工商户应纳税所得额的扣除项目标准是什么？ /258

22. 查账征收的个体工商户生产经营的哪些支出不允许税前扣除？ /258

23. 个体工商户生产经营与个人、家庭生活混用难以分清的费用如何税前扣除？ /258

  表 4-5　个体工商户经营所得的扣除项目及标准明细表　/259

24. 查账征收的个体工商户应纳税所得额亏损弥补有哪些具体规定？ /261

25. 什么是个体工商户税收定期定额征收？ /261

26. 个体工商户定额核定的方法有哪些？ /261

27. 个体工商户定期定额的执行期限一般是多长时间？ /262

28. 在定额核定过程中，个体工商户业主需要提供什么资料？ /262

29. 个体工商户对税务机关确定的定额有异议怎么办？ /262

30. 定期定额个体工商户在税收管理中需要履行哪些涉税义务？ /262

31. 定期定额个体工商户可以通过网络或其他方式缴税吗？ /263

32. 定期定额户按期申报缴纳税款后还需要按照实际所得额申报缴税吗？ /263

五、个人独资和合伙企业的具体规定　/264

33. 个人独资企业和合伙企业的征税范围有哪些？ /264

34. 个人独资企业和合伙企业对外投资分回利息、股息、红利如何缴纳个人所得税？ /264

35. 个人独资企业和合伙企业股权转让所得如何缴纳个人所得税？ /264

36. 投资者如何计算来源于个人独资企业、合伙企业的经营所得？ /265

37. 查账征收的个人独资企业和合伙企业，怎么确定费用扣除？ /265

38. 个人独资企业和合伙企业发生亏损可以在下一年度弥补吗？ /267

39. 个人独资企业资产评估增值计提折旧，是否可以税前扣除？ /267

40. 个人独资企业和合伙企业注销清算如何计缴个人所得税？ /267

  案例 4-7　个人独资企业注销清算个人所得税的计算　/268

41. 合伙企业的合伙人，如何确定应纳税所得额？ /268

案例 4-8　合伙企业的个人所得税纳税申报　/269

42. 个人合伙人对初创科技型企业投资，如何抵扣分回的经营所得？　/270

案例 4-9　实缴投资满 2 年的计算口径　/271

案例 4-10　个人合伙人对初创科技型企业投资额抵扣经营所得的计算　/271

43. 个人合伙人对初创科技型企业投资享受税收优惠，需要符合哪些条件？　/272

案例 4-11　研发费用总额占成本费用支出的比例不低于 20% 的计算口径　/273

表 4-6　个人合伙人对初创科技型企业投资额享受优惠的条件明细表　/275

44. 个人合伙人享受初创科技型企业投资优惠，如何办理？　/275

表 4-7　个人合伙人对初创科技型企业投资额享受优惠办理程序要点明细表　/276

45. 创投企业选择按单一投资基金核算方式的，个人合伙人如何计缴个人所得税？　/277

案例 4-12　创投企业选择按单一投资基金核算的个人所得税处理　/279

46. 创投企业选择按年度所得整体核算方式的，个人合伙人如何计缴个人所得税？　/280

案例 4-13　创投企业选择按年度所得整体核算的个人所得税处理　/281

表 4-8　创投企业两种核算方式个人所得税处理对比明细表　/283

47. 在哪些情形下，个人独资企业和合伙企业可采用核定征收方式？　/284

48. 实行核定应税所得率征收的个人独资企业和合伙企业，如何计算应纳税所得额？　/285

表 4-9　个人独资企业和合伙企业应税所得率表　/285

49. 实行核定征税的个人独资企业和合伙企业投资者能享受优惠政策吗？　/285

六、对企事业单位的承包经营、承租经营所得的具体规定　/286

50. 对企事业单位的承包经营、承租经营所得按什么应税项目征税？　/286

案例 4-14　承包、承租经营所得个人所得税的计算　/287

51. 承包、承租经营不满一年的如何计缴个人所得税？　/287

七、从事农业经营的税收优惠　/287

52. 个体户从事种植业、养殖业、饲养业、捕捞业所得，可以免征个人所得税吗？　/287

53. 个人独资企业和合伙企业从事种植业、养殖业、饲养业和捕捞业，投资者需要缴纳个人所得税吗？　/288

八、重点群体创业、就业的税收优惠 / 288

 54. 建档立卡贫困人口从事个体经营的，如何享受税收优惠？ / 288

 55. 自主择业的军队转业干部从事个体经营的，可以免征个人所得税吗？ / 289

 56. 从事个体经营的随军家属，可以免征个人所得税吗？ / 289

 57. 自主就业退役士兵从事个体经营的，可以免征个人所得税吗？ / 289

 58. 残疾人员兴办个人独资企业和合伙企业，能享受个人所得税优惠吗？ / 290

 附录4A　个人所得税经营所得纳税申报表（A表）及其填报说明 / 291

 附录4B　个人所得税经营所得纳税申报表（B表）及其填报说明 / 296

 附录4C　个人所得税经营所得纳税申报表（C表）及其填报说明 / 303

 附录4D　合伙创投企业个人所得税投资抵扣备案表及其填报说明 / 306

 附录4E　合伙创投企业个人所得税投资抵扣情况表及其填报说明 / 309

 附录4F　单一投资基金核算的合伙制创业投资企业个人所得税扣缴申报表及其填报说明 / 312

 附录4G　合伙制创业投资企业单一投资基金核算方式备案表及其填报说明 / 316

第五章　财产租赁所得 / 319

一、征税范围的界定 / 319

 1. 财产租赁所得的征税范围如何界定？ / 319

 2. 酒店产权式业主取得的收入按什么项目征收个人所得税？ / 319

 3. 转租浅海滩涂使用权收入按什么项目征收个人所得税？ / 319

二、纳税义务人和扣缴义务人的界定 / 320

 4. 财产租赁所得的纳税义务人怎么确定？ / 320

三、应纳税额的计算 / 320

 5. 财产租赁所得如何计缴个人所得税？ / 320

  表5-1　财产租赁所得个人所得税计算明细表 / 321

 6. 个人出租住房取得的所得如何计缴个人所得税？ / 321

  案例5-1　个人出租住房取得所得个人所得税的计算 / 322

 7. 财产租赁所得是先扣除各项税费还是先扣除20%的费用？ / 322

  案例5-2　财产租赁所得各项费用的扣除次序 / 322

8. 个人转租房屋取得的收入如何计缴个人所得税? / 323

　　案例 5-3　个人转租房屋取得收入个人所得税的计算 / 323

9. 个人与房地产开发企业签订有条件优惠价格协议购买商店如何计缴个人所得税? / 324

　　案例 5-4　个人签订有条件优惠价格协议购买商店的个人所得税处理 / 324

10. 医院支付个人投资设备款如何扣缴个人所得税? / 325

第六章　利息、股息、红利所得　/ 327

一、征税范围的界定　/ 327

1. 利息、股息、红利所得适用范围如何界定? / 327

　　案例 6-1　利息、股息、红利所得性质的界定 / 328

2. 尚未实际支付现金已计提的股息或利息要计缴个人所得税吗? / 328

　　案例 6-2　尚未实际支付现金已计提的股息或利息的个人所得税处理 / 328

3. 发放股票股利是否需要扣缴个人所得税? / 329

4. 以企业资金为本人或家庭成员购买汽车、住房,需要缴纳个人所得税吗? / 330

5. 个人股东从企业借款长期不还,需要缴纳个人所得税吗? / 330

6. 个人股票期权所得参与企业税后利润分配取得的所得如何计缴个人所得税? / 331

7. 个人取得的企业改制量化资产参与企业分配而获得的股息、红利如何计缴
　　个人所得税? / 331

8. 个体工商户、个人独资企业、合伙企业对外投资分回股息红利如何计缴
　　个人所得税? / 331

二、纳税人和扣缴义务人　/ 332

9. 企业债券利息个人所得税由谁代扣代缴? / 332

10. 个人取得私募基金的投资收益由谁扣缴个人所得税? / 332

11. 信托计划、资管计划中个人投资者取得的投资收益,扣缴义务人是谁? / 332

　　案例 6-3　多重支付下利息所得的扣缴义务人认定 / 333

三、应纳税额的计算　/ 334

12. 利息、股息、红利所得如何计算应纳税额? / 334

　　案例 6-4　利息、股息、红利个人所得税的计算 / 334

13. 代个人承担税款的股息、利息、红利所得，如何扣缴个人所得税？ / 335
　　案例6-5　代个人承担税款的股息、利息、红利所得个人所得税的计算 / 335
14. 房屋买受人按照约定退房取得的补偿款如何计缴个人所得税？ / 336
　　案例6-6　个人按照约定退房取得补偿款的个人所得税处理 / 336
15. 企业送股、转股、派发现金股利如何计缴个人所得税？ / 336
　　案例6-7　资本公积转增个人实收资本的个人所得税处理 / 338
16. 个人投资者收购企业股权后将原盈余积累转增股本如何计缴个人所得税？ / 338
　　案例6-8　收购企业股权后将原盈余积累转增股本的个人所得税处理 / 339
17. 企业为股东个人买房买车应计缴个人所得税吗？ / 339

四、利息收入的征免具体规定　/ 340

18. 个人取得国债、金融债券利息收入能免缴个人所得税吗？ / 340
19. 个人取得地方政府债券利息所得能免缴个人所得税吗？ / 340
20. 个人取得中国铁路建设债券利息收入能免缴个人所得税吗？ / 341
21. 个人取得储蓄存款利息可以免缴个人所得税吗？ / 341
22. 个人投资者证券交易结算资金利息所得要缴纳个人所得税吗？ / 342
23. 住房公积金等专项基金或资金存入个人账户取得的利息收入如何计缴个人所得税？ / 342

五、股息红利的征免具体规定　/ 343

24. 职工个人取得中国职工保险互助会分配的红利是否缴税？ / 343
25. 上市公司股息红利差别化如何扣缴个人所得税？ / 343
　　案例6-9　上市公司派发流通股股息红利个人所得税的扣缴方法 / 344
26. 哪些情形为个人从公开发行和转让市场取得的上市公司股票？ / 345
27. 哪些情形为所称个人转让股票？ / 345
28. 上市公司派发限售股股息红利如何扣缴个人所得税？ / 346
　　案例6-10　上市公司派发限售股股息红利个人所得税的扣缴方法 / 346
29. 新三板公司派发个人股东的股息红利如何计缴个人所得税？ / 347
　　案例6-11　新三板派发股息红利个人所得税的扣缴方法 / 349
30. 中小高新企业转增股本缴纳个人所得税有什么优惠政策？ / 349
　　案例6-12　中小高新企业转增股本的个人所得税处理 / 351

31. 高校将科技成果以股份或出资比例等股权形式给予科技人员个人奖励，科技人员按股份获得的分红是否缴税？ /351

32. 股权分置改革中个人流通股股东取得对价可以免缴个人所得税吗？ /352

33. 个人通过沪港通投资上市股票的股息红利如何计缴个人所得税？ /352

34. 个人通过深港通投资上市股票的股息红利如何计缴个人所得税？ /353

六、公募基金收益的征免具体规定 /354

35. 个人从封闭式基金取得的收入能免征个人所得税吗？ /354

36. 个人从开放式基金取得的收入能免征个人所得税吗？ /354

    案例6-13 余额宝收益需要缴纳个人所得税吗？ /354

37. 个人通过基金互认买卖香港基金份额的收入如何计缴个人所得税？ /355

    附录6A 个人所得税分期缴纳备案表（转增股本）及其填报说明 /356

第七章 财产转让所得 /359

一、征税范围的界定 /359

1. 财产转让所得的征税范围如何界定？ /359
2. 个人通过网络买卖虚拟货币需要缴纳个人所得税吗？ /360
3. 个人取得青苗补偿费收入需要缴纳个人所得税吗？ /360

二、应纳税额的计算 /360

4. 财产转让所得如何计缴个人所得税？ /360

   案例7-1 财产转让所得应纳税额的计算 /361

5. 个人取得的拍卖收入如何计缴个人所得税？ /362

   表7-1 拍卖品的财产原值确认明细表 /362

三、转让不动产的征免规定 /363

6. 个人出售自有住房如何缴纳个人所得税？ /363

   表7-2 房屋原值确定明细表 /364

   表7-3 房屋转让合理费用确定明细表 /365

   案例7-2 个人转让房屋个人所得税的计缴 /366

7. 装修费用在计缴住房转让所得个人所得税时如何进行扣除？ /366

8. 买卖双方订立虚假合同低报房屋交易价格，税务机关如何确定最低
   计税价格？ /367
9. 个人拍卖房屋如何计缴个人所得税？ /368
10. 个人转让自用3年的住房后又重新购房的，可以免缴个人所得税吗？ /368
11. 转让离婚析产房屋如何计缴个人所得税？ /369
    案例7-3 离婚析产房屋的个人所得税处理 /369
12. 个人转让无偿受赠的房屋如何缴纳个人所得税？ /370
    案例7-4 转让无偿受赠的房屋的个人所得税处理 /371
13. 个人无偿赠与或受赠不动产办理免征个人所得税手续，需要提供哪些
    证明资料？ /371
14. 个人取得拆迁补偿款或安置住房，是否要缴纳个人所得税？ /372
15. 易地扶贫搬迁贫困人口取得的住房建设补助资金，可以免征个人所得税吗？ /373

四、非货币性资产投资入股的税收优惠 /373

16. 个人以非货币性资产投资入股，如何计缴个人所得税？ /373
    案例7-5 以股权投资入股的个人所得税处理 /375
17. 个人以技术成果投资入股，如何计缴个人所得税？ /376
    案例7-6 以技术成果投资入股的个人所得税处理 /377

五、股权转让的征免规定 /378

18. 个人转让非上市公司的股权如何计缴个人所得税？ /378
    案例7-7 IPO过程中公开发售股份的个人所得税处理 /379
    案例7-8 以定向增发方式收购个人股权的个人所得税处理 /380
19. 个人转让非上市公司股权的应税收入额怎么确定？ /381
    案例7-9 有业绩承诺条款的股权收购的个人所得税处理 /381
20. 发生什么情形，税务机关可能对股权转让收入进行核定？ /382
21. 发生什么情形，可能被视为股权转让收入明显偏低？ /382
22. 股权转让收入明显偏低，什么情形可视为有正当理由？ /383
    案例7-10 低价转让股权是否有正当理由的判断 /383
23. 税务机关核定非上市公司的股权转让收入的方法有哪些？ /384
    案例7-11 平价低价转让股权的个人所得税处理 /384

24. 个人转让非上市公司股权，股权原值如何确定？　/ 386
25. 个人转让非上市公司股权，如何确认纳税义务的发生时间？　/ 386
26. 个人转让非上市公司股权所得，申报个人所得税时，应报送哪些资料？　/ 387
27. 个人转让非上市公司股权，被投资企业应报送哪些资料？　/ 387
28. 个人转让上市公司的股票，要缴纳个人所得税吗？　/ 388
29. 员工股票期权行权后，转让取得股票的所得，如何计缴个人所得税？　/ 389
30. 个人投资者通过沪港通投资上市股票的转让差价所得，如何计缴个人所得税？　/ 389
31. 个人投资者通过深港通投资上市股票的转让差价所得，如何计缴个人所得税？　/ 390
32. 什么样的限售股，要计缴个人所得税？　/ 390
33. 哪些情形会被认定为具有转让限售股实质，要计缴个人所得税？　/ 391
34. 个人转让限售股，如何计算个人所得税？　/ 391
　　案例7-12　转让限售股的个人所得税处理　/ 392
35. 个人转让限售股，个人所得税有哪些征收方式？　/ 393
　　表7-4　个人转让限售股征收方式明细表　/ 393
36. 个人转让限售股，如何确认转让收入和股权原值？　/ 394
　　表7-5　个人转让限售股转让收入确认明细表　/ 394
37. 个人转让证券机构技术和制度准备完成前的限售股，如何申报缴纳个人所得税？　/ 395
　　案例7-13　转让证券机构技术和制度准备完成前限售股个人所得税的计算　/ 397
38. 个人转让证券机构技术和制度准备完成后的新限售股，如何申报缴纳个人所得税？　/ 398
　　案例7-14　转让证券机构技术和制度准备完成后新限售股的个人所得税处理　/ 399
39. 转让新三板公司的股权，如何计缴个人所得税？　/ 400
40. 个人终止投资经营收回款项，如何计缴个人所得税？　/ 401
　　案例7-15　个人终止投资经营收回款项的个人所得税处理　/ 401
41. 个人转让股权过程中收取的违约金需要缴纳个人所得税吗？　/ 402
42. 纳税人收回转让的股权需要缴纳个人所得税吗？　/ 402
43. 企业改组改制过程中个人取得量化资产需要缴纳个人所得税吗？　/ 402

44. 天使投资个人转让初创科技型企业股权，有什么税收优惠政策？ / 403

  案例 7-16 天使投资人转让初创科技型企业股权个人所得税的计算 / 404

  案例 7-17 初创科技型企业注销清算，天使投资个人的个人所得税处理 / 404

45. 天使投资个人转让初创科技型企业股权，享受税收优惠需要符合哪些条件？ / 405

  表 7-6 天使投资个人投资于初创科技型企业享受优惠的条件明细表 / 406

46. 天使投资个人转让初创科技型企业股权享受税收优惠，应如何办理？ / 406

  表 7-7 天使投资个人转让初创科技型企业股权享受优惠办理程序明细表 / 408

六、买卖债权、基金的征免规定 / 409

47. 买卖债券，如何缴纳个人所得税？ / 409

  案例 7-18 买卖债券个人所得税的计算 / 409

48. 个人处置"打包"债权，如何缴纳个人所得税？ / 410

  案例 7-19 处置"打包"债权个人所得税的计算 / 410

49. 个人投资者从投保基金公司取得的行政和解金是否缴纳个人所得税？ / 411

50. 个人通过基金互认买卖香港或内地基金份额所得可以免缴个人所得税吗？ / 411

51. 境外个人投资者投资中国境内原油期货取得的所得可以免缴个人所得税吗？ / 412

附录 7A 非货币性资产投资分期缴纳个人所得税备案表及其填报说明 / 413

附录 7B 技术成果投资入股个人所得税递延纳税备案表及其填报说明 / 416

附录 7C 个人所得税递延纳税情况年度报告表及其填报说明 / 419

附录 7D 限售股转让所得扣缴个人所得税报告表及其填报说明 / 421

附录 7E 限售股转让所得个人所得税清算申报表及其填报说明 / 424

附录 7F 天使投资个人所得税投资抵扣备案表及其填报说明 / 428

附录 7G 天使投资个人所得税投资抵扣情况表及其填报说明 / 431

第八章 偶然所得 / 435

一、征税范围的界定 / 435

1. 偶然所得适用范围如何界定？ / 435

2. 网络红包需要缴纳个人所得税吗？ / 435

3. 个人取得有奖发票奖金如何计缴个人所得税？ / 436

4. 个人在境外取得博彩所得如何计缴个人所得税？ / 436

5. 个人取得有奖储蓄中奖收入如何计缴个人所得税？ / 436
6. 个人取得什么样的奖金才能法定减免？ / 437
7. 个人取得市政府表彰的行业先进奖金需要缴纳个人所得税？ / 437
8. 歌曲征集大奖赛获奖作者的奖金可以免缴个人所得税吗？ / 437

二、应纳税额的计算 / 438

9. 偶然所得如何计缴个人所得税？ / 438

  案例 8-1　偶然所得如何分次计缴个人所得税？ / 438

  案例 8-2　偶然所得如何扣除公益慈善捐赠额计缴个人所得税？ / 438

10. 企业在促销活动中向个人赠送礼品，应如何扣缴个人所得税？ / 439

  案例 8-3　企业累积消费赠送代金券和抽奖如何计缴个人所得税？ / 440

11. 企业向个人支付不竞争款项如何计缴个人所得税？ / 440

  案例 8-4　企业向个人支付不竞争款项的个人所得税处理 / 441

12. 企业在购物有奖活动中用汽车 5 年的免费使用权作为奖项如何计缴个人所得税？ / 441

三、彩票中奖收入的征免规定 / 442

13. 个人购买福利彩票中奖取得的收入可以免缴个人所得税吗？ / 442
14. 个人取得体育彩票中奖所得可以免缴个人所得税吗？ / 442

四、科技奖金的税收优惠 / 443

15. 学生取得"长江小小科学家"奖金可以免缴个人所得税吗？ / 443
16. 学生取得"明天小小科学家"奖金可以免缴个人所得税吗？ / 443
17. 个人取得青年地质科学技术奖奖金可以免缴个人所得税吗？ / 443
18. 个人取得刘东生青年科学家奖和地球科学奖学金可以免缴个人所得税吗？ / 444
19. 个人取得陈嘉庚科学奖获奖可以免缴个人所得税吗？ / 444

五、教育奖金的税收优惠 / 445

20. 个人取得哪些教育方面的奖学金可以免缴个人所得税？ / 445
21. 个人获得曾宪梓教育基金会教师奖可以免缴个人所得税吗？ / 445
22. 教育部颁发的"特聘教授奖金"可以免缴个人所得税吗？ / 445
23. 特聘教授取得岗位津贴和长江学者成就奖可以免缴个人所得税吗？ / 446

六、其他奖金的征免规定 / 446

24. 见义勇为奖金可以免缴个人所得税吗? / 446
25. 青少年消除贫困奖可以免缴个人所得税吗? / 447
26. 个人举报违法行为获得的奖金可以免缴个人所得税吗? / 447
27. 个人取得中华宝钢环境优秀奖奖金可以免缴个人所得税吗? / 447
28. 个人所得税代扣代缴手续费如何领取,有金额限制吗?税务机关查补的税款都能领取手续费吗? / 448
29. 个人取得"母亲河(波司登)奖"奖金可以免缴个人所得税吗? / 449
30. 受灾地区个人取得的抚恤金、救济金可以免缴个人所得税吗? / 449

附录 A 个人所得税知识测试题及参考答案 / 450

附录 B 中华人民共和国个人所得税法 / 459

附录 C 中华人民共和国个人所得税法实施条例 / 465

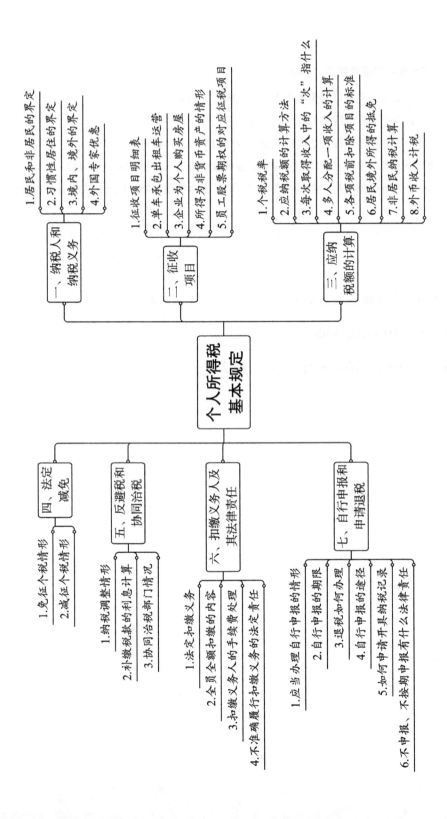

第一章

个人所得税基本规定

一、纳税人和纳税义务

1. 如何区分居民个人和非居民个人？两者的纳税义务有什么不同？

答：《中华人民共和国个人所得税法》（中华人民共和国主席令第九号，以下简称《个人所得税法》）第一条规定如下：

（1）在中国境内有住所，或者无住所而一个纳税年度内在中国境内居住累计满一百八十三天的个人，为居民个人。居民个人从中国境内和境外取得的所得，依照该法规定缴纳个人所得税。

（2）在中国境内无住所又不居住，或者无住所而一个纳税年度内在中国境内居住累计不满一百八十三天的个人，为非居民个人。非居民个人从中国境内取得的所得，依照该法规定缴纳个人所得税。

（3）纳税年度，自公历一月一日起至十二月三十一日止。

《个人所得税法》第九条第一款规定，个人所得税以所得人为纳税人，具体如表1-1所示。

表1-1 居民个人与非民居个人的判断标准及征税范围明细表

纳税人	判断标准	征税范围
居民个人	（1）在中国境内有住所的个人 （2）在中国境内无住所而一个纳税年度内在中国境内居住满一百八十三天的个人	从中国境内和境外取得的所得
非居民个人	（1）在中国境内无住所又不居住的个人 （2）在中国境内无住所而一个纳税年度内在中国境内居住不满一百八十三天的个人	从中国境内取得的所得

值得注意的是，我国居民个人纳税人的界定，采用了"住所"和"居住时间"两个标准，同时实行居民个人税收管辖权和地域税收管辖权。居民个人负无限纳税义务，就其在中国境内外全部所得缴纳个人所得税，体现的是居民税收管辖权；而非居民个人负有限纳税义务，只就其在中国境内所得缴纳个人所得税，体现的是地域税收管辖权。

个人同时属于中国和其他国家、地区税收居民的，应当向税务机关报送对方国家、地区税收居民身份证明资料。

【案例 1-1】居民个人和非居民个人的判断

杰克先生是加拿大居民，打算来中国居住9个月，本来的计划是2019年6月20日来中国并于2020年3月20日回加拿大。

解析：

2019年度，杰克先生在中国居住了193天，达到了《个人所得税法》第一条规定的一个纳税年度居住满183天的条件，可以判定杰克为中国的居民个人，其不仅要就来源于中国境内的所得在中国缴纳个人所得税，还需要就来源于中国境外的所得在中国缴纳个人所得税。

如果杰克先生推迟来中国的时间，计划2019年7月20日来中国并于2020年4月20日回加拿大，那么他将怎样缴纳个人所得税？

解析：

杰克先生虽然在中国居住了9个月（即270天），但是2019年和2020年两个纳税年度都未居住满183天，可以判定杰克为中国的非居民个人，其仅就来源于中国境内的所得在中国缴纳个人所得税，其无须就来源于中国境外的所得在中国缴纳个人所得税。

2. 如何计算无住所个人一个纳税年度内在中国境内累计居住天数？

答：《财政部　税务总局关于在中国境内无住所的个人居住时间判定标准的公告》（财政部　税务总局公告2019年第34号，以下简称财税公告2019年第34号）第二条规定，无住所个人一个纳税年度内在中国境内累计居住天数，按照个人在中国境内累计停留的天数计算。在中国境内停留的当天满24小时的，计入中国境内居住天数，在中国境内停留的当天不足24小时的，不计入中国境内居住天数。

【案例1-2】个人累计居住是否满183天的判断

陈侨生为澳门居民，在珠海工作，每周一早上来珠海上班，周五晚上回澳门。周一和周五当天停留都不足24小时，因此不计入境内居住天数，周六、周日两天也不计入。这样，每周可计入的天数仅为3天，按全年52周计算，陈侨生全年在中国境内居住天数为156天，未超过183天，不构成居民个人。

3. 如何判定一项所得是从中国境内取得的，还是从境外取得的？

答：根据《个人所得税法实施条例》第二条的规定，个人所得税法所称从中国境内和境外取得的所得，分别是指来源于中国境内的所得和来源于中国境外的所得。

那么，如何判定一项所得是否来源于中国境内呢？是不是支付地点在中国境内就是来源于中国境内的所得呢？

根据《个人所得税法实施条例》第三条的规定，除国务院财政、税务主管部门另有规定外，下列所得，不论支付地点是否在中国境内，均为来源于中国境内的所得：

（1）因任职、受雇、履约等在中国境内提供劳务取得的所得。

（2）将财产出租给承租人在中国境内使用而取得的所得。

（3）许可各种特许权在中国境内使用而取得的所得。

（4）转让中国境内的不动产等财产或者在中国境内转让其他财产取得的所得。

（5）从中国境内企业、事业单位、其他组织以及居民个人取得的利息、股息、红利所得。

《财政部 税务总局关于非居民个人和无住所居民个人有关个人所得税政策的公告》（财政部 税务总局公告2019年第35号，以下简称财税公告2019年第35号）第一条第四项规定，由境内企业、事业单位、其他组织支付或者负担的稿酬所得，为来源于境内的所得。

具体判定要点如表1-2所示。

表1-2 来源于境内的所得判定要点明细表

序号	所得项目	判断规则	判定要点
1	工资薪金所得、劳务报酬所得	在中国境内提供劳务	看在哪儿干活
2	财产租赁所得、特许权使用费所得	在中国境内使用	看在哪儿用
3	财产转让——转让不动产、权益性资产等有财产登记的财产	中国境内的	看转让哪儿的
4	财产转让——转让动产	在中国境内转让	看在哪儿转让
5	利息、股息、红利所得	从中国境内企业、事业单位、其他组织以及居民个人取得	看从哪儿取得
6	稿酬所得	由境内企业、事业单位、其他组织支付或者负担	看由哪儿支付或负担

【案例1-3】来源于中国境内所得的判断

法国人杰克是世界著名服装设计师，也是世界名模，2019年他取得以下所得：

（1）在法国自己的工作室为中国一家公司根据其提出的需求设计服装，取得设计费200万元人民币。

（2）与法国某服装品牌公司签订协议，由其在北京、上海、广州、深圳走秀10天，回到法国后，由该公司一次性支付500万欧元。

（3）向美国人玛丽转让其在中国一家公司的股权，取得转让收入1 000万美元。

请判断上述所得，哪些是来源于中国境内的所得？

解析：

（1）杰克设计费所得，虽然是在中国境内支付的，但是为发生在法国的劳务，不属于《个人所得税法实施条例》第三条第一款第一项规定的因任职、受雇、履约等而在中国境内提供劳务取得的所得，不应该判定为来源于中国境内的所得,不需要按照中国税法规定缴纳个人所得税。

(2)杰克走秀所得,虽然是法国公司支付的,但是劳务发生在中国境内,属于《个人所得税法实施条例》第三条第一款第一项规定的因任职、受雇、履约等而在中国境内提供劳务取得的所得,应该判定为来源于中国境内的所得,需要按照中国税法规定缴纳个人所得税。

(3)杰克股权转让所得,向美国人玛丽转让的股权是中国境内公司的股权,属于《个人所得税法实施条例》第三条第一款第四项规定的转让中国境内的不动产等财产取得的所得,应当判定为来源于中国境内的所得,需要按照中国税法规定缴纳个人所得税。

4. 来华工作的外籍人员可以享受免收个人所得税的优惠吗?

答: 为了吸引外资和鼓励外籍人员来华工作,促进对外交流,《个人所得税法实施条例》第四条和第五条继续保留了对境外支付的境外所得免予征税的优惠制度安排,并进一步放宽了免税条件,具体规定如下:

(1)在中国境内无住所的个人,在中国境内居住累计满183天的年度连续不满六年的,经向主管税务机关备案,其来源于中国境外且由境外单位或者个人支付的所得,免予缴纳个人所得税;在中国境内居住累计满183天的任一年度中有一次离境超过30天的,其在中国境内居住累计满183天的年度的连续年限重新起算。

财税公告2019年第34号第一条和第二条进一步明确如下:

1)无住所个人一个纳税年度在中国境内累计居住满183天的,如果此前六年在中国境内每年累计居住天数都满183天而且没有任何一年单次离境超过30天,该纳税年度来源于中国境内、境外的所得应当缴纳个人所得税;如果此前六年的任一年在中国境内累计居住天数不满183天或者单次离境超过30天,该纳税年度来源于中国境外且由境外单位或者个人支付的所得,免予缴纳个人所得税。

上述所称此前六年,是指该纳税年度的前一年至前六年的连续六个年度,此前六年的起始年度自2019年(含)以后年度开始计算。

2)无住所个人一个纳税年度内在中国境内累计居住天数,按照个人在中国境内累计停留的天数计算。在中国境内停留的当天满24小时的，计入中国境内居住天数，在中国境内停留的当天不足24小时的，不计入中国境内居住天数。

（2）在中国境内无住所的个人，在一个纳税年度内在中国境内居住累计不超过90天的，其来源于中国境内的所得，由境外雇主支付并且不由该雇主在中国境内的机构、场所负担的部分，免予缴纳个人所得税。

具体如表1-3所示。

表1-3 来华工作的外籍人员个人所得税优惠明细表

居住时间	境内所得		境外所得	
	境内支付	境外支付且不由境内负担	境内支付	境外支付
不满90天	征	工薪所得：免征	不征	不征
不满183天	征	征	不征	不征
满183天连续年度不满6年	征	征	征	免征
连续年度满6年	征	征	征	征

【案例1-4】来华工作的外籍人员是否能享受优惠的判定

罗斯女士为阿根廷居民，2014年1月1日来南京工作，计划2025年8月30日回到阿根廷工作。假设在此期间，除2021年6月1日～7月10日临时回阿根廷处理家事以外，其余时间一直停留在南京。

解析：

根据财税公告2019年第34号的规定，在境内居住累计满183天的年度连续"满六年"的起点，是自2019年（含）以后年度开始计算，2018年（含）之前已经居住的年度一律"清零"，不计算在内。按此规定，2024年（含）之前，所有无住所个人在境内居住年限都不满六年，其取得的境外支付的境外所得都能享受免税优惠。此外，自2019年起任一年度如果有单次离境超过30天的情形，此前连续年限"清零"，重新计算。

（1）罗斯女士在境内居住累计满183天的年度不是从2014年起算，而是从2019年起算。2019～2020年，罗斯女士在境内居住累计满183天的年度连续不满6年，其取得的境外支付的境外所得，就可免缴个人所得税。

（2）2021年，罗斯女士在境内居住满183天，但单次离境超过30天，其取得的境外支付的境外所得，也可免缴个人所得税。其在境内居住累计满183天的连续年限清零，重新起算。

（3）2022～2025年，罗斯女士在境内居住累计满183天的年度连续不满六年，其取得的境外支付的境外所得，可以免缴个人所得税。

二、征收项目

5. 个人取得哪些所得应当缴纳个人所得税？具体范围如何？

答： 根据《个人所得税法》第二条的规定，下列各项个人所得，应当缴纳个人所得税：

（1）工资、薪金所得；

（2）劳务报酬所得；

（3）稿酬所得；

（4）特许权使用费所得；

（5）经营所得；

（6）利息、股息、红利所得；

（7）财产租赁所得；

（8）财产转让所得；

（9）偶然所得。

居民个人取得第（1）～（4）项所得（以下称综合所得），按纳税年度合并计算个人所得税；非居民个人取得第（1）～（4）项所得，按月或者按次分项计算个人所得税。纳税人取得第（5）～（9）项所得，依照规定分别计算个人所得税。

根据《个人所得税法实施条例》第六条的规定，个人所得税法规定的各项个人所得的范围可参见表1-4；个人取得的所得，难以界定应纳税所得项目的，由国务院税务主管部门确定。

表1-4 个人所得税各项所得具体范围明细表

序号	项目	范围
1	工资、薪金所得	个人因任职或者受雇取得的工资、薪金、奖金、年终加薪、劳动分红、津贴、补贴以及与任职或者受雇有关的其他所得
2	劳务报酬所得	个人从事劳务取得的所得,包括从事设计、装潢、安装、制图、化验、测试、医疗、法律、会计、咨询、讲学、翻译、审稿、书画、雕刻、影视、录音、录像、演出、表演、广告、展览、技术服务、介绍服务、经纪服务、代办服务以及其他劳务取得的所得
3	稿酬所得	个人因其作品以图书、报刊等形式出版、发表而取得的所得
4	特许权使用费所得	个人提供专利权、商标权、著作权、非专利技术以及其他特许权的使用权取得的所得;提供著作权的使用权取得的所得,不包括稿酬所得
5	经营所得	(1)个体工商户从事生产、经营活动取得的所得,个人独资企业投资人、合伙企业的个人合伙人来源于境内注册的个人独资企业、合伙企业生产、经营的所得 (2)个人依法从事办学、医疗、咨询以及其他有偿服务活动取得的所得 (3)个人对企业、事业单位承包经营、承租经营以及转包、转租取得的所得 (4)个人从事其他生产、经营活动取得的所得
6	利息、股息、红利所得	个人拥有债权、股权等而取得的利息、股息、红利所得
7	财产租赁所得	个人出租不动产、机器设备、车船以及其他财产取得的所得
8	财产转让所得	个人转让有价证券、股权、合伙企业中的财产份额、不动产、机器设备、车船以及其他财产取得的所得
9	偶然所得	个人得奖、中奖、中彩以及其他偶然性质的所得

【案例 1-5】征税项目的确认

蓝天公司高管人员金好好本月取得公司发放的工资奖金 8 000 元、节日超市提货券 2 000 元。因工作业绩突出，公司奖励其价值 300 000 元的汽车一辆，该车办理挂牌行驶手续后，金好好在车体上印制了公司的 LOGO，获得公司补贴 5 000 元。金好好本月取得的各项所得适用什么项目缴纳个人所得税？

解析：

（1）金好好取得公司发放的工资奖金 8 000 元、节日超市提货券 2 000 元，以及因工作业绩突出获得的价值 300 000 元的汽车都是其因任职或者受雇而获得的所得，应当适用"工资、薪金所得"项目缴纳个人所得税。

（2）金好好在其私家车车体上印制了公司的 LOGO，获得公司补贴 5 000 元，其所得性质是有形动产的租赁，应当适用"财产租赁所得"项目缴纳个人所得税。

6. 个人以单车承包方式运营出租车取得的收入按什么税目缴纳个人所得税？

答：根据《个人所得税法》第二条、《个人所得税法实施条例》第六条和《国家税务总局关于印发〈机动出租车驾驶员个人所得税征收管理暂行办法〉的通知》（国税发〔1995〕50 号）的规定，出租车驾驶员从事出租车运营取得的收入，适用的个人所得税项目为：

（1）出租汽车经营单位对出租车驾驶员采取单车承包或承租方式运营，出租车驾驶员从事客货运营取得的收入，按"工资、薪金所得"项目征税。

（2）从事个体出租车运营的出租车驾驶员取得的收入，按"经营所得"项目缴纳个人所得税。

（3）出租车属个人所有，但挂靠出租汽车经营单位或企事业单位，驾驶员向挂靠单位缴纳管理费的，或出租汽车经营单位将出租车所有权转移给驾驶员的，出租车驾驶员从事客货运营取得的收入，按"经营所得"项目征税。

7. 企业为个人购买的房屋等财产按什么税目缴纳个人所得税？

答：根据《财政部 国家税务总局关于企业为个人购买房屋或其他财产征收个人所得税问题的批复》（财税〔2008〕83 号，以下简称财税〔2008〕83 号文件）规定，符合以下情形的房屋或其他财产，不论所有权人是否将财产无偿或有偿交付企业使用，其实质均为企业对个人进行了实物性质的分配，应依法计征个人所得税。

（1）企业出资购买房屋及其他财产，将所有权登记为投资者个人、投资者家庭成员或企业其他人员的。

（2）企业投资者个人、投资者家庭成员或企业其他人员向企业借款用于购买房屋及其他财产，将所有权登记为投资者、投资者家庭成员或企业其他人员，且借款年度终了后未归还借款的。

对除个人独资企业、合伙企业以外其他企业的个人投资者或其家庭成员取得的上述所得，视为企业对个人投资者的红利分配，按照"利息、股息、红利所得"项目计征个人所得税；对企业其他人员取得的上述所得，按照"工资、薪金所得"项目计征个人所得税。

8. 个人取得所得如果是非货币资产，怎么确定所得额？

答：《个人所得税法实施条例》第八条规定，个人所得的形式，包括现金、实物、有价证券和其他形式的经济利益；所得为实物的，应当按照取得的凭证上所注明的价格计算应纳税所得额，无凭证的实物或者凭证上所注明的价格明显偏低的，参照市场价格核定应纳税所得额；所得为有价证券的，根据票面价格和市场价格核定应纳税所得额；所得为其他形式的经济利益的，参照市场价格核定应纳税所得额。具体规定如表1-5所示。

表1-5 非现金形式的所得核定方法明细表

序号	所得形式	核定方法
1	所得为实物	有凭证的实物，应当按照取得的凭证上所注明的价格计算应纳税所得额；凭证上所注明的价格明显偏低的，参照市场价格核定应纳税所得额
		无凭证的实物，参照市场价格核定应纳税所得额
2	所得为有价证券	根据票面价格和市场价格核定应纳税所得额
3	所得为其他形式的经济利益	参照市场价格核定应纳税所得额

【案例 1-6】征税项目和所得的非现金形式

福建省外商投资企业福州元洪城举办购物有奖活动，规定特等奖为一套住房的 10 年免费使用权（10 年内可以由中奖者自住，也可出租，10 年后归还房子）；一等奖为一部桑塔纳轿车的 10 年免费使用权。请问：获奖者应适用什么项目缴纳个人所得税？如何确定应纳税所得额？

解析：

上述案例是《国家税务总局关于用使用权作奖项征收个人所得税问题的批复》（国税函〔1999〕549 号）中国家税务总局回复原福建省地方税务局的个人所得税处理意见中描述的一个案例。

此文件中，国家税务总局的回复意见是，从以上情况可以看出，消费者取得了实物的使用权，可以运用该使用权获取收入或节省费用，使用权实质上是实物形态所得的表现形式。根据《个人所得税法》的立法精神，个人取得的实物所得含取得所有权和使用权的所得。

因此，可以认定消费者取得上述住房、汽车的免费使用权，不管是自用或出租，已经取得了实物形式的所得，应按照"偶然所得"应税项目缴纳个人所得税，税款由提供住房、汽车的企业代扣代缴。主管税务机关可根据《个人所得税法实施条例》第十条规定的原则，结合当地实际情况和所获奖品合理确定应纳税所得额。

【案例 1-7】非现金形式应纳税所得额的核定

张三共有 3 个店面，购入原值均为 300 万元，2019 年 3 月，每个店面市场价格为 500 万元。张三将其中一个店面抵偿李四的欠款 500 万元，过户时发生合理税费 2 万元；将其中一个店面投资到朋友公司，占股份比例为 20%，过户时发生合理税费 2 万元。请问：张三如何计缴个人所得税？假设不考虑其他税费。

解析：

张三用店面抵偿李四债务，投资朋友公司获得股权，都应视同销售，计缴财产转让所得个人所得税。

（1）将店面抵偿李四债务应确认财产转让所得 =500-300-2=198（万元）

应缴纳个人所得税 =198×20%=39.60（万元）

（2）将店面投资入股应按市场价确认财产转让所得 =500-300-2=198（万元）

应缴纳个人所得税 =198×20%=39.60（万元）

注意：张三将店面投资入股应缴的个人所得税为 39.60 万元，如果一次性缴税有困难，可以根据《财政部 国家税务总局关于个人非货币性资产投资有关个人所得税政策的通知》（财税〔2015〕41 号）的规定，合理确定分期缴纳计划并报主管税务机关备案后，自 2019 年 3 月起不超过 5 个公历年度内（含）分期缴纳个人所得税。

9.员工股票期权收入按什么项目征收个人所得税？

答：企业员工股票期权是指公司按照规定的程序授予本公司及其控股企业员工的一项权利，该权利允许被授权员工在未来时间内以某一特定价格购买本公司一定数量的股票。根据《财政部 国家税务总局关于个人股票期权所得征收个人所得税问题的通知》（财税〔2005〕35 号，以下简称财税〔2005〕35 号文件）第二条的规定，对股票期权所得性质的区分如下：

（1）员工接受实施股票期权计划企业授予的股票期权时，除另有规定外，一般不作为应税所得征税。

（2）对因特殊情况，员工在行权日之前将股票期权转让的，以股票期权的转让净收入，作为"工资、薪金所得"征收个人所得税。

（3）员工行权时，其从企业取得股票的实际购买价（施权价）低于购买日公平市场价（指该股票当日的收盘价）的差额，是因员工在企业的表现和业绩情况而取得的与任职、受雇有关的所得，应按"工资、薪金所得"适用的规定计算缴纳个人所得税。

（4）员工因拥有股权而参与企业税后利润分配取得的所得，应按照"利息、股息、红利所得"适用的规定计算缴纳个人所得税，除依照有关规定可以免税或减税的外，应全额按规定税率计算纳税。

（5）员工将行权后的股票再转让时获得的高于购买日公平市场价的差额，是因个人在证券二级市场上转让股票等有价证券而获得的所得，应按照"财产转让所得"适用的征免规定计算缴纳个人所得税。

【备注】关于股权激励收入如何征免个人所得税详见第三章、第六章、第七章的相关内容。

三、应纳税额的计算

10. 个人所得税的税率是多少？

答：《个人所得税法》第三条规定，个人所得税的税率：

（1）综合所得，适用百分之三至百分之四十五的超额累进税率。居民个人适用个人所得税税率表一（见表1-6），非居民个人适用个人所得税税率表三（见表1-8）。

（2）经营所得，适用百分之五至百分之三十五的超额累进税率，见个人所得税税率表二（见表1-7）。

（3）利息、股息、红利所得，财产租赁所得，财产转让所得，偶然所得，适用比例税率，税率为百分之二十。

表1-6 个人所得税税率表一

（居民个人综合所得适用）

级数	全年应纳税所得额	税率（%）	速算扣除数
1	不超过36 000元的	3	0
2	超过36 000元至144 000元的部分	10	2 520
3	超过144 000元至300 000元的部分	20	16 920
4	超过300 000元至420 000元的部分	25	31 920
5	超过420 000元至660 000元的部分	30	52 920
6	超过660 000元至960 000元的部分	35	85 920
7	超过960 000元的部分	45	181 920

表1-7 个人所得税税率表二

（经营所得适用）

级数	全年应纳税所得额	税率（%）	速算扣除数
1	不超过30 000元的	5	0
2	超过30 000元至90 000元的部分	10	1 500
3	超过90 000元至300 000元的部分	20	10 500
4	超过300 000元至500 000元的部分	30	40 500
5	超过500 000元的部分	35	65 500

表1-8 个人所得税税率表三

(非居民个人的工资、薪金所得，劳务报酬所得，稿酬所得，特许权使用费所得适用)

级数	全月应纳税所得额	税率(%)	速算扣除数
1	不超过3 000元的	3	0
2	超过3 000元至12 000元的部分	10	210
3	超过12 000元至25 000元的部分	20	1 410
4	超过25 000元至35 000元的部分	25	2 660
5	超过35 000元至55 000元的部分	30	4 410
6	超过55 000元至80 000元的部分	35	7 160
7	超过80 000元的部分	45	15 160

11. 个人所得税各项所得如何计算应纳税额？

答：根据《个人所得税法》第六条第一款，以及《个人所得税法实施条例》第十三条第二款、第十五条的规定，各项所得的应纳税所得额的计算具体如下：

（1）居民个人的综合所得，以每一纳税年度的收入额减除费用六万元以及专项扣除、专项附加扣除和依法确定的其他扣除后的余额，为应纳税所得额。

专项扣除、专项附加扣除和依法确定的其他扣除，以居民个人一个纳税年度的应纳税所得额为限额；一个纳税年度扣除不完的，不结转以后年度扣除。

（2）非居民个人的工资、薪金所得，以每月收入额减除费用五千元后的余额为应纳税所得额；劳务报酬所得、稿酬所得、特许权使用费所得，以每次收入额为应纳税所得额。

（3）经营所得，以每一纳税年度的收入总额减除成本、费用以及损失后的余额，为应纳税所得额。取得经营所得的个人，没有综合所得的，计算其每一纳税年度的应纳税所得额时，应当减除费用六万元、专项扣除、专项附加扣除以及依法确定的其他扣除。

专项扣除、专项附加扣除和依法确定的其他扣除，以居民个人一个纳税年度的应纳税所得额为限额；一个纳税年度扣除不完的，不结转以后年度扣除。

（4）财产租赁所得，每次收入不超过四千元的，减除费用八百元；四千元以上的，减除百分之二十的费用，其余额为应纳税所得额。

（5）财产转让所得，以转让财产的收入额减除财产原值和合理费用后的余额，为应纳税所得额。

（6）利息、股息、红利所得和偶然所得，以每次收入额为应纳税所得额。

劳务报酬所得、稿酬所得、特许权使用费所得以收入减除百分之二十的费用后的余额为收入额。稿酬所得的收入额减按百分之七十计算。

个人将其所得对教育、扶贫、济困等公益慈善事业进行捐赠，捐赠额未超过纳税人申报的应纳税所得额百分之三十的部分，可以从其应纳税所得额中扣除；国务院规定对公益慈善事业捐赠实行全额税前扣除的，从其规定。

具体如表 1-9 所示。

表 1-9 个人所得税应纳税所得额计算明细表

序号	项目	应纳税所得额	
		非居民个人	居民个人
1	工资、薪金所得	每月收入额－免税收入－5 000－准予扣除的捐赠额	全年工资薪金所得＋全年劳务报酬所得×（1－20%）＋全年特许权使用费所得×（1－20%）＋全年稿酬所得×（1－20%）×70%－免税收入－60 000－专项扣除－专项附加扣除－其他扣除－准予扣除的捐赠额
2	劳务报酬所得	每次收入额×（1－20%）－免税收入－准予扣除的捐赠额	
3	特许权使用费所得		
4	稿酬所得	每次收入额×（1－20%）×70%－免税收入－准予扣除的捐赠额	
5	经营所得	（全年收入总额－成本、费用－损失）×分配比例－60 000－专项扣除－专项附加扣除－其他扣除－准予扣除的捐赠额	
6	财产租赁所得	（每次收入额－修缮费用）≤4 000，收入额－修缮费用－800－准予扣除的捐赠额，修缮费用每次以 800 元为限	
		（每次收入额－修缮费用）＞4 000，（收入额－修缮费用）×（1－20%）－准予扣除的捐赠额，修缮费用每次以 800 元为限	
7	财产转让所得	财产转让收入额－财产原值－合理费用－准予扣除的捐赠额	
8	利息、股息、红利所得	每次收入额－准予扣除的捐赠额	

12. 多次、多处取得同一项所得，如何确认"每次"？

答：《个人所得税法实施条例》第十四条规定，个人所得税法第六条第一款第二项、第四项、第六项所称每次，分别按照下列方法确定：

（1）劳务报酬所得、稿酬所得、特许权使用费所得，属于一次性收入的，以取得该项收入为一次；属于同一项目连续性收入的，以一个月内取得的收入为一次。

（2）财产租赁所得，以一个月内取得的收入为一次。

（3）利息、股息、红利所得，以支付利息、股息、红利时取得的收入为一次。

（4）偶然所得，以每次取得该项收入为一次。

《国家税务总局关于个人所得税偷税案件查处中有关问题的补充通知》（国税函发〔1996〕602号）明确，以县（含县级市、区）为一地，其管辖内的一个月内的劳务服务为一次；当月跨县地域的，则应分别计算。

【案例1-8】非居民个人取得三项所得如何确认"每次"？

非居民杰克先生于2019年3月、4月为我国居民企业蓝天公司就同一主题为该公司员工先后进行了5场培训，3月先后3次取得培训收入10 000元、20 000元、20 000元，4月又先后两次从蓝天公司取得培训收入10 000元、20 000元。3月，杰克先生从蓝天公司取得非专利A技术使用费收入40 000元，从我国居民企业白云公司取得培训收入20 000元。4月，杰克先生从我国居民企业碧海公司取得培训收入10 000元。请问：杰克先生3月和4月如何计缴个人所得税？

解析：

非居民个人取得的劳务报酬所得、稿酬所得、特许权使用费所得，属于一次性收入的，以取得该项收入为一次；属于同一项目连续性收入的，以一个月内取得的收入为一次。

（1）杰克先生3月各项所得个人所得税的计算：

从蓝天公司连续3次取得培训收入按月计算为一次劳务报酬所得，即10 000+20 000+20 000=50 000（元），应交个人所得税=50 000×（1-20%）×30%-4 410=7 590（元）

从白云公司取得的培训收入 20 000 元为另一次劳务报酬所得，应交个人所得税 =20 000×（1-20%）×20%-1 410=1 790（元）。

从蓝天公司取得特许权使用费收入，应交个人所得税 =40 000×（1-20%）×25%-2 660=5 340（元）。

（2）杰克先生 4 月各项所得个人所得税的计算：

从蓝天公司连续两次取得培训收入按月计算为一次劳务报酬所得，即 10 000+20 000=30 000（元），应交个人所得税 =30 000×（1-20%）×20%-1 410=3 390（元）。

从碧海公司取得的培训收入 10 000 元为另一次劳务报酬所得，应交个人所得税 =10 000×（1-20%）×10%-210=590（元）。

13. 多人共同取得一项所得，如何计算个人所得税？

答：《个人所得税法实施条例》第十八条规定，两个以上的个人共同取得同一项目收入的，应当对每个人取得的收入分别按照个人所得税法的规定计算纳税。

【案例 1-9】多人共同取得一项所得个人所得税的计算

居民个人金好好和非居民个人杰克先生于 2019 年 12 月共同为蓝天公司员工进行了专题培训，取得培训收入 100 000 元，双方约定分配比例为：金好好得 40%，杰克得 60%。金好好当年其他综合所得为 200 000 元，专项扣除为 40 000 元。假设两人均无其他所得。请问：金好好和杰克如何计缴个人所得税？

解析：

两个或者两个以上的个人共同取得同一项目收入的，应当对每个人取得的收入分别按照税法规定减除费用后计算纳税。

（1）金好好分得劳务报酬所得 =100 000×40%=40 000（元）

2019 年综合所得应纳税所得额 =40 000×（1-20%）+200 000-60 000-40 000=132 000（元）

应交个人所得税 =132 000×10%-2 520=10 680（元）

（2）杰克分得劳务报酬所得 =100 000×60%=60 000（元）

应交个人所得税 =60 000×（1-20%）×30%-4 410=9 990（元）

14. 个人所得税法中基本减除费用、专项扣除、专项附加扣除、依法确定的其他扣除等概念，有什么区别？

答： 第七次修订的《个人所得税法》第六条提出了基本减除费用、专项扣除、专项附加扣除、依法确定的其他扣除等新概念，具体区别如下：

（1）基本减除费用，是最为基础的一项生计扣除，全员适用，考虑了个人基本生活支出情况，设置定额的扣除标准，即每月5 000元。

（2）专项扣除，是对现行规定允许扣除的"三险一金"进行归纳后，新增加的一个概念。

（3）专项附加扣除，是在基本减除费用的基础之上，以国家税收和个人共同分担的方式，适度缓解个人在教育、医疗、住房等方面的支出压力。在施行综合和分类税制初期，专项附加扣除项目包括子女教育、继续教育、住房贷款利息、住房租金、大病医疗、赡养老人支出六项。

（4）依法确定的其他扣除，是指除上述基本减除费用、专项扣除、专项附加扣除之外，由国务院决定以扣除方式减少纳税的优惠政策规定，如商业健康险、税收递延型养老保险等。

15. 个人所得税扣除项目的具体标准是多少，适用范围是什么？

答： 根据《个人所得税法》第六条第一款第一项的规定，居民个人的综合所得，以每一纳税年度的收入额减除费用六万元以及专项扣除、专项附加扣除和依法确定的其他扣除后的余额，为应纳税所得额。

根据《个人所得税法实施条例》第十五条第二款的规定，取得经营所得的个人，没有综合所得的，计算其每一纳税年度的应纳税所得额时，应当减除费用六万元、专项扣除、专项附加扣除以及依法确定的其他扣除。

根据《个人所得税法实施条例》第十三条第二款的规定，专项扣除、专项附加扣除和依法确定的其他扣除，以居民个人一个纳税年度的应纳税所得额为限额。一个纳税年度扣除不完的，不结转以后年度扣除。

根据《个人所得税法》第六条第三款的规定，个人将其所得对教育、扶贫、济困等公益慈善事业进行捐赠，捐赠额未超过纳税人申报的应纳税所得额百分之三十的部分，可以从其应纳税所得额中扣除；国务院规定对公益慈善事业捐赠实行全额税前扣除的，从其规定。

根据《个人所得税法》第六条第四款、《个人所得税法实施条例》第十三条的规定，专项扣除，包括居民个人按照国家规定的范围和标准缴纳的基本养老保险、基本医疗保险、失业保险等社会保险费和住房公积金等；专项附加扣除，包括子女教育、继续教育、大病医疗、住房贷款利息、住房租金、赡养老人等支出；依法确定的其他扣除，包括个人缴付符合国家规定的企业年金、职业年金，个人购买符合国家规定的商业健康保险、税收递延型商业养老保险的支出，以及国务院规定可以扣除的其他项目。具体标准和适用范围如表1-10所示。

表1-10 个人所得税税前扣除项目明细表

序号	扣除项目	扣除标准	适用税目
一	基本减除费用	年60 000元	
二	专项扣除		
1	基本养老保险费	按照国家或省（自治区、直辖市）人民政府规定的缴费比例或办法实际缴付的金额	综合所得 经营所得
2	基本医疗保险费		
3	失业保险费		
4	住房公积金	不超过职工工作地所在设区城市上一年度职工月平均工资的3倍×12%的幅度内实际缴存的金额	
三	专项附加扣除		
1	子女教育	每个子女每月定额扣除1 000元	
2	继续教育	学历教育每月400元定额扣除 职业资格继续教育在取得证书当年定额扣除3 600元	
3	大病医疗	在办理年度汇算清缴时在80 000元限额内据实扣除	

(续)

序号	扣除项目	扣除标准	适用税目
4	住房贷款利息	按照每月1 000元的标准定额扣除	
5	住房租金	（1）直辖市、省会（首府）城市、计划单列市以及国务院确定的其他城市，扣除标准为每月1 500元 （2）除第一项所列城市以外，市辖区户籍人口超过100万的城市，扣除标准为每月1 100元；市辖区户籍人口不超过100万的城市，扣除标准为每月800元	
6	赡养老人	（1）纳税人为独生子女的，按照每月2 000元的标准定额扣除 （2）纳税人为非独生子女的，由其与兄弟姐妹分摊每月2 000元的扣除额度，每人分摊的额度不能超过每月1 000元	综合所得 经营所得
四	其他扣除		
1	符合规定条件的商业健康保险	2 400元/年（200元/月）	
2	企业年金、职业年金	不超过本人缴费工资计税基数的4%标准内	
3	税收递延型养老保险	当月工资薪金、连续性劳务报酬收入、经营收入的6%和1 000元（12 000元/年）孰低	
4	国务院规定可以扣除的其他项目		
五	对公益慈善事业进行捐赠	（1）一般：未超过应纳税所得额百分之三十的部分 （2）特殊：全额扣除	所有项目

【备注】各项扣除的具体规定详见本书第二章的相关内容。

【案例1-10】居民个人综合所得扣除项目的计算

金好好2019年度综合所得的应税收入额为578 000元，当年发生的支出如下：

（1）按国家规定标准缴纳的三险一金共计50 000元。

（2）发生符合扣除标准的住房贷款利息 12 000 元。

（3）发生符合扣除标准的子女教育支出 12 000 元。

（4）发生符合扣除标准的赡养老人支出 24 000 元。

（5）通过某市民政局向希望工程捐赠 150 000 元。

请问：假设金好好当年度无其他收入，应缴纳多少个人所得税？

解析：

（1）应纳税所得额 =578 000-60 000-50 000-12 000-12 000-24 000=420 000（元）

（2）公益慈善事业捐赠扣除限额 =420 000×30%=126 000（元）

实际捐赠 150 000 元＞126 000 元，因此 2019 年度准予扣除的公益慈善事业捐赠额为 126 000 元。

（3）查税率表，适用税率 20%，速算扣除数 16 920。

应交个人所得税 =（420 000-126 000）×20%-16 920=41 880（元）

16. 居民个人取得各项所得如何计算个人所得税？

答： 根据《个人所得税法》第二条、第六条的规定，居民个人的应纳税额计算如下：

（1）综合所得应纳税所得额，以每一纳税年度的收入额减除费用六万元以及专项扣除、专项附加扣除和依法确定的其他扣除后的余额，按百分之三至百分之四十五的七级超额累进税率计算缴纳个人所得税。

（2）经营所得，以每一纳税年度的收入总额减除成本、费用以及损失后的余额，按百分之五至百分之三十五的五级超额累进税率计算缴纳个人所得税。

《个人所得税法实施条例》第十五条第二款规定，取得经营所得的个人，没有综合所得的，计算其每一纳税年度的应纳税所得额时，应当减除费用 6 万元、专项扣除、专项附加扣除以及依法确定的其他扣除。

（3）财产租赁所得，每次收入不超过四千元的，减除费用八百元的余额按百分之二十的税率计算缴纳个人所得税；每次收入四千元以上的，减除百分之二十费用的余额按百分之二十的税率计算缴纳个人所得税。

（4）财产转让所得，以转让财产的收入额减除财产原值和合理费用后的余额，按百分之二十的税率计算缴纳个人所得税。

(5)利息、股息、红利所得,偶然所得和其他所得,以每次收入额按百分之二十的税率计算缴纳个人所得税。

具体如表 1-11 所示。

表 1-11 居民个人各项所得个人所得税应纳税额计算明细表

序号	项目	应纳税额
1	工资、薪金所得	年度应纳税所得额 × 综合所得税率 − 速算扣除数
2	劳务报酬所得	
3	特许权使用费所得	
4	稿酬所得	
5	经营所得	年度应纳税所得额 × 经营所得税率 − 速算扣除数
6	财产租赁所得	每次财产租赁所得应纳税所得额 ×20%
7	财产转让所得	财产转让所得应纳税所得额 ×20%
8	利息、股息、红利所得	每次应纳税所得额 ×20%
9	偶然所得	

【案例 1-11】居民个人应纳税额的计算

中国公民钱鑫为境内企业蓝天公司的职员,2019 年的收入情况如下:

(1)全年取得蓝天公司发放的工资奖金 240 000 元,按国家规定标准缴纳了三险一金共计 40 000 元。

(2)3 月受邀给白云公司提供培训,收入 20 000 元。

(3)业余撰写中篇财经小说,4 月开始在《北京晚报》上连载 3 个月,取得稿酬 10 000 元。

(4)6 月,将其拥有的一项专利技术提供给白云公司使用,一次性收取使用费 200 000 元。

(5)7 月,将其在鹰潭市的一处店面出租给他人经营,收取 7 月租金不含增值税收入 30 000 元。

(6)8 月取得其朋友公司碧海公司的借款利息 150 000 元。

(7)9 月因购物而中奖,奖品为价值 10 000 元的按摩椅。

(8)10 月转让其在南昌市的一套住房,转让收入为 2 000 000 元,购置原价为 1 200 000 元,发生合理费用 20 000 元。

(9) 2019 年度其投资的富源有限合伙企业按其合伙比例应分配的经营所得为 450 000 元。

钱鑫当年符合条件的子女教育专项附加扣除 10 000 元，住房贷款利息专项附加扣除 12 000 元，赡养老人专项附加扣除 9 600 元。

假设不考虑其他税费。请问：钱鑫各项所得应该缴纳多少个人所得税？

解析：

(1) 全年综合所得的个人所得税的计算：

工资薪金 = 年收入额 = 240 000（元）

劳务报酬所得的应税收入额 = 20 000 ×（1−20%）= 16 000（元）

稿酬所得的应税收入额 = 10 000 ×（1−20%）× 70% = 5 600（元）

特许权使用费所得的应税收入额 = 200 000 ×（1−20%）= 160 000（元）

综合所得年应纳税所得额 =（240 000+16 000+5 600+160 000）−60 000−40 000−（10 000+12 000+9 600）= 290 000（元）

查找税率表得出，适用税率 20%，速算扣除数 16 920。

综合所得应交个人所得税 = 290 000 × 20% − 16 920 = 41 080（元）

(2) 7 月财产租赁所得的个人所得税计算：

财产租赁收入额超过 4 000 元，定率扣除 20% 的费用。

财产租赁所得应交个人所得税 = 30 000 ×（1−20%）× 20% = 4 800（元）

(3) 8 月利息收入的个人所得税计算：

利息、股息、红利所得应交个人所得税 = 150 000 × 20% = 30 000（元）

(4) 9 月中奖取得按摩椅的个人所得税计算：

偶然所得应交个人所得税 = 10 000 × 20% = 2 000（元）

(5) 10 月转让其在南昌市的一套住房的个人所得税计算：

财产转让所得应交个人所得税 =（2 000 000−1 200 000−20 000）× 20% = 156 000（元）

(6) 2019 年度合伙企业经营所得的个人所得税计算：

由于钱鑫有综合所得，60 000 元减除费用、专项扣除、专项附加扣除在综合所得计缴税款时已经扣除，因此经营所得不再重查扣除上述项目，应纳税所得额为 450 000 元。

查找税率表得出，适用税率30%，速算扣除数40 500。

经营所得应交个人所得税=450 000×30%-40 500=94 500（元）

17. 居民个人的境外所得如何进行税收抵免？

答：《个人所得税法》第七条规定，居民个人从中国境外取得的所得，可以从其应纳税额中抵免已在境外缴纳的个人所得税税额，但抵免额不得超过该纳税人境外所得依照该法规定计算的应纳税额。

《个人所得税法实施条例》第二十条、第二十一条、第二十二条对个人境外税收抵免的具体规定如下：

（1）居民个人从中国境内和境外取得的综合所得、经营所得，应当分别合并计算应纳税额；从中国境内和境外取得的其他所得，应当分别单独计算应纳税额。

（2）所称已在境外缴纳的个人所得税税额，是指居民个人来源于中国境外的所得，依照该所得来源国家（地区）的法律应当缴纳并且实际已经缴纳的所得税税额。

（3）所称纳税人境外所得依照本法规定计算的应纳税额，是居民个人抵免已在境外缴纳的综合所得、经营所得以及其他所得的所得税税额的限额（以下简称抵免限额）。除国务院财政、税务主管部门另有规定外，来源于中国境外一个国家（地区）的综合所得抵免限额、经营所得抵免限额以及其他所得抵免限额之和，为来源于该国家（地区）所得的抵免限额。

居民个人在中国境外一个国家（地区）实际已经缴纳的个人所得税税额，低于依照前款规定计算出的来源于该国家（地区）所得的抵免限额的，应当在中国缴纳差额部分的税款；超过来源于该国家（地区）所得的抵免限额的，其超过部分不得在本纳税年度的应纳税额中抵免，但是可以在以后纳税年度来源于该国家（地区）所得的抵免限额的余额中补扣。补扣期限最长不得超过五年。

（4）居民个人申请抵免已在境外缴纳的个人所得税税额，应当提供境外税务机关出具的税款所属年度的有关纳税凭证。

综上所述，计算步骤如下：

第一步，依照税法规定计算应纳税额。

居民个人来源于中国境外的所得，区别不同国家或者地区和不同所得项目，依照规定计算应纳税额；同一国家或者地区内不同所得项目的应纳税额之和，为该国家或者地区的抵免限额。计算公式如下：

（1）来源于一国（地区）综合所得的抵免限额＝中国境内、境外综合所得依照中国税法规定计算的综合所得应纳税总额×（来源于该国（地区）的综合所得收入额÷中国境内、境外综合所得收入总额）。

境内、境外综合所得应纳税所得额＝(境内、境外全年工资薪金所得＋境内、境外全年劳务报酬所得×(1-20%)＋境内、境外全年特许权使用费所得×(1-20%)＋境内、境外全年稿酬所得×(1-20%)×70%)－免税收入－60 000－专项扣除－专项附加扣除－其他扣除－准予扣除的捐赠额。

（2）来源于一国（地区）经营所得抵免限额＝中国境内、境外经营所得依照中国税法规定计算的经营所得应纳税总额×（来源于该国（地区）的经营所得的应纳税所得额÷中国境内、境外经营所得的应纳税所得额）。

境内、境外经营所得应纳税所得额＝境内、境外全年收入总额－成本－费用－损失－基本扣除费用－专项扣除－其他扣除－准予扣除的捐赠额。

（3）来源于一国（地区）的其他所得项目抵免限额，为来源于该国（地区）的其他所得项目依照中国税法规定计算的应纳税额。

（4）来源于一国（地区）的抵免限额＝该国综合所得抵免限额＋该国经营所得抵免限额＋该国其他所得项目抵免限额。

第二步，依照税法规定计算抵免税额。

纳税人在计算抵免税额前，应按照"分国不分项"的原则计算抵免限额，并在各国限额内扣除，超过该国抵免限额的，可在该国以后年度所得中结转扣除，但结转期限不超过五年。计算公式如下：

（1）某国抵免限额＝该国各项所得抵免限额之和。

（2）某国实际抵免额＝最小值（该国抵免限额、该国实际缴纳税额加上以前年度结转抵免税额）。

（3）本年实际抵免额＝境外各国实际抵免额之和。

提醒注意的是，根据《个人所得税法实施条例》第二十四条的规定，居民个人申请抵免已在境外缴纳的个人所得税税额，应当提供境外税务机关出具的税款所属年度的有关纳税凭证。

【案例1-12】居民个人的税收抵免额计算

我国居民金好好2019年在A国取得讲学收入150 000元、股息所得100 000元，经营所得应纳税所得额为220 000元，已在A国缴纳税款60 000元；在B国取得讲学收入100 000元，经营所得应纳税所得额为120 000元，利息所得为50 000元，已在B国缴纳税款50 000元。2019年度金好好境内综合所得为200 000元，允许扣除的三险一金50 000元、专项附加扣除10 000元。

解析：

第一步，不分国分项计算应纳税额。

（1）境内、境外综合所得应合并计算应纳税额：

境内、境外综合所得应税收入额=150 000×80%+100 000×80%+200 000=400 000（元）

应纳税所得额=400 000-60 000-50 000-10 000=280 000（元）

查税率表一，适用税率20%，速算扣除数16 920。

综合所得应纳税额=280 000×20%-16 920=39 080（元）

A国综合所得应纳税额=39 080×120 000÷400 000=11 724（元）

B国综合所得应纳税额=39 080×80 000÷400 000=7 816（元）

（2）境内、境外经营所得应合并计算应纳税额：

境内、境外经营所得应纳税所得额=220 000+120 000=340 000（元）

查税率表二，适用税率30%，速算扣除数40 500。

境内、境外经营所得应纳税额=340 000×30%-40 500=61 500（元）

A国经营所得应纳税额=61 500×220 000÷340 000=39 794.12（元）

B国经营所得应纳税额=61 500×120 000÷340 000=21 705.88（元）

（3）境外股息红利所得应纳税额：

A国股息所得应纳税额=100 000×20%=20 000（元）

B国股息所得应纳税额=50 000×20%=10 000（元）

第二步，分国不分项计算抵免限额。

（1）A国抵免限额=11 724+39 794.12+20 000=71 518.12（元）

（2）B国抵免限额=7 816+21 705.88+10 000=39 521.88（元）

第三步，计算实际抵免税额。

（1）A 国实际抵免税额＝最小值（71 518.12，60 000）=60 000（元）

应补缴个人所得税=71 518.12−60 000=11 518.12（元）

（2）B 国实际抵免税额＝最小值（39 521.88，50 000）=39 521.88（元）

可结转以后年度抵免税额 =50 000−39 521.88=10 478.12（元）

18. 非居民个人各项所得如何计算个人所得税？

答：根据《个人所得税法》第二条、第三条的规定，非居民个人各项所得应按照以下规定计算应纳税额：

（1）工资、薪金所得，以每月收入额减除费用五千元后的余额按百分之三至百分之四十五的七级超额累进税率计算缴纳个人所得税。

（2）劳务报酬所得、稿酬所得、特许权使用费所得，以每次收入额为应纳税所得额按百分之三至百分之四十五的七级超额累进税率计算缴纳个人所得税。

劳务报酬所得、稿酬所得、特许权使用费所得，以收入减除百分之二十费用后的余额为收入额。稿酬所得的收入额再减按百分之七十计算。

（3）经营所得，以每一纳税年度的收入总额减除成本、费用以及损失后的余额，按百分之五至百分之三十五的五级超额累进税率计算缴纳个人所得税。

（4）财产租赁所得，每次收入不超过四千元的，减除费用八百元的余额按百分之二十的税率计算缴纳个人所得税；每次收入四千元以上的，减除百分之二十费用的余额按百分之二十的税率计算缴纳个人所得税。

根据《国家税务总局关于印发〈征收个人所得税若干问题的规定〉的通知》（国税发〔1994〕89号，以下简称国税发〔1994〕89号文件）的规定，纳税义务人出租财产取得财产租赁收入，在计算征税时，除可依法减除规定费用和有关税、费外，还准予扣除能够提供有效、准确凭证，证明由纳税义务人负担的该出租财产实际开支的修缮费用。允许扣除的修缮费用，以每次八百元为限，一次扣除不完的，准予在下一次继续扣除，直至扣完为止。

（5）财产转让所得，以转让财产的收入额减除财产原值和合理费用后的余额，按百分之二十的税率计算缴纳个人所得税。

（6）利息、股息、红利所得，偶然所得和其他所得，以每次收入额按百分之二十的税率计算缴纳个人所得税。

具体如表1-12所示。

表1-12 非居民个人各项所得应纳税额计算明细表

序号	项目	应纳税额
1	工资、薪金所得	（每月收入－5 000）×适用税率－速算扣除数
2	劳务报酬所得	每次收入额×80%×适用税率－速算扣除数
3	特许权使用费所得	
4	稿酬所得	每次收入额×56%×适用税率－速算扣除数
5	经营所得	[（年收入额－成本费用－损失）×分配比例－允许扣除的项目]×适用税率－速算扣除数
6	财产租赁所得	（每次收入额－修缮费用）≤4 000，（收入额－修缮费用－800）×20%，修缮费用每次以800元为限
		（每次收入额－修缮费用）＞4 000，（收入额－修缮费用）×（1－20%）×20%，修缮费用每次以800元为限
7	财产转让所得	（财产转让收入额－财产原值－合理费用）×20%
8	利息、股息、红利所得	每次收入额×20%
9	偶然所得	

【案例1-13】非居民个人应纳税额的计算

杰克为非居民个人，2019年7～9月在我国居住期间取得收入情况如下：

（1）7月、8月、9月分别取得蓝天公司发放的工资10 000元、30 000元和80 000元。

（2）7月、8月受邀给白云公司提供培训，分别取得收入5 000元和20 000元。

（3）8月，在国内一专业杂志发表业余时间撰写的业务论文，获得稿酬2 000元。

（4）9月，将其拥有的一项专利技术提供给白云公司使用，一次性收取使用费500 000元。

（5）9月，在商场购买珠宝200 000元，参加购物抽奖活动，中得一等奖，奖品为价值20 000元的钻石项链。

假设不考虑其他税费，请问：杰克上述各项所得应该缴纳多少个人所得税？

解析：

（1）7～9月工资、薪金所得应交个人所得税计算：

7月工资、薪金所得应交个人所得税=（10 000−5 000）×10%−210=290（元）

8月工资、薪金所得应交个人所得税=（30 000−5 000）×20%−1 410=3 590（元）

9月工资、薪金所得应交个人所得税=（80 000−5 000）×35%−7 160=19 090（元）

（2）7月、8月培训所得个人所得税计算：

7月劳务报酬所得应交个人所得税=5 000×（1−20%）×10%−210=190（元）

8月劳务报酬所得应交个人所得税=20 000×（1−20%）×20%−1 410=1 790（元）

（3）8月稿费收入个人所得税计算：

稿酬所得应纳税所得额=2 000×（1−20%）×70%=1 120（元）

稿酬所得应交个人所得税=1 120×3%=33.60（元）

（4）9月特许权使用费所得的个人所得税计算：

特许权使用费所得应交个人所得税=500 000×（1−20%）×45%−15 160=164 840（元）

（5）9月中奖所得的个人所得税计算：

偶然所得应交个人所得税=20 000×20%=4 000（元）

19. 个人取得的收入是外国货币的，如何计算个人所得税？

答：《个人所得税法》第十六条规定，各项所得的计算，以人民币为单位。所得为人民币以外的货币的，按照人民币汇率中间价折合成人民币缴纳税款。

《个人所得税法实施条例》第三十二条规定，所得为人民币以外货币的，按照办理纳税申报或者扣缴申报的上一月最后一日人民币汇率中间价，折合成人民币计算应纳税所得额。年度终了后办理汇算清缴的，对已经按月、按季或者按次预缴税款的人民币以外货币所得，不再重新折算；对应当补缴税款的所得部分，按照上一纳税年度最后一日人民币汇率中间价，折合成人民币计算应纳税所得额。

【案例 1-14】所得为外国货币应纳税额的计算

钱鑫将其拥有的蓝天公司股份以 1 000 万港币转让给香港一家公司，双方约定 2019 年 1 月 15 日支付。钱鑫该股份的原值为 400 万元人民币，转让时发生合理税费为 2 万元人民币，钱鑫于 2 月 15 日向主管税务机关申报个人所得税，应申报多少个人所得税？（假设：1 月 15 日港币对人民币汇率为 1：0.805，1 月 31 日为 1：0.802，2 月 15 日为 1：0.801。）

解析：

《个人所得税法实施条例》第三十二条规定，所得为人民币以外的货币的，应当按照办理纳税申报或扣缴申报的上一月最后一日人民币汇率中间价，折合成人民币计算应纳税所得额。在年度终了后汇算清缴的，对已经按月、按季或者按次预缴税款的外国货币所得，不再重新折算；对应当补缴税款的所得部分，按照上一纳税年度最后一日人民币汇率中间价，折合成人民币计算应纳税所得额。

钱鑫 2 月 15 日应申报个人所得税 =（1 000×0.802-400-2）×20%=80（万元）

在年度终了后汇算清缴的，不再重新折算。

【案例 1-15】所得为外国货币汇算清缴时应纳税额的计算

钱鑫为蓝天公司职员，2019 年度每月取得工资薪金所得 20 000 元，缴纳三险一金 3 000 元，全年共计预扣预缴个人所得税 11 880 元。钱鑫于 2019 年 11 月 20 日取得法国讲学的收入 50 000 欧元，假设钱鑫 2019 年一直未就此项所得申报个人所得税，年度终了后汇算清缴，钱鑫应补缴多少个人所得税？（假设：2019 年 11 月 20 日欧元对人民币汇率为 1：7.96，11 月 30 为 1：8，2019 年 12 月 31 日为 1：8.1，2020 年 6 月 15 日为 1：8.12。）

解析：

《个人所得税法实施条例》第三十二条规定，所得为人民币以外的货币的，应当按照办理纳税申报或扣缴申报的上一月最后一日人民币汇率中间价，折合成人民币计算应纳税所得额。在年度终了后汇算清缴的，对已经按月、按季或者按次预缴税款的外国货币所得，不再重新折算；对应当补缴税款的所得部分，按照上一纳税年度最后一日人民币汇率中间价，折合成人民币计算应纳税所得额。

钱鑫应在年度终了后,按2019年12月31日的汇率,进行外币折算,汇算清缴。

钱鑫2019年度综合所得=[(20 000-3 000)×12+50 000×(1-20%)×8.1]-60 000=468 000(元)

应交个人所得税=468 000×30%-52 920=87 480(元)

应补缴个人所得税=87 480-11 880=75 600(元)

四、法定减免

20.《个人所得税法》规定哪些所得可以免征个人所得税?

答:根据《个人所得税法》第四条的规定,下列各项个人所得,免征个人所得税:

(1)省级人民政府、国务院部委和中国人民解放军军以上单位,以及外国组织、国际组织颁发的科学、教育、技术、文化、卫生、体育、环境保护等方面的奖金。

(2)国债和国家发行的金融债券利息。

《个人所得税法实施条例》第九条:国债利息,是指个人持有中华人民共和国财政部发行的债券而取得的利息;国家发行的金融债券利息,是指个人持有经国务院批准发行的金融债券而取得的利息。

(3)按照国家统一规定发给的补贴、津贴。

《个人所得税法实施条例》第十条:按照国家统一规定发给的补贴、津贴,是指按照国务院规定发给的政府特殊津贴、院士津贴、资深院士津贴,以及国务院规定免予缴纳个人所得税的其他补贴、津贴。

(4)福利费、抚恤金、救济金。

《个人所得税法实施条例》第十一条:福利费,是指根据国家有关规定,从企业、事业单位、国家机关、社会团体提留的福利费或者工会经费中支付给个人的生活补助费;救济金,是指各级人民政府民政部门支付给个人的生活困难补助费。

（5）保险赔款。

（6）军人的转业费、复员费、退役金。

（7）按照国家统一规定发给干部、职工的安家费、退职费、基本养老金或者退休费、离休费、离休生活补助费。

（8）依照有关法律规定应予免税的各国驻华使馆、领事馆的外交代表、领事官员和其他人员的所得。

《个人所得税法实施条例》第十二条规定，依照有关法律规定应予免税的各国驻华使馆、领事馆的外交代表、领事官员和其他人员的所得，是指依照《中华人民共和国外交特权与豁免条例》和《中华人民共和国领事特权与豁免条例》规定免税的所得。

（9）中国政府参加的国际公约、签订的协议中规定免税的所得。

（10）国务院规定的其他免税所得。

前款第十项免税规定，由国务院报全国人民代表大会常务委员会备案。

21.《个人所得税法》规定哪些情形可以减征个人所得税？

答：《个人所得税法》第五条规定，有下列情形之一的，可以减征个人所得税，具体幅度和期限，由省、自治区、直辖市人民政府规定，并报同级人民代表大会常务委员会备案：

（1）残疾、孤老人员和烈属的所得。

（2）因自然灾害遭受重大损失的。

国务院可以规定其他减税情形，报全国人民代表大会常务委员会备案。

五、反避税和协同治税

22.个人为避税而实施的交易安排，哪些情形税务机关会进行纳税调整？

答：《个人所得税法》第八条规定，有下列情形之一的，税务机关有权按照合理方法进行纳税调整：

（1）个人与其关联方之间的业务往来，不符合独立交易原则而减少本人或者其关联方应纳税额，且无正当理由。

（2）居民个人控制的，或者居民个人和居民企业共同控制的设立在实际税负明显偏低的国家（地区）的企业，无合理经营需要，对应当归属于居民个人的利润不作分配或者减少分配。

（3）个人实施其他不具有合理商业目的的安排而获取不当税收利益。

税务机关依照前款规定作出纳税调整，需要补征税款的，应当补征税款，并依法加收利息。

【案例 1-16】反避税条款的适用

金好好的姐姐金巧巧于 2019 年在开曼群岛创办了 VILAN 公司，该公司享受三免两减半的税收优惠，并且该地区对个人股息红利免税。金好好给 VILAN 公司提供服装设计，每款只按半价收取 100 万元设计费。

解析：

金好好和金巧巧是姐妹关系，也就和金巧巧创办的 VILAN 公司构成关联关系，金好好向 VILAN 公司每款只按半价收取设计费，不符合独立交易原则，减少了本人的应纳税额，而 VILAN 公司享受三免两减半的税收优惠，并对个人股息红利免税，总体上造成了我国税收的减少，税务机关有权做出纳税调整。

23. 税务机关实施纳税调整的补缴税款如何计算利息？

答：根据《个人所得税法实施条例》第二十三条的规定，个人所得税法第八条第二款规定的利息，应当按照税款所属纳税申报期最后一日中国人民银行公布的与补税期间同期的人民币贷款基准利率计算，自税款纳税申报期满次日起至补缴税款期限届满之日止按日加收。纳税人在补缴税款期限届满前补缴税款的，利息加收至补缴税款之日。

【案例 1-17】反避税纳税调整加收利息的计算

钱多多于 2019 年 11 月将其在蓝天公司的股份，以相当于其实收资本 200 万元的价款，转让给其妹妹钱乐乐 100% 控制的白云公司，该股份的公允价值为 500 万元。税务机关于 2020 年 6 月 1 日对该项交易进行纳税调整，调整应纳税所得额为 300 万元，限其在 6 月 16 日之前缴纳个人所得税 60 万元。假设 2019 年 12 月 15 日中国人民银行公布的同期人民币贷款基准利率为 5.6%，钱多多于

6月15日补缴全部税款,补缴的税款应加收多少利息?

解析:

自税款纳税申报期满次日(2019年12月16日)起至补缴税款期限届满之日止按日加收。纳税人在补缴税款期限届满前补缴税款的,加收利息至补缴税款之日(2020年6月15日)。

应加收利息 =5.6%×183÷366×600 000=16 800(元)

24.《个人所得税法》中规定哪些部门有义务协同治税?

答: 根据《个人所得税法》第十五条的规定,协同治税具体有以下规定:

(1)公安、人民银行、金融监督管理等相关部门应当协助税务机关确认纳税人的身份、金融账户信息。

(2)教育、卫生、医疗保障、民政、人力资源社会保障、住房城乡建设、公安、人民银行、金融监督管理等相关部门应当向税务机关提供纳税人子女教育、继续教育、大病医疗、住房贷款利息、住房租金、赡养老人等专项附加扣除信息。

(3)个人转让不动产的,税务机关应当根据不动产登记等相关信息核验应缴的个人所得税,登记机构办理转移登记时,应当查验与该不动产转让相关的个人所得税的完税凭证。

(4)个人转让股权办理变更登记的,市场主体登记机关应当查验与该股权交易相关的个人所得税的完税凭证。

(5)有关部门依法将纳税人、扣缴义务人遵守本法的情况纳入信用信息系统,并实施联合激励或者惩戒。

六、扣缴义务人及其法律责任

25.支付所得的单位或者个人有哪些法定扣缴义务?

答: 根据《个人所得税法》第九条、第十条第二款、第十四条的规定,支付所得的单位或者个人有以下法定义务:

(1)个人所得税以所得人为纳税人,以支付所得的单位或者个人为扣缴义务人。《个人所得税法实施条例》第二十四条规定,扣缴义务人向个人支付应税款项时，应当依照个人所得税法规定预扣或代扣税款，按时缴库，并专项记载备查。所称支付，包括现金支付、汇拨支付、转账支付和以有价证券、实物以及其他形式的支付。

（2）扣缴义务人应当按照国家规定办理全员全额扣缴申报，并向纳税人提供其个人所得和已扣缴税款等信息。

（3）扣缴义务人每月或者每次预扣、代扣的税款，应当在次月十五日内缴入国库，并向税务机关报送扣缴个人所得税申报表。

26. 什么是扣缴义务人的全员全额申报，包括哪些所得？

答：《个人所得税法实施条例》第二十六条规定，个人所得税法第十条第二款所称全员全额扣缴申报，是指扣缴义务人在代扣税款的次月十五日内，向主管税务机关报送其支付所得的所有个人的有关信息、支付所得数额、扣除事项和数额、扣缴税款的具体数额和总额以及其他相关涉税信息资料。

《国家税务总局关于发布〈个人所得税扣缴申报管理办法（试行）〉的公告》（国家税务总局公告2018年第61号，以下简称《个人所得税扣缴申报管理办法（试行）》）第四条规定，实行个人所得税全员全额扣缴申报的应税所得包括：

（1）工资、薪金所得；

（2）劳务报酬所得；

（3）稿酬所得；

（4）特许权使用费所得；

（5）利息、股息、红利所得；

（6）财产租赁所得；

（7）财产转让所得；

（8）偶然所得。

《个人所得税扣缴申报管理办法（试行）》第三条规定，扣缴义务人每月或者每次预扣、代扣的税款，应当在次月十五日内缴入国库，并向税务机关报送《个人所得税扣缴申报表》(见附录1C)。

《个人所得税扣缴申报管理办法（试行）》第五条规定，扣缴义务人首次向纳税人支付所得时，应当按照纳税人提供的纳税人识别号等基础信息，填写《个人所得税基础信息表（A 表）》（见附录1A），并于次月扣缴申报时向税务机关报送。扣缴义务人对纳税人向其报告的相关基础信息变化情况，应当于次月扣缴申报时向税务机关报送。

要注意的是，综合与分类相结合的税制实施后，个人所得税的纳税申报就有了新的变化与要求，主要变化如表 1-13 所示。

表 1-13　个人所得税的纳税申报新旧变化明细表

所得类型	纳税人	2019 年 1 月 1 日前	2019 年 1 月 1 日后
综合所得：	居民个人	代扣代缴申报	预扣预缴 + 汇算清缴
工资薪金			计税方法（有变化）
劳务报酬			
稿酬所得	非居民个人	代扣代缴申报（无变化）	
特许权使用费所得		计税方法（有变化）	
经营所得	所有	自行申报（无变化）	
		计税方法（有变化）	
其他分类所得	所有	代扣代缴申报（无变化）	
		计税方法（无变化）	

【备注】各项所得的预扣预缴或代扣代缴申报详见本书第三章～第八章的相关内容。

27. 个人所得多重或间接支付的怎么确定扣缴义务人？

答：《国家税务总局关于个人所得税偷税案件查处中有关问题的补充通知》（国税函〔1996〕602 号）第三条明确，按照个人所得税法的规定，向个人支付所得的单位和个人为扣缴义务人。由于支付所得的单位和个人与取得所得的人之间有多重支付的现象，有时难以确定扣缴义务人。为保证全国执行的统一，现将认定标准规定为：凡税务机关认定对所得的支付对象和支付数额有决定权的单位和个人，即为扣缴义务人。

28. 个人所得税代扣代缴手续费如何领取，有金额限制吗？税务机关查补的税款都能领取手续费吗？

答：（1）关于支付手续费比例和限额。《个人所得税法》第十七条规定，对扣缴义务人按照所扣缴的税款，付给百分之二的手续费。《财政部、国家税务总局、中国人民银行关于进一步加强代扣代收代征税款手续费管理的通知》（财行〔2019〕11号，以下简称财行〔2019〕11号文件）第三条第一项规定，法律、行政法规规定的代扣代缴税款，税务机关按不超过代扣税款的2%支付手续费，且支付给单个扣缴义务人年度最高限额70万元，超过限额部分不予支付，对于法律、行政法规明确规定手续费比例的，按规定比例执行。因此，根据法律优于规范性文件的适用原则，个人所得税的代扣代缴手续费应当不受年度70万元的限制。

（2）给付扣缴义务人手续费的程序。《个人所得税法实施条例》第三十三条规定，税务机关按照个人所得税法第十七条的规定付给扣缴义务人手续费，应当填开退还书；扣缴义务人凭退还书，按照国库管理有关规定办理退库手续。

财行〔2019〕11号文件第四条第一项规定，"三代"税款手续费按年据实清算。代扣、代收扣缴义务人和代征人应于每年3月30日前，向税务机关提交上一年度"三代"税款手续费申请相关资料，因"三代"单位或个人自身原因，未及时提交申请的，视为自动放弃上一年度"三代"税款手续费。各级税务机关应严格审核"三代"税款手续费申请情况，并以此作为编制下一年度部门预算的依据。

（3）给付扣缴义务人手续费的范围。国家税务总局公告2018年第61号第十七条第一款规定，对扣缴义务人按照规定扣缴的税款，按年付给百分之二的手续费，不包括税务机关、司法机关等查补或者责令补扣的税款。

财行〔2019〕11号文件第四条第三项规定，税务机关对单位和个人未按照法律、行政法规或者委托代征协议规定履行代扣、代收、代征义务的，不得支付"三代"税款手续费。

（4）扣缴义务人手续费的使用范围。财行〔2019〕11号文件第四条第三项规定，"三代"单位所取得的手续费收入应单独核算，计入本单位收入，用于与"三代"业务直接相关的办公设备、人员成本、信息化建设、耗材、交通费等管理支出。上述支出内容，国家已有相关支出标准的，严格执行有关规定；没有支出标准的，参照当地物价水平及市场价格，按需支出。单位取得的"三代"税款手续费以及手续费的使用，应按照法律、法规有关规定执行。

国家税务总局公告 2018 年第 61 号第十七条第二款规定，扣缴义务人领取的扣缴手续费可用于提升办税能力、奖励办税人员。

29.纳税人拒绝扣缴税款，扣缴义务人该怎么办？

答：根据《中华人民共和国税收征收管理法》（中华人民共和国主席令第 49 号，以下简称《税收征收管理法》）第三十条规定，扣缴义务人依照法律、行政法规的规定履行代扣、代收税款的义务。扣缴义务人依法履行代扣、代收税款义务时，纳税人不得拒绝。纳税人拒绝的，扣缴义务人应当及时报告税务机关处理。

30.扣缴义务人未在规定期限内办理纳税申报的，将承担怎样的法律责任？

答：根据《个人所得税法》第十九条的规定，扣缴义务人违反个人所得税法规定的，依照《税收征收管理法》和有关法律法规的规定追究法律责任。

根据《税收征收管理法》第六十二条的规定，扣缴义务人未按照规定的期限向税务机关报送代扣代缴、代收代缴税款报告表和有关资料的，由税务机关责令限期改正，可以处二千元以下的罚款；情节严重的，可以处二千元以上一万元以下的罚款。

31.扣缴义务人未在规定期限解缴税款的，将承担怎样的法律责任？

答：扣缴义务人未在规定期限解缴税款的，将面临以下法律责任：

（1）加收滞纳金。《税收征收管理法》第三十二条规定，扣缴义务人未按照规定期限解缴税款的，税务机关除责令限期缴纳外，从滞纳税款之日起，按日加收滞纳税款万分之五的滞纳金。

（2）责令限期缴纳，逾期仍未缴纳的，强制执行。《税收征收管理法》第四十条规定，扣缴义务人未按照规定的期限缴纳或者解缴税款，由税务机关责令限期缴纳，逾期仍未缴纳的，经县以上税务局（分局）局长批准，税务机关可以采取下列强制执行措施：

1）书面通知其开户银行或者其他金融机构从其存款中扣缴税款；

2）扣押、查封、依法拍卖或者变卖其价值相当于应纳税款的商品、货物或者其他财产，以拍卖或者变卖所得抵缴税款。

税务机关采取强制执行措施时，对扣缴义务人未缴纳的滞纳金同时强制执行。

个人及其所扶养家属维持生活必需的住房和用品，不在强制执行措施的范围之内。

（3）行政处罚。《税收征收管理法》第六十八条规定，扣缴义务人在规定期限内不缴或者少缴应解缴的税款，经税务机关责令限期缴纳，逾期仍未缴纳的，税务机关除依法采取强制执行措施追缴其不缴或者少缴的税款外，可以处不缴或者少缴的税款百分之五十以上五倍以下的罚款。

32. 扣缴义务人不履行扣缴义务，将承担怎样的法律责任？

答：《税收征收管理法》第六十九条规定，扣缴义务人应扣未扣税款的，由税务机关向纳税人追缴税款，对扣缴义务人处应扣未扣税款百分之五十以上三倍以下的罚款。

《国家税务总局关于贯彻〈中华人民共和国税收征收管理法〉及其实施细则若干具体问题的通知》（国税发〔2003〕47号）第二条第（三）款规定，扣缴义务人违反征管法及其实施细则规定应扣未扣税款的，税务机关除按征管法及其实施细则的有关规定对其给予处罚外，应当责成扣缴义务人限期将应扣未扣的税款补扣。

33. 扣缴义务人采取虚假申报，少缴已扣缴税款，将承担怎样的法律责任？

答：《税收征收管理法》第六十三条规定，扣缴义务人采取伪造、变造、隐匿、擅自销毁账簿、记账凭证，或者在账簿上多列支出或者不列、少列收入，或者经税务机关通知申报而拒不申报或者进行虚假的纳税申报，不缴或者少缴已扣、已收税款，由税务机关追缴其不缴或者少缴的税款、滞纳金，并处不缴或者少缴的税款百分之五十以上五倍以下的罚款；构成犯罪的，依法追究刑事责任。

34. 签订劳务合同约定不含税收入，扣缴义务人未扣缴申报个人所得税会被追究刑事责任吗？

答：《最高人民法院关于审理偷税、抗税刑事案件具体应用法律若干问题的解释》（法释〔2002〕33号，2002年11月7日起）规定，扣缴义务人书面承诺代纳税人支付税款的，应当认定扣缴义务人"已扣、已收税款"。

扣缴义务人采取伪造、变造、隐匿、擅自销毁账簿、记账凭证，或者在账簿上多列支出或者不列、少列收入，或者经税务机关通知申报而拒不申报或者进行虚假的纳税申报，不缴或者少缴已扣、已收税款，数额在一万元以上且占应缴税额百分之十以上的，依照刑法第二百零一条第一款的规定定罪处罚。

【相关法律链接】《刑法》第二百零一条

纳税人采取欺骗、隐瞒手段进行虚假纳税申报或者不申报，逃避缴纳税款数额较大并且占应纳税额百分之十以上的，处三年以下有期徒刑或者拘役，并处罚金；数额巨大并且占应纳税额百分之三十以上的，处三年以上七年以下有期徒刑，并处罚金。

扣缴义务人采取前款所列手段，不缴或者少缴已扣、已收税款，数额较大的，依照前款的规定处罚。

对多次实施前两款行为，未经处理的，按照累计数额计算。

有第一款行为，经税务机关依法下达追缴通知后，补缴应纳税款，缴纳滞纳金，已受行政处罚的，不予追究刑事责任；但是，五年内因逃避缴纳税款受过刑事处罚或者被税务机关给予二次以上行政处罚的除外。

七、自行申报和申请退税

35. 自然人如何取得纳税人识别号？

答：《个人所得税法》第九条第二款规定，纳税人有中国公民身份号码的，以中国公民身份号码为纳税人识别号；纳税人没有中国公民身份号码的，由税务机关赋予其纳税人识别号。扣缴义务人扣缴税款时，纳税人应当向扣缴义务人提供纳税人识别号。

《国家税务总局关于自然人纳税人识别号有关事项的公告》（国家税务总局公告 2018 年第 59 号）对纳税人识别号有关事项做了如下规定：

（1）自然人纳税人识别号，是自然人纳税人办理各类涉税事项的唯一代码标识。

（2）纳税人首次办理涉税事项时，应当向税务机关或者扣缴义务人出示有效身份证件，并报送相关基础信息。

"有效身份证件"，是指：

1）纳税人为中国公民且持有有效《中华人民共和国居民身份证》（以下简称"居民身份证"）的，为居民身份证。

2）纳税人为华侨且没有居民身份证的，为有效的《中华人民共和国护照》和华侨身份证明。

3）纳税人为港澳居民的，为有效的《港澳居民来往内地通行证》或《中华人民共和国港澳居民居住证》。

4）纳税人为台湾居民的，为有效的《台湾居民来往大陆通行证》或《中华人民共和国台湾居民居住证》。

5）纳税人为持有有效《中华人民共和国外国人永久居留身份证》（以下简称"永久居留证"）的外籍个人的，为永久居留证和外国护照；未持有永久居留证但持有有效《中华人民共和国外国人工作许可证》（以下简称"工作许可证"）的，为工作许可证和外国护照；其他外籍个人，为有效的外国护照。

（3）税务机关应当在赋予自然人纳税人识别号后告知或者通过扣缴义务人告知纳税人其纳税人识别号，并为自然人纳税人查询本人纳税人识别号提供便利。

（4）自然人纳税人办理纳税申报、税款缴纳、申请退税、开具完税凭证、纳税查询等涉税事项时应当向税务机关或扣缴义务人提供纳税人识别号。

36. 个人信息与实际情况不符的，该如何处理？

答：《个人所得税法实施条例》第三十条规定，扣缴义务人应当按照纳税人提供的信息计算办理扣缴申报，不得擅自更改纳税人提供的信息。

纳税人发现扣缴义务人提供或者扣缴申报的个人信息、所得、扣缴税款等与实际情况不符的，有权要求扣缴义务人修改。扣缴义务人拒绝修改的，纳税人应当报告税务机关，税务机关应当及时处理。

《个人所得税扣缴申报管理办法（试行）》第十四条第二款规定，扣缴义务人发现纳税人提供的信息与实际情况不符的，可以要求纳税人修改。纳税人拒绝修改的，扣缴义务人应当报告税务机关，税务机关应当及时处理。

37. 纳税人应当办理纳税申报的情形有哪些？

答：《个人所得税法》第十条规定，有下列情形之一的，纳税人应当依法办理纳税申报：

（1）取得综合所得需要办理汇算清缴；

（2）取得应税所得没有扣缴义务人；

（3）取得应税所得，扣缴义务人未扣缴税款；

（4）取得境外所得；

（5）因移居境外注销中国户籍；

（6）非居民个人在中国境内从两处以上取得工资、薪金所得；

（7）国务院规定的其他情形。

38. 纳税人自行申报个人所得税的期限是多长时间？

答：根据《个人所得税法》第十一条、第十三条、第十四条的规定，个人所得税的具体申报期限有以下规定：

（1）居民个人的综合所得，由扣缴义务人按月或者按次预扣预缴税款，应当在次月十五日内缴入国库。需要办理汇算清缴的，居民个人应当自取得所得次年三月一日至六月三十日内办理汇算清缴。

（2）非居民个人取得综合所得，有扣缴义务人的，由扣缴义务人按月或者按次扣缴税款，应当在次月十五日内缴入国库。

非居民个人在中国境内从两处以上取得工资、薪金所得的，应当在取得所得的次月十五日内向税务机关申报纳税。

（3）纳税人取得经营所得的，应当在月度或者季度终了后十五日内向税务机关报送纳税申报表，并预缴税款；次年三月三十一日前办理汇算清缴。

（4）纳税人取得利息、股息、红利所得，财产租赁所得，财产转让所得和偶然所得，按月或按者按次计算个人所得税，有扣缴义务人的，由扣缴务人按月或按次代扣代缴税款，应当在次月十五日内缴入国库。

（5）纳税人取得应税所得没有扣缴义务人的，应当在取得所得的次月十五日内向税务机关报送纳税申报表，并缴纳税款。

（6）纳税人取得应税所得，扣缴义务人没有扣缴税款的，应当在取得所得的次年六月三十日前，缴纳税款；税务机关通知限期缴纳的，纳税人应当按照期限缴纳税款。

（7）纳税人从中国境外取得所得的，应当在取得所得的次年三月一日至六月三十日内申报纳税。

（8）纳税人因移居境外注销中国户籍的，应当在注销中国户籍前办理税款清算。

《国家税务总局关于个人所得税自行纳税申报有关问题的公告》（国家税务总局公告 2018 年第 62 号，以下简称《个人所得税自行纳税申报有关问题的公告》）专门对纳税人取得综合所得需要办理汇算清缴的纳税申报，取得经营所得的纳税申报，取得应税所得扣缴义务人未扣缴税款的纳税申报，取得境外所得的纳税申报，因移居境外注销中国户籍的纳税申报，非居民个人在中国境内从两处以上取得工资、薪金所得的纳税申报六种情形如何自行申报做了详细的规定。操作要点如表 1-14 所示。

表1-14　个人所得税自行申报操作要点明细表

项　目	具体情形	申报期限	申报表类型
居民个人取得综合所得	扣缴义务人已预扣预缴税款，需要办理汇算清缴的	次年三月一日至六月三十日内	个人所得税年度自行纳税申报表（见附录1E）
	扣缴义务人没有扣缴的		
非居民个人取得工资、薪金所得，劳务报酬所得，稿酬所得，特许权使用费所得	没有扣缴义务人	次月十五日内	个人所得税自行纳税申报表（A 表）（见附录1D）
	从两处以上取得工资、薪金所得		
	扣缴义务人没有扣缴	次年六月三十日前或先离境的，离境前	

(续)

项　目	具体情形	申报期限	申报表类型
纳税人取得经营所得的	预缴纳税申报	月度或者季度终了后十五日内	个人所得税经营所得纳税申报表（A表）（见附录4A）
	汇算清缴	次年三月三十一日前	个人所得税经营所得纳税申报表（B表）（见附录4B）
	从两处以上取得经营所得汇总申报		个人所得税经营所得纳税申报表（C表）（见附录4C）
纳税人取得利息、股息、红利所得，财产租赁所得，财产转让所得和偶然所得	没有扣缴义务人	次月十五日内	个人所得税自行纳税申报表（A表）
	扣缴义务人没有扣缴	次年六月三十日前	
纳税人从中国境外取得所得		次年三月一日至六月三十日内	个人所得税自行纳税申报表（A表）
纳税人因移居境外注销中国户籍	取得综合所得	注销中国户籍前	个人所得税年度自行纳税申报表
	取得经营所得		个人所得税经营所得纳税申报表（B表）（C表）
	取得其他所得		个人所得税自行纳税申报表（A表）

注：1. 纳税人办理自行纳税申报时，应当一并报送税务机关要求报送的其他有关资料。首次申报或者个人基础信息发生变化的，还应报送《个人所得税基础信息表（B表）》（见附录1B）。
2. 纳税人在办理纳税申报时需要享受税收协定待遇的，按照享受税收协定待遇的有关办法办理。

【备注】各种情形的自行申报规定详见本书各章节的相关内容。

39. 居民个人取得综合所得需要办理汇算清缴的情形有哪些？可以委托他人办理吗？

答：根据《个人所得税法实施条例》第二十五条的规定，居民个人取得综合所得需要办理汇算清缴的，包括下列情形：

（1）从两处以上取得综合所得，且综合所得年收入额减除专项扣除的余额超过6万元；

（2）取得劳务报酬所得、稿酬所得、特许权使用费所得中一项或者多项所得，且综合所得年收入额减除专项扣除的余额超过6万元；

（3）纳税年度内预缴税额低于应纳税额；

（4）纳税人申请退税。

《个人所得税法实施条例》第二十九条规定，纳税人可以委托扣缴义务人或者其他单位和个人办理汇算清缴。

40. 个人多缴税款如何申请办理退税？

答：《个人所得税法》第十四条第二款规定，纳税人办理汇算清缴退税或者扣缴义务人为纳税人办理汇算清缴退税的，税务机关审核后，按照国库管理的有关规定办理退税。

根据《个人所得税法实施条例》第二十五条、第三十一条的规定，把握以下四个关键点：

（1）纳税人取得综合所得申请退税需要办理汇算清缴。

（2）纳税人申请退税时提供的汇算清缴信息有错误的，税务机关应当告知其更正；纳税人更正的，税务机关应当及时办理退税。

（3）纳税人申请退税，应当提供其在中国境内开设的银行账户，并在汇算清缴地就地办理税款退库。

（4）扣缴义务人未将扣缴的税款解缴入库的，不影响纳税人按照规定申请退税，税务机关应当凭纳税人提供的有关资料办理退税。

41. 个人有多处、多种所得，向哪儿的主管税务机关申报？

答：《个人所得税自行纳税申报有关问题的公告》对个人办理纳税申报的地

点，即主管税务机关的确定做了以下规定，如表 1-15 所示。

表 1-15　个人所得税自行申报纳税地点明细表

项　目	具体情形	主管税务机关
（1）居民个人取得综合所得的	取得综合所得需要办理汇算清缴，有任职、受雇单位的	任职、受雇单位所在地。有两处以上的，选择其中一处
	没有任职、受雇单位的	户籍所在地或经常居住地
（2）取得经营所得的	办理预缴纳税申报	经营管理所在地
	办理汇算清缴	经营管理所在地
	从两处以上取得经营所得的年度汇总申报	选择其中一处经营管理所在地
（3）取得应税所得，扣缴义务人未扣缴税款的	居民个人取得综合所得的	按情形（1）确定
	非居民个人取得工资、薪金所得，劳务报酬所得，稿酬所得，特许权使用费所得的	扣缴义务人所在地，有两个以上扣缴义务人均未扣缴税款的，选择其中一处扣缴义务人
	纳税人取得利息、股息、红利所得，财产租赁所得，财产转让所得和偶然所得的	按相关规定向主管税务机关办理纳税申报
（4）取得境外所得的	境内有任职、受雇单位的	境内任职、受雇单位所在地
	没有任职、受雇单位的	户籍所在地或经常居住地
	在中国境内没有户籍的	经常居住地
（5）因移居境外注销中国户籍的		户籍所在地
（6）非居民个人在中国境内从两处以上取得工资、薪金所得的		其中一处任职、受雇单位所在地

42. 扣缴义务人未将税款解缴入库，纳税人汇缴时可以申请退税吗？

答：《个人所得税法实施条例》第三十一条第二款规定，扣缴义务人未将扣缴的税款解缴入库的，不影响纳税人按照规定申请退税，税务机关应当凭纳税人提供的有关资料办理退税。

不少读者对上述条款不理解，编者作为多年从事所得税管理的人员，在此谈谈个人的理解，供读者参考。

《个人所得税法》第九条、第十条,《个人所得税法实施条例》第二十四条规定,个人所得税以所得人为纳税人,以支付所得的单位或者个人为扣缴义务人;扣缴义务人向个人支付应税款项时,应当依照《个人所得税法》的规定预扣或代扣税款,按时缴库,并专项记载备查;扣缴义务人应当按照国家规定办理全员全额扣缴申报,并向纳税人提供其个人所得和已扣缴税款等信息。

从上述规定可以看出,对于纳税人来说,税款被扣缴义务人预扣或代扣,其被国家无偿课税的义务已然完成,法律并未赋予其监督税款缴入库的权利。至于扣缴义务人是否将预扣、代扣的税款及时、足额解缴入国库,那是扣缴义务人的义务,有其相对应的法律责任,税务机关可以根据《税收征收管理法》第三十二条、第四十条、第六十三条第一款、第六十八条的规定,追缴扣缴义务人未解缴的税款,依法加收滞纳金,并加处罚款,涉嫌逃避缴纳税款罪的,依法移送司法机关追究刑事责任。

《个人所得税法》第十一条规定,居民个人取得综合所得,按年计算个人所得税;有扣缴义务人的,由扣缴义务人按月或者按次预扣预缴税款;需要办理汇算清缴的,应当在取得所得的次年三月一日至六月三十日内办理汇算清缴。**因此,《个人所得税法实施条例》做出规定,只要税款被扣缴义务人实际预扣代扣,若汇算清缴发生符合退税的情形,无论扣缴义务人是否将所扣税款解缴入库,纳税人都可以申请办理退税。**编者认为这是"充分还责于扣缴义务人,还权于纳税人",是个人所得税立法的一大进步。

【案例1-18】扣缴义务人未将扣缴税款解缴入库的退税

章美丽于2019年5月与黑土公司签订一项非专利技术使用费协议,约定税后168 000元,应预扣预缴的个人所得税由黑土公司依法进行扣缴申报,章美丽年终汇算清缴后,多退少补的税款由其自行承担。章美丽2019年全年在其任职单位取得工资、薪金所得80 000元,实际缴纳三险一金16 000元,符合规定的专项附加扣除为24 000元,因为收入较低,单位没有扣缴个人所得税。假设章美丽无其他综合所得项目,如果在2020年6月30日她发现黑土公司没有将预扣预缴的税款向主管税务关申报缴纳,该如何处理?

解析：

《个人所得税扣缴申报管理办法（试行）》第八条规定，特许权使用费所得以收入减除费用后的余额为收入额。每次收入不超过四千元的，减除费用按八百元计算；每次收入四千元以上的，减除费用按收入的百分之二十计算，特许权使用费所得适用百分之二十的预扣率。居民个人办理年度综合所得汇算清缴时，应当依法计算特许权使用费所得的收入额，并入年度综合所得计算应纳税款，税款多退少补。

（1）章美丽2019年5月取得的税后特许权使用费所得应还原成税前应税收入额：

特许权使用费所得应税收入额=168 000÷[1-（1-20%）×20%]×（1-20%）=160 000（元）

（2）黑土公司2019年5月应预扣预缴的税款=160 000×20%=32 000（元）

（3）章美丽2019年综合所得应补（退）税额：

应纳税所得额=80 000+160 000-60 000-16 000-24 000=140 000（元）

适用税率10%，速算扣除数2 520。

应交个人所得税=140 000×10%-2 520=11 480（元）

应退个人所得税=32 000-11 480=20 520（元）

《个人所得税法实施条例》第三十一条第二款规定，扣缴义务人未将扣缴的税款解缴入库的，不影响纳税人按照规定申请退税，税务机关应当凭纳税人提供的有关资料办理退税。章美丽应当在向其办理汇算清缴的主管税务机关申请退税的同时，提交与黑土公司签订的非专利技术使用费协议、黑土公司的付款记录和凭证，证明其特许权使用费所得已被黑土公司预扣预缴个人所得税，获得的是已经被扣缴税款后的所得，税务机关应当为章美丽办理退税，同时根据《税收征收管理法》的有关规定，向黑土公司追缴其已扣未缴的税款、滞纳金，并给予相当于未解缴税款50%以上5倍以下的罚款，涉嫌犯罪的，依法移送司法机关追究其刑事责任。

43. 纳税人可以通过App或Web页面办理个人所得税申报吗？

答：《个人所得税自行纳税申报有关问题的公告》第七条规定，纳税人可以采用远程办税端、邮寄等方式申报，也可以直接到主管税务机关申报。

远程办税端目前主要有以下两个渠道：

（1）在所在省税务局"自然人办税服务平台"网页，注册、登录后，按提示信息进行纳税申报。

（2）通过"个人所得税"App 进行纳税申报。对于安卓手机系统，可以登录所在省税务局"自然人办税服务平台"网页，首页"个人所得税 App 扫码登录"二维码下方有一个"手机端下载"，点击后，通过手机扫码下载"个人所得税"App 安装即可。大家也可以通过各大手机应用商城，搜索"个人所得税"下载 App；对于苹果手机系统，请在苹果应用商店 App Store 搜索"个人所得税"下载 App。

44. 2019 年个税完税证明改成了纳税记录，纳税人如何申请开具？

答： 为进一步贯彻落实党中央、国务院关于减证便民、优化服务的部署要求，适应个人所得税制度改革需要，国家税务总局决定将个人所得税《税收完税证明》（文书式）调整为《纳税记录》。《国家税务总局关于将个人所得税〈税收完税证明〉（文书式）调整为〈纳税记录〉有关事项的公告》（国家税务总局公告 2018 年第 55 号）中做了如下具体规定：

（1）开具范围。一是纳税人可就其税款所属期为 2019 年 1 月 1 日（含）以后的个人所得税缴（退）税情况，向税务机关申请开具《个人所得税纳税记录》（见图 1-1，以下简称《纳税记录》）。二是税款所属期为 2018 年 12 月 31 日（含）以前的个人所得税缴（退）税情况，税务机关继续开具个人所得税《税收完税证明》（文书式）。

（2）开具方式。一是纳税人可以通过电子税务局、手机 App 申请开具本人的个人所得税《纳税记录》，也可到办税服务厅申请开具；二是纳税人可以委托他人代为开具。由于个人所得税《纳税记录》涉及纳税人敏感信息，为更好地保护纳税人隐私，代为开具将实行更为严格的管理：受托人必须到办税服务厅办理，其他渠道不提供代为开具服务；受托人须提供本人和委托人有效身份证件原件以及委托人签发的书面授权，确保授权的真实性和合法性。

(xxxx) xxxx 记录 00000000

中华人民共和国
个人所得税纳税记录

（原《税收完税证明》）

查询验证码
xxxx-xxxx-xxxx-xxxx

记 录 期 间：

纳 税 人 名 称：　　　　　　纳税人识别号：

身份证件类型：　　　　　　身份证件号码：

金额单位:元

申报日期	实缴(退)金额	入(退)库日期	……	……	……	
金额合计						

说明：

1.本记录涉及纳税人敏感信息，请妥善保存；

2.您可通过以下方式对本记录进行验证：

(1) 通过手机 App 扫描右上角二维码进行验证；

(2) 通过自然人税收管理系统输入右上角查询验证码进行验证；

3.不同打印设备造成的色差不影响使用效力。

开具机关(盖章)：国家税务总局XX省税务局 业务专用章

开具时间：

本凭证不作纳税人记账、抵扣凭证　　　　当前第 1 页，共 1 页

图 1-1　个人所得税纳税记录

（3）"零纳税"情形下《纳税记录》的开具。纳税人2019年1月1日以后取得应税所得并由扣缴义务人向税务机关办理了全员全额扣缴申报，或根据税法规定自行向税务机关办理纳税申报的，不论是否实际缴纳税款，均可以申请开具《纳税记录》。

（4）信息验证。为防止篡改、伪造个人所得税《纳税记录》，税务机关提供个人所得税《纳税记录》的验证服务，支持通过电子税务局、手机App等方式进行验证。具体验证方法有：一是纳税人、政府部门和其他第三方可以通过扫描个人所得税《纳税记录》中的二维码对相关信息进行验证；二是个人所得税《纳税记录》中还设有验证码，也可以通过登录电子税务局对个人所得税《纳税记录》进行验证。

（5）异议处理。纳税人对个人所得税《纳税记录》存在异议的，可通过电子税务局、手机App渠道申请核实，也可到异议信息列明的税务机关申请核实。

（6）式样说明。个人所得税《纳税记录》因不同打印设备造成的色差，不影响使用效力。

45. 纳税人或扣缴义务人未在规定期限内办理纳税申报的，将承担怎样的法律责任？

答：根据《个人所得税法》第十九条的规定，纳税人违反《个人所得税法》规定的，依照《税收征收管理法》和有关法律法规的规定追究法律责任。

《税收征收管理法》第六十二条规定，纳税人未按照规定的期限办理纳税申报和报送纳税资料的，由税务机关责令限期改正，可以处二千元以下的罚款；情节严重的，可以处二千元以上一万元以下的罚款。

46. 纳税人不申报缴纳个人所得税，将承担怎样的法律责任？

答：根据《个人所得税法》第十九条的规定，纳税人违反《个人所得税法》规定的，依照《税收征收管理法》和有关法律法规的规定追究法律责任。判定法律责任，需要区别个人是否负有申报义务分别处理：

（1）对于负有自行申报义务的纳税人，如果不按规定进行纳税申报，不缴、少缴个人所得税的，根据《税收征收管理法》第六十三条的规定，纳税人伪造、变造、隐匿、擅自销毁账簿、记账凭证，或者在账簿上多列支出或者不列、少列收入，或者经税务机关通知申报而拒不申报或者进行虚假的纳税申报，不缴或者少缴应纳税款的，是偷税。对纳税人偷税的，由税务机关追缴其不缴或者少缴的税款、滞纳金，并处不缴或者少缴的税款百分之五十以上五倍以下的罚款；构成犯罪的，依法追究刑事责任。

（2）对于不需要自行纳税申报的纳税人，扣缴义务人未扣缴税款的，根据《税收征收管理法》第六十四条的规定，纳税人编造虚假计税依据的，由税务机关责令限期改正，并处五万元以下的罚款。纳税人不进行纳税申报，不缴或者少缴应纳税款的，由税务机关追缴其不缴或者少缴的税款、滞纳金，并处不缴或者少缴的税款百分之五十以上五倍以下的罚款。

47. 纳税人未在规定期限缴纳税款的，将承担怎样的法律责任？

答：纳税人未在规定期限缴纳税款的，将面临以下法律责任：

（1）加收滞纳金。根据《税收征收管理法》第三十二条的规定，纳税人未按照规定期限缴纳税款的，税务机关除责令限期缴纳外，从滞纳税款之日起，按日加收滞纳税款万分之五的滞纳金。

（2）责令限期缴纳，逾期仍未缴纳的，强制执行。根据《税收征收管理法》第四十条的规定，从事生产、经营的纳税人未按照规定的期限缴纳税款，纳税担保人未按照规定的期限缴纳所担保的税款，由税务机关责令限期缴纳，逾期仍未缴纳的，经县以上税务局（分局）局长批准，税务机关可以采取下列强制执行措施：

1）书面通知其开户银行或者其他金融机构从其存款中扣缴税款；

2）扣押、查封、依法拍卖或者变卖其价值相当于应纳税款的商品、货物或者其他财产，以拍卖或者变卖所得抵缴税款。

税务机关采取强制执行措施时，对前款所列纳税人、纳税担保人未缴纳的滞纳金同时强制执行。

个人及其所扶养家属维持生活必需的住房和用品，不在强制执行措施的范围之内。

（3）行政处罚。根据《税收征收管理法》第六十八条的规定，纳税人在规定期限内不缴或者少缴应纳税款，经税务机关责令限期缴纳，逾期仍未缴纳的，税务机关除依照《税收征收管理法》第四十条的规定采取强制执行措施追缴其不缴或者少缴的税款外，可以处不缴或者少缴的税款百分之五十以上五倍以下的罚款。

附录 1A

个人所得税基础信息表（A表）及其填报说明

个人所得税基础信息表（A表）

（适用于扣缴义务人填报）

扣缴义务人名称：

扣缴义务人纳税人识别号（统一社会信用代码）：□□□□□□□□□□□□□□□□□□

序号	纳税人识别号（带*必填）	纳税人基本信息					任职受雇从业信息				联系方式				银行账户		投资信息		其他信息		华侨、港澳台、外籍个人信息（带*必填）				备注
		*纳税人姓名	*身份证件类型	*身份证件号码	*出生日期	*国籍/地区	类型	职务	学历	任职受雇日期	离职日期	手机号码	户籍所在地	经营居住地	联系地址	电子邮箱	开户银行	银行账号	投资额（元）	投资比例	是否残疾/孤老/烈属	残疾/烈属证号	*出生地	*性别	*首次入境时间	*预计离境时间	*涉税事由	
1	2	3	4	5	6	7	8	9	10	11	12	13	14	15	16	17	18	19	20	21	22	23	24	25	26	27	28	29

谨声明：本表是根据国家税收法律法规及相关规定填报的，是真实的、可靠的、完整的。

经办人签字：　　　　　　　　　　　　　　　　　　扣缴义务人（签章）：

经办人身份证件号码：

代理机构签章：　　　　　　　　　　　　　　　　　受理人：

代理机构统一社会信用代码：　　　　　　　　　　　受理税务机关（章）：

受理日期：　　年　月　日

国家税务总局监制

填报说明

一、适用范围

本表由扣缴义务人填报。适用于扣缴义务人办理全员全额扣缴申报时，填报其支付所得的纳税人的基础信息。

二、报送期限

扣缴义务人首次向纳税人支付所得，或者纳税人相关基础信息发生变化的，应当填写本表，并于次月扣缴申报时向税务机关报送。

三、本表各栏填写

本表带"*"项目分为必填和条件必填，其余项目为选填。

（一）表头项目

1.扣缴义务人名称：填写扣缴义务人的法定名称全称。

2.扣缴义务人纳税人识别号（统一社会信用代码）：填写扣缴义务人的纳税人识别号或者统一社会信用代码。

（二）表内各栏

1.第2~8列"纳税人基本信息"：填写纳税人姓名、证件等基本信息。

（1）第2列"纳税人识别号"：有中国公民身份号码的，填写中华人民共和国居民身份证上载明的"公民身份号码"；没有中国公民身份号码的，填写税务机关赋予的纳税人识别号。

（2）第3列"纳税人姓名"：填写纳税人姓名。外籍个人英文姓名按照"先姓（surname）后名（given name）"的顺序填写，确实无法区分姓和名的，按照证件上的姓名顺序填写。

（3）第4列"身份证件类型"：根据纳税人实际情况填写。

1）有中国公民身份号码的，应当填写《中华人民共和国居民身份证》（简称"居民身份证"）。

2）华侨应当填写《中华人民共和国护照》（简称"中国护照"）。

3）港澳居民可选择填写《港澳居民来往内地通行证》（简称"港澳居民通行证"）或者《中华人民共和国港澳居民居住证》（简称"港澳居民居住证"）；台湾居民可选择填写《台湾居民来往大陆通行证》（简称"台湾居民通行证"）或者《中华人民共和

国台湾居民居住证》(简称"台湾居民居住证")。

4）外籍人员可选择填写《中华人民共和国外国人永久居留身份证》（简称"外国人永久居留证"）、《中华人民共和国外国人工作许可证》（简称"外国人工作许可证"）或者"外国护照"。

5）其他符合规定的情形填写"其他证件"。

身份证件类型选择"港澳居民居住证"的，应当同时填写"港澳居民通行证"；身份证件类型选择"台湾居民居住证"的，应当同时填写"台湾居民通行证"；身份证件类型选择"外国人永久居留证"或者"外国人工作许可证"的，应当同时填写"外国护照"。

（4）第5～6列"身份证件号码""出生日期"：根据纳税人身份证件上的信息填写。

（5）第7列"国籍/地区"：填写纳税人所属的国籍或者地区。

2.第8～12列"任职受雇从业信息"：填写纳税人与扣缴义务人之间的任职受雇从业信息。

（1）第8列"类型"：根据实际情况填写"雇员""保险营销员""证券经纪人"或者"其他"。

（2）第9～12列"职务""学历""任职受雇从业日期""离职日期"：其中，当第8列"类型"选择"雇员""保险营销员"或者"证券经纪人"时，填写纳税人与扣缴义务人建立或者解除相应劳动或者劳务关系的日期。

3.第13～17列"联系方式"。

（1）第13列"手机号码"：填写纳税人境内有效手机号码。

（2）第14～16列"户籍所在地""经常居住地""联系地址"：填写纳税人境内有效户籍所在地、经常居住地或者联系地址，按以下格式填写（具体到门牌号）：__省（区、市）__市__区（县）__街道（乡、镇）__。

（3）第17列"电子邮箱"：填写有效的电子邮箱。

4.第18～19列"银行账户"：填写个人境内有效银行账户信息，开户银行填写到银行总行。

5.第20～21列"投资信息"：纳税人为扣缴单位的股东、投资者的，填写本栏。

6.第22～23列"其他信息"：如纳税人有"残疾、孤老、烈属"情况的，填写本栏。

7. 第24～28列"华侨、港澳台、外籍个人信息":纳税人为华侨、港澳台居民、外籍个人的填写本栏。

(1) 第24列"出生地":填写华侨、港澳台居民、外籍个人的出生地,具体到国家或者地区。

(2) 第26～27列"首次入境时间""预计离境时间":填写华侨、港澳台居民、外籍个人首次入境和预计离境的时间,具体到年月日。预计离境时间发生变化的,应及时进行变更。

(3) 第28列"涉税事由":填写华侨、港澳台居民、外籍个人在境内涉税的具体事由,包括"任职受雇""提供临时劳务""转让财产""从事投资和经营活动""其他"。如有多项事由的,应同时填写。

四、其他事项说明

以纸质方式报送本表的,应当一式两份,扣缴义务人、税务机关各留存一份。

附录 1B

个人所得税基础信息表（B表）及其填报说明

个人所得税基础信息表（B表）

（适用于自然人填报）

纳税人识别号：□□□□□□□□□□□□□□□□□□

基本信息（带 * 必填）			
基本信息	* 纳税人姓名	中文名	英文名
	* 身份证件	证件类型一	证件号码
		证件类型二	证件号码
	* 国籍/地区		* 出生日期　　年　月　日
联系方式	户籍所在地	省（区、市）　　市　　区（县）　　街道（乡、镇）	
	经常居住地	省（区、市）　　市　　区（县）　　街道（乡、镇）	
	联系地址	省（区、市）　　市　　区（县）　　街道（乡、镇）	
	* 手机号码		电子邮箱
其他信息	开户银行		银行账号
	学历	□研究生　□大学本科　□大学本科以下	
	特殊情形	□残疾　　残疾证号　　　　□烈属　烈属证号　　　□孤老	

任职、受雇、从业信息			
任职受雇从业单位	名称		国家/地区
	纳税人识别号（统一社会信用代码）		任职受雇从业日期　年　月	离职日期　年　月
	类型	□雇员　□保险营销员 □证券经纪人　□其他	职务　　　　□高层　□其他

(续)

	名称	国家/地区	任职受雇从业日期	离职日期	
任职受雇从业单位二	纳税人识别号（统一社会信用代码）		年 月	年 月	年 月
任职受雇从业单位二	类型	□雇员 □保险营销员 □证券经纪人 □其他	职务	□高层 □其他	

该栏仅由投资者纳税人填写

	名称	国家/地区	投资额（元）	投资比例
被投资单位一	纳税人识别号（统一社会信用代码）			
被投资单位二	名称	国家/地区	投资额（元）	投资比例
被投资单位二	纳税人识别号（统一社会信用代码）			

该栏仅由华侨、港澳台、外籍个人填写（带 * 必填）

*出生地		*首次入境时间	年 月 日
*性别		*预计离境时间	年 月 日
*涉税事由	□任职受雇 □提供临时劳务 □转让财产 □从事投资和经营活动 □其他		年 月 日

谨声明：本表是根据国家税收法律法规及相关规定填报的，是真实的、可靠的、完整的。

纳税人（签字）：　　　　　　年　月　日

经办人签字：

经办人身份证件号码：

代理机构签章：

代理机构统一社会信用代码：

受理人：

受理税务机关（章）：

受理日期：　　年　月　日

国家税务总局监制

填报说明

一、适用范围

本表适用于自然人纳税人基础信息的填报。

二、报送期限

自然人纳税人初次向税务机关办理相关涉税事宜时填报本表；初次申报后，以后仅需在信息发生变化时填报。

三、本表各栏填写

本表带"*"的项目为必填或者条件必填，其余项目为选填。

(一)表头项目

纳税人识别号：有中国公民身份号码的，填写中华人民共和国居民身份证上载明的"公民身份号码"；没有中国公民身份号码的，填写税务机关赋予的纳税人识别号。

(二)表内各栏

1.基本信息：

（1）纳税人姓名：填写纳税人姓名。外籍个人英文姓名按照"先姓（surname）后名（given name）"的顺序填写，确实无法区分姓和名的，按照证件上的姓名顺序填写。

（2）身份证件：填写纳税人有效的身份证件类型及号码。

"证件类型一"按以下原则填写：

1）有中国公民身份号码的，应当填写《中华人民共和国居民身份证》(简称"居民身份证")。

2）华侨应当填写《中华人民共和国护照》(简称"中国护照")。

3）港澳居民可选择填写《港澳居民来往内地通行证》(简称"港澳居民通行证")或者《中华人民共和国港澳居民居住证》(简称"港澳居民居住证")；台湾居民可选择填写《台湾居民来往大陆通行证》(简称"台湾居民通行证")或者《中华人民共和国台湾居民居住证》(简称"台湾居民居住证")。

4）外籍个人可选择填写《中华人民共和国外国人永久居留身份证》(简称"外国人永久居留证")、《中华人民共和国外国人工作许可证》(简称"外国人工作许可证")或者"外国护照"。

5)其他符合规定的情形填写"其他证件"。

"证件类型二"按以下原则填写：证件类型一选择"港澳居民居住证"的，证件类型二应当填写"港澳居民通行证"；证件类型一选择"台湾居民居住证"的，证件类型二应当填写"台湾居民通行证"；证件类型一选择"外国人永久居留证"或者"外国人工作许可证"的，证件类型二应当填写"外国护照"。证件类型一已选择"居民身份证""中国护照""港澳居民通行证""台湾居民通行证"或"外国护照"，证件类型二可不填。

（3）国籍／地区：填写纳税人所属的国籍或地区。

（4）出生日期：根据纳税人身份证件上的信息填写。

（5）户籍所在地、经常居住地、联系地址：填写境内地址信息，至少填写一项。有居民身份证的，"户籍所在地""经常居住地"必须填写其中之一。

（6）手机号码、电子邮箱：填写境内有效手机号码，港澳台、外籍个人可以选择境内有效手机号码或电子邮箱中的一项填写。

（7）开户银行、银行账号：填写有效的个人银行账户信息，开户银行填写到银行总行。

（8）特殊情形：纳税人为残疾、烈属、孤老的，填写本栏。残疾、烈属人员还需填写残疾／烈属证件号码。

2.任职、受雇、从业信息：填写纳税人任职受雇从业的有关信息。其中，中国境内无住所个人有境外派遣单位的，应在本栏除填写境内任职受雇从业单位、境内受聘签约单位情况外，还应一并填写境外派遣单位相关信息。填写境外派遣单位时，其纳税人识别号（统一社会信用代码）可不填。

3.投资者纳税人填写栏：由自然人股东、投资者填写。没有，则不填。

（1）名称：填写被投资单位名称全称。

（2）纳税人识别号（统一社会信用代码）：填写被投资单位纳税人识别号或者统一社会信用代码。

（3）投资额：填写自然人股东、投资者在被投资单位投资的投资额（股本）。

（4）投资比例：填写自然人股东、投资者的投资额占被投资单位投资（股本）的比例。

4.华侨、港澳台、外籍个人信息：华侨、港澳台居民、外籍个人填写本栏。

(1)出生地:填写华侨、港澳台居民、外籍个人的出生地,具体到国家或者地区。

(2)首次入境时间、预计离境时间:填写华侨、港澳台居民、外籍个人首次入境和预计离境的时间,具体到年月日。预计离境时间发生变化的,应及时进行变更。

(3)涉税事由:填写华侨、港澳台居民、外籍个人在境内涉税的具体事由,在相应事由处划"√"。如有多项事由的,同时勾选。

四、其他事项说明

以纸质方式报送本表的,应当一式两份,纳税人、税务机关各留存一份。

附录 1C

个人所得税扣缴申报表及其填报说明

个人所得税扣缴申报表

税款所属期：　年　月　日至　年　月　日

扣缴义务人名称：

扣缴义务人纳税人识别号（统一社会信用代码）：□□□□□□□□□□□□□□□□□□

金额单位：人民币元（列至角分）

序号	姓名	身份证件类型	身份证件号码	纳税人识别号	是否为非居民个人	所得项目	本月（次）情况												累计情况									税款计算					备注
							收入额计算			专项扣除					其他扣除					累计收入额	累计减除费用	累计专项扣除	累计专项附加扣除					累计其他扣除	准予扣除的捐赠额	应纳税所得额	税率/预扣率	速算扣除数	应纳税额	减免税额	已缴税额	应补/退税额	
							收入	费用	免税收入	基本养老保险费	基本医疗保险费	失业保险费	住房公积金	年金	商业健康保险	税延养老保险	财产原值	允许扣除的税费	其他				子女教育	赡养老人	住房贷款利息	住房租金	继续教育									
1	2	3	4	5	6	7	8	9	10	11	12	13	14	15	16	17	18	19	20	21	22	23	24	25	26	27	28	29	30	31	32	33	34	35	36	37	38	39	40
合计																																							

谨声明：本表是根据国家税收法律法规及相关规定填报的，是真实的、可靠的、完整的。

经办人签字：

经办人身份证件号码：

代理机构签章：

代理机构统一社会信用代码：

扣缴义务人（签章）：　　　　　　　　　　　　受理人：

　　　　　　　　　　　　　　　　　　　　　　受理税务机关（章）：

　　　　　　　　　　年　月　日　　　　　　　受理日期：　年　月　日

国家税务总局监制

填报说明

一、适用范围

本表适用于扣缴义务人向居民个人支付工资、薪金所得，劳务报酬所得，稿酬所得和特许权使用费所得的个人所得税全员全额预扣预缴申报；向非居民个人支付工资、薪金所得，劳务报酬所得，稿酬所得和特许权使用费所得的个人所得税全员全额扣缴申报；以及向纳税人（居民个人和非居民个人）支付利息、股息、红利所得，财产租赁所得，财产转让所得和偶然所得的个人所得税全员全额扣缴申报。

二、报送期限

扣缴义务人应当在每月或者每次预扣、代扣税款的次月15日内，将已扣税款缴入国库，并向税务机关报送本表。

三、本表各栏填写

（一）表头项目

1.税款所属期：填写扣缴义务人预扣、代扣税款当月的第1日至最后1日。如，2019年3月20日发放工资时代扣的税款，税款所属期填写"2019年3月1日至2019年3月31日"。

2.扣缴义务人名称：填写扣缴义务人的法定名称全称。

3.扣缴义务人纳税人识别号（统一社会信用代码）：填写扣缴义务人的纳税人识别号或者统一社会信用代码。

（二）表内各栏

1.第2列"姓名"：填写纳税人姓名。

2.第3列"身份证件类型"：填写纳税人有效的身份证件名称。中国公民有中华人民共和国居民身份证的，填写居民身份证；没有居民身份证的，填写中华人民共和国护照、港澳居民来往内地通行证或者港澳居民居住证、台湾居民通行证或者台湾居民居住证、外国人永久居留身份证、外国人工作许可证或者护照等。

3.第4列"身份证件号码"：填写纳税人有效身份证件上载明的证件号码。

4.第5列"纳税人识别号"：有中国公民身份号码的，填写中华人民共和国居民身份证上载明的"公民身份号码"；没有中国公民身份号码的，填写税务机关赋予的纳税人识别号。

5. 第 6 列"是否为非居民个人"：纳税人为居民个人的填"否"。为非居民个人的，根据合同、任职期限、预期工作时间等不同情况，填写"是，且不超过 90 天"或者"是，且超过 90 天不超过 183 天"。不填默认为"否"。

其中，纳税人为非居民个人的，填写"是，且不超过 90 天"的，当年在境内实际居住超过 90 天的次月 15 日内，填写"是，且超过 90 天不超过 183 天"。

6. 第 7 列"所得项目"：填写纳税人取得的个人所得税法第二条规定的应税所得项目名称。同一纳税人取得多项或者多次所得的，应分行填写。

7. 第 8～21 列"本月（次）情况"：填写扣缴义务人当月（次）支付给纳税人的所得，以及按规定各所得项目当月（次）可扣除的减除费用、专项扣除、其他扣除等。其中，工资、薪金所得预扣预缴个人所得税时扣除的专项附加扣除，按照纳税年度内纳税人在该任职受雇单位截至当月可享受的各专项附加扣除项目的扣除总额，填写至"累计情况"中第 25～29 列相应栏，本月情况中则无须填写。

（1）"收入额计算"：包含"收入""费用""免税收入"。收入额＝第 8 列－第 9 列－第 10 列。

1）第 8 列"收入"：填写当月（次）扣缴义务人支付给纳税人所得的总额。

2）第 9 列"费用"：取得劳务报酬所得、稿酬所得、特许权使用费所得时填写，取得其他各项所得时无须填写本列。居民个人取得上述所得，每次收入不超过 4 000 元的，费用填写"800"元；每次收入 4 000 元以上的，费用按收入的 20% 填写。非居民个人取得劳务报酬所得、稿酬所得、特许权使用费所得，费用按收入的 20% 填写。

3）第 10 列"免税收入"：填写纳税人各所得项目收入总额中，包含的税法规定的免税收入金额。其中，税法规定"稿酬所得的收入额减按 70% 计算"，对稿酬所得的收入额减计的 30% 部分，填入本列。

（2）第 11 列"减除费用"：按税法规定的减除费用标准填写。如，2019 年纳税人取得工资、薪金所得按月申报时，填写 5 000 元。纳税人取得财产租赁所得，每次收入不超过 4 000 元的，填写 800 元；每次收入 4 000 元以上的，按收入的 20% 填写。

（3）第 12～15 列"专项扣除"：分别填写按规定允许扣除的基本养老保险费、基本医疗保险费、失业保险费、住房公积金（以下简称"三险一金"）的金额。

（4）第 16～21 列"其他扣除"：分别填写按规定允许扣除的项目金额。

8. 第 22～30 列"累计情况"：本栏适用于居民个人取得工资、薪金所得，保险营销员、证券经纪人取得佣金收入等按规定采取累计预扣法预扣预缴税款时填报。

（1）第 22 列"累计收入额"：填写本纳税年度截至当前月份，扣缴义务人支付给纳税人的工资、薪金所得，或者支付给保险营销员、证券经纪人的劳务报酬所得的累计收入额。

（2）第 23 列"累计减除费用"：按照 5 000 元/月乘以纳税人当年在本单位的任职受雇或者从业的月份数计算。

（3）第 24 列"累计专项扣除"：填写本年度截至当前月份，按规定允许扣除的"三险一金"的累计金额。

（4）第 25～29 列"累计专项附加扣除"：分别填写截至当前月份，纳税人按规定可享受的子女教育、赡养老人、住房贷款利息或者住房租金、继续教育扣除的累计金额。大病医疗扣除由纳税人在年度汇算清缴时办理，此处无须填报。

（5）第 30 列"累计其他扣除"：填写本年度截至当前月份，按规定允许扣除的年金（包括企业年金、职业年金）、商业健康保险、税延养老保险及其他扣除项目的累计金额。

9. 第 31 列"减按计税比例"：填写按规定实行应纳税所得额减计税收优惠的减计比例。无减计规定的，可不填，系统默认为 100%。如，某项税收政策实行减按 60% 计入应纳税所得额，则本列填 60%。

10. 第 32 列"准予扣除的捐赠额"：按照税法及相关法规、政策规定，可以在税前扣除的捐赠额。

11. 第 33～39 列"税款计算"：填写扣缴义务人当月扣缴个人所得税款的计算情况。

（1）第 33 列"应纳税所得额"：根据相关列次计算填报。

1）居民个人取得工资、薪金所得，填写累计收入额减除累计减除费用、累计专项扣除、累计专项附加扣除、累计其他扣除后的余额。

2）非居民个人取得工资、薪金所得，填写收入额减去减除费用后的余额。

3）居民个人或者非居民个人取得劳务报酬所得、稿酬所得、特许权使用费所得，填写本月（次）收入额减除其他扣除后的余额。

保险营销员、证券经纪人取得的佣金收入，填写累计收入额减除累计减除费用、累计其他扣除后的余额。

4）居民个人或者非居民个人取得利息、股息、红利所得和偶然所得，填写本月（次）收入额。

5）居民个人或者非居民个人取得财产租赁所得，填写本月（次）收入额减去减除费用、其他扣除后的余额。

6）居民个人或者非居民个人取得财产转让所得，填写本月（次）收入额减除财产原值、允许扣除的税费后的余额。

其中，适用"减按计税比例"的所得项目，其应纳税所得额按上述方法计算后乘以减按计税比例的金额填报。

按照税法及相关法规、政策规定，可以在税前扣除的捐赠额，可以按上述方法计算后从应纳税所得额中扣除。

（2）第34～35列"税率/预扣率""速算扣除数"：填写各所得项目按规定适用的税率（或预扣率）和速算扣除数。没有速算扣除数的，则不填。

（3）第36列"应纳税额"：根据相关列次计算填报。第36列 = 第33列 × 第34列 - 第35列。

（4）第37列"减免税额"：填写符合税法规定可减免的税额，并附报《个人所得税减免税事项报告表》。居民个人工资、薪金所得，以及保险营销员、证券经纪人取得佣金收入，填写本年度累计减免税额；居民个人取得工资、薪金以外的所得或非居民个人取得各项所得，填写本月（次）减免税额。

（5）第38列"已缴税额"：填写本年或本月（次）纳税人同一所得项目，已由扣缴义务人实际扣缴的税款金额。

（6）第39列"应补/退税额"：根据相关列次计算填报。第39列 = 第36列 - 第37列 - 第38列。

四、其他事项说明

以纸质方式报送本表的，应当一式两份，扣缴义务人、税务机关各留存一份。

附录1D

个人所得税自行纳税申报表（A表）及其填报说明

个人所得税自行纳税申报表（A表）

税款所属期：　年　月　日　至　年　月　日

纳税人姓名：_____

纳税人识别号：□□□□□□□□□□□□□□□□□□

金额单位：人民币元（列至角分）

自行申报情形	□居民个人取得应税所得，扣缴义务人未扣缴税款 □非居民个人取得应税所得，扣缴义务人未扣缴税款 □非居民个人在中国境内从两处以上取得工资、薪金所得	□其他_____	是否为居民个人	□是 □否	非居民个人本年度境内居住天数	□不超过90天 □超过90天不超过183天

收入额计算				专项扣除				其他扣除				减按计税比例	准予扣除的捐赠额	税款计算						备注
序号	所得项目	收入	减除费用	免税收入	基本养老保险费	基本医疗保险费	失业保险费	住房公积金	财产原值	允许扣除的税费	其他			应纳税所得额	税率	速算扣除数	应纳税额	减免税额	已缴税额	应补/退税额	
1	2	3	4	5	6	7	8	9	10	11	12	13	14	15	16	17	18	19	20	21	22	23

谨声明：本表是根据国家税收法律法规及相关规定填报的，是真实的、可靠的、完整的。

纳税人签字：　　　　　　　　　　　　　　　　　　　　　　　　　　　年　月　日

经办人签字：
代理人身份证件号码：
代理机构签章：代理机构统一社会信用代码：

受理人：
受理税务机关（章）：
受理日期：　年　月　日

国家税务总局监制

填报说明

一、适用范围

本表适用于居民个人取得应税所得，扣缴义务人未扣缴税款，非居民个人取得应税所得扣缴义务人未扣缴税款，非居民个人在中国境内从两处以上取得工资、薪金所得等情形在办理自行纳税申报时，向税务机关报送。

二、报送期限

（一）居民个人取得应税所得扣缴义务人未扣缴税款，应当在取得所得的次年6月30日前办理纳税申报。税务机关通知限期缴纳的，纳税人应当按照期限缴纳税款。

（二）非居民个人取得应税所得，扣缴义务人未扣缴税款的，应当在取得所得的次年6月30日前办理纳税申报。非居民个人在次年6月30日前离境（临时离境除外）的，应当在离境前办理纳税申报。

（三）非居民个人在中国境内从两处以上取得工资、薪金所得的，应当在取得所得的次月15日内办理纳税申报。

（四）其他需要纳税人办理自行申报的情形，按规定的申报期限办理。

三、本表各栏填写

（一）表头项目

1.税款所属期：填写纳税人取得所得应纳个人所得税款的所属期间，填写具体的起止年月日。

2.纳税人姓名：填写自然人纳税人姓名。

3.纳税人识别号：有中国公民身份号码的，填写中华人民共和国居民身份证上载明的"公民身份号码"；没有中国公民身份号码的，填写税务机关赋予的纳税人识别号。

（二）表内各栏

1."自行申报情形"：纳税人根据自身情况在对应框内打"√"。选择"其他"的，应当填写具体自行申报情形。

2."是否为非居民个人"：非居民个人选"是"，居民个人选"否"。不填默认为"否"。

3. "非居民个人本年度境内居住天数":非居民个人根据合同、任职期限、预期工作时间等不同情况,填写"不超过 90 天"或者"超过 90 天不超过 183 天"。

4. 第 2 列"所得项目":按照个人所得税法第二条规定的项目填写。纳税人取得多项所得或者多次取得所得的,分行填写。

5. 第 3～5 列"收入额计算":包含"收入""费用""免税收入"。收入额 = 第 3 列 - 第 4 列 - 第 5 列。

(1)第 3 列"收入":填写纳税人实际取得所得的收入总额。

(2)第 4 列"费用":取得劳务报酬所得、稿酬所得、特许权使用费所得时填写,取得其他各项所得时无须填写本列。非居民个人取得劳务报酬所得、稿酬所得、特许权使用费所得,费用按收入的 20% 填写。

(3)第 5 列"免税收入":填写符合税法规定的免税收入金额。其中,税法规定"稿酬所得的收入额减按 70% 计算",对减计的 30% 部分,填入本列。

6. 第 6 列"减除费用":按税法规定的减除费用标准填写。

7. 第 7～10 列"专项扣除":分别填写按规定允许扣除的基本养老保险费、基本医疗保险费、失业保险费、住房公积金的金额。

8. 第 11～13 列"其他扣除":包含"财产原值""允许扣除的税费""其他",分别填写按照税法规定当月(次)允许扣除的金额。

(1)第 11 列"财产原值":纳税人取得财产转让所得时填写本栏。

(2)第 12 列"允许扣除的税费":填写按规定可以在税前扣除的税费。

1)纳税人取得劳务报酬所得时,填写劳务发生过程中实际缴纳的可依法扣除的税费。

2)纳税人取得特许权使用费所得时,填写提供特许权过程中发生的中介费和实际缴纳的可依法扣除的税费。

3)纳税人取得财产租赁所得时,填写修缮费和出租财产过程中实际缴纳的可依法扣除的税费。

4)纳税人取得财产转让所得时,填写转让财产过程中实际缴纳的可依法扣除的税费。

(3)第 13 列"其他":填写按规定其他可以在税前扣除的项目。

9. 第 14 列"减按计税比例":填写按规定实行应纳税所得额减计税收优惠的减计比例。无减计规定的,则不填,系统默认为 100%。如,某项税收政策实行减按

60% 计入应纳税所得额，则本列填 60%。

10. 第 15 列 "准予扣除的捐赠额"：按照税法及相关法规、政策规定，可以在税前扣除的捐赠额。

11. 第 16 列 "应纳税所得额"：根据相关列次计算填报。

12. 第 17～18 列 "税率""速算扣除数"：填写所得项目按规定适用的税率和速算扣除数。所得项目没有速算扣除数的，则不填。

13. 第 19 列 "应纳税额"：根据相关列次计算填报。第 19 列 = 第 16 列 × 第 17 列 - 第 18 列。

14. 第 20 列 "减免税额"：填写符合税法规定的可以减免的税额，并附报《个人所得税减免税事项报告表》。

15. 第 21 列 "已缴税额"：填写纳税人当期已实际缴纳或者被扣缴的个人所得税税款。

16. 第 22 列 "应补/退税额"：根据相关列次计算填报。第 22 列 = 第 19 列 - 第 20 列 - 第 21 列。

四、其他事项说明

以纸质方式报送本表的，应当一式两份，纳税人、税务机关各留存一份。

附录 1E

个人所得税年度自行纳税申报表及其填报说明

个人所得税年度自行纳税申报表

税款所属期：　年　月　日至　年　月　日

纳税人姓名：

纳税人识别号：□□□□□□□□□□□□□□□□□□

金额单位：人民币元（列至角分）

项目	行次	金额
一、收入合计（1=2+3+4+5）	1	
（一）工资、薪金所得	2	
（二）劳务报酬所得	3	
（三）稿酬所得	4	
（四）特许权使用费所得	5	
二、费用合计	6	
三、免税收入合计	7	
四、减除费用	8	
五、专项扣除合计（9=10+11+12+13）	9	
（一）基本养老保险费	10	
（二）基本医疗保险费	11	
（三）失业保险费	12	
（四）住房公积金	13	
六、专项附加扣除合计（14=15+16+17+18+19+20）	14	
（一）子女教育	15	
（二）继续教育	16	
（三）大病医疗	17	
（四）住房贷款利息	18	
（五）住房租金	19	
（六）赡养老人	20	
七、其他扣除合计（21=22+23+24+25+26）	21	
（一）年金	22	

(续)

项目	行次	金额
（二）商业健康保险	23	
（三）税延养老保险	24	
（四）允许扣除的税费	25	
（五）其他	26	
八、准予扣除的捐赠额	27	
九、应纳税所得额（28=1-6-7-8-9-14-21-27）	28	
十、税率（%）	29	
十一、速算扣除数	30	
十二、应纳税额（31=28×29-30）	31	
十三、减免税额	32	
十四、已缴税额	33	
十五、应补/退税额（34=31-32-33）	34	
无住所个人附报信息		
在华停留天数	已在华停留年数	

谨声明：本表是根据国家税收法律法规及相关规定填报的，是真实的、可靠的、完整的。

纳税人签字：　　　年　月　日

经办人签字：	受理人：
经办人身份证件号码：	
代理机构签章：	受理税务机关（章）：
代理机构统一社会信用代码：	受理日期：　　年　月　日

国家税务总局监制

填报说明

一、适用范围

本表适用于居民个人取得境内综合所得,按税法规定进行个人所得税汇算清缴。纳税人取得境外所得的,不适用本表。

二、报送期限

居民个人取得综合所得需要办理汇算清缴的,应当在取得所得的次年3月1日至6月30日内,向主管税务机关办理汇算清缴,并报送本表。

三、本表各栏填写

(一)表头项目

1.税款所属期:填写纳税人取得所得应纳个人所得税款的所属期间。如2019年1月1日至2019年12月31日。

2.纳税人姓名:填写自然人纳税人姓名。

3.纳税人识别号:有中国公民身份号码的,填写中华人民共和国居民身份证上载明的"公民身份号码";没有中国公民身份号码的,填写税务机关赋予的纳税人识别号。

(二)表内各行

1.第1行"收入合计":填写纳税人本年度取得综合所得的收入合计金额。

第1行=第2行+第3行+第4行+第5行。

2.第2行"工资、薪金所得":填写本年度应当并入综合所得计税的工资、薪金收入总额。

3.第6行"费用合计":纳税人取得劳务报酬所得、稿酬所得、特许权使用费所得时,填写减除20%费用的合计金额。

4.第7行"免税收入合计":填写本年度符合税法规定的免税收入合计金额。其中,税法规定"稿酬所得的收入额减按70%计算",对减计的30%部分,填入本行。

5.第8行"减除费用":按税法规定的减除费用标准填写。

6.第9行"专项扣除合计":填写按规定本年度可在税前扣除的基本养老保险费、

基本医疗保险费、失业保险费、住房公积金的合计金额。

第 9 行 = 第 10 行 + 第 11 行 + 第 12 行 + 第 13 行。

7. 第 14 行"专项附加扣除合计"：填写按规定本年度可在税前扣除的子女教育、继续教育、大病医疗、住房贷款利息或住房租金、赡养老人等专项附加扣除费用的合计金额。

第 14 行
= 第 15 行 + 第 16 行 + 第 17 行 + 第 18 行 + 第 19 行 + 第 20 行。

8. 第 21 行"其他扣除合计"：填写按规定本年度可在税前扣除的年金、商业健康保险、税延养老保险、允许扣除的税费等其他扣除项目的合计金额。

第 21 行
= 第 22 行 + 第 23 行 + 第 24 行 + 第 25 行 + 第 26 行。

9. 第 27 行"准予扣除的捐赠额"：填写按规定本年度准予在税前扣除的捐赠额的合计金额。

10. 第 28 行"应纳税所得额"：根据相应行次计算填报。

第 28 行
= 第 1 行 - 第 6 行 - 第 7 行 - 第 8 行 - 第 9 行 - 第 14 行 - 第 21 行 - 第 27 行。

11. 第 29 ～ 30 行"税率""速算扣除数"：填写按规定适用的税率和速算扣除数。

12. 第 31 行"应纳税额"：按照相关行次计算填报。

第 31 行 = 第 28 行 × 第 29 行 - 第 30 行。

13. 第 32 行"减免税额"：填写符合税法规定的可以减免的税额，并附报《个人所得税减免税事项报告表》。

14. 第 33 行"已缴税额"：填写本年度内纳税人在中国境内已经缴纳或者被扣缴税款的合计金额。

15. 第 34 行"应补 / 退税额"：根据相关行次计算填报。

第 34 行 = 第 31 行 - 第 32 行 - 第 33 行

（三）无住所个人附报信息：本栏由无住所个人填写。不是，则不填。

1. 在华停留天数：填写一个纳税年度内，无住所居民个人在中国境内停留的天数。

2. 已在华停留年数：填写无住所个人已在华连续停留的年份数。

四、其他事项说明

以纸质方式报送本表的，应当一式两份，纳税人、税务机关各留存一份。

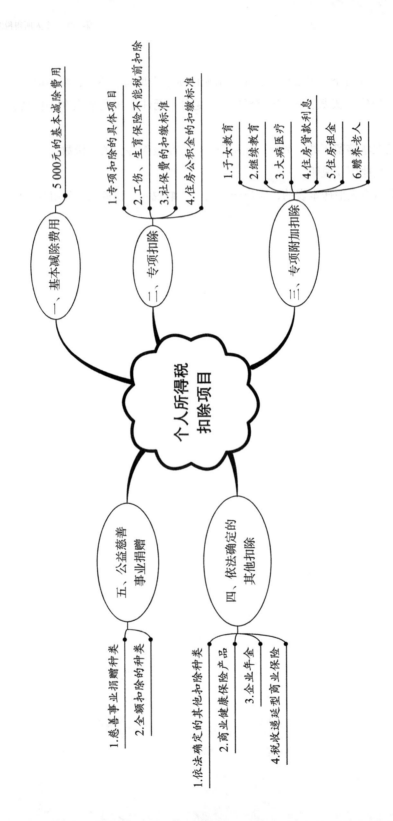

第二章 个人所得税扣除项目

一、基本减除费用

1. 为什么减除费用标准确定为年 6 万元（每月 5 000 元）？

答：个人所得税基本减除费用标准（通常说的"起征点"）备受关注。对于年 6 万元（每月 5 000 元）的标准，主要基于三方面考虑：

一是统筹考虑城镇居民人均基本消费支出、每个就业者平均负担的人数、居民消费价格指数等因素后综合确定的。根据国家统计局抽样调查数据测算，2017 年我国城镇就业者人均负担的消费支出约为每月 3 900 元，按照近三年城镇居民消费支出年均增长率推算，2018 年人均负担消费支出约为每月 4 200 元。基本减除费用标准确定为每月 5 000 元，不仅覆盖了人均消费支出，而且体现了一定的前瞻性。

二是此次修法除基本减除费用标准外，新增了多项专项附加扣除，扩大了低档税率级距，广大纳税人都能在不同程度上享受到减税红利，特别是中等以下收入群体获益更大。仅以基本减除费用标准提高到每月 5 000 元这一项因素来测算，修法后个税纳税人占城镇就业人员的比例将由现在的 44% 降至 15%。

三是新增两项扣除，一是赡养老人等六项专项附加扣除，二是允许劳务报酬、稿酬、特许权使用费这三类收入在扣除 20% 的费用后计算纳税，这使得相当一部分纳税人的费用扣除额进一步提高。

不过，财政部表示，5 000 元"起征点"不是固定不变的，今后将结合深化个人所得税改革，以及城镇居民基本消费支出水平的变化情况进行动态调整。

此外，该标准对于在中国境内无住所而在中国境内取得工资、薪金所得的纳税人和在中国境内有住所而在中国境外取得工资、薪金所得的纳税人统一适用，不再保留专门的附加减除费用（1 300元/月）。

2. 为什么实行全国统一的基本减除费用标准？

答：《个人所得税法》坚持全国统一的基本减除费用标准，主要理由如下：

第一，实行全国统一的费用减除标准是税收法制统一的重要体现。我国是一个法制统一的国家，一直实施"统一税权、统一税制、统一税政"；从国际上看，法制统一的国家基本都采用全国统一的基本减除费用标准。

第二，实行统一的减除费用标准，有利于体现税收量能负担原则。基本减除费用标准是参照城镇居民社会平均消费支出情况确定的，反映了全国各类地区经济发展状况和居民收支水平，总体上兼顾了富裕地区和欠发达地区的情况。

第三，实行统一的费用减除标准，可以避免人为干扰市场运行，有助于人员的良性有序流动。如果对各地区分别实行不同的费用减除标准，势必造成发达地区收入高、扣除多，欠发达地区收入低、扣除少，造成人员的非正常流动。

二、专项扣除

3. 个人所得税规定的专项扣除有哪些项目？

答：根据《个人所得税法》第六条第三款的规定，专项扣除为按照国家规定的范围和标准缴纳的以下项目：

（1）基本养老保险、基本医疗保险、失业保险等社会保险费；

（2）按照国家规定的范围和标准缴纳的住房公积金等。

提醒注意的是，《财政部　国家税务总局关于基本养老保险费基本医疗保险费失业保险费住房公积金有关个人所得税政策的通知》（财税〔2006〕10号，以下简称财税〔2006〕10号文件）第三条规定，个人实际领（支）取原提存的基本养老保险金、基本医疗保险金、失业保险金和住房公积金时，免征个人所得税。

4. 为什么工伤保险、生育保险不能在个人所得税税前扣除？

答：《中华人民共和国社会保险法》第三十三条规定，职工应当参加工伤保险，由用人单位缴纳工伤保险费，职工不缴纳工伤保险费。

《中华人民共和国社会保险法》第五十三条规定，职工应当参加生育保险，由用人单位按照国家规定缴纳生育保险费，职工不缴纳生育保险费。

由上述规定可以看出，个人并不需要缴纳工伤保险费和生育保险费，所以这两项费用不能在个人所得税税前扣除。

注意：用人单位按照国家规定缴纳的工伤保险费、生育保险费可以在计算企业所得税时进行税前扣除。

5. 个人缴纳社会保险费的扣除具体标准是什么？

答：财税〔2006〕10号文件第一条规定，企事业单位按照国家或省（自治区、直辖市）人民政府规定的缴费比例或办法实际缴付的基本养老保险费、基本医疗保险费和失业保险费，免征个人所得税；个人按照国家或省（自治区、直辖市）人民政府规定的缴费比例或办法实际缴付的基本养老保险费、基本医疗保险费和失业保险费，允许在个人应纳税所得额中扣除。

企事业单位和个人超过规定的比例和标准缴付的基本养老保险费、基本医疗保险费和失业保险费，应将超过部分并入个人当期的工资、薪金收入，计征个人所得税。

6. 个人缴纳住房公积金的扣除具体标准是什么？

答：财税〔2006〕10号文件第二条规定，根据《住房公积金管理条例》《建设部、财政部、中国人民银行关于住房公积金管理若干具体问题的指导意见》（建金管〔2005〕5号）等文件的规定，单位和个人分别在不超过职工本人上一年度月平均工资（按照国家统计局规定列入工资总额统计的项目计算）12%的幅度内，其实际缴存的住房公积金，允许在个人应纳税所得额中扣除。单位和职工个人缴存住房公积金的月平均工资不得超过职工工作地所在设区城市上一年度职工月平均工资的3倍，具体标准按照各地有关规定执行。单位和个人超过上述规定比例和标准缴付的住房公积金，应将超过部分并入个人当期的工资、薪金收入，计征个人所得税。

【案例 2-1】住房公积金的扣除

某地级市沃土公司高管人员王英俊 2019 年 3 月取得工资薪金 31 280 元，实际缴纳的住房公积金为 3 600 元。该地级市 2018 年职工月平均工资为 6 000 元。王英俊当月可扣除的住房公积金是多少？

解析：

（1）单位和职工个人缴存住房公积金的月平均工资不得超过职工工作地所在设区城市上一年度职工月平均工资的 3 倍。

王英俊可在个人应纳税所得额中扣除的住房公积金额 = 6 000 × 3 × 12% = 2 160（元）

（2）超过比例和标准缴付的住房公积金 = 3 600 - 2 160 = 1 440（元）

沃土公司为王英俊超标准缴付的公积金为 1 440 元，应并入其当月工资、薪金收入，预扣预缴个人所得税。

三、专项附加扣除

7. 专项附加扣除包括哪些项目，具体标准如何？

答：根据《个人所得税法》第六条第四款、《国务院关于印发〈个人所得税专项附加扣除暂行办法〉的通知》(国发〔2018〕41 号，以下简称《个人所得税专项附加扣除暂行办法》）的规定，个人所得税专项附加扣除，是指个人所得税法规定的子女教育、继续教育、大病医疗、住房贷款利息、住房租金和赡养老人 6 项专项附加扣除，个人所得税专项附加扣除额一个纳税年度扣除不完的，不能结转以后年度扣除。纳税人及其配偶在一个纳税年度内不能同时分别享受住房贷款利息和住房租金专项附加扣除。适用范围和扣除标准具体如表 2-1 所示。

8. 子女教育专项附加扣除如何享受？

答：根据《个人所得税专项附加扣除暂行办法》第五条、第六条的规定，纳税人的子女接受全日制学历教育的相关支出，按照每个子女每月 1 000 元的标准定额扣除。

表 2-1　专项附加扣除具体标准和扣除方法明细表

序号	项目	扣除内容	具体标准和扣除方法
1	子女教育	学前教育和全日制学历教育	每个子女每月定额扣除 1 000 元
2	继续教育	学历（学位）教育	每月定额扣除 400 元，同一学历（位）不超过 48 个月
		技能人员职业资格继续教育、专业技术人员职业资格继续教育	取得证书的当年定额扣除 3 600 元
3	大病医疗	患者与基本医保相关的医药费用支出，扣除医保报销后个人负担（指医保目录范围内的自付部分）累计超过 15 000 元的部分	据实扣除，每年不超过 80 000 元
4	住房贷款利息	本人或者配偶单独或者共同使用商业银行或者住房公积金个人住房贷款为本人或者其配偶购买中国境内住房，发生的首套住房贷款利息支出	每月定额扣除 1 000 元，不超过 240 个月
5	住房租金	在主要工作城市没有自有住房而发生的住房租金支出	（1）直辖市、省会城市、计划单列市以及国务院确定的其他城市，每月定额扣除 1 500 元 （2）除第（1）项以外，市辖区户籍人口超过 100 万的城市，扣除标准为每月 1 100 元；市辖区户籍人口不超过 100 万（含）的城市，每月定额扣除 800 元
6	赡养老人	赡养一位及以上被赡养人的赡养支出	（1）独生子女，每月定额扣除 2 000 元 （2）非独生子女的与兄弟姐妹分摊每月 2 000 元的扣除额度，每人不能超过 1 000 元

（1）享受扣除的范围：

1）学前教育阶段，为子女年满3周岁当月至小学入学前一月。

2）学历教育阶段教育，包括义务教育（小学、初中教育）、高中阶段教育（普通高中、中等职业、技工教育）、高等教育（大学专科、大学本科、硕士研究生、博士研究生教育）。

（2）享受扣除的方式。父母可以选择由其中一方按扣除标准的100%扣除，也可以选择由双方分别按扣除标准的50%扣除。具体扣除方式在一个纳税年度内不能变更。

注1：子女从事博士后研究工作的教育支出不在扣除范围内。

注2：子女学历教育期间，包含因病或其他非主观原因休学但学籍继续保留的休学期间，以及施教机构按规定组织实施的寒暑假等假期。

【案例2-2】子女教育专项附加扣除

张帅和李美是夫妻，有一个儿子一个女儿，儿子目前就读某大学一年级，女儿刚4岁，就读某私立幼儿园。

解析：

（1）两个子女都符合扣除政策，每个孩子可扣1 000元/月，每个月可扣2 000元；

（2）每个孩子张帅和李美可以在一方扣1 000元/月，也可以夫妻平摊，一人扣500元/月，一经选择，一个纳税年度内不能变更。

该对夫妻每月可能扣除金额如下表所示：

扣除方式	1	2	3	4	5
张帅可扣除的金额	2 000	1 500	1 000	500	0
李美可扣除的金额	0	500	1 000	1 500	2 000

9.不是孩子亲生父母，但承担了抚养和教育义务，可以享受子女教育扣除吗？

答：《个人所得税专项附加扣除暂行办法》第二十九条对于父母和子女的范围做了如下规定：

（1）所称父母，是指生父母、继父母、养父母。

（2）所称子女，是指婚生子女、非婚生子女、继子女、养子女。

（3）父母之外的其他人担任未成年人的监护人的，比照该办法规定执行。

一般情况下，父母负有抚养和教育未成年子女的义务，可依法享受子女教育扣除；对情况特殊、未由父母抚养和教育的未成年子女，相应的义务会转移到其法定监护人身上。因此，法定监护人，对其负有抚养和教育的义务，就可以依法申报享受子女教育扣除。

——摘自国家税务总局网站于2019年1月16日发布的
《个人所得税专项附加扣除200问》

10. 继续教育专项附加扣除如何享受？

答：根据《个人所得税专项附加扣除暂行办法》第八条、第九条的规定，纳税人在中国境内接受学历（学位）继续教育的支出，在学历（学位）教育期间按照每月400元定额扣除，但同一学历（学位）继续教育的扣除期限最长不得超过48个月；纳税人接受技能人员职业资格继续教育、专业技术人员职业资格继续教育的支出，在取得相关证书的当年，按照3 600元定额扣除。享受扣除的方式为：

1）由纳税人本人扣除。

2）个人接受本科及以下学历（学位）继续教育，符合规定扣除条件的，可以选择由其父母扣除（适用子女教育专项附加扣除），也可以选择由本人扣除。

注：学历教育和学历（学位）继续教育期间，包含因病或其他非主观原因休学但学籍继续保留的休学期间，以及施教机构按规定组织实施的寒暑假等假期。

【案例 2-3】继续教育专项附加扣除

张帅和李美是夫妻，有一个儿子一个女儿。张帅于2019年9月被某财经大学录取为在职公共管理硕士研究生，10月取得注册会计师资格证书。

解析：

（1）张帅攻读在职公共管理硕士，于2019年9月开始，每个月可扣除学历（学位）继续教育专项附加扣除400元/月，2019年共计1 600元。

（2）10月取得注册会计师资格证书，2019年专业技术人员职业资格继续教育专项附加扣除为3 600元。

综上，2019年张帅可扣除的继续教育专项附加扣除为5 200元。

11. 在接受学历继续教育的同时取得多个资格证书的，如何享受继续教育扣除？

答：根据《个人所得税专项附加扣除暂行办法》第八条的规定，纳税人接受学历继续教育，可以按照每月 400 元的标准扣除，全年共计 4 800 元；在同年又取得技能人员职业资格证书或者专业技术人员职业资格证书的，且符合扣除条件的，可按照 3 600 元的标准定额扣除。但是，只能同时享受一个学历（学位）继续教育和一个职业资格继续教育。因此，对同时符合此类情形的纳税人，该年度可叠加享受两个扣除，当年其继续教育共计可扣除 8 400（4 800+3 600）元。

——摘自国家税务总局网站于 2019 年 1 月 16 日发布的

《个人所得税专项附加扣除 200 问》

12. 如果在国外进行的学历继续教育，或者是拿到了国外颁发的技能证书，能否享受扣除？

答：根据《个人所得税专项附加扣除暂行办法》第八条的规定，纳税人在中国境内接受的学历（学位）继续教育支出，以及接受技能人员职业资格继续教育、专业技术人员职业资格继续教育支出可以扣除。在国外接受的学历继续教育和国外颁发的技能证书，不符合"中国境内"的规定，不能享受专项附加扣除政策。

——改编自国家税务总局网站于 2019 年 1 月 16 日发布的

《个人所得税专项附加扣除 200 问》

13. 参加自学考试，纳税人应当如何享受扣除？

答：根据《个人所得税专项附加扣除暂行办法》第八条、第九条的规定，纳税人在中国境内接受学历（学位）继续教育的支出，在学历（学位）教育期间按照每月 400 元定额扣除，但同一学历（学位）继续教育的扣除期限最长不得超过 48 个月。按照《高等教育自学考试暂行条例》的有关规定，高等教育自学考试应考者取得一门课程的单科合格证书后，省考委即应为其建立考籍管理档案。具有考籍管理档案的考生，可以按照《个人所得税专项附加扣除暂行办法》的规定，享受继续教育专项附加扣除。

——改编自国家税务总局网站于 2019 年 1 月 16 日发布的

《个人所得税专项附加扣除 200 问》

14. 大病医疗专项附加扣除如何享受？

答： 根据《个人所得税专项附加扣除暂行办法》第十一条、第十二条的规定，在一个纳税年度内，纳税人发生的与基本医保相关的医药费用支出，扣除医保报销后个人负担（指医保目录范围内的自付部分）累计超过15 000元的部分，由纳税人在办理年度汇算清缴时，在80 000元限额内据实扣除。享受扣除的方式为：

1）纳税人发生的医药费用支出可以选择由本人或者其配偶扣除；

2）未成年子女发生的医药费用支出可以选择由其父母一方扣除。

纳税人及其配偶、未成年子女发生的医药费用支出，分别计算扣除额。

注： 目前未将纳税人父母纳入大病医疗扣除范围。

【案例2-4】大病医疗专项附加扣除

张帅和李美是夫妻，有一个儿子一个女儿。2019年张帅生了一场大病，在医保目录范围内的自付部分为11.5万元，女儿也生了一场大病，在医保目录范围内的自付部分为8.5万元。

解析：

（1）张帅自付部分11.5万元，超过个人负担起扣的1.5万元，即11.5-1.5=10万元，超过了每年8万元的限额，实际可扣除8万元，可以由张帅本人扣除或者由李美扣除；

（2）其女儿自付部分8.5万元，超过个人负担起扣的1.5万元，即8.5-1.5=7万元，未超过每年8万元的限额，实际可扣除7万元，可以选择由张帅扣除，也可以选择由李美扣除。

该对夫妻2019年可能扣除金额如下表所示：

扣除方式	1	2	3	4
张帅可扣除的金额	150 000	80 000	70 000	0
李美可扣除的金额	0	70 000	80 000	150 000

15. 大病医疗支出中，纳税人年末住院，第二年年初出院，这种跨年度的医疗费用，如何计算扣除额？

答： 纳税人年末住院，第二年年初出院，一般是在出院时才进行医疗费用的结算。纳税人申报享受大病医疗扣除，以医疗费用结算单上的结算时间为准，因此该医疗支出属于第二年的医疗费用，到 2019 年结束时，如果达到大病医疗扣除的"起付线"，可以在 2020 年汇算清缴时享受扣除。

——摘自国家税务总局网站于 2019 年 1 月 16 日发布的
《个人所得税专项附加扣除 200 问》

16. 住房贷款利息专项附加扣除如何享受？

答： 根据《个人所得税专项附加扣除暂行办法》第十四条和第十五条的规定，纳税人本人或者配偶单独或者共同使用商业银行或者住房公积金个人住房贷款为本人或者其配偶购买中国境内住房，发生的首套住房贷款利息支出，在实际发生贷款利息的年度，按照每月 1 000 元的标准定额扣除，但扣除期限最长不得超过 240 个月，且纳税人只能享受一次首套住房贷款的利息扣除。享受扣除的方式为：

1）经夫妻双方约定，可以选择由其中一方扣除，具体扣除方式在一个纳税年度内不能变更。

2）夫妻双方婚前分别购买住房发生的首套住房贷款，其贷款利息支出，婚后可以选择其中一套购买的住房，由购买方按扣除标准的 100% 扣除，也可以由夫妻双方对各自购买的住房分别按扣除标准的 50% 扣除，具体扣除方式在一个纳税年度内不能变更。

注 1：所称首套住房贷款是指购买住房享受首套住房贷款利率的住房贷款。

注 2：纳税人只能享受一次首套住房贷款的利息扣除。

国家税务总局网站于 2019 年 1 月 16 日发布的《个人所得税专项附加扣除 200 问》中第 52 个和第 57 个问答很好地说明了如何理解"首套住房贷款"和"只能享受一次扣除"两个问题。

（1）问：首套房的贷款还清后，贷款购买第二套房屋时，银行仍旧按照首套房贷款利率发放贷款，首套房没有享受过扣除，第二套房屋是否可以享受住房贷款利息扣除？答：根据《个人所得税专项附加扣除暂行办法》相关规定，如纳税人此前未享受过住房贷款利息扣除，那么其按照首套住房贷款利率贷款购买的第二套住房，可以享受住房贷款利息扣除。

（2）问：如何理解纳税人只能享受一次住房贷款利息扣除？答：只要纳税

人申报扣除过一套住房贷款利息,在个人所得税专项附加扣除的信息系统里存有扣除住房贷款利息的记录,无论扣除时间长短,也无论该住房的产权归属情况,纳税人就不得再就其他房屋享受住房贷款利息扣除。

【案例 2-5】婚前一方发生住房贷款利息专项附加扣除

钱鑫和金好好于 2018 年 10 月结婚,在两人结婚之前,金好好在上海购买了一套住房,每月发生了首套住房贷款利息 5 000 元,钱鑫未曾用住房公积金或商业银行贷款购房,结婚后,两人一直住在钱鑫所购的别墅内。

解析:

金好好在上海购买了一套住房,发生的首套住房贷款利息,符合《个人所得税专项附加扣除暂行办法》第十五条规定的"纳税人本人或者配偶单独或者共同使用商业银行或者住房公积金个人住房贷款为本人或者其配偶购买中国境内住房,发生的首套住房贷款利息支出"的情形,可以享受专项附加扣除 1 000 元/月。

可以选择由金好好本人扣除,也可以选择由其配偶钱鑫扣除。

【案例 2-6】婚前分别发生住房贷款利息专项附加扣除

王俊和曾丽于 2019 年 10 月结婚,但两人在 2018 年分别购买了住房,发生了首套住房贷款利息支出。

解析:

王俊和曾丽婚前分别购买住房发生的首套住房贷款,其贷款利息支出,婚后可以选择王俊或曾丽购买的住房,由购买方按扣除标准的 100% 扣除,也可以由王俊、曾丽对各自购买的住房分别按扣除标准的 50% 扣除,

该对夫妻 2019 年 10 月可能扣除金额如下表所示:

扣除方式	1	2	3
王俊可扣除的金额	1 000	500	0
曾丽可扣除的金额	0	500	1 000

17. 父母和子女共同购房,房屋产权证明、贷款合同均登记为父母和子女,住房贷款利息专项附加扣除如何享受?

答:父母和子女共同购买一套房子,不能既由父母扣除,又由子女扣除,

应该由主贷款人扣除。如主贷款人为子女的，由子女享受贷款利息专项附加扣除；主贷款人为父母中一方的，由父母任一方享受贷款利息扣除。

——摘自国家税务总局网站于 2019 年 1 月 16 日发布的
《个人所得税专项附加扣除 200 问》

18. 父母为子女买房，房屋产权证明登记为子女，贷款合同的贷款人为父母，住房贷款利息支出的扣除如何享受？

答：从实际看，房屋产权证明登记主体与贷款合同主体完全没有交叉的情况很少发生。如确有此类情况，按照《个人所得税专项附加扣除暂行办法》第十四条的规定，只有纳税人本人或者配偶使用住房贷款为本人或者其配偶购买中国境内住房，发生的首套住房贷款利息支出可以扣除。本例中，父母所购房屋是为子女购买的，不符合上述规定，父母和子女均不可以享受住房贷款利息扣除。

——摘自国家税务总局网站于 2019 年 1 月 16 日发布的
《个人所得税专项附加扣除 200 问》

19. 住房租金专项附加扣除如何享受？

答：根据《个人所得税专项附加扣除暂行办法》第十七条至第十九条和《专项附加扣除操作办法（试行）》第三条的规定，纳税人在主要工作城市没有自有住房而发生的住房租金支出，如果其主要工作城市为直辖市、省会（首府）城市、计划单列市以及国务院确定的其他城市，扣除标准为每月 1 500 元，主要工作城市为市辖区户籍人口超过 100 万的城市，扣除标准为每月 1 100 元，主要工作城市为市辖区户籍人口不超过 100 万的城市，扣除标准为每月 800 元。享受扣除的方式为由签订租赁住房合同的承租人扣除。

注 1：纳税人的配偶在纳税人的主要工作城市有自有住房的，视同纳税人在主要工作城市有自有住房。夫妻双方主要工作城市相同的，只能由一方扣除住房租金支出。

注 2：市辖区户籍人口，以国家统计局公布的数据为准。

注 3：所称主要工作城市是指纳税人任职受雇的直辖市、计划单列市、副省级城市、地级市（地区、州、盟）全部行政区域范围；纳税人无任职受雇单位的，为受理其综合所得汇算清缴的税务机关所在城市。

注 4：纳税人及其配偶在一个纳税年度内不能同时分别享受住房贷款利息和住房租金专项附加扣除。

【案例 2-7】住房租金专项附加扣除

张帅和李美是夫妻，共同在上海购买商品房一套，贷款期限 20 年，目前还在还款期。张帅被单位派遣到南宁办事处工作，自行在单位附近租房，租金为 2 000 元 / 月。

解析：

（1）张帅在南宁的租金可以扣除 1 500 元，李美或张帅在上海的贷款利息不再扣除。

（2）李美或张帅在上海的贷款利息扣除 1 000 元，张帅在南宁的租金不再扣除。

该对夫妻每月可能扣除金额如下表：

扣除方式	1	2	3
张帅可扣除的金额	1 500	1 000	0
李美可扣除的金额	0	0	1 000

20. 外派员工一年换几个城市租赁住房，如何申报住房租金专项附加扣除？

答：对于为外派员工解决住宿问题的，不应扣除住房租金。对于外派员工自行解决租房问题的，对于一年内多次变换工作地点的，个人应及时向扣缴义务人或者税务机关更新专项附加扣除相关信息，允许一年内按照更换工作地点的情况分别进行扣除。

——摘自国家税务总局网站于 2019 年 1 月 16 日发布的
《个人所得税专项附加扣除 200 问》

21. 公租房是公司与保障房公司签的协议，但员工要付房租的，是否可以享受专项附加扣除？

答：纳税人在主要工作城市没有自有住房而发生的住房租金支出，可以按照标准定额扣除。员工租用公司与保障房公司签订的保障房，并支付租金的，可以申报扣除住房租金专项附加扣除。纳税人应当留存与公司签订的公租房合同或协议等相关资料备查。

——摘自国家税务总局网站于 2019 年 1 月 16 日发布的
《个人所得税专项附加扣除 200 问》

22. 赡养老人专项附加扣除如何享受？

答： 根据《个人所得税专项附加扣除暂行办法》第二十二条的规定，纳税人赡养一位及以上被赡养人的赡养支出，纳税人为独生子女的，按照每月 2 000 元的标准定额扣除；纳税人为非独生子女的，由其与兄弟姐妹分摊每月 2 000 元的扣除额度，每人分摊的额度不能超过每月 1 000 元，扣除的方式为：

（1）可以由赡养人均摊；

（2）可以由赡养人约定分摊；

（3）可以由被赡养人指定分摊。

约定或者指定分摊的须签订书面分摊协议，指定分摊优先于约定分摊。具体分摊方式和额度在一个纳税年度内不能变更。

注：赡养两位老人，也是每月 2 000 元，不按老人人数累加。

【案例 2-8】赡养老人专项附加扣除

张帅和李美是夫妻，张帅有一个姐姐、一个妹妹、一个弟弟，父母均在老家，日常由姐姐、妹妹负责照料，张帅固定每月给父母 1 500 元生活费，其他子女每月给父母 500 元生活费，父母均已 70 岁。

思考：以下五个扣除方案是否可行？

（1）张帅每月扣除 1 500 元，其姐、妹、弟三人共扣除 500 元。

（2）张帅每月扣除 1 000 元，李美扣除 1 000 元。

（3）张帅跟其姐、妹、弟每人每月均摊扣除 500 元。

（4）张帅扣除 200 元，其姐、妹、弟每人每月扣除 600 元。

（5）父母指定张帅每月扣除 1 000 元，其姐、妹、弟每月分摊其余 1 000 元额度。

解析：

纳税人为非独生子女的，由其与兄弟姐妹分摊每月 2 000 元的扣除额度，每人分摊的额度不能超过每月 1 000 元。

方案（1）：张帅的分摊额度超过每月1 000元，不可行。

方案（2）：李美不是张帅父母的赡养人，不可以分摊扣除，不可行。

方案（3）：张帅跟其姐、妹、弟每月均摊扣除，每人不超过1 000元，可行。

方案（4）：张帅和其姐、妹、弟约定分摊，每人不超过1 000元，可行。

方案（5）：老人指定张帅和其姐、妹、弟每月分摊的金额，均不超过1 000元，可行。

23. 实际承担对叔叔、伯伯的赡养义务或者赡养岳父、岳母或公婆的费用，是否可以扣除赡养老人支出？

答：不可以。根据《个人所得税专项附加扣除暂行办法》第二十三条的规定，被赡养人是指年满60岁的父母，以及子女均已去世的年满60岁的祖父母、外祖父母。

——改编自国家税务总局网站于2019年1月16日发布的

《个人所得税专项附加扣除200问》

24. 独生子女家庭，父母离异后再婚的，如何享受赡养老人专项附加扣除？

答：对于独生子女家庭，父母离异后重新组建家庭，在新组建的两个家庭中，只要父母中一方没有纳税人以外的其他子女进行赡养，则纳税人可以按照独生子女标准享受每月2 000元赡养老人专项附加扣除。除上述情形外，不能按照独生子女享受扣除。在填报个人所得税专项附加扣除信息表时，纳税人需注明与被赡养人的关系。

——摘自国家税务总局网站于2019年1月16日发布的

《个人所得税专项附加扣除200问》

25. 非独生子女的兄弟姐妹都已去世，是否可以按独生子女赡养老人扣除2 000元/月？

答：一个纳税年度内，如纳税人的其他兄弟姐妹均已去世，其可在第二年按照独生子女赡养老人标准2 000元/月扣除。如纳税人的兄弟姐妹在2019年1月1日以前均已去世，则选择按"独生子女"身份享受赡养老人扣除标准；如纳税人已按"非独生子女"身份填报，可修改已申报信息，1月按非独生子女身份扣除少享受的部分，可以在下月领工资时补扣除。

26. 专项附加扣除什么时候开始享受，什么时间终止享受？

答：根据《国家税务总局关于发布〈个人所得税专项附加扣除操作办法（试行）〉的公告》（国家税务总局公告 2018 年第 60 号，以下简称《专项附加扣除操作办法（试行）》）第三条的规定，纳税人享受符合规定的专项附加扣除的计算时间分别为：

（1）子女教育。学前教育阶段，为子女年满 3 周岁当月至小学入学前一月。学历教育，为子女接受全日制学历教育入学的当月至全日制学历教育结束的当月。

（2）继续教育。学历（学位）继续教育的扣除期限，为在中国境内接受学历（学位）继续教育入学的当月至学历（学位）继续教育结束的当月，同一学历（学位）继续教育的扣除期限最长不得超过 48 个月。技能人员职业资格继续教育、专业技术人员职业资格继续教育，为取得相关证书的当年。

（3）大病医疗。为医疗保障信息系统记录的医药费用实际支出的当年。

（4）住房贷款利息。为贷款合同约定开始还款的当月至贷款全部归还或贷款合同终止的当月，扣除期限最长不得超过 240 个月。

（5）住房租金。为租赁合同（协议）约定的房屋租赁期开始的当月至租赁期结束的当月。提前终止合同（协议）的，以实际租赁期限为准。

（6）赡养老人。为被赡养人年满 60 周岁的当月至赡养义务终止的年末。

【案例 2-9】全年专项附加扣除的计算

金好好 2019 年发生如下事项：

（1）儿子上小学二年级；女儿 7 月满 3 周岁，9 月上幼儿园。金好好与丈夫约定子女教育专项附加扣除由金好好全部扣除。

（2）1 月取得了注册会计师资格证书；9 月被录取为工商管理硕士研究生，缴纳学费 30 000 元。

（3）两年前在北京五环外购买了首套住房，使用住房公积金贷款，每月支付贷款本息 4 000 元，金好好与丈夫约定由金好好扣除住房贷款利息专项附加扣除。

（4）由于蓝天公司在北京二环内，为图方便，本月 10 日以每月租金 1 500 元在公司附近租住了一个小单间。

（5）金好好是独生子女，其父母均已满 60 岁，领取退休金在家，帮助其接送和照顾孩子。

请问：金好好 2019 年能扣除多少专项附加扣除？

解析：

（1）子女教育：金好好的儿子已上小学二年级，每月可扣除 1000 元，共计 12 000 元，7 月女儿满 3 周岁每月都可扣除 1 000 元，共计 6 000 元。约定全部由金好好扣除，当年可扣除 18 000 元。

（2）继续教育：1 月取得了注册会计师资格证书，当年可扣 3 600 元；9 月被录取为工商管理硕士研究生，学历教育期间按照每月扣除 400 元，当年可扣除 1 600 元。

（3）住房贷款利息：首套住房贷款利息支出，在偿还贷款期间，每月扣 1 000 元，约定由金好好扣除，当年可扣除 12 000 元。

（4）住房租金：金好好在北京已经有住房了，且已经享受了住房贷款利息专项附加扣除，因此租住了一个小单间的租金不能扣除。

（5）赡养老人：赡养一个 60 岁（含）以上父母以及其他法定被赡养人的赡养支出，纳税人为独生子女的，每月扣除 2 000 元，当年可扣除 24 000 元。

金好好 2019 年专项附加扣除汇总如下表所示：

月份	子女教育	继续教育	住房贷款利息	赡养老人	本期合计
1	1 000	3 600	1 000	2 000	7 600
2	1 000	—	1 000	2 000	4 000
3	1 000	—	1 000	2 000	4 000
4	1 000	—	1 000	2 000	4 000
5	1 000	—	1 000	2 000	4 000
6	1 000	—	1 000	2 000	4 000
7	2 000	—	1 000	2 000	5 000
8	2 000	—	1 000	2 000	5 000
9	2 000	400	1 000	2 000	5 400
10	2 000	400	1 000	2 000	5 400
11	2 000	400	1 000	2 000	5 400
12	2 000	400	1 000	2 000	5 400
合计	18 000	5 200	12 000	24 000	59 200

27. 专项附加扣除在预扣预缴环节办理还是在汇算清缴环节办理？

答：《个人所得税法》第十一条第二款规定，居民个人向扣缴义务人提供专项附加扣除信息的，扣缴义务人按月预扣预缴税款时应当按照规定予以扣除，不得拒绝。

《个人所得税法实施条例》第二十八条规定，居民个人取得工资、薪金所得时，可以向扣缴义务人提供专项附加扣除有关信息，由扣缴义务人扣缴税款时减除专项附加扣除。纳税人同时从两处以上取得工资、薪金所得，并由扣缴义务人减除专项附加扣除的，对同一专项附加扣除项目，在一个纳税年度内只能选择从一处取得的所得中减除。

居民个人取得劳务报酬所得、稿酬所得、特许权使用费所得，应当在汇算清缴时向税务机关提供有关信息，减除专项附加扣除。

但需要注意的是，根据《个人所得税专项附加扣除暂行办法》第十一条的规定，大病医疗专项附加扣除，由纳税人在办理年度汇算清缴时，在限额内据实扣除。

根据上述规定，《专项附加扣除操作办法（试行）》第四条、第五条、第六条及《个人所得税法实施条例》第十五条第二款对专项附加扣除可以在以下环节办理，做了具体的规定：

（1）享受子女教育、继续教育、住房贷款利息或者住房租金、赡养老人专项附加扣除的纳税人，自符合条件开始，可以向支付工资、薪金所得的扣缴义务人提供上述专项附加扣除有关信息，由扣缴义务人在预扣预缴税款时，按其在本单位本年可享受的累计扣除额办理扣除。扣缴义务人办理工资、薪金所得预扣预缴税款时，应当根据纳税人报送的《个人所得税专项附加扣除信息表》（以下简称《专项附加扣除信息表》，见附录2A）为纳税人办理专项附加扣除。

（2）享受子女教育、继续教育、住房贷款利息或者住房租金、赡养老人专项附加扣除的纳税人，不愿意将相关专项附加扣除信息报送给任职受雇单位的，也可以在次年3月1日至6月30日内，向汇缴地主管税务机关办理汇算清缴申报时扣除。

（3）享受大病医疗专项附加扣除的纳税人，由其在次年3月1日至6月30

日内,自行向汇缴地主管税务机关办理汇算清缴申报时扣除。

(4)纳税人未取得工资、薪金所得,仅取得劳务报酬所得、稿酬所得、特许权使用费所得需要享受专项附加扣除的,应当在次年3月1日至6月30日内,自行向汇缴地主管税务机关报送《专项附加扣除信息表》,并在办理汇算清缴申报时扣除。

(5)取得经营所得且没有综合所得且个人所得税征收方式为查账征收的纳税人,需要享受专项附加扣除的,应当在次年1月1日至3月31日内,自行向汇缴地主管税务机关报送《专项附加扣除信息表》,并在办理汇算清缴申报时扣除。

专项附加扣除办理具体环节如表2-2所示。

表2-2 专项附加扣除办理环节明细表

序号	汇算清缴环节	预扣预缴环节
1	有工资薪金所得,并选择由扣缴义务人办理的,享受大病医疗专项附加扣除的	有工资薪金所得,并选择由扣缴义务人办理除大病医疗外其他五项专项附加扣除的
2	有工资薪金所得,并选择由扣缴义务人办理的五项专项附加扣除未足额享受的	
3	仅取得劳务报酬所得、稿酬所得、特许权使用费所得需要享受专项附加扣除的	
4	取得经营所得且没有综合所得且个人所得税征收方式为查账征收的	

【案例2-10】工资、薪金所得在预扣预缴环节如何享受专项附加扣除?

金好好为上海宏大公司员工,2019年1月取得工资20 000元,公司扣缴三险一金4 800元(符合规定扣除条件),另外还发生以下事项:

(1)儿子读初中,无其他子女。金好好与丈夫约定子女教育专项附加扣除由金好好全部扣除。

(2)取得了高级会计师资格证书,证书上注明发证日期为2019年1月16日。

(3)两年前用银行贷款购买了第二套改善性住房,贷款合同上注明是首套住房贷款,每月支付贷款本息4 000元。金好好与丈夫约定由金好好扣除。

(4)金好好的父母均已满60岁,领取退休金在家,金好好与其姐姐约定平均分摊赡养老人专项附加扣除。

假设金好好将相关的信息及资料都报送给了公司，请问：宏大公司1月应预扣预缴金好好多少个人所得税？

解析：

（1）金好好当月专项附加扣除的计算：

1）子女教育：儿子读初中，每月扣除1 000元，约定全部由金好好扣除，当月可扣除1 000元。

2）继续教育：取得了高级会计师资格证书，当年可扣除3 600元。

3）住房贷款利息：符合首套住房贷款利息支出条件，在偿还贷款期间，每月扣除1 000元，约定由金好好扣除，当月可扣除1 000元。

4）赡养老人：赡养一个60岁（含）以上父母以及其他法定被赡养人的赡养支出，每月扣除2 000元，金好好与其姐姐平均分摊，当月可扣除1 000元。

当月专项附加扣除合计：1 000+3 600+1 000+1 000=6 600（元）

（2）金好好当月应预扣预缴税额的计算：

当月累计预扣预缴应纳税所得额=20 000−5 000−4 800−6 600=3 600（元）

当月应预扣预缴税额=（累计预扣预缴应纳税所得额×税率−速算扣除数）−已预扣预缴税额=3 600×3%−0=108（元）

28. 个人办理专项附加扣除，需要报送哪些信息？

答： 根据《个人所得税专项附加扣除暂行办法》第二十五条和《专项附加扣除操作办法（试行）》第八条、第十一条至第十七条的规定，纳税人首次享受专项附加扣除时，应当将需要享受的专项附加扣除项目信息填报至《专项附加扣除信息表》相应栏次。填报要素完整的，扣缴义务人或者主管税务机关应当受理；填报要素不完整的，扣缴义务人或者主管税务机关应当及时告知纳税人补正或重新填报。纳税人未补正或重新填报的，暂不办理相关专项附加扣除，待纳税人补正或重新填报后再行办理。

纳税人对所提交信息的真实性、准确性、完整性负责，专项附加扣除信息发生变化的，纳税人应当及时向扣缴义务人或者税务机关提供相关信息。各项专项附加扣除需要填报的具体信息如表2-3所示。

表 2-3　专项附加扣除填报信息明细表

扣除项目	填报信息
子女教育	配偶及子女的姓名、身份证照类型及号码、接受教育阶段、当前受教育阶段起止时间、就读学校全称、就读国家（地区）以及与配偶之间扣除分配比例等信息
继续教育	继续教育类型；接受学历（学位）继续教育的，应当填报学历（学位）继续教育入学时间；接受职业资格继续教育的，应当填报证书名称、证书编号、发证机关、发证（批准）时间
住房贷款利息	房屋所有权证号/预售合同编号、房屋坐落地址、贷款方式、贷款合同编号、借款期限、首次还款日期等信息；有配偶的填写配偶的姓名、身份证照类型及号码
住房租金	主要工作城市、租住房屋所有权或不动产证号、租赁房屋坐落地址、出租人姓名及身份证照类型和号码（或出租方单位名称及社会统一信用代码）、住房租赁合同或协议信息、租赁期起、租赁期止等信息；有配偶的填写配偶的姓名、身份证照类型及号码
赡养老人	纳税人身份（独生子女、非独生子女）、本人月扣除金额、被赡养人姓名及身份证照类型和号码、与纳税人关系；有共同赡养人的，需填报分摊方式、共同赡养人姓名及身份证照类型和号码等信息
大病医疗	大病患者姓名、身份证照类型及号码、与纳税人关系；大病患者医疗支出总金额、自付金额和自费金额

29. 子女前两年在中国读书，后两年在境外读书，证书由境外发放，没有学籍号，如何填报信息？

答：根据《个人所得税专项附加扣除暂行办法》第五条的规定，纳税人的子女接受全日制学历教育的相关支出，按照每个子女每月1 000元的标准定额扣除。因此，子女教育允许扣除境内外教育支出。如符合子女教育扣除的相关条件，根据《专项附加扣除操作办法（试行）》第十二条的规定，子女前两年在国内读书，父母作为纳税人请按照规定填写子女接受教育的相关信息；后两年在境外接受教育，无学籍的，可以按照接受境外教育相关规定填报信息，没有学籍号可以不填写，但纳税人应当按规定留存相关证书、子女接受境内外合作办学的招生简章、出入境记录等。

——改编自国家税务总局网站于2019年1月16日发布的
《个人所得税专项附加扣除200问》

30. 个人办理专项附加扣除，有哪些信息报送方式和渠道？

答：根据《专项附加扣除操作办法（试行）》第十九条至第二十一条的规定，纳税人可以通过远程办税端、电子或者纸质报表等方式，向扣缴义务人或者主管税务机关报送个人专项附加扣除信息，鼓励并引导纳税人采用远程办税端报送信息。

（1）纳税人选择纳税年度内由扣缴义务人办理专项附加扣除的，按下列规定办理：

1）纳税人通过远程办税端（手机App、网页）选择扣缴义务人并报送专项附加扣除信息的，扣缴义务人根据接收的扣除信息办理扣除。无须将相关信息打印出来并由纳税人和扣缴义务人签字（章）。

2）纳税人通过填写电子或者纸质《专项附加扣除信息表》直接报送扣缴义务人的，扣缴义务人将相关信息导入或者录入扣缴端软件，并在次月办理扣缴申报时提交给主管税务机关。《专项附加扣除信息表》应当一式两份，纳税人和扣缴义务人签字（章）后分别留存备查。

（2）纳税人选择年度终了后办理汇算清缴申报时享受专项附加扣除的，按下列规定办理：

1）通过远程办税端报送专项附加扣除信息。

2）报送电子《专项附加扣除信息表》的，主管税务机关受理打印，交由纳税人签字后，一份由纳税人留存备查，一份由税务机关留存。

3）报送纸质《专项附加扣除信息表》的，纳税人签字确认、主管税务机关受理签章后，一份退还纳税人留存备查，一份由税务机关留存。

31. 员工没及时将专项附加扣除信息提交给扣缴义务人，可不可以下个月补报？如果一年内都没将专项附加扣除信息提交给扣缴义务人怎么办？

答：根据《专项附加扣除操作办法（试行）》第七条的规定，一个纳税年度内，纳税人在扣缴义务人预扣预缴税款环节未享受或未足额享受专项附加扣除的，可以在当年内向支付工资、薪金的扣缴义务人申请在剩余月份发放工资、薪金时补充扣除，也可以在次年3月1日至6月30日内，向汇缴地主管税务机关办理汇算清缴时申报扣除。

（1）扣缴义务人根据员工提交的专项附加扣除信息，按月计算应预扣预缴的税款，向税务机关办理全员全额纳税申报。如果员工未能及时报送，也可在以后月份补报，由扣缴义务人在当年剩余月份发放工资时补扣，不影响员工享受专项附加扣除。如员工A在2019年3月向单位首次报送其正在上幼儿园的4岁女儿的相关信息，则3月该员工可在本单位发工资时累计扣除的子女教育支出为3 000元（1 000元/月×3个月）。到4月该员工可在本单位发工资时累计扣除的子女教育支出为4 000元（1 000元/月×4个月）。

（2）在一个纳税年度内，员工如果没有及时将专项附加扣除信息报送给扣缴义务人，以致在扣缴义务人预扣预缴工资、薪金所得税时未享受扣除的，员工可以在次年3月1日至6月30日内，向汇缴地主管税务机关进行汇算清缴申报时办理扣除。

——改编自国家税务总局网站于2019年1月16日发布的
《个人所得税专项附加扣除200问》

32. 纳税人年度中间更换工作单位的，专项附加扣除如何办理？

答： 根据《专项附加扣除操作办法（试行）》第五条第二款的规定，纳税人年度中间更换工作单位的，在原单位任职、受雇期间已享受的专项附加扣除金额，不得在新任职、受雇单位扣除。原扣缴义务人应当自纳税人离职不再发放工资薪金所得的当月起，停止为其办理专项附加扣除。

该办法第八条第二款规定，更换工作单位的纳税人，需要由新任职、受雇扣缴义务人办理专项附加扣除的，应当在入职的当月，填写并向扣缴义务人报送《专项附加扣除信息表》。

33. 专项附加扣除可能在几年内都无变化，每年享受时还需要确认信息吗？

答： 根据《专项附加扣除操作办法（试行）》第九条的规定，纳税人次年需要由扣缴义务人继续办理专项附加扣除的，应当于每年12月对次年享受专项附加扣除的内容进行确认，并报送至扣缴义务人。纳税人未及时确认的，扣缴义务人于次年1月起暂停扣除，待纳税人确认后再行办理专项附加扣除。

扣缴义务人应当将纳税人报送的专项附加扣除信息，在次月办理扣缴申报时一并报送至主管税务机关。

34. 个人办理专项附加扣除，需要留存备查哪些资料？

答： 根据《专项附加扣除操作办法（试行）》第十二条至第十七条的规定，纳税人享受的专项附加扣除项目需要留存备查资料具体如下所示：

（1）子女教育专项附加扣除。子女在境外接受教育的，应当留存境外学校录取通知书、留学签证等境外教育佐证资料。

（2）继续教育专项附加扣除。纳税人接受技能人员职业资格继续教育、专业技术人员职业资格继续教育的，应当留存职业资格相关证书等资料。

（3）住房贷款利息专项附加扣除。需要留存备查资料包括：住房贷款合同、贷款还款支出凭证等资料。

（4）住房租金专项附加扣除。需要留存备查资料包括：住房租赁合同或协议等资料。

（5）赡养老人专项附加扣除。需要留存备查资料包括：约定或指定分摊的书面分摊协议等资料。

（6）大病医疗专项附加扣除。需要留存备查资料包括：大病患者医药服务收费及医保报销相关票据原件或复印件，或者医疗保障部门出具的纳税年度医药费用清单等资料。

各项专项附加扣除留存备查资料具体要求如表2-4所示。

35. 纳税人和扣缴义务人留存备查资料的年限是多长？

答： 根据《专项附加扣除操作办法（试行）》第二十三条的规定，纳税人和扣缴义务人留存备查资料期限为：

（1）纳税人应当将《专项附加扣除信息表》及相关留存备查资料，自法定汇算清缴期结束后保存五年，即次年7月1日起算。

（2）纳税人报送给扣缴义务人的《专项附加扣除信息表》，扣缴义务人应当自预扣预缴年度的次年起留存五年，即次年1月1日起算。

表2-4 专项附加扣除留存备查资料明细表

序号	项目	留存备查资料
1	子女教育	（1）子女在境内接受教育的，不需要留存备查任何资料 （2）子女在境外接受教育的，应当留存境外学校录取通知书、留学签证等境外教育佐证资料
2	继续教育	学历（学位）教育，不需要留存备查任何资料 技能人员职业资格继续教育、专业技术人员职业资格继续教育，应当留存职业资格相关证书等资料
3	大病医疗	大病患者医药服务收费及医保报销相关票据原件或复印件，或者医疗保障部门出具的纳税年度医药费用清单等资料
4	住房贷款利息	住房贷款合同、贷款还款支出凭证等资料
5	住房租金	住房租赁合同或协议等资料
6	赡养老人	（1）独生子女，不需要留存备查任何资料 （2）非独生子女，采取平均分摊方式的，不需要留存备查任何资料；采取约定或指定分摊方式的，需要留存备查约定或指定分摊的书面分摊协议等资料

36. 纳税人填报专项附加扣除信息有哪些注意事项？

答：根据《专项附加扣除操作办法（试行）》有关规定，注意以下事项：

（1）根据专项附加扣除办法规定的条件，判断自己是否有符合相关条件的专项附加扣除项目。

（2）根据自己的实际情况，在电子税务局网页、手机App、电子模板、纸质报表四种方式中，选择一种专项附加扣除信息的提交方式。

（3）根据自己符合条件的专项附加扣除项目，如实填报相应的专项附加扣除信息。

（4）姓名、身份证号、手机号码等信息务必填写准确，以保障您的合法权益,避免漏掉重要的税收提醒服务;选填项尽可能填写完整,以便更好地为您提供税收服务。

(5)通过电子模板、纸质报表等方式填报专项附加扣除信息的,应留存好本人和扣缴义务人或者税务机关签字盖章纸质信息表备查。

(6)纳税人应于每年12月份对次年享受专项附加扣除的内容进行确认。如未及时确认的,次年1月起暂停扣除,待确认后再享受。

——摘自国家税务总局网站于2019年1月16日发布的
《个人所得税专项附加扣除200问》

37. 哪些部门和单位有责任和义务协助税务部门核实与专项附加扣除有关的信息?

答:根据《个人所得税专项附加扣除暂行办法》第二十六条、第二十八条的规定,有关部门和单位有责任和义务向税务部门提供或者协助核实以下与专项附加扣除有关的信息:

(1)公安部门有关户籍人口基本信息、户成员关系信息、出入境证件信息、相关出国人员信息、户籍人口死亡标识等信息。

(2)卫生健康部门有关出生医学证明信息、独生子女信息。

(3)民政部门、外交部门、法院有关婚姻状况信息。

(4)教育部门有关学生学籍信息(包括学历继续教育学生学籍、考籍信息)、在相关部门备案的境外教育机构资质信息。

(5)人力资源社会保障等部门有关技工院校学生学籍信息、技能人员职业资格继续教育信息、专业技术人员职业资格继续教育信息。

(6)住房城乡建设部门有关房屋(含公租房)租赁信息、住房公积金管理机构有关住房公积金贷款还款支出信息。

(7)自然资源部门有关不动产登记信息。

(8)人民银行、金融监督管理部门有关住房商业贷款还款支出信息。

(9)医疗保障部门有关在医疗保障信息系统记录的个人负担的医药费用信息。

(10)国务院税务主管部门确定需要提供的其他涉税信息。

有关部门和单位拥有专项附加扣除涉税信息，但未按规定要求向税务部门提供的，拥有涉税信息的部门或者单位的主要负责人及相关人员承担相应责任。

税务机关核查专项附加扣除情况时，纳税人任职受雇单位所在地、经常居住地、户籍所在地的公安派出所、居民委员会或者村民委员会等有关单位和个人应当协助核查。

38. 纳税人和扣缴义务人在办理专项附加扣除中各自的法律责任是什么？

答： 根据《个人所得税法》第十一条第二款、《个人所得税法实施条例》第三十条、《个人所得税专项附加扣除暂行办法》第二十五条和《专项附加扣除操作办法（试行）》第十八条、第二十四条、第二十五条的规定，纳税人和扣缴义务人在办理专项附加扣除中分别负以下法律责任：

（1）纳税人。

1）纳税人对所提交信息的真实性、准确性、完整性负责。

2）专项附加扣除信息发生变化的，纳税人应当及时向扣缴义务人或者税务机关提供相关信息。

（2）扣缴义务人。

1）纳税人向扣缴义务人提供专项附加扣除信息的，扣缴义务人应当按照规定予以扣除，不得拒绝。

2）扣缴义务人应当为纳税人报送的专项附加扣除信息保密。

3）扣缴义务人应当及时按照纳税人提供的信息计算办理扣缴申报，不得擅自更改纳税人提供的相关信息。

4）除纳税人另有要求外，扣缴义务人应当于年度终了后两个月内，向纳税人提供已办理的专项附加扣除项目及金额等信息。

39. 税务机关如何对纳税人享受专项附加扣除进行事后抽查，如何进行税务处理？

答：《个人所得税法实施条例》第三十条第三款规定，在汇算清缴期结束前（含预扣预缴期）税务机关抽查发现纳税人提供虚假专项附加扣除信息的，由主管税务机关责令纳税人改正,并通知扣缴义务人,五年内再次发现纳税人提供虚假信息的,记入有关信用信息系统,并按照国家有关规定实施联合惩戒。纳税人涉及违反税收征管法等法律法规的,税务机关依法进行处理。

根据《专项附加扣除操作办法(试行)》第二十六条至第二十九条的规定,税务机关核查时,纳税人无法提供留存备查资料,或者留存备查资料不能支持相关情况的,税务机关可以要求纳税人提供其他佐证;不能提供其他佐证材料,或者佐证材料仍不足以支持的,不得享受相关专项附加扣除。

纳税人有下列情形之一的,主管税务机关应当责令其改正;情形严重的,应当纳入有关信用信息系统,并按照国家有关规定实施联合惩戒;涉及违反税收征管法等法律法规的,税务机关依法进行处理:

(1)报送虚假专项附加扣除信息。

(2)重复享受专项附加扣除。

(3)超范围或标准享受专项附加扣除。

(4)拒不提供留存备查资料。

(5)税务总局规定的其他情形。

纳税人在任职、受雇单位报送虚假扣除信息的,税务机关责令改正的同时,通知扣缴义务人。

四、依法确定的其他扣除

40. 哪些项目是依法确定的其他扣除?

答:《个人所得税法实施条例》第十三条规定,依法确定的其他扣除包括个人缴付符合国家规定的企业年金、职业年金,个人购买符合国家规定的商业健康保险、税收递延型养老保险,以及国务院规定可以税前扣除的其他项目。具体扣除标准和适用政策如表2-5所示。

41. 什么是符合规定的商业健康保险产品的支出?

答: 为进一步推动医疗保障事业发展,在2016年1月1日以来全国31个城市试点的基础上，财政部、税务总局、保监会联合制发了《关于将商业健康保险个人所得税试点政策推广到全国范围实施的通知》（财税〔2017〕39号，以下简称财税〔2017〕39号文件），规定自2017年7月1日起，在全国范围内对个人购买符合规定的商业健康保险产品的支出，允许在当年（月）计算应纳税所得额时予以税前扣除，扣除限额为2 400元/年（200元/月）。

表2-5　依法确定的其他扣除的扣除标准明细表

项目	扣除标准	政策依据
符合国家规定的商业健康保险	2 400元/年（200元/月）	财税〔2017〕39号文件
企业年金、职业年金	不超过本人缴费工资计税基数的4%标准内	财税〔2013〕103号文件
税收递延型养老保险	当月（年）工资薪金、连续性劳务报酬收入、经营收入的6%和1 000元（12 000元）孰低	财税〔2018〕22号文件
国务院规定可以扣除的其他项目	—	—

符合规定的商业健康保险产品，是指保险公司参照个人税收优惠型健康保险产品指引框架及示范条款开发的、符合下列条件的健康保险产品：

（1）健康保险产品采取具有保障功能并设立有最低保证收益账户的万能险方式，包含医疗保险和个人账户积累两项责任。被保险人个人账户由其所投保的保险公司负责管理维护。

（2）被保险人为16周岁以上、未满法定退休年龄的纳税人群。保险公司不得因被保险人既往病史拒保，并保证续保。

（3）医疗保险保障责任范围包括被保险人医保所在地基本医疗保险基金支付范围内的自付费用及部分基本医疗保险基金支付范围外的费用，费用的报销范围、比例和额度由各保险公司根据具体产品特点自行确定。

（4）同一款健康保险产品，可依据被保险人的不同情况，设置不同的保险金额，具体保险金额下限由保监会规定。

(5)健康保险产品坚持"保本微利"原则,对医疗保险部分的简单赔付率低于规定比例的,保险公司要将实际赔付率与规定比例之间的差额部分返还到被保险人的个人账户。

根据目标人群已有保障项目和保障需求的不同,符合规定的健康保险产品共有三类,分别适用于:①对公费医疗或基本医疗保险报销后个人负担的医疗费用有报销意愿的人群;②对公费医疗或基本医疗保险报销后个人负担的特定大额医疗费用有报销意愿的人群;③未参加公费医疗或基本医疗保险,对个人负担的医疗费用有报销意愿的人群。

符合上述条件的个人税收优惠型健康保险产品,保险公司应按《保险法》规定程序上报保监会审批。

【案例2-11】商业健康保险的扣除

金好好为某市一家公司的职员,2019年取得公司发放的工资薪金240 000元,2019年1月开始购买符合规定的商业健康保险产品,每月支出300元。

解析:

根据财税〔2017〕39号文件的规定,允许在当年(月)计算应纳税所得额时予以税前扣除,扣除限额为2 400元/年(200元/月)。

金好好每月可税前扣除的符合规定的商业健康保险产品支出为200元,超过部分不允许税前扣除。

42. 商业健康保险产品税前扣除如何进行操作?

答:根据《个人所得税法》第六条、《个人所得税法实施条例》第十五条和《国家税务总局关于推广实施商业健康保险个人所得税政策有关征管问题的公告》(国家税务总局公告2017年第17号)的规定,笔者将具体操作要点总结如下:

(1)商业健康保险个人所得税政策的适用对象。适用商业健康保险税收优惠政策的纳税人,是指取得综合所得或经营所得的个人,即取得工资薪金所得、劳务报酬所得、稿酬所得、特许权使用费所得的个人,或者没有综合所得但取得经营所得的个体工商户业主、个人独资企业投资者、合伙企业个人合伙人和承包承租经营者。

(2)纳税申报的有关要求。纳税人或扣缴义务人在纳税申报时,需要附报

《商业健康保险税前扣除情况明细表》（见附录 2B），载明购买商业健康保险支出的明细信息。

个人自行购买符合规定的商业健康保险产品的，应及时向扣缴义务人提供保单凭证，扣缴义务人应当依法为其税前扣除，不得拒绝。个人从中国境内两处或者两处以上取得工资、薪金所得，且自行购买商业健康保险的，只能选择在其中一处扣除。

个人未续保或退保的，应于未续保或退保当月告知扣缴义务人或主管税务机关终止税前扣除。

（3）核定征收个体工商户的相关征管规定。实行核定征收的纳税人，应向主管税务机关报送《商业健康保险税前扣除情况明细表》，主管税务机关按程序相应调减其应纳税所得额或应纳税额。

（4）"税优识别码"的使用。"税优识别码"由商业健康保险信息平台按照"一人一单一码"的原则确定后下发保险公司，由保险公司打印在保单上，是纳税人据以税前扣除的重要凭证。因此，纳税人在税前扣除商业健康保险支出时，均需提供"税优识别码"。个人购买商业健康保险未获得"税优识别码"的，其支出金额不得税前扣除。

43. 企业年金、职业年金税前扣除如何操作？

答：根据《个人所得税法》第六条、《个人所得税法实施条例》第十五条和《财政部　人力资源社会保障部　国家税务总局关于企业年金 职业年金个人所得税有关问题的通知》（财税〔2013〕103号，以下简称财税〔2013〕103号文件）的规定，笔者将企业年金、职业年金税前扣除的具体操作要点总结如下：

（1）企业年金，是指根据《企业年金试行办法》的规定，企业及其职工在依法参加基本养老保险的基础上，自愿建立的补充养老保险制度。所称职业年金是指根据《事业单位职业年金试行办法》的规定，事业单位及其工作人员在依法参加基本养老保险的基础上，建立的补充养老保险制度。

（2）根据国家有关政策规定缴付年金的个人缴费部分，在不超过本人缴费工资计税基数的4%标准内的部分，暂从个人当期的应纳税所得额中扣除。其中，个人缴费工资计税基数不得超过参保者工作地所在城市上一年度职工月平均工资的3倍,超过上述规定的标准缴付的个人缴费部分,应并入个人当期的工资、薪金所得,依法计征个人所得税。税款由建立年金的单位代扣代缴,并向主管税务机关申报解缴。

注:个人年金领取时的个人所得税处理详见本书第三章相关内容

【案例2-12】企业年金的扣除

金好好为某市一家公司的职员,2019年已取得公司发放的工资薪金240 000元,已按4%缴付年金9 600元。

如果该市2018年度在岗职工年平均工资为75 000元,年金个人缴费的税前扣除限额为9 000(75 000×3×4%)元,那么只能税前扣除9 000元,超出的600元须并入当年综合所得缴纳个人所得税。

如果该市2018年度在岗职工年平均工资为82 000元,年金个人缴费的税前扣除限额为9 840(82 000×3×4%)元,则实际缴付的年金9 600元全部可以税前扣除。

44. 个人税收递延型商业养老保险支出税前扣除如何操作?

答: 为推进多层次养老保险体系建设,对支持发展养老保险第三支柱进行有益探索,财政部、税务总局、人力资源社会保障部、中国银行保险监督管理委员会、证监会联合下发了《关于开展个人税收递延型商业养老保险试点的通知》(财税〔2018〕22号,以下简称财税〔2018〕22号文件),规定自2018年5月1日起,在上海市、福建省(含厦门市)和苏州工业园区实施个人税收递延型商业养老保险试点。试点地区个人通过商业养老资金账户购买符合规定的商业养老保险产品的支出,允许在一定标准内税前扣除。计入个人商业养老资金账户的投资收益,暂不征收个人所得税。个人领取商业养老金时,再按规定征收个人所得税。具体扣除标准如表2-6所示。

为便于纳税人及时享受政策、规范纳税申报,《国家税务总局关于开展个人税收递延型商业养老保险试点有关征管问题的公告》(国家税务总局公告2018年第21号,以下简称国家税务总局公告2018年第21号)进一步明确以下相关操作问题:

（1）试点地区内可享受税延型商业养老保险税前扣除优惠政策的个人，凭中国保险信息技术管理有限责任公司相关信息平台出具的《个人税收递延型商业养老保险扣除凭证》，办理税前扣除。个人因未及时提供税延型商业养老保险扣除凭证而造成往期未扣除的，扣缴单位可追补至应扣除月份扣除，重新计算应扣缴税款。

（2）纳税人或扣缴义务人在办理纳税申报或报送扣缴个人所得税报告表时，需要附报《个人税收递延型商业养老保险税前扣除情况明细表》(见附录2C)，载明购买个人税收递延型商业养老保险支出的明细信息。

（3）核定征收的个体工商户业主、企事业单位承包承租经营者、个人独资企业投资者和合伙企业自然人合伙人，应向主管税务机关报送《个人税收递延型商业养老保险税前扣除情况明细表》和《个人税收递延型商业养老保险扣除凭证》，主管税务机关按程序相应调减其应纳税所得额或应纳税额。纳税人缴费金额发生变化、未续保或退保的，应当及时告知主管税务机关，重新核定应纳税所得额或应纳税额。

扣除标准具体适用要点如表2-6所示。

表2-6 税收递延型商业养老保险扣除标准明细表

纳税人	扣除标准
取得工资、薪金、连续性劳务报酬所得的个人	按照当月工资、薪金、连续性劳务报酬收入的6%和1 000元孰低办法确定
取得个体工商户生产经营所得、对企事业单位的承包承租经营所得的个体工商户业主、个人独资企业投资者、合伙企业自然人合伙人和承包承租经营者	按照不超过当年应税收入的6%和12 000元孰低办法确定 （1）个体工商户业主、个人独资企业投资者和承包承租经营者按照个体工商户、个人独资企业、承包承租收入总额确定应税收入 （2）合伙企业自然人合伙人按照合伙企业收入总额乘以合伙人分配比例确定应税收入

【案例2-13】税收递延型商业养老保险的扣除

金好好为上海蓝天合伙企业的合伙人，经营所得分配比例为20%。2019年度，该合伙企业收入总额为100万元，金好好从2019年1月开始，每月通过商业养老资金账户购买税收递延型商业养老保险产品。

（1）计算扣除限额：

金好好按照合伙企业收入总额乘以合伙人分配比例确定应税收入。

应税收入 =1 000 000×20%=200 000（元）

税收递延型商业养老保险扣除限额为当年应税收入的 6%。

扣除限额 =200 000×6%=12 000（元）

（2）计算实际扣除额：

假设金好好全年税收递延型商业养老保险产品支出为 10 000 元，则按照不超过当年应税收入的 6% 和 12 000 元孰低办法确定当年可扣除金额为 10 000 元；

假设金好好全年税收递延型商业养老保险产品支出为 14 400 元，则按照不超过当年应税收入的 6% 和 12 000 元孰低办法确定当年可扣除金额为 12 000 元。

五、公益慈善事业捐赠

45. 个人对教育、扶贫、济困等公益慈善事业进行的捐赠如何进行税前扣除？

答：根据《个人所得税法》第六条第三款的规定，个人将其所得对教育、扶贫、济困等公益慈善事业进行捐赠，捐赠额未超过纳税人申报的应纳税所得额百分之三十的部分，可以从其应纳税所得额中扣除；国务院规定对公益慈善事业捐赠实行全额税前扣除的，从其规定。

根据《个人所得税法实施条例》第十九条的规定，个人将其所得对教育、扶贫、济困等公益慈善事业进行捐赠，是指个人将其所得通过中国境内的公益性社会组织、国家机关向教育、扶贫、济困等公益慈善事业的捐赠；所称应纳税所得额，是指计算扣除捐赠额之前的应纳税所得额。

【案例 2-14】公益慈善事业捐赠的扣除

金好好出租 B 市沙田区住房一套，月租金 5 000 元。2019 年 6 月收取本月租金后，从租金中拿出 1 000 元通过红十字会向贫困地区学生捐款，并取得了红十字会出具的相关票据。当月从白云公司取得借款利息 8 000 元，从中拿出

1 000元直接捐给希望小学的一名贫困学生。请问：金好好的捐款在计缴个人所得税时可以扣除吗？

解析：

（1）金好好出租住房取得的所得通过红十字会向贫困地区学生捐款，在应纳税所得额30%内的部分，可以从计算扣除捐赠额之前的应纳税所得额中扣除。

应纳税所得额=5 000×（1-20%）=4 000（元）

捐赠扣除限额=4 000×30%=1 200（元）

实际捐赠额1 000元＜允许捐赠限额1 200元，可以全额扣除。

（2）金好好取得的借款利息直接捐赠给受赠者个人，不符合《个人所得税法实施条例》"个人将其所得对教育、扶贫、济困等公益慈善事业进行捐赠，是指个人将其所得通过中国境内的公益性社会组织、国家机关向教育、扶贫、济困等公益慈善事业的捐赠"的规定，不允许在税前扣除。

46. 个人捐赠需要取得什么票据才可以在税前扣除？

答：《财政部 国家税务总局 民政部关于公益性捐赠税前扣除有关问题的通知》（财税〔2008〕160号）第八条对捐赠的凭证做出了以下规定：

（1）公益性社会团体和县级以上人民政府及其组成部门和直属机构在接受捐赠时，应按照行政管理级次分别使用由财政部或省、自治区、直辖市财政部门印制的公益性捐赠票据，并加盖本单位的印章；对个人索取捐赠票据的，应予以开具。

（2）新设立的基金会在申请获得捐赠税前扣除资格后，原始基金的捐赠人可凭捐赠票据依法享受税前扣除。

注意：根据《财政部关于印发〈公益事业捐赠票据使用管理暂行办法〉的通知》（财综〔2010〕112号）的规定，公益事业捐赠票据（以下简称捐赠票据），是指各级人民政府及其部门、公益性事业单位、公益性社会团体及其他公益性组织（以下简称公益性单位）按照自愿、无偿原则，依法接受并用于公益事业的捐赠财物时，向提供捐赠的自然人、法人和其他组织开具的凭证。捐赠票据是会计核算的原始凭证，是财政、税务、审计、监察等部门进行监督检查的依据。捐赠票据是捐赠人对外捐赠并根据国家有关规定申请捐赠款项税前扣除的有效凭证。捐赠票据分别由财政部或省级财政部门统一印制，并套印全国统一式样的财政票据监制章。公益性单位应当严格按照本办法规定和财政部门的要求开具捐赠票据。

47. 个人向地震灾区捐赠如何进行税前扣除？

答：《国家税务总局关于个人向地震灾区捐赠有关个人所得税征管问题的通知》（国税发〔2008〕55号）规定如下：

（1）个人通过扣缴单位统一向灾区的捐赠，由扣缴单位凭政府机关或非营利组织开具的汇总捐赠凭据、扣缴单位记载的个人捐赠明细表等，由扣缴单位在代扣代缴税款时，依法据实扣除。

（2）个人直接通过政府机关、非营利组织向灾区的捐赠，采取扣缴方式纳税的，捐赠人应及时向扣缴单位出示政府机关、非营利组织开具的捐赠凭据，由扣缴单位在代扣代缴税款时，依法据实扣除；个人自行申报纳税的，税务机关凭政府机关、非营利组织开具的接受捐赠凭据，依法据实扣除。

（3）扣缴单位在向税务机关进行个人所得税全员全额扣缴申报时，应一并报送由政府机关或非营利组织开具的汇总接受捐赠凭据（复印件）、所在单位每个纳税人的捐赠总额和当期扣除的捐赠额。

48. 哪些公益慈善事业捐赠可以在税前全额扣除？

答：根据现行有关文件，可以在税前全额扣除的有：

（1）公益性青少年活动场所的捐赠。《财政部 国家税务总局关于对青少年活动场所、电子游戏厅有关所得税和营业税政策问题的通知》（财税〔2000〕21号）规定，对企事业单位、社会团体和个人等社会力量，通过非营利性的社会团体和国家机关对公益性青少年活动场所（其中包括新建）的捐赠，在缴纳企业所得税和个人所得税前准予全额扣除。

上述所称公益性青少年活动场所，是指专门为青少年学生提供科技、文化、德育、爱国主义教育、体育活动的青少年宫、青少年活动中心等校外活动的公益性场所。

（2）向福利性、非营利性的老年服务机构的捐赠。《财政部 国家税务总局关于对老年服务机构有关税收政策问题的通知》（财税〔2000〕97号）规定，对企事业单位、社会团体和个人等社会力量，通过非营利性的社会团体和政府部门向福利性、非营利性的老年服务机构的捐赠,在缴纳企业所得税和个人所得税前准予全额扣除。

上述所称老年服务机构,是指专门为老年人提供生活照料、文化、护理、健身等多方面服务的福利性、非营利性的机构,主要包括:老年社会福利院、敬老院(养老院)、老年服务中心、老年公寓(含老年护理院、康复中心、托老所)等。

(3)向农村义务教育的捐赠。《财政部、国家税务总局关于纳税人向农村义务教育捐赠有关所得税政策的通知》(财税〔2001〕103号)规定,企事业单位、社会团体和个人等社会力量通过非营利的社会团体和国家机关向农村义务教育的捐赠,准予在缴纳企业所得税和个人所得税前的所得额中全额扣除。

上述所称农村义务教育的范围,是指政府和社会力量举办的农村乡镇(不含县和县级市政府所在地的镇)、村的小学和初中以及属于这一阶段的特殊教育学校。纳税人对农村义务教育与高中在一起的学校的捐赠,也享受该通知法规的所得税前扣除政策。接受捐赠或办理转赠的非营利的社会团体和国家机关,应按照财务隶属关系分别使用由中央或省级财政部门统一印(监)制的捐赠票据,并加盖接受捐赠或转赠单位的财务专用印章。税务机关据此对捐赠单位和个人进行税前扣除。

(4)向教育事业的捐赠。《财政部 国家税务总局关于教育税收政策的通知》(财税〔2004〕39号)规定,纳税人通过中国境内非营利的社会团体、国家机关向教育事业的捐赠,准予在企业所得税和个人所得税前全额扣除。

(5)向慈善机构、基金会等非营利机构的公益、救济性捐赠。

1)《财政部 国家税务总局关于完善城镇社会保障体系试点中有关所得税政策问题的通知》(财税〔2001〕9号,以下简称《通知》)规定,对企业、事业单位、社会团体和个人向慈善机构、基金会等非营利机构的公益、救济性捐赠,准予在缴纳企业所得税和个人所得税前全额扣除。

上述慈善机构、基金会等非营利机构,是指依照国务院《社会团体登记管理条例》及《民办非企业单位登记管理暂行条例》规定设立的公益性、非营利性组织。以上政策适用于在辽宁全省以及其他省、自治区、直辖市按《通知》规定确定的试点地区缴纳企业所得税和个人所得税的纳税人,自各地区实施之日起执行。

2)向中华健康快车基金会和孙冶方经济科学基金会、中华慈善总会、中国法律援助基金会和中华见义勇为基金会的捐赠。

《财政部　国家税务总局关于向中华健康快车基金会等5家单位的捐赠所得税税前扣除问题的通知》(财税〔2003〕204号)规定，对企业、事业单位、社会团体和个人等社会力量，向中华健康快车基金会和孙冶方经济科学基金会、中华慈善总会、中国法律援助基金会和中华见义勇为基金会的捐赠，准予在缴纳企业所得税和个人所得税前全额扣除。

(6) 通过指定基金会用于公益救济性的捐赠。

1)《财政部　国家税务总局关于向宋庆龄基金会等6家单位捐赠所得税政策问题的通知》(财税〔2004〕172号)规定，对企业、事业单位、社会团体和个人等社会力量，通过宋庆龄基金会、中国福利会、中国残疾人福利基金会、中国扶贫基金会、中国煤矿尘肺病治疗基金会、中华环境保护基金会用于公益救济性的捐赠，准予在缴纳企业所得税和个人所得税前全额扣除。

2)《财政部　国家税务总局关于中国老龄事业发展基金会等8家单位捐赠所得税政策问题的通知》(财税〔2006〕66号)规定，对企业、事业单位、社会团体和个人等社会力量，通过中国老龄事业发展基金会、中国华文教育基金会、中国绿化基金会、中国妇女发展基金会、中国关心下一代健康体育基金会、中国生物多样性保护基金会、中国儿童少年基金会和中国光彩事业基金会用于公益救济性的捐赠，准予在缴纳企业所得税和个人所得税前全额扣除。

3)《财政部　国家税务总局关于中国医药卫生事业发展基金会捐赠所得税政策问题的通知》(财税〔2006〕67号)规定，对企业、事业单位、社会团体和个人等社会力量，通过中国医药卫生事业发展基金会用于公益救济性的捐赠，准予在缴纳企业所得税和个人所得税前全额扣除。

4)《财政部　国家税务总局关于中国教育发展基金会捐赠所得税政策问题的通知》(财税〔2006〕68号)规定，对企业、事业单位、社会团体和个人等社会力量，通过中国教育发展基金会用于公益救济性的捐赠，准予在缴纳企业所得税和个人所得税前全额扣除。

5)《财政部　税务总局　海关总署关于北京2022年冬奥会和冬残奥会税收政策的通知》(财税〔2017〕60号)第三条第三项规定，个人捐赠北京2022年冬奥会、冬残奥会、测试赛的资金和物资支出可在计算个人应纳税所得额时予以全额扣除。

附表 2A

个人所得税专项附加扣除信息表及其填报说明

个人所得税专项附加扣除信息表

填报日期： 年 月 日

扣除年度：

纳税人姓名： 纳税人识别号：□□□□□□□□□□□□□□□□□□

纳税人信息	手机号码		电子邮箱	
	联系地址		配偶情况	□有配偶 □无配偶
纳税人配偶信息	姓名		身份证件类型	
	身份证件号码	□□□□□□□□□□□□□□□□□□		

一、子女教育

	较上次报送信息是否发生变化：	□首次报送（请填写全部信息）	□无变化（不需重新填写）	□有变化（请填写发生变化项目的信息）	
子女一	姓名		身份证件类型		
	出生日期	年 月	身份证件号码		
	当前受教育阶段起始时间	年 月	当前受教育阶段	□学前教育 □义务教育 □高中阶段教育 □高等教育	
	当前受教育阶段结束时间	年 月	子女教育终止时间 *不再受教育时填写	年 月	
	就读国家（或地区）		本人扣除比例	□100%（全额扣除） □50%（平均扣除）	
子女二	姓名		身份证件类型		
	出生日期	年 月	身份证件号码		
	当前受教育阶段起始时间	年 月	当前受教育阶段	□学前教育 □义务教育 □高中阶段教育 □高等教育	
	当前受教育阶段结束时间	年 月	子女教育终止时间 *不再受教育时填写	年 月	
	就读国家（或地区）		本人扣除比例	□100%（全额扣除） □50%（平均扣除）	

二、继续教育

	较上次报送信息是否发生变化：	□首次报送（请填写全部信息）	□无变化（不需重新填写）	□有变化（请填写发生变化项目的信息）	
学历（学位）继续教育	当前继续教育起始时间	年 月	学历（学位）继续教育阶段	□专科 □本科 □硕士研究生 □博士研究生 □其他	
职业资格继续教育	职业资格继续教育类型	□技能人员 □专业技术人员	证书名称		
	证书编号		发证机关		发证（批准）日期

（续）

三、住房贷款利息

较上次报送信息是否发生变化：	□首次报送（请填写全部信息）	□无变化（不需重新填写）	□有变化（请填写发生变化项目的信息）		
房屋信息	住房坐落地址	省（区、市）	市	县（区）	街道（乡、镇）
	产权证号/不动产登记号/商品房买卖合同号/预售合同号				
	本人是否借款	□是 □否			
房贷信息	公积金贷款/贷款合同编号			是否婚前各自首套贷款，且婚后分别扣除50%	□是 □否
	贷款期限（月）			首次还款日期	
	商业贷款/贷款合同编号			贷款银行	
	贷款期限（月）			首次还款日期	

四、住房租金

较上次报送信息是否发生变化：	□首次报送（请填写全部信息）	□无变化（不需重新填写）	□有变化（请填写发生变化项目的信息）		
房屋信息	住房坐落地址	省（区、市）	市	县（区）	街道（乡、镇）
		身份证件类型		身份证件识别号码	□□□□□□□□□□□□□□□□□□
租赁情况	出租方（个人）姓名				
	出租方（单位）名称			纳税人识别号（统一社会信用代码）	□□□□□□□□□□□□□□□□□□
	主要工作城市（*填写市一级）			住房租赁合同编号（非必填）	
	租赁期起			租赁期止	

五、赡养老人

较上次报送信息是否发生变化：	□首次报送（请填写全部信息）	□无变化（不需重新填写）	□有变化（请填写发生变化项目的信息）		
纳税人身份	□独生子女	□非独生子女			
被赡养人一	姓名		身份证件类型	身份证件号码	□□□□□□□□□□□□□□□□□□
	出生日期		与纳税人关系	□父亲 □母亲 □其他	
被赡养人二	姓名		身份证件类型	身份证件号码	□□□□□□□□□□□□□□□□□□
	出生日期		与纳税人关系	□父亲 □母亲 □其他	

（续）

共同赡养人信息	姓名		身份证件类型		身份证件号码	
	姓名		身份证件类型		身份证件号码	
	姓名		身份证件类型		身份证件号码	
	姓名		身份证件类型		身份证件号码	
分摊方式	□平均分摊　□赡养人约定分摊　□被赡养人指定分摊 *独生子女不需填写				本年度月扣除金额	

六、大病医疗（仅限综合所得年度汇算清缴申报时填写）

较上次报送信息是否发生变化：	□首次报送（请填写全部信息）　□无变化　□有变化（请填写发生变化项目的信息）（不需重新填写）					
患者一	姓名		身份证件类型		身份证件号码	
	医药费用总金额		个人负担金额		与纳税人关系	□本人　□配偶　□未成年子女
患者二	姓名		身份证件类型		身份证件号码	
	医药费用总金额		个人负担金额		与纳税人关系	□本人　□配偶　□未成年子女

需要在任职受雇单位预扣预缴工资、薪金所得个人所得税时享受专项附加扣除的，填写本栏

扣缴义务人名称		扣缴义务人纳税人识别号（统一社会信用代码）	

重要提示：当您填写本栏，表示您已同意该任职受雇单位使用本表信息为您办理专项附加扣除。

本人承诺：我已仔细阅读了填表说明，并根据《中华人民共和国个人所得税法》及其实施条例、《个人所得税专项附加扣除暂行办法》《个人所得税专项附加扣除操作办法（试行）》等相关法律法规规定填写本表。本人已就所填写的扣除信息进行了核对，并对所填写内容的真实性、准确性、完整性负责。

纳税人签字：　　　　　　　　年　月　日

扣缴义务人签字：	代理机构签字：	受理人：
经办人签字：	代理机构统一社会信用代码：	受理税务机关（章）：
接收日期：　　年　月　日	经办人签字：　经办人身份证件号码：	受理日期：　　年　月　日

国家税务总局监制

填报说明

一、填表须知

本表根据《中华人民共和国个人所得税法》及其实施条例、《个人所得税专项附加扣除暂行办法》《个人所得税专项附加扣除操作办法（试行）》等法律法规有关规定制定。

（一）纳税人按享受的专项附加扣除情况填报对应栏次；纳税人不享受的项目，无须填报。纳税人未填报的项目，默认为不享受。

（二）较上次报送信息是否发生变化：纳税人填报本表时，对各专项附加扣除，首次报送的，在"首次报送"前的框内划"√"。继续报送本表且无变化的，在"无变化"前的框内划"√"；发生变化的，在"有变化"前的框内划"√"，并填写发生变化的扣除项目信息。

（三）身份证件号码应从左向右顶格填写，位数不满18位的，需在空白格处划"/"。

（四）如各类扣除项目的表格篇幅不够，可另附多张《个人所得税专项附加扣除信息表》。

二、适用范围

（一）本表适用于享受子女教育、继续教育、大病医疗、住房贷款利息或住房租金、赡养老人六项专项附加扣除的自然人纳税人填写。选择在工资、薪金所得预扣预缴个人所得税时享受的，纳税人填写后报送至扣缴义务人；选择在年度汇算清缴申报时享受专项附加扣除的，纳税人填写后报送至税务机关。

（二）纳税人首次填报专项附加扣除信息时，应将本人所涉及的专项附加扣除信息表内各信息项填写完整。纳税人相关信息发生变化的，应及时更新此表相关信息项，并报送至扣缴义务人或税务机关。

纳税人在以后纳税年度继续申报扣除的，应对扣除事项有无变化进行确认。

三、各栏填写说明

（一）表头项目

填报日期：纳税人填写本表时的日期。

扣除年度：填写纳税人享受专项附加扣除的所属年度。

纳税人姓名：填写自然人纳税人姓名。

纳税人识别号：纳税人有中国居民身份证的，填写公民身份号码；没有公民身份号码的，填写税务机关赋予的纳税人识别号。

（二）表内基础信息栏

纳税人信息：填写纳税人有效的手机号码、电子邮箱、联系地址。其中，手机号码为必填项。

纳税人配偶信息：纳税人有配偶的填写本栏，没有配偶的则不填。具体填写纳税人配偶的姓名、有效身份证件名称及号码。

（三）表内各栏

1. 子女教育

子女姓名、身份证件类型及号码：填写纳税人子女的姓名、有效身份证件名称及号码。

出生日期：填写纳税人子女的出生日期，具体到年月日。

当前受教育阶段：选择纳税人子女当前的受教育阶段。区分"学前教育阶段、义务教育、高中阶段教育、高等教育"四种情形，在对应框内打"√"。

当前受教育阶段起始时间：填写纳税人子女处于当前受教育阶段的起始时间，具体到年月。

当前受教育阶段结束时间：纳税人子女当前受教育阶段的结束时间或预计结束的时间，具体到年月。

子女教育终止时间：填写纳税人子女不再接受符合子女教育扣除条件的学历教育的时间，具体到年月。

就读国家（或地区）、就读学校：填写纳税人子女就读的国家或地区名称、学校名称。

本人扣除比例：选择可扣除额度的分摊比例，由本人全额扣除的，选择"100%"，分摊扣除的，选"50%"，在对应框内打"√"。

2. 继续教育

当前继续教育起始时间：填写接受当前学历（学位）继续教育的起始时间，具体到年月。

当前继续教育结束时间：填写接受当前学历（学位）继续教育的结束时间，或预计结束的时间，具体到年月。

学历（学位）继续教育阶段：区分"专科、本科、硕士研究生、博士研究生、其他"四种情形，在对应框内打"√"。

职业资格继续教育类型：区分"技能人员、专业技术人员"两种类型，在对应框内打"√"。证书名称、证书编号、发证机关、发证（批准）日期：填写纳税人取得的继续教育职业资格证书上注明的证书名称、证书编号、发证机关及发证（批准）日期。

3. 住房贷款利息

住房坐落地址：填写首套贷款房屋的详细地址，具体到楼门号。

产权证号/不动产登记号/商品房买卖合同号/预售合同号：填写首套贷款房屋的产权证、不动产登记证、商品房买卖合同或预售合同中的相应号码。所购买住房已取得房屋产权证的，填写产权证号或不动产登记号；所购住房尚未取得房屋产权证的，填写商品房买卖合同号或预售合同号。

本人是否借款人：按实际情况选择"是"或"否"，并在对应框内打"√"。本人是借款人的情形，包括本人独立贷款、与配偶共同贷款的情形。如果选择"否"，则表头位置须填写配偶信息。

是否婚前各自首套贷款，且婚后分别扣除50%：按实际情况选择"是"或"否"，并在对应框内打"√"。该情形是指夫妻双方在婚前各有一套首套贷款住房，婚后选择按夫妻双方各50%份额扣除的情况。不填默认为"否"。

公积金贷款｜贷款合同编号：填写公积金贷款的贷款合同编号。

商业贷款｜贷款合同编号：填写与金融机构签订的住房商业贷款合同编号。

贷款期限（月）：填写住房贷款合同上注明的贷款期限，按月填写。

首次还款日期：填写住房贷款合同上注明的首次还款日期。

贷款银行：填写商业贷款的银行总行名称。

4. 住房租金

住房坐落地址：填写纳税人租赁房屋的详细地址，具体到楼门号。

出租方（个人）姓名、身份证件类型及号码：租赁房屋为个人的，填写本栏。具体填写住房租赁合同中的出租方姓名、有效身份证件名称及号码。

出租方（单位）名称、纳税人识别号（统一社会信用代码）：租赁房屋为单位所有的，填写单位法定名称全称及纳税人识别号（统一社会信用代码）。

主要工作城市：填写纳税人任职受雇的直辖市、计划单列市、副省级城市、地级市（地区、州、盟）。无任职受雇单位的，填写其办理汇算清缴地所在城市。

住房租赁合同编号（非必填）：填写签订的住房租赁合同编号。

租赁期起、租赁期止：填写纳税人住房租赁合同上注明的租赁起、止日期，具体到年月。提前终止合同（协议）的，以实际租赁期限为准。

5. 赡养老人

纳税人身份：区分"独生子女、非独生子女"两种情形，并在对应框内打"√"。

被赡养人姓名、身份证件类型及号码：填写被赡养人的姓名、有效证件名称及号码。

被赡养人出生日期：填写被赡养人的出生日期，具体到年月。

与纳税人关系：按被赡养人与纳税人的关系填报，区分"父亲、母亲、其他"三种情形，在对应框内打"√"。

共同赡养人：纳税人为非独生子女时填写本栏，独生子女无须填写。填写与纳税人实际承担共同赡养义务的人员信息，包括姓名、身份证件类型及号码。

分摊方式：纳税人为非独生子女时填写本栏，独生子女无须填写。区分"平均分摊、赡养人约定分摊、被赡养人指定分摊"三种情形，并在对应框内打"√"。

本年度月扣除金额：填写扣除年度内，按政策规定计算的纳税人每月可以享受的赡养老人专项附加扣除的金额。

6. 大病医疗

患者姓名、身份证件类型及号码：填写享受大病医疗专项附加扣除的患者姓名、有效证件名称及号码。

医药费用总金额：填写社会医疗保险管理信息系统记录的与基本医保相关的医药费用总金额。

个人负担金额：填写社会医疗保险管理信息系统记录的基本医保目录范围内扣除医保报销后的个人自付部分。

与纳税人关系：按患者与纳税人的关系填报，区分"本人、配偶或未成年子女"三种情形，在对应框内打"√"。

7. 扣缴义务人信息

纳税人选择由任职受雇单位办理专项附加扣除的填写本栏。

扣缴义务人名称、纳税人识别号（统一社会信用代码）：纳税人由扣缴义务人在工资、薪金所得预扣预缴个人所得税时办理专项附加扣除的，填写扣缴义务人名称全称及纳税人识别号或统一社会信用代码。

(四) 签字 (章) 栏次

"声明"栏：需由纳税人签字。

"扣缴义务人签章"栏：扣缴单位向税务机关申报的，应由扣缴单位签章，办理申报的经办人签字，并填写接收专项附加扣除信息的日期。

"代理机构签章"栏：代理机构代为办理纳税申报的，应填写代理机构统一社会信用代码，加盖代理机构印章，代理申报的经办人签字，并填写经办人身份证件号码。

纳税人或扣缴义务人委托专业机构代为办理专项附加扣除的，需代理机构签章。

"受理机关"栏：由受理机关填写。

附录 2B

商业健康保险税前扣除情况明细表及其填报说明

商业健康保险税前扣除情况明细表

所属期：　年　月　日至　年　月　日　　　　金额单位：人民币（列至角分）

扣缴义务人（被投资单位）情况									
名称				纳税人识别号					
商业健康保险税前扣除情况									
序号	姓名	身份证件类型	身份证件号码	税优识别码	保单生效日期	年度保费	月度保费	本期扣除金额	

谨声明：此表是根据《中华人民共和国个人所得税法》及有关法律法规规定填写的，是真实的、完整的、可靠的。

　　　　　　　　　　纳税人或扣缴义务人负责人签字：　　　年　月　日

代理申报机构（人）签章：	主管税务机关受理章：
经办人：	受理人：
经办人执业证件号码：	受理日期：　年　月　日
代理申报日期：　年　月　日	

国家税务总局监制

填报说明

本表适用于个人购买符合规定的商业健康保险支出税前扣除申报。本表随《扣缴个人所得税报告表》《特定行业个人所得税年度申报表》《个人所得税生产经营所得纳税申报表（B 表）》《个人所得税自行纳税申报表（A 表）》等申报表一并报送。

一、所属期：应与《扣缴个人所得税报告表》等申报表上注明的"税款所属期"一致。

二、扣缴义务人（被投资单位）情况

填写涉及商业健康保险扣除政策的扣缴义务人、个体工商户、承包承租的企事业单位、个人独资企业、合伙企业的信息。

三、商业健康保险税前扣除情况

1. 姓名、身份证件类型、身份证件号码：填写购买商业健康保险的个人的信息，相关信息应与《扣缴个人所得税报告表》等申报表上载明的明细信息保持一致；个体工商户业主、个人独资企业投资者、合伙企业个人合伙人、承包承租经营者和其他自行纳税申报个人按照本人实际情况填写。

2. 税优识别码：是指为确保税收优惠商业健康保险保单的唯一性、真实性和有效性，由商业健康保险信息平台按照"一人一单一码"的原则对投保人进行校验后，下发给保险公司，并在保单凭证上打印的数字识别码。

3. 保单生效日期：填写商业健康保险生效日期。

4. 年度保费：填写保单载明的年度总保费的金额。

5. 月度保费：按月缴费的保单填写每月所缴保费，按年一次性缴费的保单填写年度保费除以 12 后的金额。

6. 本期扣除金额：扣缴申报和按月自行申报时，月度保费大于 200 元的，填写 200 元；月度保费小于 200 元的，按月度保费填写。个体工商户业主、个人独资企业投资者、合伙企业个人合伙人和承包承租经营者申报时，年度保费金额大于 2 400 元的，填写 2 400 元；年度保费小于 2 400 元的，按实际年度保费填写。

附录2C
个人税收递延型商业养老保险税前扣除情况明细表及其填报说明

个人税收递延型商业养老保险税前扣除情况明细表

所属期： 年 月 日至 年 月 日　　　　金额单位：人民币元（列至角分）

单位或个人情况										
填表人身份	□扣缴义务人 □个体工商户和承包承租经营者 □个人独资企业投资者 □合伙企业自然人合伙人 □其他									
单位名称				纳税人识别号 （统一社会信用代码）						
税收递延型商业养老保险税前扣除情况										
序号	姓名	身份证件类型	身份证件号码	税延养老账户编号	申报扣除期	报税校验码	年度保费	月度保费	本期扣除金额	

谨声明：此表是根据《中华人民共和国个人所得税法》及有关法律法规规定填写的，是真实的、完整的、可靠的。

　　　　　　　　　　　　　　　纳税人或扣缴义务人负责人签字：　　　　年 月 日

代理申报机构（人）签章： 经办人： 经办人身份证件类型： 经办人身份证件号码： 经办人执业证件号码： 代理申报日期： 年 月 日	主管税务机关受理章： 受理人： 受理日期： 年 月 日

国家税务总局监制

填报说明

本表适用于个人购买符合规定的税收递延型商业养老保险支出税前扣除申报。本表随《扣缴个人所得税报告表》《特定行业个人所得税年度申报表》《个人所得税生产经营所得纳税申报表（B表）》等申报表一并报送；实行核定征收的，可单独报送。

一、所属期：应与《扣缴个人所得税报告表》等申报表上注明的"税款所属期"一致。

二、单位和个人情况

1. 单位名称：填写涉及商业养老保险扣除政策的扣缴义务人、个体工商户、承包承租的企事业单位、个人独资企业、合伙企业的单位名称。

2. 纳税人识别号（统一社会信用代码）：填写上述单位的相应号码。

三、税收递延型商业养老保险税前扣除情况

1. 姓名、身份证件类型、身份证件号码：填写购买税延养老保险的个人信息，相关信息应与《扣缴个人所得税报告表》等申报表上载明的明细信息保持一致；个体工商户业主、个人独资企业投资者、合伙企业自然人合伙人、承包承租经营者和其他自行纳税申报个人按照本人实际情况填写。

2. 税延养老账户编号、报税校验码：按照中国保险信息技术管理有限责任公司相关信息平台出具的《个人税收递延型商业养老保险扣除凭证》载明的对应项目填写。

3. 申报扣除期：取得工资薪金所得、连续性劳务报酬所得（特定行业除外）的个人，填写申报扣除的月份；取得个体工商户的生产经营所得、对企事业单位的承包承租经营所得的个人及特定行业取得工资薪金的个人，填写申报扣除的年份。

4. 年度保费：取得个体工商户的生产经营所得、对企事业单位的承包承租经营所得的个人及特定行业取得工资薪金的个人，填写《个人税收递延型商业养老保险扣除凭证》载明的年度保费金额。

5. 月度保费：取得工资薪金所得、连续性劳务报酬所得（特定行业除外）的个人，填写《个人税收递延型商业养老保险扣除凭证》载明的月度保费金额，一次性缴费的保单填写月平均保费金额。

6. 本期扣除金额：

（1）取得工资薪金所得、连续性劳务报酬所得（特定行业除外）的个人，应按税延养老保险扣除凭证记载的当月金额和扣除限额孰低的方法计算可扣除额。扣除限额按照申报扣除当月的工资薪金、连续性劳务报酬收入的6%和1 000元孰低的办法确定。

（2）取得个体工商户的生产经营所得、对企事业单位的承包承租经营所得的个人及特定行业取得工资薪金的个人，按税延养老保险扣除凭证记载的当年金额和扣除限额孰低的方法计算可扣除额。扣除限额按照不超过当年应税收入的6%和12 000元孰低的办法确定。

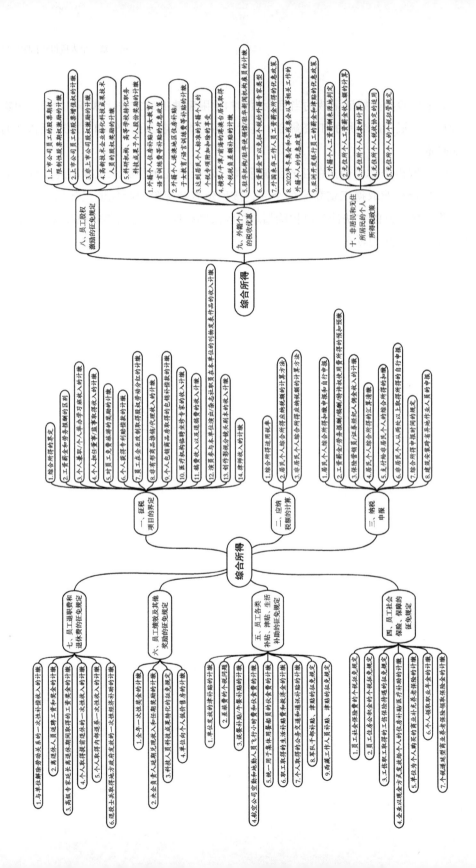

第三章 综合所得

一、征税项目的界定

1. 哪些所得应作为综合所得计缴个人所得税？

答：根据《个人所得税法》第二条和《个人所得税法实施条例》第六条的规定，对以下四项所得，居民个人按纳税年度合并计算个人所得税，非居民个人按月或者按次分项计算个人所得税。

（1）工资、薪金所得，是指个人因任职或者受雇取得的工资、薪金、奖金、年终加薪、劳动分红、津贴、补贴以及与任职或者受雇有关的其他所得。

（2）劳务报酬所得，是指个人从事劳务取得的所得，包括从事设计、装潢、安装、制图、化验、测试、医疗、法律、会计、咨询、讲学、翻译、审稿、书画、雕刻、影视、录音、录像、演出、表演、广告、展览、技术服务、介绍服务、经纪服务、代办服务以及其他劳务取得的所得。

（3）稿酬所得，是指个人因其作品以图书、报刊等形式出版、发表而取得的所得。

根据国税发〔1994〕89号文件第四条第三款的规定，作者去世后，对取得其遗作稿酬的个人，按稿酬所得征收个人所得税。

（4）特许权使用费所得，是指个人提供专利权、商标权、著作权、非专利技术以及其他特许权的使用权取得的所得；提供著作权的使用权取得的所得，不包括稿酬所得。

提醒读者注意的是，四项所得在计算收入额时扣除的费用标准不一样，扣缴义务人在支付居民个人四项所得时预扣预缴个人所得税的计算方法也不一样，因此，界定所得性质，是准确计算应缴纳个人所得税的前提。国务院税务主管部门也发布了很多规范性文件，针对一些在财税实际工作中碰到的模糊地带的问题，适用什么项目征税做出了很多政策解释。

【案例3-1】写小说的收入按什么项目计缴个人所得税？

钱鑫于2019年3月在小草文学网站通过发帖的形式让其人生的第一部小说问世。2019年，钱鑫获得小草文学网站支付的各项报酬1.2万元；6月该小说进一步修改，经百花出版社出版后，当年钱鑫取得出版社支付的版税5万元；由于小说剧情很精彩，华彩电影公司于同年9月请钱鑫将小说改编成剧本，支付剧本使用费100万元。天有不测风云，不久钱鑫自己的公司运营出现困难，资金紧缺，于是同年12月他将小说手稿拿到拍卖行进行拍卖，获得了200万元的拍卖所得，其公司因此渡过了难关。请问：这本小说的四项收入，钱鑫应按什么项目计缴个人所得税？

解析：

（1）钱鑫在小草文学网站通过分章节发帖小说的形式，取得收入1.2万元，不符合《个人所得税法实施条例》第三条"稿酬所得，是指个人因其作品以图书、报刊等形式出版、发表而取得的所得"的定义，应按劳务报酬所得项目计缴个人所得税。

（2）小说出版取得出版社支付的5万元版税，是因其作品以图书形式出版而取得的所得，应根据《个人所得税法实施条例》第六条第三项的规定，按稿酬所得项目计缴个人所得税。

（3）小说改编剧本取得剧本使用费100万元，按照《国家税务总局关于剧本使用费征收个人所得税问题的通知》（国税发〔2002〕52号，以下简称国税发〔2002〕52号文件）的规定，对于剧本作者从电影、电视剧的制作单位取得的剧本使用费，不再区分剧本的使用方是否为其任职单位，统一按特许权使用费所得项目计缴个人所得税。

（4）将小说手稿拿到拍卖行进行拍卖，获得200万元的拍卖所得，根据国税发〔1994〕89号文件第五条的规定，作者将自己的文字作品手稿原件或复印件公开拍卖（竞价）取得的所得，应按特许权使用费所得项目计缴个人所得税。

2. 工资、薪金所得与劳务报酬所得如何界定？

答： 国税发〔1994〕89号文件第十九条明确，工资、薪金所得是属于非独立个人劳务活动，即在机关、团体、学校、部队、企事业单位及其他组织中任职、受雇而得到的报酬；劳务报酬所得则是个人独立从事各种技艺、提供各项劳务取得的报酬。两者的主要区别在于，前者存在雇佣与被雇佣关系，后者则不存在这种关系，前者从事的是非独立的劳务活动，后者从事的是独立的劳务活动。

【案例 3-2】工资、薪金所得与劳务报酬所得的界定

金好好是蓝天公司的财务人员，其有设计专长，从2019年1月开始，利用业余时间给宏图公司设计图纸，1~6月从宏图公司每月取得收入10 000元。7月，金好好从蓝天公司辞职，正式入职宏图公司做设计师，每月从宏图公司取得收入20 000元。请问：金好好从宏图公司每月取得收入按什么项目计缴个人所得税？

解析：

根据上述规定，金好好1~6月与宏图公司不存在任职、受雇关系，从宏图公司每月取得收入10 000元属于独立的劳务活动所得，按劳务报酬所得项目计缴个人所得税；7月以后与宏图公司是任职、受雇关系，属于非独立的劳务活动所得，从宏图公司每月取得收入20 000元按工资、薪金所得项目计缴个人所得税。

3. 个人兼职取得的收入怎么计缴个人所得税？

答：《国家税务总局关于个人兼职和退休人员再任职取得收入如何计算征收个人所得税问题的批复》（国税函〔2005〕382号）规定，个人兼职取得的收入应按照"劳务报酬所得"应税项目缴纳个人所得税。

4. 个人担任公司董事、监事取得的收入怎么计缴个人所得税？

答： 根据国税发〔1994〕89号文件第八条、《国家税务总局关于明确个人所得税若干政策执行问题的通知》（国税发〔2009〕121号）第二条的规定，个人担任董事职务取得的收入应当视情形分别界定所得性质。

（1）个人担任公司董事、监事，且不在公司任职、受雇的情形，属于劳务报酬所得性质，按照劳务报酬所得项目征收个人所得税。

（2）个人在公司（包括关联公司）任职、受雇，同时兼任董事、监事的，应将董事费、监事费与个人工资收入合并，统一按工资、薪金所得项目缴纳个人所得税。

5. 企业以免费旅游方式对营销人员进行奖励的，怎么计缴个人所得税？

答：《财政部 国家税务总局关于企业以免费旅游方式提供对营销人员个人奖励有关个人所得税政策的通知》（财税〔2004〕11号）规定，从2004年1月20日起，对商品营销活动中，企业和单位对营销业绩突出人员以培训班、研讨会、工作考察等名义组织旅游活动，通过免收差旅费、旅游费对个人实行的营销业绩奖励（包括实物、有价证券等），应根据所发生费用全额计入营销人员应税所得，依法征收个人所得税，并由提供上述费用的企业和单位代扣代缴。其中，对企业雇员享受的此类奖励，应与当期的工资薪金合并，按照"工资、薪金所得"项目征收个人所得税；对其他人员享受的此类奖励，应作为当期的劳务收入，按照"劳务报酬所得"项目征收个人所得税。

6. 个人因专利被他人使用获得的专利赔偿款按什么项目征税？

答：《个人所得税法实施条例》第六条第四项规定，特许权使用费所得，是指个人提供专利权、商标权、著作权、非专利技术以及其他特许权的使用权取得的所得。个人因专利被他人使用获得的专利赔偿款是基于专利权使用产生的收入，应当按照"特许权使用费所得"项目缴纳个人所得税。

【政策链接】

《国家税务总局关于个人取得专利赔偿所得征收个人所得税问题的批复》（国税函〔2000〕257号）回复原安徽省地税局：你省"三相组合式过压保护器"专利的所有者王某，因其该项专利权被安徽省电气研究所使用而取得的经济赔偿收入，应按照个人所得税法及其实施条例的规定，按"特许权使用费所得"应税项目缴纳个人所得税，税款由支付赔款的安徽省电气研究所代扣代缴。

7. 个人举办学习班取得的收入怎么计缴个人所得税？

答：《国家税务总局关于个人举办各类学习班取得的收入征收个人所得税问题的批复》（国税函〔1996〕658号）规定，个人无须经政府有关部门批准并取得执照举办学习班、培训班的，其取得的办班收入属于"劳务报酬所得"应税项目，应按税法规定计征个人所得税。其中，办班者每次收入按以下方法确定：一次收取学费的，以一期取得的收入为一次；分次收取学费的，以每月取得的收入为一次。

8. 企业改制，员工取得的企业股权劳动分红怎么计缴个人所得税？

答：企业改制，员工取得的企业股权劳动分红的个人所得税征税项目的界定可以参照《国家税务总局关于联想集团改制员工取得的用于购买企业国有股权的劳动分红征收个人所得税问题的批复》（国税函〔2001〕832号）的规定。

该文件在给原北京市地方税务局的回复中明确：

联想集团经有关部门批准，建立了一套产权激励机制，将多年留存在企业应分配给职工的劳动分红（1.63亿元），划分给职工个人，用于购买企业的国有股权（35%），再以职工持股会的形式持有联想集团控股公司的股份。联想集团控股公司的做法，实际上是将多年留存在企业应分未分的劳动分红在职工之间进行了分配，职工个人再将分得的部分用于购买企业的国有股权。

根据前述事实及《个人所得税法》的有关规定，对联想集团控股公司职工取得的用于购买企业国有股权的劳动分红，应按"工资、薪金所得"项目计征个人所得税，税款由联想集团控股公司代扣代缴。

9. 个人提供非有形商品推销、代理收入应按什么项目计缴个人所得税？

答：有些在境内从事保险、旅游等非有形商品经营的企业（包括从事此类业务的国有企业、集体企业、股份制企业、外商投资企业、外国企业及其他企业），通过其雇员或非雇员个人的推销、代理等服务活动开展业务。雇员或非雇员个人根据其推销、代理等服务活动的业绩从企业或其服务对象取得佣金、奖励和劳务费等名目的收入。

根据《个人所得税法实施条例》第六条第二项和《财政部 国家税务总局关于个人提供非有形商品推销、代理等服务活动取得收入征收营业税和个人所得税有关问题的通知》(财税字〔1997〕103号)的规定,对上述雇员或非雇员个人为企业提供非有形商品推销、代理等服务活动取得收入,个人所得税应分别以下情形处理:

(1)对雇员的税务处理。雇员为本企业提供非有形商品推销、代理等服务活动取得佣金、奖励和劳务费等名目的收入,无论该收入采用何种计取方法和支付方式,均应计入该雇员的当期工资、薪金所得,按照个人所得税法及其实施条例和其他有关规定计算征收个人所得税。

(2)对非雇员的税务处理。非本企业雇员为企业提供非有形商品推销、代理等服务活动取得的佣金、奖励和劳务费等名目的收入,无论该收入采用何种计取方法和支付方式,均应计入个人的劳务报酬所得,按照《个人所得税法》及其实施条例和其他有关规定计算征收个人所得税。

10. 个人因包销商品房取得的包销补偿款应按什么项目计缴个人所得税?

答:根据《个人所得税实施条例》第六条第二项和《国家税务总局关于个人取得包销补偿款征收个人所得税问题的批复》(国税函〔2007〕243号)的规定,个人因包销商品房取得的差价收入及因此而产生的包销补偿款,属于其个人履行商品介绍服务或与商品介绍服务相关的劳务所得,应按照"劳务报酬所得"项目计算缴纳个人所得税。

11. 医疗机构临时聘请坐诊的专家取得的收入怎么计缴个人所得税?

答:根据《国家税务总局关于个人从事医疗服务活动征收个人所得税问题的通知》(国税发〔1997〕178号)的规定,受医疗机构临时聘请坐堂门诊及售药,由该医疗机构支付报酬,或收入与该医疗机构按比例分成的人员,其取得的所得,按照"劳务报酬所得"应税项目缴纳个人所得税,以一个月内取得的所得为一次,税款由该医疗机构代扣代缴。

12. 单位接受约稿后,支付给个人的稿费收入按什么项目计征个人所得税?

答:根据《财政部 税务总局关于对稿费征收个人所得税问题的批复》(财

税外字〔1980〕50号，以下简称财税外字〔1980〕50号文件）第二条第一款的规定，由单位接受约稿，然后组织个人从事著译书籍、书画，完成约稿后，由接受约稿的单位收取稿费，将其中部分稿费发给著译书籍、书画的个人，同意只就个人实得的稿费收入，按劳务报酬所得征收个人所得税。

13. 个人获得出版社的退稿费按什么项目征税？

答：根据财税外字〔1980〕50号文件第二条第二款的规定，个人接受出版单位约稿，完成约稿后由于各种原因，出版单位决定不予出版，但出版单位为贯彻按劳付酬的原则，仍付给作者"退稿费"（一般比原稿费低50%左右）。我们认为此项"退稿费"仍属劳务报酬性质，应按规定征收个人所得税。

14. 演员参与本单位组织的演出取得的报酬怎么计缴个人所得税？

答：根据《国家税务总局 文化部关于印发〈演出市场个人所得税征收管理暂行办法〉的通知》（国税发〔1995〕171号）第六条的规定，演职员参加非任职单位组织的演出取得的报酬为劳务报酬所得，演职员参加任职单位组织的演出取得的报酬为工资、薪金所得，报酬包括现金、实物和有价证券。

《国家税务总局关于影视演职人员个人所得税问题的批复》（国税函〔1997〕385号，以下简称国税函〔1997〕385号文件）第一条明确，凡与单位存在工资、人事方面关系的人员，其为本单位工作所取得的报酬，属于"工资、薪金所得"应税项目征税范围；而其因某一特定事项临时为外单位工作所取得的报酬，不属于税法中所说的"受雇"，应是"劳务报酬所得"应税项目征税范围。

因此，对电影制片厂的导演、演职人员参加本单位的影视拍摄所取得的报酬，应按"工资、薪金所得"应税项目计征个人所得税。对电影制片厂为了拍摄影视片而临时聘请非本厂的导演、演职人员，其所取得的报酬，应按"劳务报酬所得"应税项目计征个人所得税。

15. 创作影视分镜头剧本取得的所得，是否按稿酬所得计缴个人所得税？

答：根据国税函〔1997〕385号文件、国税发〔2002〕52号文件第二条的规定，创作的影视分镜头剧本，用于拍摄影视片取得的所得，不能按稿酬所得计征个人所得税,应按特许权使用费所得项目计征个人所得税;但作为文学创作而在书刊杂志上出版、发表取得的所得,应按"稿酬所得"项目计征个人所得税。

16. 杂志社职员在本单位的刊物发表作品取得的所得按什么项目计缴个人所得税?

答:根据《国家税务总局关于个人所得税若干业务问题的批复》(国税函〔2002〕146号,以下简称国税函〔2002〕146号文件)第三条的规定,应区分不同情形来界定所得项目:

(1)任职、受雇于报刊、杂志等单位的记者、编辑等专业人员,因在本单位的报刊、杂志上发表作品取得的所得,属于因任职、受雇而取得的所得,应与其当月工资收入合并,按"工资、薪金所得"项目征收个人所得税。

除上述专业人员以外,其他人员在本单位的报刊、杂志上发表作品取得的所得,应按"稿酬所得"项目征收个人所得税。

(2)出版社的专业作者撰写、编写或翻译的作品,由本社以图书形式出版而取得的稿费收入,应按"稿酬所得"项目计算缴纳个人所得税。

17. 律师取得收入按什么项目计缴个人所得税?

答:根据《国家税务总局关于律师事务所从业人员取得收入征收个人所得税有关业务问题的通知》(国税发〔2000〕149号)第一条、第四条、第七条的规定,对律师事务所从业人员分以下不同情形来界定应税项目:

(1)律师个人出资兴办的独资和合伙性质的律师事务所的年度经营所得,作为出资律师的个人经营所得,按照有关规定,按"经营所得"项目征收个人所得税。在计算其经营所得时,出资律师本人的工资、薪金不得扣除。

(2)律师事务所支付给雇员(包括律师及行政辅助人员,但不包括律师事务所的投资者)的所得,按"工资、薪金所得"应税项目征收个人所得税。

(3)律师以个人名义再聘请其他人员为其工作而支付的报酬,应由该律师按"劳务报酬所得"应税项目负责代扣代缴个人所得税。

二、应纳税额的计算

18. 综合所得的适用税率是多少？

答：《个人所得税法》第三条第一项规定，综合所得，适用百分之三至百分之四十五的超额累进税率，具体如《个人所得税税率表一》（表 1-6）所示。

根据《国家税务总局关于全面实施新个人所得税法若干征管衔接问题的公告》（国家税务总局公告 2018 年第 56 号）第二条规定，非居民个人的工资、薪金所得、劳务报酬所得、稿酬所得、特许权使用费所得，适用按月换算后的非居民个人月度税率表，具体如《个人所得税税率表三》（表 1-8）所示。

现将以上两个税率表结合成表 3-1，以便读者查阅。

表 3-1 综合所得个人所得税税率明细表

级数	税率（％）	居民个人综合所得		非居民个人综合所得	
		全年应纳税所得额	速算扣除数	全月应纳税所得额	速算扣除数
1	3	不超过 3.6 万元的	0	不超过 3 000 元的	0
2	10	超过 3.6 万元至 14.4 万元的部分	2 520	超过 3 000 至 12 000 元的部分	210
3	20	超过 14.4 万元至 30 万元的部分	16 920	超过 12 000 元至 25 000 元的部分	1 410
4	25	超过 30 万元至 42 万元的部分	31 920	超过 25 000 元至 35 000 元的部分	2 660
5	30	超过 42 万元至 66 万元的部分	52 920	超过 35 000 元至 55 000 元的部分	4 410
6	35	超过 66 万元至 96 万元的部分	85 920	超过 55 000 元至 80 000 元的部分	7 160
7	45	超过 96 万元的部分	181 920	超过 80 000 元的部分	15 160

19. 居民个人的综合所得如何计算应纳税额？

答：居民个人的综合所得计缴个人所得税，在实务中主要把握以下要点：

《个人所得税法》第六条规定，居民个人的综合所得，以每一纳税年度的收入额减除费用六万元以及专项扣除、专项附加扣除和依法确定的其他扣除后的余额，为应纳税所得额，适用《个人所得税税率表一》（年度税率表，见表3-1）计算应纳税额。

劳务报酬所得、稿酬所得、特许权使用费所得以收入减除百分之二十的费用后的余额为收入额。稿酬所得的收入额减按百分之七十计算。

《个人所得税法》第六条第三款规定，个人将其所得对教育、扶贫、济困等公益慈善事业进行捐赠，捐赠额未超过纳税人申报的应纳税所得额百分之三十的部分，可以从其应纳税所得额中扣除；国务院规定对公益慈善事业捐赠实行全额税前扣除的，从其规定。

具体计算公式如表3-2所示。

表3-2 居民个人综合所得应纳税额计算明细表

序号	项目	应税所得额	应纳税额
1	工资、薪金所得	全年收入额	（全年工资薪金所得＋全年劳务报酬所得＋全年特许权使用费所得＋全年稿酬所得－免税收入－60 000－专项扣除－专项附加扣除－其他扣除－准予扣除的公益慈善事业捐赠额）× 适用税率－速算扣除数
2	劳务报酬所得	全年收入额 ×（1－20%）	
3	特许权使用费所得		
4	稿酬所得	全年收入额 ×（1－20%）× 70%	

【案例3-3】居民个人综合所得的应纳税额计算

中国公民金好好为境内企业白天公司的职员。

其2019年的收入情况如下：

（1）全年取得公司发放的工资薪金180 000元。无其他特殊性工资薪金所得。

（2）3月给昊天公司提供培训收入20 000元；6月给盛大公司提供培训收入30 000元。

（3）3月出版一本专著，9月获得稿酬50 000元，12月获得稿酬100 000元。

（4）10月将其拥有的一项非专利技术提供给白云公司使用，一次性收取使用费300 000元。

其2019年发生的支出如下：

(1)按国家规定标准缴纳的三险一金共计50 000元。

(2)发生符合扣除标准的住房贷款利息12 000元、子女教育支出10 000元。

(3)发生符合扣除标准的企业年金6 000元。

(4)通过红十字会向希望工程捐赠150 000元。

请问:金好好2019年度综合所得应交多少个人所得税?

解析:

(1)2019年综合所得收入额的计算:

工资、薪金所得收入额为180 000元。

劳务报酬所得收入额=(20 000+30 000)×(1-20%)=40 000(元)

稿酬所得收入额=(50 000+100 000)×(1-20%)×70%=84 000(元)

特许权使用费所得收入额=300 000×(1-20%)=240 000(元)

综合所得收入额=180 000+40 000+84 000+240 000=544 000(元)

(2)2019年公益慈善捐赠扣除额的计算:

扣除捐赠额之前的应纳税所得额=544 000-60 000-50 000-12 000-10 000-6 000=406 000(元)

准予扣除公益慈善捐赠限额=406 000×30%=121 800(元)

实际捐赠150 000元＞121 800元,准予扣除的捐赠额为121 800元。

(3)2019年综合所得应纳税额的计算:

应纳税所得额=406 000-121 800=284 200(元)

查《个人所得税税率表一》得出:适用税率20%,速算扣除数16 920。

应交个人所得税=284 200×20%-16 920=39 920(元)

20.非居民个人取得综合所得,如何计算应纳税额?

答: 根据《个人所得税法》第六条的规定,非居民个人的综合所得的四个征税项目,应分别计算应纳税所得额,适用《个人所得税税率表三》(月度税率表,见表3-1)分别计算应纳税额,除从两处以上取得工资、薪金所得以外,不需要合并计算。

(1)工资、薪金所得,以每月收入额减除费用五千元后的余额为应纳税所得额。应纳税额计算公式为:

非居民个人工资、薪金所得应纳税额＝每月应纳税所得额×税率－速算扣除数

（2）劳务报酬所得、稿酬所得、特许权使用费所得，以每次收入额为应纳税所得额。应纳税额计算公式为：

非居民个人劳务报酬所得、稿酬所得、特许权使用费所得应纳税额＝
每次应纳税所得额×税率－速算扣除数

《个人所得税法》第六条第三款规定，个人将其所得对教育、扶贫、济困等公益慈善事业进行捐赠，捐赠额未超过纳税人申报的应纳税所得额百分之三十的部分，可以从其应纳税所得额中扣除；国务院规定对公益慈善事业捐赠实行全额税前扣除的，从其规定。

具体计算公式如表3-3所示。

表3-3 非居民个人综合所得应纳税额的计算

非居民个人	应纳税所得额	应纳税额
工资、薪金所得	每月收入额－5 000	（每月收入额－5 000－准予扣除的公益慈善事业捐赠额）×适用税率－速算扣除数
劳务报酬所得	每次收入额×80%	（每次收入额－准予扣除的公益慈善事业捐赠额）×适用税率－速算扣除数
特许权使用费所得	每次收入额×80%	
稿酬所得	每次收入额×80%×70%	

【案例3-4】非居民个人综合所得的扣缴税款计算

玛丽为非居民个人，2019年3月在我国取得收入情况如下：

（1）取得我国蓝天公司发放的工资薪金30 000元。

（2）取得我国白云公司支付培训收入20 000元。

（3）业余撰写业务论文，在国内一专业杂志上发表，获得稿酬2 000元。

（4）将其拥有的一项专利技术提供给蓝天公司使用，收取使用费500 000元。

假设不考虑其他税费，请问玛丽当月上述各项所得应该缴纳多少个人所得税？

解析：

（1）工资、薪金应纳税额的计算：

应纳税所得额 =30 000-5 000=25 000（元）

查《个人所得税税率表三》得出：适用税率20%，速算扣除数1 410。

应交个人所得税 =25 000×20%-1 410=3 590（元）

（2）劳务报酬所得应纳税额的计算：

应纳税所得额 =20 000×（1-20%）=16 000（元）

查《个人所得税税率表三》得出：适用税率20%，速算扣除数1 410。

应交个人所得税 =16 000×20%-1 410=1 790（元）

（3）稿酬所得应纳税额的计算：

应纳税所得额 =2 000×（1-20%）×70%=1 120（元）

查《个人所得税税率表三》得出：适用税率3%。

应交个人所得税 =1 120×3%=33.60（元）

（4）特许权使用费所得应纳税额的计算：

应纳税所得额 =500 000×（1-20%）=400 000（元）

查《个人所得税税率表三》得出：适用税率45%，速算扣除数15 160。

应交个人所得税 =400 000×45%-15 160=164 840（元）

三、纳税申报

21. 居民个人的综合所得如何进行纳税申报？

答： 根据《个人所得税法》第十一条的规定，居民个人取得综合所得，按年计算个人所得税；有扣缴义务人的，由扣缴义务人按月或者按次预扣预缴税款，扣缴税款应当在次月十五日内缴入国库；需要办理汇算清缴的，应当在取得所得的次年三月一日至六月三十日内办理汇算清缴。

居民个人向扣缴义务人提供专项附加扣除信息的，扣缴义务人按月预扣预缴税款时应当按照规定予以扣除，不得拒绝。

扣缴义务人按月或者按次预扣预缴税款，按照《个人所得税扣缴申报管理办法（试行）》有关规定执行。

居民个人达到汇算清缴条件的，综合所得按照《个人所得税自行纳税申报有关问题的公告》的有关规定执行。

居民个人综合所得扣缴申报和自行申报要点如表 3-4 所示。

表 3-4 居民个人综合所得扣缴申报和自行申报明细表

环节	综合所得项目	工资薪金所得	劳务报酬所得	特许权使用费所得和稿酬所得
预扣预缴	应预扣预缴税额	本月应预扣预缴税额＝（累计预扣预缴应纳税所得额×预扣率－速算扣除数）－累计减免税额－累计已预扣预缴税额	本次应预扣预缴税额＝预扣预缴应纳税所得额×预扣率－速算扣除数	本次应预扣预缴税额＝预扣预缴应纳税所得额×预扣率
	申报人	支付人（扣缴义务人）		
	扣缴申报	扣缴义务人每月或每次预扣、代扣税款，扣缴税款应当在次月十五日内缴入国库，并向税务机关报送《个人所得税扣缴申报表》		
汇算清缴	应补（退）税额	应纳税额＝（年收入总额－60 000－专项扣除－专项附加扣除－其他扣除）×适用税率－速算扣除数 应补（退）税额＝应纳税额－已预扣预缴税额		
	申报人	纳税人		
	纳税申报	在次年三月一日至六月三十日内，向任职、受雇单位所在地主管税务机关办理纳税申报，并报送《个人所得税年度自行纳税申报表》 有两处以上任职、受雇单位的，选择向其中一处任职、受雇单位所在地主管税务机关办理纳税申报；纳税人没有任职、受雇单位的，向户籍所在地或经常居住地主管税务机关办理纳税申报		

22. 居民个人工资、薪金所得如何计算预扣预缴税款？

答：《个人所得税扣缴申报管理办法（试行）》第六条规定，扣缴义务人向居民个人支付工资、薪金所得时，应当按照累计预扣法计算预扣税款，并按月办理扣缴申报。

累计预扣法，是指扣缴义务人在一个纳税年度内预扣预缴税款时，以纳税人在本单位截至当前月份工资、薪金所得累计收入减除累计免税收入、累计减除费用、累计专项扣除、累计专项附加扣除和累计依法确定的其他扣除后的余额为累计预扣预缴应纳税所得额，适用《个人所得税预扣率表一》（以下简称《预扣率表一》，见表3-5），计算累计应预扣预缴税额，再减除累计减免税额和累计已预扣预缴税额，其余额为本期应预扣预缴税额。具体计算公式如下：

本期应预扣预缴税额 =（累计预扣预缴应纳税所得额 × 预扣率 – 速算扣除数）– 累计减免税额 – 累计已预扣预缴税额

累计预扣预缴应纳税所得额 = 累计收入 – 累计免税收入 – 累计减除费用 – 累计专项扣除 – 累计专项附加扣除 – 累计依法确定的其他扣除

其中，累计减除费用，按照5 000元/月乘以纳税人当年截至本月在本单位的任职受雇月份数计算。

余额为负值时，暂不退税。纳税年度终了后余额仍为负值时，由纳税人通过办理综合所得年度汇算清缴，税款多退少补。

表3-5 个人所得税预扣率表一

（居民个人工资、薪金所得预扣预缴适用）

级数	累计预扣预缴应纳税所得额	预扣率（%）	速算扣除数
1	不超过36 000元	3	0
2	超过36 000元至144 000元的部分	10	2 520
3	超过144 000元至300 000元的部分	20	16 920
4	超过300 000元至420 000元的部分	25	31 920
5	超过420 000元至660 000元的部分	30	52 920
6	超过660 000元至960 000元的部分	35	85 920
7	超过960 000元的部分	45	181 920

【案例3-5】工资、薪金所得预扣预缴税款的计算

钱乐乐为北京飞天公司员工，2019年发生以下个人所得税事项：

（1）全年取得的工资、扣缴三险一金、企业年金（符合规定扣除条件）如下表所示：

月份	工资薪金	基本养老保险费	基本医疗保险费	失业保险费	住房公积金	企业年金
1	20 000	2 000	500	100	1 900	800
2	38 000	2 000	500	100	1 900	800
3	15 000	2 000	500	100	1 900	800
4	28 000	2 000	500	100	3 000	800
5	18 000	2 000	500	100	3 000	800
6	18 000	2 000	500	100	3 000	800
7	48 000	2 200	550	110	3 000	880
8	18 000	2 200	550	110	3 000	880
9	13 000	2 200	550	110	3 000	880
10	28 000	2 200	550	110	3 000	880
11	23 000	2 200	550	110	3 000	880
12	33 000	2 200	550	110	3 000	880
合计	300 000	25 200	6 300	1 260	32 700	10 080

（2）全年符合条件的专项附加扣除如下表所示：

月份	子女教育	继续教育	住房贷款利息	赡养老人	本期合计	本期累计
1	1 000		1 000	2 000	4 000	4 000
2	1 000		1 000	2 000	4 000	8 000
3	1 000	3 600	1 000	2 000	7 600	15 600
4	1 000		1 000	2 000	4 000	19 600
5	1 000		1 000	2 000	4 000	23 600
6	1 000		1 000	2 000	4 000	27 600
7	2 000		1 000	2 000	5 000	32 600
8	2 000		1 000	2 000	5 000	37 600
9	2 000	1 000	1 000	2 000	6 000	43 600
10	2 000	1 000	1 000	2 000	6 000	49 600
11	2 000	1 000	1 000	2 000	6 000	55 600
12	2 000	1 000	1 000	2 000	6 000	61 600
合计	18 000	7 600	12 000	24 000	61 600	

（3）5月购买了税优商业健康保险，缴纳保险年费2 400元。

假设钱乐乐将相关信息和凭证都报送给了飞天公司，且无其他收入和支出。

请问：飞天公司每月应预扣预缴钱乐乐多少个人所得税？

解析：

（1）1月预扣预缴税款的计算：

累计预扣预缴应纳税所得额 =20 000-5 000-4 500-4 000-800=5 700（元）

本期应预扣预缴税额 =5 700×3%-0=171（元）

（2）2月预扣预缴税款的计算：

累计预扣预缴应纳税所得额 =（20 000+38 000）-5 000×2-（4 500+4 500）-（4 000+4 000）-（800+800）=29 400（元）

本期应预扣预缴税额 =29 400×3%-171=711（元）

（3）3月预扣预缴税款的计算：

累计预扣预缴应纳税所得额 =73 000-5 000×3-13 500-15 600-2 400=26 500（元）

本期应预扣预缴税额 26 500×3%-（171+711）=-87（元）

余额为负值时，暂不退税。

（4）4月预扣预缴税款的计算：

累计预扣预缴应纳税所得额 =101 000-5 000×4-19 100-19 600-3 200=39 100（元）

本期应预扣预缴税额 =39 100×10%-2 520-（171+711）=508（元）

（5）5～12月预扣预缴税款具体计算结果如下表所示：

月份	累计工资薪金收入（元）	累计减除费用（元）	累计专项扣除（元）	累计专项附加扣除（元）	累计其他扣除（元）	累计应纳税所得额（元）	预扣率（%）	速算扣除数（元）	累计应扣缴税额（元）	累计已预缴税额（元）	应补（退）税额（元）
1	20 000	5 000	4 500	4 000	800	5 700	3	0	171	0	171
2	58 000	10 000	9 000	8 000	1 600	29 400	3	0	882	171	711
3	73 000	15 000	13 500	15 600	2 400	26 500	3	0	795	882	-87
4	101 000	20 000	19 100	19 600	3 200	39 100	10	2 520	1 390	882	508
5	119 000	25 000	24 700	23 600	4 000	41 700	10	2 520	1 650	1 390	260
6	137 000	30 000	30 300	27 600	5 000	44 100	10	2 520	1 890	1 650	240
7	185 000	35 000	36 160	32 600	6 080	75 160	10	2 520	4 996	1 890	3 106
8	203 000	40 000	42 020	37 600	7 160	76 220	10	2 520	5 102	4 996	106
9	216 000	45 000	47 880	43 600	8 240	71 280	10	2 520	4 608	5 102	-494
10	244 000	50 000	53 740	49 600	9 320	81 340	10	2 520	5 614	5 102	512
11	267 000	55 000	59 600	55 600	10 400	86 400	10	2 520	6 120	5 614	506
12	300 000	60 000	65 460	61 600	11 480	101 460	10	2 520	7 626	6 120	1 506

（6）飞天公司全年预扣预缴钱乐乐工资、薪金所得个人所得税 7 626 元。

北京飞天公司公司应于次月 15 日内（申报期）向其所在地主管税务机关办理全员全额扣缴申报，并报送《个人所得税扣缴申报表》。

23. 居民个人的劳务报酬所得如何预扣预缴个人所得税？

答： 根据《个人所得税扣缴申报管理办法（试行）》第八条的规定，扣缴义务人向居民个人支付劳务报酬所得时，应当按照以下方法按次预扣预缴税款：

（1）劳务报酬所得收入减除费用后的余额为收入额。

劳务报酬所得每次收入不超过四千元的，减除费用按八百元计算；每次收入四千元以上的，减除费用按收入的百分之二十计算。

（2）劳务报酬所得以每次收入额为预扣预缴应纳税所得额，计算应预扣预缴税额，适用《个人所得税预扣率表二》（见表 3-6）。

表 3-6 个人所得税预扣率表二

（居民个人劳务报酬所得预扣预缴适用）

级数	预扣预缴应纳税所得额	预扣率（%）	速算扣除数
1	不超过 20 000 元	20	0
2	超过 20 000 元至 50 000 元的部分	30	2 000
3	超过 50 000 元的部分	40	7 000

计算公式为：

劳务报酬所得应预扣预缴税额 = 预扣预缴应纳税所得额 × 预扣率 − 速算扣除数

根据《个人所得税法实施条例》第十四条的规定，上述所称每次，劳务报酬所得属于一次性收入的，以取得该项收入为一次；属于同一项目连续性收入的，以一个月内取得的收入为一次。

国税发〔1994〕89 号文件第九条规定，所述的"同一项目"，是指劳务报酬所得列举具体劳务项目中的某一单项，个人兼有不同的劳务报酬所得，应当分别减除费用，计算缴纳个人所得税。

居民个人办理年度综合所得汇算清缴时，应当依法计算劳务报酬所得的收入额，并入年度综合所得计算应纳税款，税款多退少补。

【案例 3-6】劳务报酬所得预扣预缴税款的计算

钱乐乐为北京飞天公司员工，业余时间利用自身专长为其他公司提供服装设计和培训服务。2019 年 3 月 15 日，其从济南白云公司取得服装设计专题讲座课酬 3 000 元；3 月 29 日又从白云公司取得服装设计费 100 000 元。请问：白云公司应预扣预缴钱乐乐多少个人所得税？

解析：

根据《个人所得税法实施条例》第十四条的规定，劳务报酬所得属于一次性收入的，以取得该项收入为一次；属于同一项目连续性收入的，以一个月内取得的收入为一次。服务设计费和服务设计培训课酬是不同项目，白云公司应当分两次预扣预缴钱乐乐的个人所得税。

（1）服装设计专题讲座课酬 3 000 元，收入额小于 4 000 元，扣除费用 800 元。

预扣预缴应纳税所得额 =3 000-800=2 200（元）

适用预扣率 20%。

应预扣预缴税额 =2 200×20%=440（元）

（2）服装设计收入 100 000 元，收入额大于 4 000 元，扣除费用 20%。

预扣预缴应纳税所得额 =100 000×（1-20%）=80 000（元）

适用预扣率 40%，速算扣除数 7 000。

应预扣预缴税额 =80 000×40%-7 000=25 000（元）

（3）3 月应预扣预缴税额共计：25 000+440=25 440（元）

济南白云公司应于 4 月 15 日内（申报期）向其所在地主管税务机关办理全员全额扣缴申报，并报送《个人所得税扣缴申报表》。

24. 居民个人的稿酬所得如何预扣预缴个人所得税？

答： 根据《个人所得税扣缴申报管理办法（试行）》第八条的规定，扣缴义务人向居民个人支付稿酬所得时，应当按照以下方法按次预扣预缴税款：

（1）稿酬所得收入减除费用后的余额为收入额。

稿酬所得每次收入不超过四千元的，减除费用按八百元计算；每次收入四千元以上的，减除费用按收入的百分之二十计算。

稿酬所得的收入额减按百分之七十计算。

（2）稿酬所得以每次收入额为预扣预缴应纳税所得额，计算应预扣预缴税额，适用百分之二十的比例预扣率。

计算公式为：

稿酬所得应预扣预缴税额＝预扣预缴应纳税所得额 × 预扣率

根据《个人所得税法实施条例》第十四条的规定，上述所称每次，稿酬所得属于一次性收入的，以取得该项收入为一次；属于同一项目连续性收入的，以一个月内取得的收入为一次。

居民个人办理年度综合所得汇算清缴时，应当依法计算稿酬所得的收入额，并入年度综合所得计算应纳税款，税款多退少补。

【案例3-7】稿酬所得预扣预缴税款的计算

钱乐乐为北京飞天公司员工，业余时间发挥自身专长和工作经验，写了一本《服装设计完全攻略》，于2019年3月由北京碧海出版社出版发行，4月取得稿酬10 000元，12月取得稿酬60 000元。请问：碧海出版社应预扣预缴钱乐乐多少个人所得税？

解析：

根据《个人所得税法实施条例》第十四条的规定，稿酬所得属于一次性收入的，以取得该项收入为一次；属于同一项目连续性收入的，以一个月内取得的收入为一次。因此，4月为一次，12月为另一次，碧海出版社分两次预扣预缴钱乐乐的个人所得税。

（1）4月取得稿酬10 000元，收入额大于4 000元，扣除费用20%。

预扣预缴应纳税所得额＝10 000×（1-20%）×70%＝5 600（元）

应预扣预缴税额＝5 600×20%＝1 120（元）

北京碧海出版社应于5月15日内（申报期）向其所在地主管税务机关办理全员全额扣缴申报，并报送《个人所得税扣缴申报表》。

（2）12月取得稿酬60 000元，收入额大于4 000元，扣除费用20%。

预扣预缴应纳税所得额＝60 000×（1-20%）×70%＝33 600（元）

应预扣预缴税额＝33 600×20%＝6 720（元）

北京碧海出版社应于2020年1月15日内（申报期）向其所在地主管税务机

关办理全员全额扣缴申报，并报送《个人所得税扣缴申报表》。

（3）两次应预扣预缴税额共计：1 120+6 720=7 840（元）

25.居民个人的特许权使用费所得如何预扣预缴个人所得税？

答：根据《个人所得税扣缴申报管理办法（试行）》第八条的规定，扣缴义务人向居民个人支付特许权使用费所得时，应当按照以下方法按次预扣预缴税款：

（1）特许权使用费所得收入减除费用后的余额为收入额。

特许权使用费所得每次收入不超过四千元的，减除费用按八百元计算；每次收入四千元以上的，减除费用按收入的百分之二十计算。

（2）特许权使用费所得以每次收入额为预扣预缴应纳税所得额，计算应预扣预缴税额，适用百分之二十的比例预扣率。

计算公式为：

特许权使用费所得应预扣预缴税额 = 预扣预缴应纳税所得额 × 预扣率

根据《个人所得税法实施条例》第十四条的规定，上述所称每次，特许权使用费所得属于一次性收入的，以取得该项收入为一次；属于同一项目连续性收入的，以一个月内取得的收入为一次。

居民个人办理年度综合所得汇算清缴时，应当依法计算特许权使用费所得的收入额，并入年度综合所得计算应纳税款，税款多退少补。

【案例3-8】特许权使用费所得预扣预缴税款的计算

钱乐乐为北京飞天公司员工，业余时间发挥自身专长，研发了一种服装面料的专利技术，2019年6月将该项专利技术特许上海新雅公司用于服装制作，收取使用费300 000元，同月将该项专利技术特许杭州美尔公司用于披肩制作，收取使用费200 000元。请问：两家公司应预扣预缴钱乐乐多少个人所得税？

解析：

根据《个人所得税法实施条例》第十四条的规定，特许权使用费所得属于一次性收入的，以取得该项收入为一次；属于同一项目连续性收入的，以一个月内取得的收入为一次。不同的公司用于不同的项目，因此新雅公司支付所得为一次,美尔公司支付所得为另一次,分别预扣预缴钱乐乐的个人所得税。

(1)上海新雅公司的预扣预缴:

支付使用费 300 000 元,收入额大于 4 000 元,扣除费用 20%。

预扣预缴应纳税所得额 =300 000×(1-20%)=240 000(元)

应预扣预缴税额 =240 000×20%=48 000(元)

上海新雅公司应于 7 月 15 日内(申报期)向其所在地主管税务机关办理全员全额扣缴申报,并报送《个人所得税扣缴申报表》。

(2)杭州美尔公司的预扣预缴:

支付使用费 200 000 元,收入额大于 4 000 元,扣除费用 20%。

预扣预缴应纳税所得额 =200 000×(1-20%)=160 000(元)

应预扣预缴税额 =160 000×20%=32 000(元)

杭州美尔公司应于 7 月 15 日内(申报期)向其所在地主管税务机关办理全员全额扣缴申报,并报送《个人所得税扣缴申报表》。

(3)两公司应预扣预缴税额共计:48 000+32 000=80 000(元)

26. 保险营销员、证券经纪人的佣金收入如何计缴个人所得税?

答:《财政部关于个人所得税法修改后有关优惠政策衔接问题的通知》(财税〔2018〕164 号,以下简称财税〔2018〕164 号文件)第三条规定,保险营销员、证券经纪人取得的佣金收入,属于劳务报酬所得,以不含增值税的收入减除 20% 的费用后的余额为收入额,收入额减去展业成本以及附加税费后,并入当年综合所得,计算缴纳个人所得税。

保险营销员、证券经纪人展业成本按照收入额的 25% 计算。

扣缴义务人向保险营销员、证券经纪人支付佣金收入时,应按照《个人所得税扣缴申报管理办法(试行)》规定的累计预扣法计算预扣税款。

计算公式为:

累计预扣预缴应纳税所得额 = 累计收入额 - 累计减除费用 - 累计其他扣除

本期应预扣预缴税额 =(累计预扣预缴应纳税所得额 × 预扣率 - 速算扣除数)- 累计减免税额 - 累计已预扣预缴税额

式中,累计收入额 = 本期收入额 + 上期累计收入额;本期收入额 = 本期收入－本期费用－本期免税收入；本期费用＝本期收入×20%；累计其他扣除＝累计展业成本＋累计附加税费＋累计依法确定的其他扣除；累计展业成本＝（本期收入－费用）×25%+上期累计展业成本；累计减除费用=5 000×本年度在本单位的实际任职月份数。

【全文废止】《国家税务总局关于保险企业营销员（非雇员）取得的收入计征个人所得税问题的通知》（国税发〔1998〕13号）、《国家税务总局关于保险营销员取得佣金收入征免个人所得税问题的通知》（国税函〔2006〕454号）、《国家税务总局关于证券经纪人佣金收入征收个人所得税问题的公告》（国家税务总局公告2012年第45号）。

【案例3-9】保险营销员、证券经纪人佣金收入的个人所得税处理

蓝天公司职员赵丽于2019年1月从白云保险公司取得不含税销售保险佣金收入10 000元，2月取得不含税销售保险佣金收入30 000元。请问：白云保险公司应如何预扣预缴赵丽的个人所得税？假设不考虑其他条件及其他税费。

（1）2019年1月，白云保险公司应预扣预缴税额的计算：

本期收入额=10 000–10 000×20%=8 000（元）

累计收入额=8 000+0=8 000（元）

累计减除费用=5 000×1=5 000（元）

累计其他扣除=8 000×25%=2 000（元）

累计预扣预缴应纳税所得额=8 000–5 000–2 000=1 000(元)

本期应预扣预缴税额=1 000×3%=30（元）

（2）2019年2月，白云保险公司应预扣预缴税额的计算：

本期收入额=40 000–40 000×20%=32 000（元）

累计收入额=32 000+8 000=40 000（元）

累计减除费用=5 000×2=10 000（元）

累计其他扣除=32 000×25%+2 000=10 000（元）

累计预扣预缴应纳税所得额=40 000–10 000–10 000=20 000(元)

本期应预扣预缴税额=20 000×3%–300=300（元）

27. 居民个人综合所得如何进行个人所得税汇算清缴？

答：根据《个人所得税法》第二条、第六条的规定，居民个人综合所得应纳税额，以每一纳税年度的收入额减除费用六万元以及专项扣除、专项附加扣除和依法确定的其他扣除后的余额，按百分之三至百分之四十五的七级超额累进税率计算缴纳个人所得税。

根据《个人所得税法》第十一条第一款规定，居民个人取得综合所得按年计算个人所得税；有扣缴义务人的，由扣缴义务人按月或者按次预扣预缴税款；需要办理汇算清缴的，应当在取得所得的次年三月一日至六月三十日内办理汇算清缴。

《个人所得税法实施条例》第二十五条规定，取得综合所得需要办理汇算清缴的情形包括：

（1）从两处以上取得综合所得，且综合所得年收入额减除专项扣除的余额超过 6 万元。

（2）取得劳务报酬所得、稿酬所得、特许权使用费所得中一项或者多项所得，且综合所得年收入额减除专项扣除的余额超过 6 万元。

（3）纳税年度内预缴税额低于应纳税额。

（4）纳税人申请退税。

纳税人申请退税，应当提供其在中国境内开设的银行账户，并在汇算清缴地就地办理税款退库。

根据《个人所得税自行纳税申报的公告》第一条第二款的规定，需要办理汇算清缴的纳税人，应当在取得所得的次年 3 月 1 日至 6 月 30 日内，向任职、受雇单位所在地主管税务机关办理纳税申报，并报送《个人所得税年度自行纳税申报表》。纳税人有两处以上任职、受雇单位的，选择向其中一处任职、受雇单位所在地主管税务机关办理纳税申报；纳税人没有任职、受雇单位的，向户籍所在地或经常居住地主管税务机关办理纳税申报。

纳税人办理综合所得汇算清缴，应当准备与收入、专项扣除、专项附加扣除、依法确定的其他扣除、捐赠、享受税收优惠等相关的资料，并按规定留存备查或报送。

汇算清缴操作要点具体如表 3-7 所示。

表 3-7 居民个人综合所得个人所得税汇算清缴操作要点

所得项目		应税收入额	年度汇算清缴	自行申报
连续性项目	工资薪金所得	年收入额	应纳税额=（年收入总额-60 000-专项扣除-专项附加扣除-其他扣除）×适用税率-速算扣除数 应补（退）税额=应纳税额-已预扣预缴税额	在次年3月1日至6月30日内，向任职、受雇单位所在地主管税务机关办理纳税申报，并报送《个人所得税年度自行纳税申报表》
非连续性项目	劳务报酬所得	年收入额×80%		
	特许权使用费所得	年收入额×80%		
	稿酬所得	年收入额×56%		

【案例 3-10】居民个人综合所得的个人所得税汇算清缴

接【案例 3-6】【案例 3-7】【案例 3-8】钱乐乐为北京飞天公司员工，2019 年发生以下个人所得税事项：

（1）全年取得的工资收入为 300 000 元；符合规定扣除条件的三险一金为 65 460 元；企业年金 10 080 元，商业健康保险 1 400 元，两项合计 11 480 元；专项附加扣除 61 600 元。飞天公司在支付工资、薪金所得时已预扣预缴其个人所得税 7 626 元。

（2）全年取得劳务报酬所得 103 000 元，支付单位已预扣预缴个人所得税 25 440 元。

（3）全年取得稿酬所得 70 000 元，支付单位已预扣预缴个人所得税 7 840 元。

（4）全年取得特许权使用费所得 500 000 元，支付单位已预扣预缴个人所得税 80 000 元。

请问：钱乐乐应该如何进行个人所得税汇算清缴？

解析：

（1）钱乐乐全年收入额=300 000+103 000×80%+70 000×80%×70%+500 000×80%=821 600（元）

减除专项扣除 65 460 元后的余额为 756 140 元，超过 60 000 元，且取得劳务报酬所得、稿酬所得、特许权使用费所得，符合《个人所得税法实施条例》第二十五条规定的居民个人取得综合所得需要办理汇算清缴的情形。

（2）全年综合所得应纳税所得额 =821 600-60 000-65 460-61 600-11 480= 623 060（元）

查《个人所得税税率表一》得出：适用税率30%，速算扣除数 52 920。

应交个人所得税 =623 060×30%-52 920=133 998（元）

应补缴个人所得税 133 998-7 626-25 440-7 840-80 000=13 092（元）

（3）钱乐乐应于 2020 年 3 月 1 日～6 月 30 日，向其任职、受雇单位北京飞天公司所在地主管税务机关办理汇算清缴纳税申报，并报送《个人所得税年度自行纳税申报表》。

28. 支付给非居民个人综合所得，如何扣缴个人所得税？

答： 根据《个人所得税法》第十一条第二款的规定，非居民个人取得综合所得，有扣缴义务人的，由扣缴义务人按月或者按次扣缴税款，不办理汇算清缴。

根据《个人所得税法》第六条和《个人所得税扣缴申报管理办法（试行）》第九条、第十条、第十二条的规定，扣缴义务人向非居民个人支付工资、薪金所得，劳务报酬所得，稿酬所得和特许权使用费所得时，应当按照以下方法按月或者按次代扣代缴税款：

（1）非居民个人的工资、薪金所得，以每月收入额减除费用五千元后的余额为应纳税所得额。

（2）劳务报酬所得、稿酬所得、特许权使用费所得，以每次收入额为应纳税所得额，适用《个人所得税税率表三》计算应纳税额。劳务报酬所得、稿酬所得、特许权使用费所得以收入减除百分之二十的费用后的余额为收入额；其中，稿酬所得的收入额减按百分之七十计算。

劳务报酬所得、稿酬所得、特许权使用费所得，属于一次性收入的，以取得该项收入为一次；属于同一项目连续性收入的，以一个月内取得的收入为一次。

（3）纳税人需要享受税收协定待遇的，应当在取得应税所得时主动向扣缴义务人提出，并提交相关信息、资料，扣缴义务人代扣代缴税款时按照享受税收协定待遇有关办法办理。

提醒注意的是，非居民个人在一个纳税年度内税款扣缴方法保持不变，达到居民个人条件时，应当告知扣缴义务人基础信息变化情况，年度终了后按照居民个人有关规定办理汇算清缴。具体操作要点如表3-8所示。

表3-8 非居民个人综合所得扣缴申报操作要点明细表

非居民个人	应税收入额	应纳税额	扣缴方式	扣缴申报
工资薪金所得	全部收入额	（月收入额-5 000）×适用税率-速算扣除数	按月	税款应当在次月十五日内缴入国库，并向税务机关报送《个人所得税扣缴申报表》
劳务报酬所得	收入额×80%	每次收入额×适用税率-速算扣除数	按次	
特许权使用费所得	收入额×80%			
稿酬所得	收入额×80%×70%			

【案例3-11】支付非居民个人综合所得的扣缴申报

法国人朱莉为非居民个人，2019年6月在我国取得收入情况如下：

（1）取得蓝天公司发放的工资薪金10 000元。

（2）取得白云公司发放的工资薪金30 000元。

（3）取得碧海公司的服装设计收入200 000元。

（4）在某出版社出版了《法式服务设计技巧》一书，获得稿酬100 000元。

（5）将其拥有的一项服装面料的专利技术提供给爱美公司使用，收取使用费50 000元。

假设不考虑其他税费，请问：各支付单位对朱莉上述各项所得如何办理扣缴申报？

解析：

（1）蓝天公司支付工资的扣缴申报：

应纳税所得额=10 000-5 000=5 000（元）

适用税率10%，速算扣除数210。

应代扣代缴个人所得税=5 000×10%-210=290（元）

蓝天公司应在 7 月 15 日（申报期）之前将扣缴税款申报入库，并报送《个人所得税扣缴申报表》。

（2）白云公司支付工资的扣缴申报：

应纳税所得额 =30 000-5 000=25 000（元）

适用税率 20%，速算扣除数 1 410。

应代扣代缴个人所得税 =25 000×20%-1 410=3 590（元）

白云公司应在 7 月 15 日（申报期）之前将扣缴税款申报入库，并报送《个人所得税扣缴申报表》。

（3）碧海公司支付服装设计费的扣缴申报：

应纳税所得额 =200 000×（1-20%）=160 000（元）

适用税率 45%，速算扣除数 15 160。

应代扣代缴个人所得税 =160 000×45%-15 160=56 480（元）

碧海公司应在 7 月 15 日（申报期）之前将扣缴税款申报入库，并报送《个人所得税扣缴申报表》。

（4）某出版社支付稿酬的扣缴申报：

应纳税所得额 =100 000×（1-20%）×70%=56 000（元）

适用税率 35%，速算扣除数 7 160。

应代扣代缴个人所得税 =56 000×35%-7 160=12 440（元）

碧海公司应在 7 月 15 日（申报期）之前将扣缴税款申报入库，并报送《个人所得税扣缴申报表》。

（5）爱美公司代扣代缴特许权使用费所得：

应纳税所得额 =50 000×（1-20%）=40 000（元）

适用税率 30%，速算扣除数 4 410。

应代扣代缴个人所得税 =40 000×30%-4 410=7 590（元）

29. 非居民个人从两处以上取得工资、薪金所得如何自行申报？

答：根据《个人所得税法》第十条第一款第六项和《个人所得税自行纳税申报有关问题的公告》第六条的规定，非居民个人在中国境内从两处以上取得工资、薪金所得的，应当在取得所得的次月 15 日内，向其中一处任职、受雇单位所在地主管税务机关办理纳税申报，并报送《个人所得税自行纳税申报表（A表）》。计算公式为：

当月工资薪金应纳税所得额 = 各单位工资、薪金所得之和 − 5 000

应补缴税额 = 当月工资薪金应纳税所得额 × 税率 − 速算扣除数 −
各单位工资、薪金所得已代扣代缴税款之和

【案例 3-12】非居民个人从两处以上取得工资、薪金所得的自行申报

接【案例 3-11】，法国人朱莉于 2019 年 6 月从蓝天公司取得工资薪金 1 万元，从白云公司取得工资薪金 3 万元，自行申报需要补缴多少个人所得税？

解析：

（1）蓝天公司和白云公司在向朱莉支付工资薪金所得时，分别以收入额减除费用 5 000 元后的余额为应纳税所得额，适用《个人所得税税率表三》计算应纳税额，在 2019 年 7 月 15 日之前进行扣缴申报。计算结果如下表所示：

扣缴申报	收入额	费用扣除	应纳税所得额	税率（%）	速算扣除数	应纳税额
蓝天公司	10 000	5 000	5 000	10	210	290
白云公司	30 000	5 000	25 000	20	1 410	3 590
合计	40 000	10 000				3 880

（2）朱莉应以从两个公司取得的工资薪金收入额汇总并减除费用 5 000 元后的余额为应纳税所得额，适用《个人所得税税率表三》计算应纳税额，在 2019 年 7 月 15 日之前选择其中一家公司所在地主管税务机关进行自行申报。计算结果如下表所示：

自行申报	收入额	费用扣除	应纳税所得额	税率（%）	速算扣除数	应纳税额
朱莉	40 000	5 000	35 000	25	2 660	6 090

朱莉应补缴个人所得税 = 6 090 − 3 880 = 2 210（元）

如果法国人朱莉一直到 2019 年 12 月 31 日都未回国，应当告知扣缴义务人基础信息变化情况，年度终了后按照居民个人有关规定办理汇算清缴。

30. 综合所得的纳税申报时间有什么规定？

答：根据《个人所得税法》第十一条、第十三条、第十四条的规定，综合所得的具体申报期限有以下规定：

（1）居民个人的综合所得，由扣缴义务人按月或者按次预扣预缴税款，应当在次月十五日内缴入国库。需要办理汇算清缴的，居民个人应当在取得所得的次年三月一日至六月三十日内办理汇算清缴。

（2）非居民个人取得综合所得，有扣缴义务人的，由扣缴义务人按月或者按次扣缴税款，应当在次月十五日内缴入国库。

非居民个人在中国境内从两处以上取得工资、薪金所得的，应当在取得所得的次月十五日内向税务机关申报纳税。

（3）纳税人取得应税所得没有扣缴义务人的，应当在取得所得的次月十五日内向税务机关报送纳税申报表，并缴纳税款。

（4）纳税人取得应税所得，扣缴义务人没有扣缴税款的，应当在取得所得的次年六月三十日前，缴纳税款；税务机关通知限期缴纳的，纳税人应当按照期限缴纳税款。

（5）居民个人从中国境外取得所得的，应当在取得所得的次年三月一日至六月三十日内申报纳税。

（6）纳税人因移居境外注销中国户籍的，应当在注销中国户籍前办理税款清算。

具体如表 3-9 所示。

31. 综合所得的纳税申报地点有什么规定？

答：根据《关于个人所得税自行纳税申报有关问题的公告》的规定，综合所得个人所得税申报纳税地点如表 3-10 所示。

32. 建筑安装业跨省异地作业人员在哪儿申报个人所得税？

答：《国家税务总局关于建筑安装业跨省异地工程作业人员个人所得税征收管理问题的公告》（国家税务总局公告 2015 年第 52 号）规定，自 2015 年 9 月 1 日起，总承包企业、分承包企业派驻跨省异地工程项目的管理人员、技术人员和其他工作人员在异地工作期间的工资、薪金所得个人所得税，由总承包企业、分承包企业依法代扣代缴并向工程作业所在地税务机关申报缴纳。

表 3-9 综合所得个人所得税申报期限明细表

项　目	具体情形	申报期限
居民个人取得综合所得	有扣缴义务人	扣缴义务人按月或者按次预扣预缴税款，在次月十五日内缴入国库 需要办理汇算清缴的，应当在取得所得的次年三月一日至六月三十日内办理汇算清缴
	有扣缴义务人，但没有扣缴税款的	居民个人取得综合所得的，次年三月一日至六月三十日内 纳税人取得其他所得的，次年六月三十日前税务机关通知的限期
	从中国境外取得所得的	在取得所得的次年三月一日至六月三十日内
	因移居境外注销中国户籍的	注销中国户籍前
非居民个人取得综合所得	有扣缴义务人	扣缴义务人按月或者按次扣缴税款，在次月十五日内缴入国库
	①没有扣缴义务人 ②从两处以上取得工资、薪金所得	应当在取得所得的次月十五日内向税务机关申报纳税
	有扣缴义务人，但没有扣缴税款的	应当在取得所得的次年六月三十日前（与离境日期孰早）或税务机关通知的限期

总承包企业和分承包企业通过劳务派遣公司聘用劳务人员跨省异地工作期间的工资、薪金所得个人所得税，由劳务派遣公司依法代扣代缴并向工程作业所在地税务机关申报缴纳。

跨省异地施工单位应就其所支付的工程作业人员工资、薪金所得，向工程作业所在地税务机关办理全员全额扣缴明细申报。凡实行全员全额扣缴明细申报的，工程作业所在地税务机关不得核定征收个人所得税。

总承包企业、分承包企业和劳务派遣公司机构所在地税务机关需要掌握异地工程作业人员工资、薪金所得个人所得税缴纳情况的，工程作业所在地税务机关应及时提供。总承包企业、分承包企业和劳务派遣公司机构所在地税务机关不得对异地工程作业人员已纳税工资、薪金所得重复征税。两地税务机关应加强沟通协调,切实维护纳税人权益。

表3-10 综合所得个人所得税申报纳税地点明细表

项目	具体情形	申报纳税地点	申报表单
居民个人取得综合所得	扣缴义务人已预扣预缴税款,需要办理汇算清缴的	(1)有任职、受雇单位的:任职、受雇单位所在地;有两处以上的,选择其中一处 (2)没有任职、受雇单位的:户籍所在地或者经常居住地主管税务机关	个人所得税年度自行纳税申报表
	扣缴义务人没有扣缴税款的	向综合所得汇算清缴申报地主管税务机关办理纳税申报	
	从中国境外取得所得的	向综合所得汇算清缴申报地主管税务机关办理纳税申报	
	因移居境外注销中国户籍的	向户籍所在地主管税务机关办理纳税申报	
非居民个人取得综合所得	有扣缴义务人	向扣缴义务人所在地主管税务机关办理纳税申报	个人所得税自行纳税申报表
	没有扣缴义务人	向经常居住地主管税务机关办理纳税申报	
	从两处以上取得工资、薪金所得	选择其中一处任职受雇单位所在地主管税务机关办理纳税申报	
	有扣缴义务人,但没有扣缴税款的	向未扣缴税款的扣缴义务人所在地主管税务机关办理纳税申报	

四、员工社会保险、保障的征免规定

33.员工基本社会保险是否要计缴个人所得税?

答:《个人所得税法》第四条第七项规定,按照国家统一规定发给干部、职工的安家费、退职费、基本养老金或者退休费、离休费、离休生活补助费,免征个人所得税。

根据财税〔2006〕10号文件第一条、第三条的规定，有关基本社会保险的个人所得税征免具体规定如下：

（1）企事业单位按照国家或省（自治区、直辖市）人民政府规定的缴费比例或办法实际缴付的基本养老保险费、基本医疗保险费和失业保险费，免征个人所得税；个人按照国家或省（自治区、直辖市）人民政府规定的缴费比例或办法实际缴付的基本养老保险费、基本医疗保险费和失业保险费，允许在个人应纳税所得额中扣除。

企事业单位和个人超过规定的比例和标准缴付的基本养老保险费、基本医疗保险费和失业保险费，应将超过部分并入个人当期的工资、薪金收入，计征个人所得税。

（2）个人实际领（支）取原提存的基本养老保险金、基本医疗保险金、失业保险金和住房公积金时，免征个人所得税。

34. 员工住房公积金是否要计缴个人所得税？

答： 根据财税〔2006〕10号文件第二条、第三条的规定，有关住房公积金的个人所得税征免具体规定如下：

（1）单位和个人分别在不超过职工本人上一年度月平均工资（按照国家统计局规定列入工资总额统计的项目计算）12%的幅度内，其实际缴存的住房公积金，允许在个人应纳税所得额中扣除。单位和职工个人缴存住房公积金的月平均工资不得超过职工工作地所在设区城市上一年度职工月平均工资的3倍，具体标准按照各地有关规定执行。

单位和个人超过上述规定比例和标准缴付的住房公积金，应将超过部分并入个人当期的工资、薪金收入，计征个人所得税。

（2）个人实际领（支）取原提存的住房公积金时，免征个人所得税。

【案例3-13】超比例缴付的三险一金如何计缴个人所得税？

2019年6月，南昌市盛大公司为高管人员曾丽缴存住房公积金3 600元。南昌市2018年度在岗职工月平均工资为5 835元。请问：盛大公司缴存数额是否超标准？是否要计缴个人所得税？

解析：

（1）单位在不超过职工本人上一年度月平均工资12%的幅度内，其实际缴存的住房公积金，允许在个人应纳税所得额中扣除。单位缴存住房公积金的月平均工资不得超过职工工作地所在设区城市上一年度职工月平均工资的3倍。

曾丽可在应纳税所得额中扣除的住房公积金 =5 835×3×12%=2 100.60（元）

（2）盛大公司超过规定标准缴付的住房公积金 =3 600−2 100.60=1 499.40（元）

盛大公司应将超过规定比例和标准缴付的住房公积金1 499.40元并入曾丽当期的工资、薪金收入，计征个人所得税。

35. 生育津贴和生育医疗费需要缴纳个人所得税吗？

答： 根据《财政部　国家税务总局关于生育津贴和生育医疗费有关个人所得税政策的通知》（财税〔2008〕8号）的规定，自2008年3月7日起，生育妇女按照县级以上人民政府根据国家有关规定制定的生育保险办法，取得的生育津贴、生育医疗费或其他属于生育保险性质的津贴、补贴，免征个人所得税。

36. 工伤职工取得的工伤保险待遇需要缴纳个人所得税吗？

答： 根据《财政部　国家税务总局关于工伤职工取得的工伤保险待遇有关个人所得税政策的通知》（财税〔2012〕40号）的规定，对工伤职工及其近亲属按照《工伤保险条例》（国务院令第586号）规定取得的工伤保险待遇，免征个人所得税。

所称的工伤保险待遇，包括工伤职工按照《工伤保险条例》（国务院令第586号）规定取得的一次性伤残补助金、伤残津贴、一次性工伤医疗补助金、一次性伤残就业补助金、工伤医疗待遇、住院伙食补助费、外地就医交通食宿费用、工伤康复费用、辅助器具费用、生活护理费等，以及职工因工死亡，其近亲属按照《工伤保险条例》（国务院令第586号）规定取得的丧葬补助金、供养亲属抚恤金和一次性工亡补助金等。

37. 企业以现金形式发给个人的住房补贴、医疗补助费是否要计缴个人所得税？

答： 根据《财政部　国家税务总局关于住房公积金、医疗保险金、养老保险金征收个人所得税问题的通知》(财税〔1997〕144号)的规定，企业以现金形式发给个人的住房补贴、医疗补助费，应全额计入领取人的当期工资、薪金收入计征个人所得税。但对外籍个人以实报实销形式取得的住房补贴，仍按照《财政部、国家税务总局关于个人所得税若干政策问题的通知》(财税字〔1994〕20号，以下简称财税字〔1994〕20号文件)的规定，暂免征收个人所得税。

38. 单位为职工个人购买商业性补充养老保险等，要计缴个人所得税吗？

答：《财政部 国家税务总局关于个人所得税有关问题的批复》(财税〔2005〕94号，以下简称财税〔2005〕94号文件)第一条规定，单位为职工个人购买商业性补充养老保险等，在办理投保手续时应作为个人所得税的"工资、薪金所得"项目，按税法规定缴纳个人所得税；因各种原因退保，个人未取得实际收入的，已缴纳的个人所得税应予以退回。

《国家税务总局关于单位为员工支付有关保险缴纳个人所得税问题的批复》(国税函〔2005〕318号，以下简称国税函〔2005〕318号文件)还明确，对企业为员工支付各项免税之外的保险金，应在企业向保险公司缴付时(即该保险落到被保险人的保险账户)并入员工当期的工资收入，按"工资、薪金所得"项目计征个人所得税，税款由企业负责代扣代缴。

注：根据财税〔2017〕39号文件第四条的规定，单位统一组织为员工购买或者单位和个人共同负担购买的税收优惠型商业健康保险产品支出，单位负担部分应当实名计入个人工资薪金明细清单，视同个人购买，并自购买产品次月起，在不超过200元/月的标准内按月扣除。

【案例3-14】为员工购买商业保险的个人所得税处理

2019年7月，蓝天公司为员工购买了家庭财产保险产品，保费支出为每份100元，该保险当月已经落到被保险人的保险账户。另外，该公司还购买了税收优惠型商业健康保险产品，保费支出为每份300元。高管人员曾丽当月工资为28 000元。请问：曾丽当月工资薪金所得应税收入额为多少？

解析：

（1）根据财税〔2017〕39号文件的规定，蓝天公司为曾丽购买税收优惠型商业健康保险产品的支出为300元，应计入曾丽当月工资薪金，视同个人购买，允许在当月计算应纳税所得额时予以税前扣除，扣除限额为200元。

（2）根据财税〔2005〕94号文件、国税函〔2005〕318号文件的规定，蓝天公司为曾丽支付家庭财产保险金，应在向保险公司缴付时（即该保险落到被保险人的保险账户）并入曾丽当月的工资收入，计征个人所得税。

曾丽当月工资薪金所得应税收入额 =28 000+100+300-200=28 200（元）

39. 个人领取企业年金、职业年金如何计缴个人所得税？

答： 财税〔2013〕103号文件第二条、财税〔2018〕164号文件第四条规定，年金基金投资运营收益分配计入个人账户时，个人暂不缴纳个人所得税，待个人达到国家规定的退休年龄领取年金时，按照"工资、薪金所得"项目计征个人所得税。

（1）计税方法。

个人达到国家规定的退休年龄，领取的企业年金、职业年金，不并入综合所得，全额单独计算应纳税款。其中：

1）按月领取的，适用月度税率表计算纳税。

2）按季领取的，平均分摊计入各月，按每月领取额适用月度税率表计算纳税。

3）按年领取的，适用综合所得税率表计算纳税。

4）个人因出境定居而一次性领取的年金个人账户资金，或个人死亡后，其指定的受益人或法定继承人一次性领取的年金个人账户余额，适用综合所得税率表计算纳税。

5）对个人除上述特殊原因外一次性领取年金个人账户资金或余额的，适用月度税率表计算纳税。

（2）征收管理。

1）个人领取年金时，其应纳税款由受托人代表委托人委托托管人代扣代缴。年金账户管理人应及时向托管人提供个人年金缴费及对应的个人所得税纳税明细。托管人根据受托人指令及账户管理人提供的资料，按照规定计算扣缴个人当期领取年金待遇的应纳税款，并向托管人所在地主管税务机关申报解缴。

2）建立年金计划的单位、年金托管人，应按照《个人所得税法》和《税收

《征收管理法》的有关规定，实行全员全额扣缴明细申报。受托人有责任协调相关管理人依法向税务机关办理扣缴申报、提供相关资料。

3）建立年金计划的单位应于建立年金计划的次月15日内，向其所在地主管税务机关报送年金方案、人力资源社会保障部门出具的方案备案函、计划确认函以及主管税务机关要求报送的其他相关资料。年金方案、受托人、托管人发生变化的，应于发生变化的次月15日内重新向其主管税务机关报送上述资料。

【条款废止】《财政部 人力资源社会保障部 国家税务总局关于企业年金职业年金个人所得税有关问题的通知》（财税〔2013〕103号）第三条第一项和第三项。

【备注】个人企业年金、职业年金在缴费环节税前扣除的详细内容详见本书第二章。

【案例3-15】个人领取年金的个人所得税处理

李先生所任职的单位从2015年1月开始设立企业年金，假定年金计划中未设领取额度限制，李先生将于2025年退休，届时其年金个人账户金额为360 000元。请问：李先生达到法定年龄退休时领取的360 000元年金应缴多少个人所得税？

解析：

（1）假设李先生分10年领完，每月领3 000元。

查找月度所得税率，税率为3%。

每月应交个人所得税 =3 000×3%=90（元）

（2）假设李先生分10年领完，每季领9 000元，即每月领3 000元。

查找月度所得税率，税率为3%。

每季应交个人所得税 =3 000×3%×3=270（元）

（3）假设李先生分10年领完，每年领36 000元。

查找综合所得税率，税率为3%。

每年应交个人所得税 =36 000×3%=1 080（元）

（4）假设李先生因出国定居一次性领完 360 000 元。

查找综合所得税率，税率为 25%，速算扣除数 31 920。

应交个人所得税 =360 000×25%-31 920=58 080（元）

（5）假设没有特殊原因，李先生一次性领完 360 000 元。

查找月度所得税率，税率为 45%，速算扣除数 15 160。

应交个人所得税 =360 000×45%-15 160=146 840（元）

40. 个人税收递延型商业养老保险，领取商业养老金如何计缴个人所得税？

答： 对于个人领取税收递延型商业养老保险金，财税〔2018〕22 号文件、国家税务总局公告 2018 年第 21 号和《财政部 税务总局关于个人取得有关收入适用个人所得税应税所得项目的公告》（财政部 税务总局公告 2019 年第 74 号，以下简称财税公告 2019 年第 74 号）第四条规定如下：

（1）优惠内容。自 2018 年 5 月 1 日起，对试点地区个人通过个人商业养老资金账户购买符合规定的商业养老保险产品的支出，允许在一定标准内税前扣除；计入个人商业养老资金账户的投资收益，暂不征收个人所得税；个人领取商业养老金时再征收个人所得税。

（2）适用范围。适用个人税收递延型商业养老保险优惠政策的纳税人，是指取得工资薪金所得、连续性劳务报酬所得的个人，以及取得个体工商户生产经营所得、对企事业单位的承包承租经营所得的个体工商户业主、个人独资企业投资者、合伙企业合伙人和承包承租经营者。

上述所称取得连续性劳务报酬所得，是指个人连续 6 个月以上（含 6 个月）为同一单位提供劳务而取得的所得。

（3）缴税环节。

1）账户资金收益暂不征税。计入个人商业养老资金账户的投资收益，在缴费期间暂不征收个人所得税。

2）个人领取商业养老金征税。个人达到国家规定的退休年龄时，可按月或按年领取商业养老金，领取期限原则上为终身或不少于 15 年。个人身故、发生保险合同约定的全残或罹患重大疾病的，可以一次性领取商业养老金。

对个人领取的税收递延型商业养老保险的养老金收入，其中 25% 部分予以免税，其余 75% 部分按照 10% 的比例税率计算缴纳个人所得税，税款计入"工资、薪金所得"项目。

3）个人按规定领取商业养老金时，由保险公司代扣代缴其应缴的个人所得税。

保险公司代扣代缴个人所得税时，需注明"税延养老保险"，并在个人购买税延养老保险的机构所在地办理全员全额扣缴申报。

（4）关于试点期间个人商业养老资金账户和信息平台。

1）个人商业养老资金账户是由纳税人指定的、用于归集税收递延型商业养老保险缴费、收益以及资金领取等的商业银行个人专用账户。该账户封闭运行，与居民身份证件绑定，具有唯一性。

2）试点期间使用中国保险信息技术管理有限责任公司建立的信息平台（以下简称"中保信平台"）。个人商业养老资金账户在中保信平台进行登记，校验其唯一性。个人商业养老资金账户变更银行须经中保信平台校验后，进行账户结转，每年允许结转一次。中保信平台与税务系统、商业保险机构和商业银行对接，提供账户管理、信息查询、税务稽核、外部监管等基础性服务。

（5）关于试点期间商业养老保险产品及管理。个人商业养老保险产品按稳健型产品为主、风险型产品为辅的原则选择，采取名录方式确定。试点期间的产品是指由保险公司开发，符合"收益稳健、长期锁定、终身领取、精算平衡"原则，满足参保人对养老账户资金安全性、收益性和长期性管理要求的商业养老保险产品。

【备注】个人通过个人商业养老资金账户购买符合规定的商业养老保险产品的支出，税前扣除的详细内容详见本书第二章。

【案例3-16】个人领取税收递延型商业养老保险的个人所得税处理

上海某企业高管人员肖华2019年1月工资为20 000元，当月通过个人商业养老资金账户购买符合规定的税收递延型商业养老保险产品的支出为1 000元。肖华在15年后达法定退休年龄，可每月领取3 000元养老金。请问：肖华应交多少个人所得税？

解析：

（1）个人所得税收递延型商业养老保险扣除限额：

20 000×6%=1 200（元）

1 200元大于1 000元，税前可扣除的金额为1 000元。

（2）每月领取3 000元，25%部分免税。

免税额=3 000×25%=750（元）

其余75%部分，按10%的比例税率缴纳个人所得税。

肖华应交个人所得税=2 250×10%=225（元）

由保险公司代扣代缴，注明"税延养老保险"，办理全员全额扣缴申报。

五、员工补贴、津贴、生活补助的征免规定

41.单位发放的津贴、补贴需要缴纳个人所得税吗？

答：《个人所得税法》第四条第一款第三项规定，按照国家统一规定发给的补贴、津贴，免征个人所得税。

《个人所得税实施条例》第十条规定，上述所称按照国家统一规定发给的补贴、津贴，是指按照国务院规定发给的政府特殊津贴、院士津贴，以及国务院规定免予缴纳个人所得税的其他补贴、津贴。

国税发〔1994〕89号文件第二条规定，对于补贴、津贴等一些具体收入项目应否计入工资、薪金所得的征税范围问题，按下述情况掌握执行：

（1）对按照国务院规定发给的政府特殊津贴和国务院规定免纳个人所得税的补贴、津贴，免予征收个人所得税。其他各种补贴、津贴均应计入工资、薪金所得项目征税。

（2）下列不属于工资、薪金性质的补贴、津贴或者不属于纳税人本人工资、薪金所得项目的收入，不征税：

1）独生子女补贴。

2）执行公务员工资制度未纳入基本工资总额的补贴、津贴差额和家属成员的副食品补贴。

3）托儿补助费。

4）差旅费津贴、误餐补助。

42.企业如何处理差旅费的个人所得税问题？

答：根据《中央和国家机关差旅费管理办法》（财行〔2013〕531号）的规

定，差旅费是指工作人员临时到常驻地以外地区公务出差所发生的城市间交通费、住宿费、伙食补助费和市内交通费。

（1）城市间交通费是指工作人员因公到常驻地以外地区出差乘坐火车、轮船、飞机等交通工具所发生的费用。城市间交通费按乘坐交通工具的等级凭据报销，订票费、经批准发生的签转或退票费、交通意外保险费凭据报销。

（2）住宿费是指工作人员因公出差期间入住宾馆（包括饭店、招待所）发生的房租费用。住宿费在标准限额之内凭发票据实报销。

（3）伙食补助费是指对工作人员在因公出差期间给予的伙食补助费用。伙食补助费按出差自然（日历）天数计算，按规定标准包干使用。出差人员应当自行用餐。凡由接待单位统一安排用餐的，应当向接待单位交纳伙食费。

（4）市内交通费是指工作人员因公出差期间发生的市内交通费用。市内交通费按出差自然（日历）天数计算，每人每天80元包干使用。市内交通费按规定标准报销。出差人员由接待单位或其他单位提供交通工具的，应向接待单位或其他单位交纳相关费用。

（5）未按规定开支差旅费的，超支部分由个人自理。

从以上规定可以看出，差旅费津贴只是一种费用包干的形式，并不是工资薪金所得，因此不征收个人所得税。

目前行政、事业单位有较为明确的差旅费标准，对企业没有相应的明确规定，企业的差旅费一般采用以下方式：①实行据实报销。路费、住宿费据实报销，伙食费全部据实报销。②实行"半包"报销。一般是路费、住宿费据实报销，伙食费按日固定标准报销。③实行"全包"报销，即按日固定出差费用总费用报销。一般来说，能提供真实可靠的合法凭据（如车票、船票、机票等），出差人员不存在取得个人收入问题，但对于包干的部分需要控制在一个合理的范围，否则也可能被认定为变相发放工资补贴、津贴，计征个人所得税。

因此，企业应当制定本单位的差旅费管理办法。差旅费管理办法中应包含企业根据本单位的实际经营情况和经营规模制定的差旅费津贴发放标准。对于可以提供出差时间、地点、出差记录等相关证明资料，并根据企业的差旅费管理办法以实报实销的方式发放的合理差旅费津贴。笔者在查办税务案件时，也经常发现一些企业以填制差旅费凭证以差旅费津贴的名义列支员工的工资，并没有出差之实，这样会引发较大的税务风险。

43. 误餐补助、午餐补贴要计缴个人所得税吗？

答：《财政部、国家税务总局关于误餐补助范围确定问题的通知》（财税字〔1995〕82号）规定，国税发〔1994〕89号文件规定不征税的误餐补助，是指按财政部门规定，个人因公在城区、郊区工作，不能在工作单位或返回就餐，确定需要在外就餐的，根据实际误餐顿数，按规定的标准领取的误餐费。一些单位以误餐补助名义发给职工的补贴、津贴，应当并入当月工资、薪金所得计征个人所得税。

《财政部关于企业加强职工福利费财务管理的通知》（财企〔2009〕242号）也明确规定，企业给职工发放的节日补助、未统一供餐而按月发放的午餐费补贴，应当纳入工资总额管理。

根据上述文件规定，午餐补贴属于员工取得与任职或者受雇有关的其他所得，属于工资、薪金所得。该所得不属于不征税的误餐补助，也不属于《个人所得税法》第四条规定的免税补贴、津贴，应缴纳个人所得税。

44. 航空公司空勤和地勤人员的飞行小时费、伙食费需要缴纳个人所得税吗？

答：根据《国家税务总局关于新疆航空公司空勤人员飞行小时费和伙食费收入征收个人所得税的批复》（国税函发〔1995〕554号）的规定，空勤人员的飞行小时费和伙食费收入，应全额计入工资、薪金所得计征个人所得税，不能给予扣除。

根据《财政部 国家税务总局关于民航空地勤人员的伙食费征收个人所得税的通知》（财税字〔1995〕77号）的规定，民航空地勤人员的伙食费应当按照税法规定，并入工资、薪金所得，计算征收个人所得税，并由支付单位负责代扣代缴。

45. 统一用于集体用餐船员的伙食费需要缴纳个人所得税吗？

答：根据《国家税务总局关于远洋运输船员工资薪金所得个人所得税费用

扣除问题的通知》(国税发〔1999〕202号)第三条的规定,由于船员的伙食费统一用于集体用餐,不发给个人,故特案允许该项补贴不计入船员个人的应纳税工资、薪金收入。

46. 职工取得的生活补助费和救济金需要缴纳个人所得税吗?

答:《个人所得税法》第四条第一款第四项和《个人所得税法实施条例》第十一条规定,个人取得福利费、抚恤金、救济金,免征个人所得税。所称福利费,是指根据国家有关规定,从企业、事业单位、国家机关、社会组织提留的福利费或者工会经费中支付给个人的生活补助费;所称救济金,是指各级人民政府民政部门支付给个人的生活困难补助费。

《国家税务总局关于生活补助费范围确定问题的通知》(国税发〔1998〕155号)规定,个人所得税法实施条例所说的从福利费或者工会经费中支付给个人的生活补助费,由于缺乏明确的范围,在实际执行中难以具体界定,各地掌握尺度不一,须统一明确规定,以利执行。经研究,现明确如下:

(1)上述所称生活补助费,是指由于某些特定事件或原因而给纳税人本人或其家庭的正常生活造成一定困难,其任职单位按国家规定从提留的福利费或者工会经费中向其支付的临时性生活困难补助。

(2)下列收入不属于免税的福利费范围,应当并入纳税人的工资、薪金收入计征个人所得税:

1)从超出国家规定的比例或基数计提的福利费、工会经费中支付给个人的各种补贴、补助。

2)从福利费和工会经费中支付给本单位职工的人人有份的补贴、补助。

3)单位为个人购买汽车、住房、电子计算机等不属于临时性生活困难补助性质的支出。

47. 个人取得的公务交通、通讯补贴需要缴纳个人所得税吗?

答:《国家税务总局关于个人所得税有关政策问题的通知》(国税发〔1999〕58号)规定,个人因公务用车和通讯制度改革而取得的公务用车、通讯补贴收入,扣除一定标准的公务费用后,按照"工资、薪金"所得项目计征个人所得税。按月发放的，并入当月"工资、薪金"所得计征个人所得税；不按月发放的，分解到所属月份并与该月份"工资、薪金"所得合并后计征个人所得税。

公务费用的扣除标准，由省级地方税务局根据纳税人公务交通、通讯费用的实际发生情况调查测算，报经省级人民政府批准后确定，并报国家税务总局备案。

《国家税务总局关于个人因公务用车制度改革取得补贴收入征收个人所得税问题的通知》（国税函〔2006〕245号）规定，因公务用车制度改革而以现金、报销等形式向职工个人支付的收入，均应视为个人取得公务用车补贴收入，按照"工资、薪金所得"项目计征个人所得税。具体计征方法，按《国家税务总局关于个人所得税有关政策问题的通知》（国税发〔1999〕58号）第二条"关于个人取得公务交通、通讯补贴收入征税问题"的有关规定执行。

【政策链接】部分省（自治区、直辖市）公务费用的扣除标准

（1）《西藏自治区人民政府关于贯彻个人所得税法的通知》（藏政发〔2018〕38号）：

1）公务交通补贴每人每月4 000元。

2）公务通讯补贴每人每月1 000元。

（2）《广西壮族自治区税务局关于公务交通补贴个人所得税有关问题的公告》（广西壮族自治区税务局公告2018年第12号）：

1）公务人员按公务交通补贴规定取得的公务用车制度改革补贴收入，即厅级每人每月1 950元，处级每人每月1 200元，科级每人每月750元，科员及以下每人每月650元的标准，允许在计算个人所得税税前全额扣除，超出规定标准部分按照"工资、薪金"所得项目计征个人所得税。

2）各级各类事业单位所有原符合公务用车配备相关规定的岗位和人员，按照《自治区本级事业单位公务用车制度改革实施方案》的规定取得的公务用车制度改革补贴收入，无论是以现金形式，还是以报销方式取得的公务交通补贴收入，参照公务人员的标准允许在计算个人所得税税前全额扣除，超出规定标准部分按照"工资、薪金"所得项目计征个人所得税。

3）对企业职工公务用车费用扣除标准划分为高级管理人员和其他人员两档

处理，具体为：高级管理人员每人每月1 950元；其他人员每人每月1 200元。企业在制定公务用车制度改革方案中，应明确本企业高级管理人员和其他人员的范围。

（3）《海南省地方税务局关于明确公务交通通讯补贴扣除标准的公告》（海南省地方税务局公告2017年第2号）：

1）企事业单位员工因公务用车制度改革取得的公务交通补贴收入，允许在以下公务费用扣除标准内，按实际取得数额予以扣除，超出标准部分按照"工资、薪金"所得项目计征个人所得税。

海口、三亚、三沙、儋州、洋浦的公务费用扣除标准：高级管理人员每人每月1 690元，其他人员每人每月1 040元；

其他市县的公务费用扣除标准：高级管理人员每人每月1 000元，其他人员每人每月600元。

2）企事业单位员工因通讯制度改革取得的通讯补贴收入，在每人每月100元的公务费用标准内，按实际取得数额予以扣除，超出标准部分按照"工资、薪金"所得项目计征个人所得税。

（4）《天津市地方税务局关于个人取得通讯补贴收入有关个人所得税政策的公告》（天津市地方税务局公告2017年第7号）：

以现金形式发放给个人的办公通讯补贴，或以报销方式支付给个人的办公通讯费用，费用扣除标准为每月不超过500元（含500元）。其中，机关、事业单位发放给个人的办公通讯补贴，费用扣除标准为我市财政、人力社保部门规定的发放标准，但每月最高不得超过500元（含500元）。

（5）《江西省财政厅 江西省地方税务局关于公务用车制度改革取得补贴收入征收个人所得税有关问题的通知》（赣财法〔2016〕45号）：

1）已经进行公务用车制度改革的省直党政机关的有关人员按规定取得的公务交通补贴征收个税时，公务费用的扣除标准按照《江西省公务用车制度改革总体方案》（赣办字〔2015〕31号）确定的公务交通补贴实际发放标准执行。

2）各设区市公务交通补贴公务费用的扣除标准按当地政府公布的公务交通补贴实际发放标准执行。

3）其他事业单位和国有企业的公务费用扣除标准，待其改革方案出台后，另行确定。

（6）《陕西省地方税务局关于个人因通讯制度改革取得补贴收入征收个人所得税有关问题的公告》（陕西省地方税务局公告2017年第2号）：

1）通讯补贴征收个人所得税公务费用税前扣除限额为每人每月300元。

2）纳税人取得通讯补贴收入在限额内的，按实际收入全额扣除，超过限额的，按限额300元扣除。

（7）《河北省地方税务局关于个人所得税若干业务问题的通知》（冀地税发〔2009〕46号）：

1）各单位向职工个人发放的交通补贴（包括报销、现金等形式），按交通补贴全额的30%作为个人收入并入当月工资薪金所得征收个人所得税。

2）各级行政事业单位按照当地政府（县以上）规定标准向职工个人发放的通讯补贴（包括报销、现金等形式）暂免征收个人所得税，超过标准部分并入当月工资薪金所得计算征收个人所得税；各类企业单位，参照当地行政事业单位标准执行，但企业职工个人取得通讯补贴的标准最高不得超过每人每月500元，在标准内据实扣除，超过当地政府规定的标准或超过每人每月500元最高限额的，并入当月工资薪金所得计算征收个人所得税；当地政府未规定具体标准的，按通讯补贴（包括报销、现金等形式）全额的20%并入当月工资薪金所得计算征收个人所得税。

（8）《黑龙江省地方税务局关于个人取得公务交通、通讯费补贴有关公务费用个人所得税扣除标准的通知》（黑地税函〔2006〕11号）：

1）实行公务用车改革的党政机关和企事业单位交通费用补贴每人每月扣除1 000元，超出部分计征个人所得税。其他形式的交通费补贴一律计征个人所得税。

2）党政机关干部住宅电话和移动电话补贴，扣除按《中共黑龙江省委、黑龙江省人民政府办公厅关于印发〈黑龙江省党政机关公务住宅电话暂行管理办法〉和〈黑龙江省移动电话暂行管理办法〉的通知》（厅字〔1999〕6号）和参照《中央和国家机关公务移动通讯费用补贴管理办法》规定标准发放的通讯费补贴额，超出部分计征个人所得税。

3）保留行政级别的企事业单位，其领导班子成员及特殊岗位人员住宅电话和移动电话补贴,扣除参照党政机关干部的相关规定标准发放的通讯费补贴额,超出部分计征个人所得税;没有行政级别的企事业单位,其领导班子成员住宅电话和移动电话补贴两项合计每人每月扣除400元,超出部分计征个人所得税;特殊岗位人员两项合计每人每月最高扣除300元,超出部分计征个人所得税。

(9)《内蒙古自治区地方税务局关于明确通讯补贴收入征免个人所得税问题的通知》(内地税字〔2007〕355号):

1)对行政事业单位各部门每人每月实际发放的150元通讯补贴,在征收个人所得税时可作为公务费用扣除。

2)企业因通讯制度改革而实际发放或报销的通讯补贴收入,每人每月在200元以内的,作为公务费用据实扣除,免予征收个人所得税。

3)企业实际发放或报销的住宅电话费用,每人每月50元以内的,免予征收个人所得税

(10)《重庆市地方税务局关于通讯补贴收入个人所得税前扣除问题的通知》(渝地税发〔2008〕3号):

企事业单位、党政机关及社会团体因通讯制度改革,按照一定的标准发放给个人的通讯补贴收入,扣除一定标准的公务费用后,按照工资、薪金所得计征个人所得税。公务费用的税前扣除标准确定为每月400元(含400元),在此标准内据实扣除。

(11)《山东省地方税务局关于公务通讯补贴个人所得税费用扣除问题的通知》(鲁地税函〔2005〕33号):

1)行政单位按照各级人民政府或同级财政部门统一规定的标准,发放给个人的公务通讯补贴,每月不超过500元(含500元)的部分可在个人所得税前据实扣除,超过部分并入当月工资、薪金所得计征个人所得税。

2)企事业单位自行制定标准发放给个人的公务通讯补贴,其中:法人代表、总经理每月不超过500元(含500元)、其他人员每月不超过300元(含300元)的部分,可在个人所得税前据实扣除。超过部分并入当月工资、薪金所得计征个人所得税。

3)取得公务通讯补贴,同时又在单位报销相同性质通讯费用的,其取得的公务通讯补贴不得在个人所得税前扣除。

48. 军队干部取得的哪些补贴、津贴可以免征个人所得税？

答：《财政部 国家税务总局关于军队干部工资薪金收入征收个人所得税的通知》(财税〔1996〕14号)第二条对军队干部补贴、津贴征税问题的规定如下：

(1) 按照政策法规，属于免税项目或者不属本人所得的补贴、津贴有8项，不计入工资、薪金所得项目征税，即①政府特殊津贴；②福利补助；③夫妻分居补助费；④随军家属无工作生活困难补助；⑤独生子女保健费；⑥子女保教补助费；⑦机关在职军以上干部公勤费(保姆费)；⑧军粮差价补贴。

(2) 对以下5项补贴、津贴，暂不征税：①军人职业津贴；②军队设立的艰苦地区补助；③专业性补助；④基层军官岗位津贴(营连排长岗位津贴)；⑤伙食补贴。

49. 在西藏工作的人员哪些补贴、津贴可以免征个人所得税？

答：根据《财政部 国家税务总局关于西藏自治区贯彻施行〈中华人民共和国个人所得税法〉有关问题的批复》(财税〔1994〕21号)的规定，对个人从西藏自治区内取得的下列所得，免征个人所得税：

(1) 艰苦边远地区津贴。

(2) 经国家批准或者同意，由自治区人民政府或者有关部门发给在藏长期工作的人员和大中专毕业生的浮动工资，增发的工龄工资，离退休人员的安家费和建房补贴费。

根据《财政部 国家税务总局关于西藏特殊津贴免征个人所得税的批复》(财税〔1996〕91号)的规定，对在西藏自治区区域内工作的机关、事业单位职工，按照国家统一规定取得的西藏特殊津贴，免征个人所得税。

六、员工绩效及其他奖励的征免规定

50. 居民个人取得全年一次性奖金，如何缴纳个人所得税？

答：根据《国家税务总局关于调整个人取得全年一次性奖金等计算征收个人所得税方法问题的通知》(国税发〔2005〕9号)第一条、第三条、第四条、第五条和财税〔2018〕164号文件第一条第一款的规定，全年一次性奖金个人所得税的税务处理要点如下：

（1）全年一次性奖金适用范围。

1）行政机关、企事业单位等扣缴义务人根据其全年经济效益和对雇员全年工作业绩的综合考核情况，向雇员发放的一次性奖金。

2）年终加薪、实行年薪制和绩效工资办法的单位根据考核情况兑现的年薪和绩效工资。

3）实行年薪制和绩效工资的单位，个人取得年终兑现的年薪和绩效工资。

雇员取得除全年一次性奖金以外的其他各种名目奖金，如半年奖、季度奖、加班奖、先进奖、考勤奖等，一律与当月工资、薪金收入合并，按税法规定缴纳个人所得税。

（2）全年一次性奖金在2021年12月31日前计税方法有两种选择。

1）可以不并入当年综合所得，以全年一次性奖金收入除以12个月得到的数额，按照按月换算后的综合所得税率表（以下简称月度税率表，见表3-11），确定适用税率和速算扣除数，单独计算纳税。计算公式为：

应纳税额 = 全年一次性奖金收入 × 适用税率 − 速算扣除数

注意，在一个纳税年度内，对每一个纳税人，该计税办法只允许采用一次。

2）可以选择并入当年综合所得计算纳税。

（3）自2022年1月1日起，居民个人取得全年一次性奖金，应并入当年综合所得计算缴纳个人所得税。

【条款废止】《国家税务总局关于调整个人取得全年一次性奖金等计算征收个人所得税方法问题的通知》（国税发〔2005〕9号）第二条

【案例3-17】全年一次性奖金的个人所得税处理

钱鑫2019年1月从单位取得2018年度全年绩效奖金48 000元，当月工资6 000元，三险一金2 000元，专项附加扣除2 000元。如何计缴个人所得税？

解析：

根据财税〔2018〕164号文件第一条的规定，在2021年12月31日之前，可以不并入当年综合所得，以全年一次性奖金收入除以12个月得到的数额，按照按月换算后的综合所得税率表,确定适用税率和速算扣除数,单独计算纳税,也可以选择并入当年综合所得计算纳税。

(1)选择全年一次性奖 48 000 元单独计算:

确定适用税率和速算扣除数:48 000÷12=4 000(元)

适用税率 10%,速算扣除数 210。

应纳个人所得税 =48 000×10%-210=4 590(元)

(2)选择全年一次性奖 48 000 元并入 2019 年综合所得计算纳税:

1 月预扣预缴应纳税所得额 =48 000+6 000-5 000-2 000-2 000=45 000(元)

应预扣预缴税额 =45 000×10%-2 520=1 980(元)

表 3-11　按月换算后的综合所得税率表(月度税率表)

级数	全月应纳税所得额	税率(%)	速算扣除数
1	不超过 3 000 元的	3	0
2	超过 3 000 至 12 000 元的部分	10	210
3	超过 12 000 元至 25 000 元的部分	20	1 410
4	超过 25 000 元至 35 000 元的部分	25	2 660
5	超过 35 000 元至 55 000 元的部分	30	4 410
6	超过 55 000 元至 80 000 元的部分	35	7 160
7	超过 80 000 元的部分	45	15 160

51. 中央企业负责人年度绩效薪金延期兑现收入和任期奖励如何计缴个人所得税?

答:为建立中央企业负责人薪酬激励与约束的机制,根据《中央企业负责人经营业绩考核暂行办法》《中央企业负责人薪酬管理暂行办法》的规定,国务院国有资产监督管理委员会对中央企业负责人的薪酬发放采取按年度经营业绩和任期经营业绩考核的方式,具体办法是:中央企业负责人薪酬由基薪、绩效薪金和任期奖励构成,其中基薪和绩效薪金的 60% 在当年度发放,绩效薪金的 40% 和任期奖励于任期结束后发放。

根据财税〔2018〕164 号文件第一条第二款的规定,中央企业负责人取得年度绩效薪金延期兑现收入和任期奖励,符合《国家税务总局关于中央企业负责人年度绩效薪金延期兑现收入和任期奖励征收个人所得税问题的通知》(国税发〔2007〕118号,以下简称国税发〔2007〕118号文件)规定的,在2021年12月31日前,可以不并入当年综合所得,以年度绩效薪金延期兑现收入和任期奖励收入除以12个月得到的数额,按照月度税率表(见表3-11),确定适用税率和速算扣除数,单独计算纳税,也可以选择并入当年综合所得计算纳税。2022年1月1日之后的政策另行明确。

国税发〔2007〕118号文件第二条规定,根据《中央企业负责人经营业绩考核暂行办法》等规定,在通知后附的《国资委管理的中央企业名单》中的下列人员,适用上述计税方法,其他人员不得比照执行:

(1)国有独资企业和未设董事会的国有独资公司的总经理(总裁)、副总经理(副总裁)、总会计师。

(2)设董事会的国有独资公司(国资委确定的董事会试点企业除外)的董事长、副董事长、董事、总经理(总裁)、副总经理(副总裁)、总会计师。

(3)国有控股公司国有股权代表出任的董事长、副董事长、董事、总经理(总裁),列入国资委党委管理的副总经理(副总裁)、总会计师。

(4)国有独资企业、国有独资公司和国有控股公司党委(党组)书记、副书记、常委(党组成员)、纪委书记(纪检组长)。

【条款废止】《国家税务总局关于中央企业负责人年度绩效薪金延期兑现收入和任期奖励征收个人所得税问题的通知》(国税发〔2007〕118号)第一条

【案例3-18】央企负责人绩效薪金延期兑现收入和任期奖励的个人所得税处理

雷炜为《国资委管理的中央企业名单》中国有独资企业的总经理,2019年1月取得2018年绩效奖的60%部分120 000元。2019年10月其任期结束,取得2018年及以前绩效奖的40%部分300 000元和任期奖励60 000元。请问:雷炜如何计缴个人所得税?

解析:

根据财税〔2018〕164号文件第一条的规定,在2021年12月31日之前,全年一次性资金可以不并入当年综合所得,以全年一次性奖金收入除以12个月得到的数额,按照按月换算后的综合所得税率表,确定适用税率和速算扣除数,单独计算纳税，也可以选择并入当年综合所得计算纳税。

（1）1月取得2018年绩效奖60%部分120 000元适用全年一次性奖规定。

根据财税〔2018〕164号文件第一条第一款的规定，在2021年12月31日之前，全年一次性奖金可以不并入当年综合所得，以全年一次性奖金收入除以12个月得到的数额，按照按月换算后的综合所得税率表，确定适用税率和速算扣除数，单独计算纳税，也可以选择并入当年综合所得计算纳税。

以单独计算为例：

120 000÷12=10 000（元），适用税率10%，速算扣除数210。

应纳个人所得税=120 000×10%-210=11 790（元）

（2）10月取得300 000元延期兑现绩效奖和任期奖励60 000元，参照全年一次性奖处理，可以单独计算纳税，也可以选择并入2019年综合所得计算纳税。

以单独计算为例：

360 000÷12=30 000（元），适用税率25%，速算扣除数2 660

应纳个人所得税=360 000×25%-2 660=87 340（元）

52. 科技人员取得职务科技成果转化现金奖励减按50%计入工资、薪金所得要符合哪些条件？

答：《财政部 税务总局 科技部关于科技人员取得职务科技成果转化现金奖励有关个人所得税政策的通知》（财税〔2018〕58号）规定，自2018年7月1日起，依法批准设立的非营利性研究开发机构和高等学校（包括国家设立的科研机构和高校、民办非营利性科研机构和高校）根据《中华人民共和国促进科技成果转化法》规定，从职务科技成果转化收入中给予科技人员的现金奖励，可减按50%计入科技人员当月"工资、薪金所得"，依法缴纳个人所得税。

非营利性科研机构和高校向科技人员发放现金奖励时，应按《个人所得税法》的规定代扣代缴个人所得税，并按规定向税务机关履行备案手续。

享受优惠的条件如下：

（1）国家设立的科研机构和高校是指利用财政性资金设立的、取得《事业单位法人证书》的科研机构和公办高校，包括中央和地方所属科研机构和高校。

（2）民办非营利性科研机构和高校，是指同时满足以下条件的科研机构和高校：

1）根据《民办非企业单位登记管理暂行条例》在民政部门登记，并取得《民办非企业单位登记证书》。

2）对于民办非营利性科研机构，其《民办非企业单位登记证书》记载的业务范围应属于"科学研究与技术开发、成果转让、科技咨询与服务、科技成果评估"范围。对业务范围存在争议的，由税务机关转请县级（含）以上科技行政主管部门确认。

对于民办非营利性高校，应取得教育主管部门颁发的《民办学校办学许可证》，《民办学校办学许可证》记载学校类型为"高等学校"。

3）经认定取得企业所得税非营利组织免税资格。

（3）科技人员享受本通知规定税收优惠政策，须同时符合以下条件：

1）科技人员是指非营利性科研机构和高校中对完成或转化职务科技成果做出重要贡献的人员。非营利性科研机构和高校应按规定公示有关科技人员名单及相关信息（国防专利转化除外），具体公示办法由科技部会同财政部、税务总局制定。

2）科技成果是指专利技术（含国防专利）、计算机软件著作权、集成电路布图设计专有权、植物新品种权、生物医药新品种，以及科技部、财政部、税务总局确定的其他技术成果。

3）科技成果转化是指非营利性科研机构和高校向他人转让科技成果或者许可他人使用科技成果。现金奖励是指非营利性科研机构和高校在取得科技成果转化收入三年（36个月）内奖励给科技人员的现金。

4）非营利性科研机构和高校转化科技成果，应当签订技术合同，并根据《技术合同认定登记管理办法》，在技术合同登记机构进行审核登记，并取得技术合同认定登记证明。

非营利性科研机构和高校应健全科技成果转化的资金核算，不得将正常工资、奖金等收入列入科技人员职务科技成果转化现金奖励享受税收优惠。

注：2018年6月30日前，非营利性科研机构和高校取得的科技成果转化收入，自2018年7月1日后36个月内给科技人员发放现金奖励，符合规定条件

的,也可以享受该项优惠政策。

53. 单位向个人低价售房如何计缴个人所得税?

答: 根据财税〔2018〕164号文件第六条和《财政部 国家税务总局关于单位低价向职工售房有关个人所得税问题的通知》(财税〔2007〕13号)的规定,单位按低于购置或建造成本价格出售住房给职工计缴个人所得税应当分别两种情形进行处理:

(1)根据住房制度改革政策的有关规定,国家机关、企事业单位及其他组织(以下简称单位)在住房制度改革期间,按照所在地县级以上人民政府规定的房改成本价格向职工出售公有住房,职工因支付的房改成本价格低于房屋建造成本价格或市场价格而取得的差价收益,免征个人所得税。

(2)除上述规定情形外,根据《个人所得税法》及其实施条例的有关规定,单位按低于购置或建造成本价格出售住房给职工,职工因此而少支出的差价部分,属于个人所得税应税所得,应按照"工资、薪金所得"项目缴纳个人所得税,职工因此而少支出的差价部分不并入当年综合所得,以差价收入除以12个月得到的数额,按照月度税率表确定适用税率和速算扣除数,单独计算纳税。

计算公式为:

应纳税额 = 职工实际支付的购房价款低于该房屋的购置或建造成本价格
　　　　　的差额 × 适用税率 − 速算扣除数

上述所称差价部分,是指职工实际支付的购房价款低于该房屋的购置或建造成本价格的差额。

【条款废止】《财政部 国家税务总局关于单位低价向职工售房有关个人所得税问题的通知》(财税〔2007〕13号)第三条

【案例3-19】单位向个人低价售房的个人所得税处理

钱鑫所在的房地产公司建造了一栋住宅楼销售给员工,建造成本价格为4 200元/平方米,钱鑫由于在该公司工作满了10年,可以按3 000元/平方米购买一套100平方米的住房。如何计算个人所得税?

解析：

单位按低于购置或建造成本价格出售住房给职工，职工因此而少支出的差价部分，不并入当年综合所得，以差价收入除以12个月得到的数额，按照月度税率表确定适用税率和速算扣除数，单独计算纳税。

工资薪金所得 =（4 200-3 000）×100=120 000（元）

120 000÷12=10 000（元），适用税率10%，速算扣除数210。

应纳税额 =120 000×10%-210=11 790（元）

七、员工退职费和退休费的征免规定

54. 个人与用人单位解除劳动关系取得的一次性补偿收入如何计缴个人所得税？

答：《个人所得税法》第四条第七项规定，按照国家统一规定发给干部、职工的安家费、退职费、基本养老金或者退休费、离休费、离休生活补助费，免征个人所得税。

根据财税〔2018〕164号文件第五条第一项和《财政部 国家税务总局关于个人与用人单位解除劳动关系取得的一次性补偿收入征免个人所得税问题的通知》（财税〔2001〕157号）第二条、第三条的规定，个人与用人单位解除劳动关系取得一次性补偿收入的税务处理要点如下：

（1）个人与用人单位解除劳动关系取得一次性补偿收入（包括用人单位发放的经济补偿金、生活补助费和其他补助费），在当地上年职工平均工资3倍数额以内的部分，免征个人所得税；超过3倍数额的部分，不并入当年综合所得，单独适用综合所得税率表，计算纳税。

（2）个人领取一次性补偿收入时按照国家和地方政府规定的比例实际缴纳的住房公积金、医疗保险费、基本养老保险费、失业保险费，可以在计征其一次性补偿收入的个人所得税时予以扣除。

（3）企业依照国家有关法律规定宣告破产，企业职工从该破产企业取得的一次性安置费收入，免征个人所得税。

【条款废止】《财政部 国家税务总局关于个人与用人单位解除劳动关系取得的一次性补偿收入征免个人所得税问题的通知》（财税〔2001〕157号）第一条

【全文废止】《国家税务总局关于个人因解除劳动合同取得经济补偿金征收个人所得税问题的通知》（国税发〔1999〕178号）、《国家税务总局关于国有企业职工因解除劳动合同取得一次性补偿收入征免个人所得税问题的通知》（国税发〔2000〕77号）

【案例3-20】个人与用人单位解除劳动关系取得的一次性经济补偿收入的个人所得税处理

2019年1月，蓝天公司因为增效减员与已经在单位工作了24年的张三解除劳务合同，张三取得一次性经济补偿收入370 000元，按照国家和政府规定的比例实际缴纳三险一金共计40 000元。假设当地上年度职工平均工资为80 000元，张三应就该项一性补偿收入缴纳多少个人所得税？

解析：

张三与蓝天公司解除劳动关系取得一次性补偿收入370 000元中，当地上年职工平均工资3倍数额以内的部分，免征个人所得税；超过3倍数额的部分，不并入当年综合所得，单独适用综合所得税率表，计算纳税。按照国家和政府规定的比例实际缴纳三险一金共计40 000元，可以在计征个人所得税时予以扣除。

（1）确定适用税率：

370 000-80 000×3-40 000=90 000（元）

查找综合所得税率，适用税率10%，速算扣除数2 520。

（2）计算应纳税额：

应交个人所得税=90 000×10%-2 520=6 480（元）

55. 离退休人员取得返聘工资和奖金补贴如何计缴个人所得税？

答：《个人所得税法》第四条第七项规定，按照国家统一规定发给干部、职工的安家费、退职费、基本养老金或者退休费、离休费、离休生活补助费，免征个人所得税。

《国家税务总局关于离退休人员取得单位发放离退休工资以外奖金补贴征收个人所得税的批复》（国税函〔2008〕723号）规定，离退休人员除按规定领取离退休工资或养老金外，另从原任职单位取得的各类补贴、奖金、实物，不属于《个人所得税法》第四条规定可以免税的退休工资、离休工资、离休生活补助费。根据《个人所得税法》及其实施条例的有关规定，离退休人员从原任职单位取得的各类补贴、奖金、实物，应在减除费用扣除标准后，按"工资、薪金所得"应税项目缴纳个人所得税。

《国家税务总局关于个人兼职和退休人员再任职取得收入如何计算征收个人所得税问题的批复》（国税函〔2005〕382号）第二条规定，退休人员再任职取得的收入，在减除按《个人所得税法》规定的费用扣除标准后，按"工资、薪金所得"应税项目缴纳个人所得税。

【案例3-21】离退休人员返聘工资和奖金补贴的个人所得税处理

李杰2018年12月从盛大公司退休后被公司返聘，2019年1月取得返聘工资8 000元，还取得元旦福利1 000元。假设无扣除项目，盛大公司应预扣预缴李杰多少个人所得税？

解析：

李杰退休后从单位领取了退休工资以外的福利1 000元，返聘（再任职）工资8 000元，在减除按《个人所得税法》规定的费用扣除标准后，盛大公司按"工资、薪金所得"应税项目扣缴个人所得税。

当月预扣预缴应纳税所得额＝（8 000+1 000）-5 000=4 000（元）

适用税率3%。

当月应预扣预缴个人所得税＝4 000×3%=120（元）

56.高级专家延长离退休期间取得的工资需要缴纳个人所得税吗？

答：《个人所得税法》第四条第七项规定，按照国家统一规定发给干部、职工的安家费、退职费、基本养老金或者退休费、离休费、离休生活补助费，免征个人所得税。

《财政部 国家税务总局关于个人所得税若干政策问题的通知》（财税〔1994〕20号）第二条第七项定，对达到离休、退休年龄，但确因工作需要，适当延长离休退休年龄的高级专家（指享受国家发放的政府特殊津贴的专家、学者),其在延长离休退休期间的工资、薪金所得,视同退休工资、离休工资免征个人所得税。

《财政部 国家税务总局关于高级专家延长离休退休期间取得工资薪金所得有关个人所得税问题的通知》(财税〔2008〕7号)规定,高级专家延长离休退休期间从其劳动人事关系所在单位取得的工资薪金所得,单位按国家有关规定向职工统一发放的工资、薪金、奖金、津贴、补贴等收入,视同离休、退休工资,免征个人所得税;除上述收入以外各种名目的津补贴收入等,以及高级专家从其劳动人事关系所在单位之外的其他地方取得的培训费、讲课费、顾问费、稿酬等各种收入,依法计征个人所得税。

57. 个人取得提前退休一次性收入如何计缴个人所得税?

答:《国家税务总局关于个人提前退休取得补贴收入个人所得税问题的公告》(国家税务总局公告2011年第6号)第一条规定,机关、企事业单位对未达到法定退休年龄、正式办理提前退休手续的个人,按照统一标准向提前退休工作人员支付一次性补贴,不属于免税的离退休工资收入,应按照"工资、薪金所得"项目征收个人所得税。

财税〔2018〕164号文件第五条第二项规定,个人办理提前退休手续而取得的一次性补贴收入,应按照办理提前退休手续至法定离退休年龄之间实际年度数平均分摊,确定适用税率和速算扣除数,单独适用综合所得税率表,计算纳税。计算公式为:

应纳税额 = {[(一次性补贴收入 ÷ 办理提前退休手续至法定退休年龄的实际年度数) - 费用扣除标准] × 适用税率 - 速算扣除数} × 办理提前退休手续至法定退休年龄的实际年度数

【条款废止】《国家税务总局关于个人提前退休取得补贴收入个人所得税问题的公告》(国家税务总局公告2011年第6号)第二条

【案例3-22】个人取得提前退休一次性收入的个人所得税处理

力帆车辆制造公司员工李四符合30年工龄可以提前退休的条件,于2019年3月办理提前退休手续,比正常退休早2.5年,当月取得按照统一标准发放的一次性收入 180 000 元。李四应如何缴纳个人所得税？

解析：

李四办理提前退休手续而取得的一次性补贴收入，应按照办理提前退休手续至法定离退休年龄之间实际年度数（2.5 年）平均分摊，确定适用税率和速算扣除数，单独适用综合所得税率表，计算纳税。

（1）确定适用税率：

180 000÷2.5-60 000=12 000（元）

查找综合所得税率，适用税率为 3%。

（2）计算税款：

李四应交个人所得税 =12 000×3%×2.5=900（元）

58. 个人取得内部退养一次性收入如何计缴个人所得税？

答： 财税〔2018〕164 号文件第五条第三项规定，个人办理内部退养手续而取得的一次性补贴收入，按照《国家税务总局关于个人所得税有关政策问题的通知》（国税发〔1999〕58 号，以下简称国税发〔1999〕58 号文件）的规定计算纳税。

国税发〔1999〕58 号文件第一条规定如下：

（1）个人在其办理内部退养手续后至法定离退休年龄之间从原任职单位取得的工资、薪金，不属于离退休工资，应按工资、薪金所得计征个人所得税。

（2）个人在办理内部退养手续后从原任职单位取得的一次性收入，应按办理内部退养手续后至法定离退休年龄之间的所属月份进行平均，并与领取当月的"工资、薪金"所得合并后减除当月费用扣除标准，以余额为基数确定适用税率，再将当月工资、薪金加上取得的一次性收入，减去费用扣除标准，按适用税率计征个人所得税。

（3）个人在办理内部退养手续后至法定离退休年龄之间重新就业取得的"工资、薪金"所得，应与其从原任职单位取得的同一月份的"工资、薪金"所得合并，并依法自行向主管税务机关申报缴纳个人所得税。

注意，内部退养取得的一次性收入在计缴个人所得税时应把握以下两点：

（1）个人办理内部退养而取得一次性补贴收入，无须并入综合所得进行年度汇算清缴，但需要与当月工资合并计算税额，计算税额再减除当月工资收入应缴的税额为内部退养一次性补贴收入应缴的税额；发放一次性补贴收入的当月工资收入，仍需要并入综合所得缴税。

（2）对个人办理内部退养取得一次性补贴收入与当月工资合并后减除的减除费用，在当年以后月份预扣预缴税款时可以扣除。

【案例3-23】个人取得内部退养一次性收入的个人所得税处理

蓝天公司的王刚于2019年1月办理内退手续，距离正常退休还有2.5年，当月取得单位发放的一次性收入120 000元、基本工资8 000元。次月至正式退休每月只取得基本工资8 000元。假设王刚2019年度没有其他综合所得，每月均可享受1 000元的赡养老人专项附加扣除。王刚应如何缴纳个人所得税？

（1）王刚1月办理内部退养取得的一次性收入的个人所得税处理：

120 000÷（2×12+6）+8 000-5 000=7 000（元）

查月度税率表，适用税率10%，速算扣除数210。

应交个人所得税=（120 000+8 000-5 000）×10%-210=12 090（元）

单月工资应交个人所得税=（8 000-5 000）×3%=90（元）

内部退养应代扣代缴个人所得税=12 090-90=12 000（元）

（2）王刚2019年度正常工资薪金的个人所得税处理：

蓝天公司2019年度应累计预扣预缴个人所得税=（8 000×12-5 000×12-1 000×12）×3%=720（元）

（3）王刚2019年全年应交个人所得税=12 000+720=12 720（元）

59. 退役士兵取得地方政府发放的一次性经济补助可以免征个人所得税吗？

答：《个人所得税法》第四条第六项规定，军人的转业费、复员费、退役金，免征个人所得税。

《财政部 国家税务总局关于退役士兵退役金和经济补助免征个人所得税问题的通知》（财税〔2011〕109号）规定，自2011年11月1日起，对退役士兵按照《退役士兵安置条例》（国务院、中央军委令第608号）规定，取得的一次性退役金以及地方政府发放的一次性经济补助，免征个人所得税。

八、员工股权激励的征免规定

60.上市公司员工的股票期权激励收入如何计缴个人所得税？

答：企业员工股票期权是指公司按照规定的程序授予本公司及其控股企业员工的一项权利，该权利允许被授权员工在未来时间内以某一特定价格购买本公司一定数量的股票。根据财税〔2005〕35号文件和财税〔2018〕164号文件第二条的规定，企业员工股票期权的个人所得税操作要点如下：

（1）相关概念。"某一特定价格"被称为"授予价"或"施权价"，即根据股票期权计划可以购买股票的价格，一般为股票期权授予日的市场价格或该价格的折扣价格，也可以是按照事先设定的计算方法约定的价格。

"授予日"，也称"授权日"，是指公司授予员工上述权利的日期。

"行权"，也称"执行"，是指员工根据股票期权计划选择购买股票的过程。

员工行使上述权利的当日为"行权日"，也称"购买日"。

（2）股权激励收入。对于各征税环节股票期权的收入如何适用征收项目，在第一章第9个问答中已经详细介绍，在此只介绍适用"工资、薪金所得"项目的情形。

1）部分股票期权在授权时即约定可以转让，且在境内或境外存在公开市场及挂牌价格，员工取得这类股票期权，属于员工已实际取得有确定价值的财产，应按授权日股票期权的市场价格，作为员工授权日所在月份的工资薪金所得。

员工以折价购入方式取得股票期权的，可以授权日股票期权的市场价格扣除折价购入股票期权时实际支付的价款后的余额，作为授权日所在月份的工资薪金所得。

员工取得上述可公开交易的股票期权后，实际行使该股票期权购买股票时，不再计算缴纳个人所得税。

2）对因特殊情况，员工在行权日之前将股票期权转让的，以股票期权的转让净收入，作为"工资、薪金所得"征收个人所得税。

"股票期权的转让净收入"，一般是指股票期权转让收入。员工以折价购入方式取得股票期权的，可以股票期权转让收入扣除折价购入股票期权时实际支付的价款后的余额，作为股票期权的转让净收入。

3）员工行权时，其从企业取得股票的实际购买价（施权价）低于购买日公平市场价（指该股票当日的收盘价）的差额，是因员工在企业的表现和业绩情况而取得的与任职、受雇有关的所得，应按"工资、薪金所得"适用的规定计算缴纳个人所得税。计算公式为：

股票期权形式的工资薪金应纳税所得额 =（行权股票的每股市场价 － 员工取得该股票期权支付的每股施权价）× 股票数量

"员工取得该股票期权支付的每股施权价"，一般是指员工行使股票期权购买股票实际支付的每股价格。如果员工以折价购入方式取得股票期权的，上述施权价可包括员工折价购入股票期权时实际支付的价格。

注意：凡取得股票期权的员工在行权日不实际买卖股票，而按行权日股票期权所指定股票的市场价与施权价之间的差额，直接从授权企业取得价差收益的，该项价差收益应作为员工取得的股票期权形式的工资薪金所得。

（3）应纳税额的计算。股权激励收入在 2021 年 12 月 31 日前，不并入当年综合所得，全额单独适用综合所得税率表，计算纳税，2022 年 1 月 1 日之后的股权激励政策另行明确。计算公式为：

应纳税额 = 股权激励收入 × 适用税率 － 速算扣除数

注意：居民个人一个纳税年度内取得两次以上（含两次）股权激励的，应合并按上述规定计算纳税。

（4）适用范围。《国家税务总局关于股权激励有关个人所得税问题的通知》（国税函〔2009〕461 号，以下简称国税函〔2009〕461 号文件）第七条、《国家税务总局关于个人所得税有关问题的公告》（国家税务总局公告 2011 年第 27 号，以下简称国家税务总局公告 2011 年第 27 号文件）第一条的规定，适用于上市公司（含所属分支机构）和上市公司控股企业的员工，其中上市公司占控股企业股份比例最低为 30%。间接持股比例按各层持股比例相乘计算，上市公司对一级子公司持股比例超过 50% 的，按 100% 计算。

员工接受雇主（含上市公司和非上市公司）授予的股票期权，凡该股票期权指定的股票为上市公司（含境内、外上市公司）股票均适用上述规定。

（5）征收管理。

1）扣缴义务人。实施股票期权计划的境内企业为个人所得税的扣缴义务人，应按税法规定履行代扣代缴个人所得税的义务。

2）自行申报纳税。员工从两处或两处以上取得股票期权形式的工资薪金所得和没有扣缴义务人的，该个人应在《个人所得税法》规定的纳税申报期限内自行申报缴纳税款。

3）报送有关资料。实施股票期权计划的境内企业，应在股票期权计划实施之前，将企业的股票期权计划或实施方案、股票期权协议书、授权通知书等资料报送主管税务机关；应在员工行权之前，将股票期权行权通知书和行权调整通知书等资料报送主管税务机关。

扣缴义务人和自行申报纳税的个人在申报纳税或代扣代缴税款时，应在税法规定的纳税申报期限内，将个人接受或转让的股票期权以及认购的股票情况（包括种类、数量、施权价格、行权价格、市场价格、转让价格等）报送主管税务机关。

4）处罚。实施股票期权计划的企业和因股票期权计划而取得应税所得的自行申报员工，未按规定报送上述有关报表和资料，未履行申报纳税义务或者扣缴税款义务的，按《税收征收管理法》及其实施细则的有关规定进行处理。

（6）延期缴纳优惠。《财政部　国家税务总局关于完善股权激励和技术入股有关所得税政策的通知》（财税〔2016〕101号，以下简称财税〔2016〕101号文件）第二条规定，上市公司授予个人的股票期权、限制性股票和股权奖励，经向主管税务机关备案，个人可自股票期权行权、限制性股票解禁或取得股权奖励之日起，在不超过12个月的期限内缴纳个人所得税。《国家税务总局关于股权激励和技术入股所得税征管问题的公告》（以下简称国家税务总局公告2016年第62号文件）进一步明确，上市公司应自股票期权行权、限制性股票解禁、股权奖励获得之次月15日内，向主管税务机关报送《上市公司股权激励个人所得税延期纳税备案表》（见附录3A）。

【案例3-24】员工股票期权激励收入的个人所得税处理

2016年2月1日，盛兴公司（上市公司）与总经理章美丽签订了股票期权计划，约定自2019年2月1日起，章美丽可以按照每股10元的价格购买公司股票20万股。2019年2月1日，该上市公司股票市场价格是每股20元，章美丽在该日行使股票期权，以每股10元的价格购买公司股票20万股。请问：章美丽应如何计缴个人所得税？

解析：

章美丽行权时，其从盛兴公司取得股票的实际购买价10元低于购买日股票当日的收盘价20元的差额，是因章美丽在公司的表现和业绩情况而取得的与任职、受雇有关的所得，应按"工资、薪金所得"适用的规定计算缴纳个人所得税。

（1）纳税义务发生时间：股票期权行权时，即2019年2月1日。

（2）工资薪金应纳税所得额=（行权股票的每股市场价－员工取得该股票期权支付的每股施权价）×股票数量=（20-10）×200 000=200（万元）

（3）按照财税〔2018〕164号文件第二条规定，章美丽的股票期权所得在2021年12月31日前，不并入当年综合所得，全额单独适用综合所得税率表，单独计算纳税。

适用税率45%，速算扣除数181 920。

应交个人所得税=2 000 000×45%-181 920=718 080（元）

（4）盛兴公司应在2019年3月15日内，向主管税务机关报送《上市公司股激励个人所得税延期纳税备案表》，自股票期权行权之日起不超过12个月的期限内（即2020年2月1日之前）缴纳个人所得税。

61. 上市公司员工的限制性股票激励收入如何计缴个人所得税？

答： 限制性股票，是指上市公司按照股权激励计划约定的条件，授予公司员工一定数量本公司的股票。根据《财政部 国家税务总局关于股票增值权所得和限制性股票所得征收个人所得税有关问题》（财税〔2009〕5号，以下简称财税〔2009〕5号文件）、财税〔2018〕164号文件第二条和国税函〔2009〕461号第一条、第三条、第六条的规定，员工限制性股票激励收入个人所得税操作要点如下：

（1）征税项目。个人因任职、受雇从上市公司取得的限制性股票所得，由上市公司或其境内机构按照"工资、薪金所得"项目，依法扣缴其个人所得税。

（2）应纳税所得额。按照《个人所得税法》及其实施条例等有关规定，原则上应在限制性股票所有权归属于被激励对象时确认其限制性股票所得的应纳税所得额。

上市公司实施限制性股票计划时，应以被激励对象限制性股票在中国证券登记结算公司（境外为证券登记托管机构）进行股票登记日期的股票市价（指当日收盘价）和本批次解禁股票当日市价（指当日收盘价）的平均价格乘以本批次解禁股票份数，减去被激励对象本批次解禁股份数所对应的为获取限制性股票实际支付资金数额，其差额为应纳税所得额。被激励对象限制性股票应纳税所得额计算公式为：

应纳税所得额 =（股票登记日股票市价 + 本批次解禁股票当日市价）÷ 2 ×
本批次解禁股票份数 − 被激励对象实际支付的资金总额 ×
（本批次解禁股票份数 ÷ 被激励对象获取的限制性股票总份数）

被激励对象为缴纳个人所得税款而出售股票，其出售价格与原计税价格不一致的，按原计税价格计算其应纳税所得额和税额。

（3）应纳税额的计算。限制性股票个人所得税纳税义务发生时间为每一批次限制性股票解禁的日期。

股权激励收入在2021年12月31日前，不并入当年综合所得，全额单独适用综合所得税率表，计算纳税，2022年1月1日之后的股权激励政策另行明确。计算公式为：

应纳税额 = 股权激励收入 × 适用税率 − 速算扣除数

注意：居民个人一个纳税年度内取得两次以上（含两次）股权激励的，应合并按上述规定计算纳税。

（4）适用范围。适用于上市公司（含所属分支机构）和上市公司控股企业的员工，其中上市公司占控股企业股份比例最低为30%。间接持股比例按各层持股比例相乘计算，上市公司对一级子公司持股比例超过50%的，按100%计算（国税函〔2009〕461号文件第七条、国家税务总局公告2011年第27号文件第一条）。

（5）征收管理。

1）实施限制性股票计划的境内上市公司，应在中国证券登记结算公司（境外为证券登记托管机构）进行股票登记并经上市公司公示后15日内，将本公司限制性股票计划或实施方案、协议书、授权通知书、股票登记日期及当日收盘价、禁售期限和股权激励人员名单等资料报送主管税务机关备案。

境外上市公司的境内机构，应向其主管税务机关报送境外上市公司实施股权激励计划的中（外）文资料备案。

2）扣缴义务人和自行申报纳税的个人在代扣代缴税款或申报纳税时，应在税法规定的纳税申报期限内，将个人接受或转让的股权以及认购的股票情况（包括种类、数量、施权价格、行权价格、市场价格、转让价格等）、股权激励人员名单、应纳税所得额、应纳税额等资料报送主管税务机关。

（6）延期缴纳优惠。

财税〔2016〕101号文件第二条规定，上市公司授予个人的股票期权、限制性股票和股权奖励，经向主管税务机关备案，个人可自股票期权行权、限制性股票解禁或取得股权奖励之日起，在不超过12个月的期限内缴纳个人所得税。国家税务总局公告2016年第62号文件进一步明确，上市公司应自股票期权行权、限制性股票解禁、股权奖励获得之次月15日内，向主管税务机关报送《上市公司股权激励个人所得税延期纳税备案表》（见附录3A）。

【案例3-25】员工限制性股票激励收入的个人所得税处理

2016年2月1日，景宏公司（上市公司）实施激励计划，采用定向增发方式授予激励对象限制性股票100万股，股票登记日股票市价为20元/股，定向增发价为10元/股。2019年2月1日限制性股票解禁50万股，股票当日市价为40元/股。该公司财务总监伍帅被授予4万股，本次解禁2万股。应如何计缴个人所得税？

解析：

伍帅因任职、受雇从景宏公司取得的限制性股票所得，由景宏公司按照"工资、薪金所得"项目，依法扣缴其个人所得税。

（1）纳税义务发生时间：每一批次限制性股票解禁的日期，即2019年2月1日。

（2）工资薪金应纳税所得额=（股票登记日股票市价+本批次解禁股票当日市价）÷2×本批次解禁股票份数－被激励对象实际支付的资金总额×（本批次解禁股票份数÷被激励对象获取的限制性股票总份数）=（20+40）÷2×

20 000-40 000×10×(20 000÷40 000)=400 000(元)

（3）按照财税〔2018〕164号文件第二条的规定，伍帅的限制性股票所得在2021年12月31日前，不并入当年综合所得，全额单独适用综合所得税率表，单独计算纳税。

适用税率25%，速算扣除数31 920。

应缴个人所得税=400 000×25%-31 920=68 080（元）

（4）景宏公司应在2019年3月15日内，向主管税务机关报送《上市公司股权激励个人所得税延期纳税备案表》，自限制性股票解禁之日起不超过12个月的期限内（即2020年2月1日之前）缴纳个人所得税。

62. 上市公司员工的股票增值权所得如何计缴个人所得税？

答： 股票增值权，是指上市公司授予公司员工在未来一定时期和约定条件下，获得规定数量的股票价格上升所带来收益的权利。被授权人在约定条件下行权，上市公司按照行权日与授权日二级市场股票差价乘以授权股票数量，发放给被授权人现金。根据财税〔2009〕5号文件、财税〔2018〕164号文件第二条和国税函〔2009〕461号第一条、第二条、第六条的规定，员工限制性股票激励收入个人所得税操作要点如下：

（1）征税项目。个人因任职、受雇从上市公司取得的股票增值权所得，由上市公司或其境内机构按照"工资、薪金所得"项目，依法扣缴其个人所得税。

（2）应纳税所得额。股票增值权被授权人获取的收益，是由上市公司根据授权日与行权日股票差价乘以被授权股数，直接向被授权人支付的现金。上市公司应于向股票增值权被授权人兑现时依法扣缴其个人所得税。被授权人股票增值权应纳税所得额计算公式为：

股票增值权某次行权应纳税所得额=（行权日股票价格－授权日股票价格）×行权股票份数

（3）应纳税额的计算。股票增值权个人所得税纳税义务发生时间为上市公司向被授权人兑现股票增值权所得的日期。

股权激励收入在2021年12月31日前，不并入当年综合所得，全额单独适用综合所得税率表，计算纳税，2022年1月1日之后的股权激励政策另行明确。

计算公式为：

$$应纳税额 = 股权激励收入 \times 适用税率 - 速算扣除数$$

注意：居民个人一个纳税年度内取得两次以上（含两次）股权激励的，应合并按上述规定计算纳税。

2022年1月1日之后的股权激励政策另行明确。

（4）征收管理。

1）实施股票增值权计划的境内上市公司，应在股票增值权计划实施之前，将企业的股票增值权计划或实施方案、股票增值权协议书、授权通知书等资料报送主管税务机关；应在员工行权之前，将股票增值权行权通知书和行权调整通知书等资料报送主管税务机关。

2）扣缴义务人和自行申报纳税的个人在代扣代缴税款或申报纳税时，应在税法规定的纳税申报期限内，将个人接受或转让的股权以及认购的股票情况（包括种类、数量、施权价格、行权价格、市场价格、转让价格等）、股权激励人员名单、应纳税所得额、应纳税额等资料报送主管税务机关。

（5）适用范围。适用于上市公司（含所属分支机构）和上市公司控股企业的员工，其中上市公司占控股企业股份比例最低为30%。间接持股比例，按各层持股比例相乘计算，上市公司对一级子公司持股比例超过50%的，按100%计算（国税函〔2009〕461号文件第七条、国家税务总局公告2011年第27号文件第一条）。

【案例3-26】员工股票增值权所得的个人所得税处理

信谊公司（上市公司）于2018年2月1日授予部分高管20万份股票增值权，在授权日后36个月内每12个月执行一次增值权收益，如执行日前30个交易日该公司股票平均收盘价（即执行价）高于本激励计划首次公告前30个交易日平均收盘价（即基准价），即9.25元/股，每份股票增值权可获得每股价差收益。行权日假设行权的价格是19.25元/股。该公司授予其财务总监张丹2万份股票增值权。2019年2月1日，第一执行增值权收益时，张丹应如何计缴个人所得税？

解析：

张丹因任职、受雇从信谊公司取得的股票增值权所得，由信谊公司按照"工资、薪金所得"项目，依法扣缴其个人所得税。

（1）纳税义务发生时间：2019年2月1日执行股票增值权收益时。

（2）应纳税所得额=（行权日股票价格－授权日股票价格）×行权股票份数=（19.25-9.25）×20 000=200 000（元）

（3）根据财税〔2018〕164号文件第二条的规定，张丹股票增值权收益在2021年12月31日前，不并入当年综合所得，全额单独适用综合所得税率表，单独计算纳税。

适用税率20%，速算扣除数16 920。

应交个人所得税=200 000×20%-16 920=23 080（元）

注：股票增值权被授权人获取的收益，是由上市公司根据授权日与行权日股票差价乘以被授权股数，直接向被授权人支付的现金，不存在纳税困难的问题，上市公司应于向股票增值权被授权人兑现时依法扣缴其个人所得税。

信谊公司应于股票增值权行权日之次月15日内将张丹股票增值权所得进行全员全额扣缴申报。

63. 非上市公司员工的股权激励收入如何计缴个人所得税？

答：根据财税〔2016〕101号文件第一条、财税〔2018〕164号文件第二条、国家税务总局公告2016年第62号文件第一条的规定，非上市公司股票期权、股权期权、限制性股票和股权奖励个人所得税操作要点如下：

（1）非上市公司（包括全国中小企业股份转让系统挂牌公司，下同）授予本公司员工的股票期权、股权期权、限制性股票和股权奖励，符合规定条件的，经向主管税务机关备案，可实行递延纳税政策，即员工在取得股权激励时可暂不纳税，递延至转让该股权时纳税；股权转让时，按照股权转让收入减除股权取得成本以及合理税费后的差额，适用"财产转让所得"项目，按照20%的税率计算缴纳个人所得税。

股权转让时，股票（权）期权取得成本按行权价确定，限制性股票取得成本按实际出资额确定，股权奖励取得成本为零。

（2）享受递延纳税政策的非上市公司股权激励（包括股票期权、股权期权、限制性股票和股权奖励）须同时满足以下条件：

1）属于境内居民企业的股权激励计划。

2）股权激励计划经公司董事会、股东（大）会审议通过。未设股东（大）会的国有单位，经上级主管部门审核批准。股权激励计划应列明激励目的、对象、标的、有效期、各类价格的确定方法、激励对象获取权益的条件、程序等。

3）激励标的应为境内居民企业的本公司股权。股权奖励的标的可以是技术成果投资入股到其他境内居民企业所取得的股权。激励标的股票（权）包括通过增发、大股东直接让渡以及法律法规允许的其他合理方式授予激励对象的股票（权）。

4）激励对象应为公司董事会或股东（大）会决定的技术骨干和高级管理人员，激励对象人数累计不得超过本公司最近6个月在职职工平均人数的30%。

注：本公司最近6个月在职职工平均人数，按照股票（权）期权行权、限制性股票解禁、股权奖励获得自上月起前6个月"工资薪金所得"项目全员全额扣缴明细申报的平均人数确定。例如，某公司实施一批股票期权并于2017年1月行权，计算在职职工平均人数时，以该公司2016年7月、8月、9月、10月、11月、12月全员全额扣缴明细申报的平均人数计算。

5）股票（权）期权自授予日起应持有满3年，且自行权日起持有满1年；限制性股票自授予日起应持有满3年，且解禁后持有满1年；股权奖励自获得奖励之日起应持有满3年。上述时间条件须在股权激励计划中列明。

6）股票（权）期权自授予日至行权日的时间不得超过10年。

7）实施股权奖励的公司及其奖励股权标的公司所属行业均不属于《股权奖励税收优惠政策限制性行业目录》（见表3-12）范围。公司所属行业按公司上一纳税年度主营业务收入占比最高的行业确定。

（3）该通知所称股票（权）期权是指公司给予激励对象在一定期限内以事先约定的价格购买本公司股票（权）的权利；所称限制性股票是指公司按照预先确定的条件授予激励对象一定数量的本公司股权，激励对象只有工作年限或业绩目标符合股权激励计划规定条件的才可以处置该股权；所称股权奖励是指企业无偿授予激励对象一定份额的股权或一定数量的股份。

（4）股权激励计划所列内容不同时满足上述全部条件，或递延纳税期间公司情况发生变化，不再符合第4）～6）项条件的，不得享受递延纳税优惠，应于情况发生变化之次月 15 日内，按规定计算缴纳个人所得税。

表 3-12　股权奖励税收优惠政策限制性行业目录

门类代码	类别名称
A（农、林、牧、渔业）	（1）03 畜牧业（科学研究、籽种繁育性质项目除外） （2）04 渔业（科学研究、籽种繁育性质项目除外）
B（采矿业）	（3）采矿业（除第 11 类开采辅助活动）
C（制造业）	（4）16 烟草制品业 （5）17 纺织业（除第 178 类非家用纺织制成品制造） （6）19 皮革、毛皮、羽毛及其制品和制鞋业 （7）20 木材加工和木、竹、藤、棕、草制品业 （8）22 造纸和纸制品业（除第 223 类纸制品制造） （9）31 黑色金属冶炼和压延加工业（除第 314 类钢压延加工）
F（批发和零售业）	（10）批发和零售业
G（交通运输、仓储和邮政业）	（11）交通运输、仓储和邮政业
H（住宿和餐饮业）	（12）住宿和餐饮业
J（金融业）	（13）66 货币金融服务 （14）68 保险业
K（房地产业）	（15）房地产业
L（租赁和商务服务业）	（16）租赁和商务服务业
O（居民服务、修理和其他服务业）	（17）79 居民服务业
Q（卫生和社会工作）	（18）84 社会工作
R（文化、体育和娱乐业）	（19）88 体育 （20）89 娱乐业
S（公共管理、社会保障和社会组织）	（21）公共管理、社会保障和社会组织（除第 9421 类专业性团体和 9422 类行业性团体）
T（国际组织）	（22）国际组织

注：以上目录按照《国民经济行业分类》（GB/T 4754—2011）编制。

（5）个人从任职受雇企业以低于公平市场价格取得股票（权）的，凡不符合递延纳税条件的,应在获得股票(权)时,对实际出资额低于公平市场价格的差额,按照"工资、薪金所得"项目,在2021年12月31日前,不并入当年综合所得,全额单独适用综合所得税率表,计算纳税,2022年1月1日之后的股权激励政策另行明确。计算公式为:

$$应纳税额 = 股权激励收入 \times 适用税率 - 速算扣除数$$

注意:居民个人一个纳税年度内取得两次以上(含两次)股权激励的,应合并按上述规定计算纳税。

注:公平市场价格的确定。①上市公司股票的公平市场价格,按照取得股票当日的收盘价确定。取得股票当日为非交易日的,按照上一个交易日收盘价确定。②非上市公司股票(权)的公平市场价格,依次按照净资产法、类比法和其他合理方法确定。净资产法按照取得股票(权)的上年末净资产确定。

(6)处置递延纳税的股权的规定。

1)个人因股权激励投资入股取得股权后,非上市公司在境内上市的,处置递延纳税的股权时,按照现行限售股有关征税规定执行。

2)个人转让股权时,视同享受递延纳税优惠政策的股权优先转让。递延纳税的股权成本按照加权平均法计算,不与其他方式取得的股权成本合并计算。

3)持有递延纳税的股权期间,因该股权产生的转增股本收入,以及以该递延纳税的股权再进行非货币性资产投资的,应在当期缴纳税款。

注:递延纳税股票(权)转让、办理纳税申报时,扣缴义务人、个人应向主管税务机关一并提供能够证明股票(权)转让价格、递延纳税股票(权)原值、合理税费的有关资料,具体包括转让协议、评估报告和相关票据等。资料不全或无法充分证明有关情况,造成计税依据偏低,又无正当理由的,主管税务机关可依据《税收征管法》的有关规定进行核定。

(7)企业备案的规定。

1)非上市公司实施符合条件的股权激励,个人选择递延纳税的,非上市公司应于股票(权)期权行权、限制性股票解禁、股权奖励获得之次月15日内,向主管税务机关报送《非上市公司股权激励个人所得税递延纳税备案表》(见附录3B)、股权激励计划、董事会或股东大会决议、激励对象任职或从事技术工作情况说明等。实施股权奖励的企业同时报送本企业及其奖励股权标的企业上一纳税年度主营业务收入构成情况说明。

2）个人以技术成果投资入股境内公司并选择递延纳税的，被投资公司应于取得技术成果并支付股权之次月15日内，向主管税务机关报送《技术成果投资入股个人所得税递延纳税备案表》（见附录3C）、技术成果相关证书或证明材料、技术成果投资入股协议、技术成果评估报告等资料。

3）企业实施股权激励，以实施股权激励的企业为个人所得税扣缴义务人。

实行递延纳税期间，扣缴义务人应于每个纳税年度终了后30日内，向主管税务机关报送《个人所得税递延纳税情况年度报告表》（见附录3D）。

【案例3-27】非上市公司股权激励所得的个人所得税处理

2016年1月10日，蓝天公司（非上市公司）与总经理肖华签订了股权奖励计划，约定自2019年1月10日起，肖华可以每股0元的价格购买公司股权20万股，2019年1月10日，该集团股权市场的价格是每股10元，肖华在该日行权。

（1）假设股权奖励计划未列明股权奖励自获得奖励之日起应持有满3年。2020年2月1日，肖华将其中10万股以每股15元的价格转让给白云公司，应如何计缴个人所得税？

（2）假设股权奖励计划列明股权奖励自获得奖励之日起应持有满3年，且符合其他递延纳税的条件。2022年2月1日，肖华将其中10万股以每股15元的价格转让给白云公司，应如何计缴个人所得税？

解析：

（1）股权奖励计划未列明股权奖励自获得奖励之日起应持有满3年，不符合递延条件，应适用财税〔2018〕164号文件第二条关于股权激励收入的规定，在2021年12月31日前，不并入当年综合所得，全额单独适用综合所得税率表，单独计算纳税。

股权激励收入 =10×200 000-0=2 000 000（元）

适用税率45%，速算扣除数181 920。

应交个人所得税 =2 000 000×45%-181 920=718 080（元）

2020年2月1日部分股权转让时

股权转让所得应纳税所得额=100 000×(15-10)=500 000(元)

应交个人所得税=500 000×20%=100 000(元)

(2)股权奖励计划列明股权奖励自获得奖励之日起应持有满3年,符合其他递延条件,应按照财税〔2016〕101号文件第一条的规定处理。

1)2019年1月10日行权时:

2019年1月,暂不缴纳工资薪金个人所得税。

蓝天公司应于2019年2月15日内,向主管税务机关报送《技术成果投资入股个人所得税递延纳税备案表》、技术成果相关证书或证明材料、技术成果投资入股协议、技术成果评估报告等资料;应于2020年1月30日之前向主管税务机关报送《个人所得税递延纳税情况年度报告表》。

2)2022年2月1日部分股权转让时:

股权转让所得应纳税所得额=100 000×(15-0)=1 500 000(元)

应交个人所得税=1 500 000×20%=300 000(元)

白云公司应于2022年3月15日前将上述税款进行全员全额扣缴申报。

64. 高新技术企业转化科技成果给予技术人员的股权奖励如何计缴个人所得税?

答: 对于全国范围内的高新技术企业转化科技成果,给予本企业相关技术人员的股权奖励个人所得税的处理,根据《财政部 国家税务总局关于将国家自主创新示范区有关税收试点政策推广到全国范围实施的通知》(财税〔2015〕116号,以下简称财税〔2015〕116号文件)第四条、财税〔2018〕164号文件第二条和《国家税务总局关于股权奖励和转增股本个人所得税征管问题的公告》(国家税务总局公告2015年第80号,以下简称国家税务总局公告2015年第80号文件)第一条、第三条、第四条的规定,操作要点如下:

(1)优惠内容。自2016年1月1日起,全国范围内的高新技术企业转化科技成果,给予本企业相关技术人员的股权奖励,个人一次缴纳税款有困难的,可根据实际情况自行制订分期缴税计划,在不超过5个公历年度内(含)分期缴纳,并将有关资料报主管税务机关备案。

(2)应纳税额计算。个人获得股权奖励时,按照"工资、薪金所得"项目,计算确定应纳税额。在 2021 年 12 月 31 日前，不并入当年综合所得，全额单独适用综合所得税率表，计算纳税，2022 年 1 月 1 日之后的股权激励政策另行明确。计算公式为：

$$应纳税额 = 股权激励收入 \times 适用税率 - 速算扣除数$$

注意：居民个人一个纳税年度内取得两次以上（含两次）股权激励的，应合并按上述规定计算纳税。

注：股权奖励的计税价格参照获得股权时的公平市场价格确定，具体按以下方法确定：①上市公司股票的公平市场价格，按照取得股票当日的收盘价确定。取得股票当日为非交易时间的，按照上一个交易日收盘价确定。②非上市公司股权的公平市场价格，依次按照净资产法、类比法和其他合理方法确定。

（3）转让奖励的股权的税务处理。

1）技术人员转让奖励的股权（含奖励股权孳生的送、转股）并取得现金收入的，该现金收入应优先用于缴纳尚未缴清的税款。

2）技术人员在转让奖励的股权之前企业依法宣告破产，技术人员进行相关权益处置后没有取得收益或资产，或取得的收益和资产不足以缴纳其取得股权尚未缴纳的应纳税款的部分，税务机关可不予追征。

注：纳税人在分期缴税期间取得分红或转让股权的，企业应及时代扣股权奖励或转增股本尚未缴清的个人所得税，并于次月 15 日内向主管税务机关申报纳税。企业在填写《扣缴个人所得税报告表》时，应将纳税人取得股权奖励或转增股本情况单独填列，并在"备注"栏中注明"股权奖励"或"转增股本"字样。

（4）优惠适用的条件。

1）所称相关技术人员，是指经公司董事会和股东大会决议批准获得股权奖励的以下两类人员：

一是对企业科技成果研发和产业化做出突出贡献的技术人员，包括企业内关键职务科技成果的主要完成人、重大开发项目的负责人，对主导产品或者核心技术、工艺流程做出重大创新或者改进的主要技术人员。

二是对企业发展做出突出贡献的经营管理人员，包括主持企业全面生产经营工作的高级管理人员，负责企业主要产品（服务）生产经营合计占主营业务收入（或者主营业务利润）50%以上的中、高级经营管理人员。

企业面向全体员工实施的股权奖励，不得按本项优惠税收政策执行。

2）所称股权奖励，是指企业无偿授予相关技术人员一定份额的股权或一定数量的股份。

3）所称高新技术企业，是指实行查账征收、经省级高新技术企业认定管理机构认定的高新技术企业。

（5）备案办理。

1）获得股权奖励的企业技术人员需要分期缴纳个人所得税的，应自行制订分期缴税计划，由企业于发生股权奖励的次月15日内，向主管税务机关办理分期缴税备案手续。

2）办理股权奖励分期缴税，企业应向主管税务机关报送高新技术企业认定证书、股东大会或董事会决议、《个人所得税分期缴纳备案表（股权奖励）》（见附录3E）、相关技术人员参与技术活动的说明材料、企业股权奖励计划、能够证明股权或股票价格的有关材料、企业转化科技成果的说明、最近一期企业财务报表等。

纳税人分期缴税期间需要变更原分期缴税计划的，应重新制订分期缴税计划，由企业向主管税务机关重新报送《个人所得税分期缴纳备案表（股权奖励）》。

3）高新技术企业认定证书、股东大会或董事会决议的原件，主管税务机关进行形式审核后退还企业，复印件及其他有关资料税务机关留存。

【案例3-28】高新技术企业转化科技成果给予技术人员的股权奖励的个人所得税处理

2019年1月，高科公司（非上市公司）董事会和股东大会决议批准，为奖励为公司某项主导产品核心技术做出重大创新的技术总监章睿（已在单位服务2年），无偿授予本公司5%的股份。该公司净资产公允价值为4 000万元。2019年10月20日，章睿向高科公司另一个股东转让其中1%的股份，取得现金收入80万元。假定此时尚有60万元个人所得税未缴纳。应如何计缴个人所得税？

解析：

（1）2019年1月10日行权时：

章睿应按照"工资、薪金所得"项目，适用财税〔2018〕164号文件第二条关于股权激励收入的规定，不并入当年综合所得，全额单独适用综合所得税率表，单独计算纳税。

股权激励收入 = 公司净资产公允价值 × 股权份额 = 4 000 × 5% = 200（万元）

适用税率45%，速算扣除数181 920。

应交个人所得税 = 2 000 000 × 45% − 181 920 = 718 080（元）

章睿一次性缴纳税款有困难，可根据实际情况自行制订分期缴税计划，在不超过5个公历年度内（含）分期缴纳。

（2）2019年10月20日转让其中1%的股份时：

取得现金收入800 000元应优先用于缴纳未缴清的税款600 000元。

股权转让所得应纳税所得额 = 800 000 − 2 000 000 ÷ 5 = 400 000（元）

应交个人所得税 = 400 000 × 20% = 80 000（元）

当月共计应交个人所得税 = 600 000 + 80 000 = 680 000（元）

65. 科研机构、高等学校转化职务科技成果给予个人的股份奖励如何计缴个人所得税？

答：根据《财政部 国家税务总局关于促进科技成果转化有关税收政策的通知》（财税〔1999〕45号）第三条和《国家税务总局关于促进科技成果转化有关个人所得税问题的通知》（国税发〔1999〕125号）第一条、《财政部 国家税务总局关于教育税收政策的通知》（财税〔2004〕39号）的规定，对于科研机构、高等学校转化职务科技成果给予个人股份奖励的个人所得税处理的具体规定如下：

（1）科研机构、高等学校转化职务科技成果以股份或出资比例等股权形式给予科技人员个人奖励，经主管税务机关审核后，暂不征收个人所得税。

（2）在获奖人按股份、出资比例获得分红时，对其所得按"利息、股息、红利所得"应税项目征收个人所得税。

（3）获奖人转让股权、出资比例，对其所得按"财产转让所得"应税项目征收个人所得税，财产原值为零。

（4）享受优惠的条件。

1）奖励单位或获奖人应向主管税务机关提供有关部门根据国家科委和国家工商行政管理局联合制定的《关于以高新技术成果出资入股若干问题的规定》（国科发政字〔1997〕326号）和科学技术部和国家工商行政管理局联合制定的《〈关于以高新技术成果出资入股若干问题的规定〉实施办法》（国科发政字〔1998〕171号）出具的《出资入股高新技术成果认定书》、工商行政管理部门办理的企业登记手续及经工商行政管理机关登记注册的评估机构的技术成果价值评估报告和确认书。不提供上述资料的，不得享受暂不征收个人所得税优惠政策。

2）上述科研机构是指按中央机构编制委员会和国家科学技术委员会《关于科研事业单位机构设置审批事项的通知》（中编办发〔1997〕14号）的规定设置审批的自然科学研究事业单位机构。上述高等学校是指全日制普通高等学校（包括大学、专门学院和高等专科学校）。

3）享受上述优惠政策的科技人员必须是科研机构和高等学校的在编正式职工。

九、外籍个人的税收优惠

66. 外籍个人的住房补贴、语言训练费、子女教育费等补贴如何享受优惠政策？

答：根据《财政部、国家税务总局关于个人所得税若干政策问题的通知》（财税〔1994〕20号，以下简称财税〔1994〕20号文件）第二条的规定，下列所得，暂免征收个人所得税：

（1）外籍个人以非现金形式或实报实销形式取得的住房补贴、伙食补贴、搬迁费、洗衣费。

（2）外籍个人按合理标准取得的境内、外出差补贴。

（3）外籍个人取得的探亲费、语言训练费、子女教育费等，经当地税务机关审核批准为合理的部分。

《国家税务总局关于外籍个人取得有关补贴征免个人所得税执行问题的通知》（国税发〔1997〕54号，以下简称国税发〔1997〕54号文件）就执行上述法规的具体界定及管理问题明确如下：

（1）对外籍个人以非现金形式或实报实销形式取得的合理的住房补贴、伙食补贴和洗衣费免征个人所得税，应由纳税人在初次取得上述补贴或上述补贴数额、支付方式发生变化的月份的次月进行工资薪金所得纳税申报时，向主管税务机关提供上述补贴的有效凭证，由主管税务机关核准确认免税。

（2）对外籍个人因到中国任职或离职，以实报实销形式取得的搬迁收入免征个人所得税，应由纳税人提供有效凭证，由主管税务机关审核认定，就其合理的部分免税。外商投资企业和外国企业在中国境内的机构、场所，以搬迁费名义每月或定期向其外籍雇员支付的费用，应计入工资薪金所得征收个人所得税。

（3）对外籍个人按合理标准取得的境内、外出差补贴免征个人所得税，应由纳税人提供出差的交通费、住宿费凭证（复印件）或企业安排出差的有关计划，由主管税务机关确认免税。

（4）对外籍个人取得的探亲费免征个人所得税，应由纳税人提供探亲的交通支出凭证（复印件），由主管税务机关审核，对其实际用于本人探亲，且每年探亲的次数和支付的标准合理的部分给予免税。

（5）对外籍个人取得的语言培训费和子女教育费补贴免征个人所得税，应由纳税人提供在中国境内接受上述教育的支出凭证和期限证明材料，由主管税务机关审核，对其在中国境内接受语言培训以及子女在中国境内接受教育取得的语言培训费和子女教育费补贴，且在合理数额内的部分免予纳税。

67. 外籍个人取得港澳地区住房、语言培训、子女教育等补贴需要缴纳个人所得税吗？

答： 香港、澳门地区与内地地理位置毗邻，交通便利，在内地企业工作的部分外籍人员选择居住在港澳地区，每个工作日往返于内地与港澳之间。对此类外籍个人在港澳地区居住时公司给予住房、伙食、洗衣等非现金形式或实报实销形式的补贴，能否按照有关规定免予征收个人所得税问题，《财政部 国家税务总局关于外籍个人取得港澳地区住房等补贴征免个人所得税的通知》（财税〔2004〕29号，以下简称财税〔2004〕29号文件）明确如下：

（1）自 2004 年 1 月 1 日，受雇于我国境内企业的外籍个人（不包括香港、澳门居民个人），因家庭等原因居住在香港、澳门，每个工作日往返于内地与香港、澳门等地区，由此境内企业（包括其关联企业）给予在香港或澳门住房、伙食、洗衣、搬迁等非现金形式或实报实销形式的补贴，凡能提供有效凭证的，经主管税务机关审核确认后，可以依照财税〔1994〕20 号文件和国税发〔1997〕54 号文件第一条、第二条的规定，免予征收个人所得税。

（2）上述外籍个人就其在香港或澳门进行语言培训、子女教育而取得的费用补贴，凡能提供有效支出凭证等材料的，经主管税务机关审核确认为合理的部分，可以依照上述财税〔1994〕20 号文件第二条以及国税发〔1997〕54 号文件第五条的规定，免予征收个人所得税。

68. 外籍个人如果达到我国居民个人标准，如何享受个税专项附加扣除？

答： 财税〔2018〕164 号文件第七条规定：

（1）2019 年 1 月 1 日至 2021 年 12 月 31 日期间，外籍个人符合居民个人条件的，可以选择享受个人所得税专项附加扣除，也可以选择按照财税〔1994〕20 号文件、国税发〔1997〕54 号文件、财税〔2004〕29 号文件的规定，享受住房补贴、语言训练费、子女教育费等津贴补贴免税优惠政策，但不得同时享受。外籍个人一经选择，在一个纳税年度内不得变更。

（2）自 2022 年 1 月 1 日起，外籍个人不再享受住房补贴、语言训练费、子女教育费津补贴免税优惠政策，应按规定享受专项附加扣除。

69. 在横琴、平潭、前海工作的港澳台高端和紧缺人才取得的个人所得税税负差额补贴是否免征个人所得税？

答：（1）根据《财政部 国家税务总局关于福建平潭综合实验区个人所得税优惠政策的通知》（财税〔2014〕24 号）的规定，对于在平潭综合实验区工作的台湾居民，应按照我国《个人所得税法》的有关规定，缴纳个人所得税，但是自 2013 年 1 月 1 日起至 2020 年 12 月 31 日，对于福建省人民政府根据《国务院关于平潭综合实验区总体发展规划的批复》（国函〔2011〕142 号）以及《平潭综合实验区总体发展规划》的有关规定，按不超过内地与台湾地区个人所得税负差额，给予在平潭综合实验区工作的台湾居民的补贴，免征个人所得税。

上述所称台湾居民，是指持有《台湾居民来往大陆通行证》的个人。

（2）根据《财政部　国家税务总局关于粤港澳大湾区个人所得税优惠政策的通知》（财税〔2019〕31号）的规定，自2019年1月1日起至2023年12月31日止，对于广东省、深圳市按内地与香港个人所得税税负差额，对在大湾区工作的境外（含港澳台）高端人才和紧缺人才给予补贴，免征个人所得税。

在大湾区工作的境外高端人才和紧缺人才的认定与补贴办法，按照广东省、深圳市的有关规定执行。

优惠适用范围包括广东省广州市、深圳市、珠海市、佛山市、惠州市、东莞市、中山市、江门市和肇庆市大湾区珠三角九市。

注：《财政部　国家税务总局关于广东横琴新区个人所得税优惠政策的通知》（财税〔2014〕23号）、《财政部　国家税务总局关于深圳前海深港现代服务业合作区个人所得税优惠政策的通知》（财税〔2014〕25号）自2019年1月1日起废止。

具体如表3-13所示。

表3-13　福建、广东省政府给予境外人才个人所得税负差额补贴优惠政策明细表

发放单位	免税对象	免税时限	政策依据
福建省人民政府	台湾居民在平潭综合实验区工作的台湾居民	自2013年1月1日起至2020年12月31日	财税〔2014〕24号
广东省、深圳市政府	大湾区工作的境外（含港澳台）高端人才和紧缺人才	自2019年1月1日起至2023年12月31日止	财税〔2019〕31号
广东省人民政府	横琴综合实验区工作的香港、澳门居民	自2013年1月1日起至2018年12月31日	财税〔2014〕23号
深圳市人民政府	对在前海工作、符合前海规划产业发展需要的境外高端人才和紧缺人才	自2013年1月1日起至2018年12月31日	财税〔2014〕25号

70. 驻华机构、驻华使领馆、驻华新闻机构的雇员如何缴纳个人所得税？

答：根据《个人所得税法》第四条第八项、《个人所得税法实施条例》第十二条的规定，依照《中华人民共和国外交特权与豁免条例》和《中华人民共和国领事特权与豁免条例》规定应予免税的各国驻华使馆、领事馆的外交代表、领事官员和其他人员的所得，免征个人所得税。

《国家税务总局关于国际组织驻华机构外国政府驻华使领馆和驻华新闻机构雇员个人所得税征收方式的通知》（国税函〔2004〕808号）具体规定如下：

（1）根据《维也纳外交关系公约》和国际组织有关章程规定，对于在国际组织驻华机构、外国政府驻华使领馆中工作的中方雇员和在外国驻华新闻机构工作的中外籍雇员，均应按照我国《个人所得税法》规定缴纳个人所得税。

（2）根据国际惯例，在国际组织驻华机构、外国政府驻华使领馆中工作的非外交官身份的外籍雇员，如是"永久居留"者，亦应在驻在国缴纳个人所得税，但由于我国税法对"永久居留"者尚未做出明确的法律定义和解释，因此，对于仅在国际组织驻华机构和外国政府驻华使领馆中工作的外籍雇员，暂不征收个人所得税。

在中国境内，若国际驻华机构和外国政府驻华使领馆中工作的外交人员、外籍雇员在该机构或使领馆之外，从事非公务活动所取得的收入，应缴纳个人所得税。

（3）根据《个人所得税法》规定，对于在国际组织驻华机构和外国政府驻华使领馆中工作的中方雇员的个人所得税，应以直接支付所得的单位或者个人作为代扣代缴义务人，考虑到国际组织驻华机构和外国政府驻华使领馆的特殊性，各级税务机关可暂不要求国际组织驻华机构和外国政府驻华使领馆履行个人所得税代扣代缴义务。

（4）鉴于北京外交人员服务局和各省（市）省级人民政府指定的外事服务单位等机构，通过一定途径能够掌握在国际组织驻华机构、外国政府驻华使领馆工作的中方雇员受雇情况，根据《税收征收管理法实施细则》第四十四条规定，各主管税务机关可委托外交人员服务机构代征上述中方雇员的个人所得税。各主管税务机关要加强与外事服务单位联系，及时办理国际组织驻华机构和外国政府驻华使领馆中雇员个人所得税委托代征手续。

（5）接受委托代征个人所得税的各外事服务单位应采取有效措施，掌握国际组织驻华机构和外国政府驻华使领馆中方雇员受雇及收入情况，严格依照法律规定征收解缴税款，并按月向主管税务机关通报有关信息。

（6）北京、上海、广东、四川等有外国驻当地新闻媒体机构的省（市）地方税务局应定期向省级人民政府外事办公室索要《外国驻华新闻媒体名册》，了解、掌握外国驻当地新闻媒体机构以及外籍人员变动情况，并据此要求上述驻华新闻机构做好中外籍记者、雇员个人所得税扣缴工作。

71. 哪些外籍专家取得的工资、薪金所得可免征个人所得税？

答：《财政部、国家税务总局关于个人所得税若干政策问题的通知》（财税〔1994〕20号）第二条第九项规定，凡符合下列条件之一的外籍专家取得的工资、薪金所得可免征个人所得税：

（1）根据世界银行专项贷款协议由世界银行直接派往我国工作的外国专家。

（2）联合国组织直接派往我国工作的专家。

（3）为联合国援助项目来华工作的专家。

（4）援助国派往我国专为该国无偿援助项目工作的专家。

（5）根据两国政府签订文化交流项目来华工作两年以内的文教专家，其工资、薪金所得由该国负担的。

（6）根据我国大专院校国际交流项目来华工作两年以内的文教专家，其工资、薪金所得由该国负担的。

（7）通过民间科研协定来华工作的专家，其工资、薪金所得由该国政府机构负担的。

72. 对外国来华工作人员的工资、薪金所得有什么优惠政策？

答：《个人所得税法实施条例》第四条规定，在中国境内无住所的个人，在中国境内居住累计满183天的年度连续不满六年的，经向主管税务机关备案，其来源于中国境外且由境外单位或者个人支付的所得，免予缴纳个人所得税；在中国境内居住累计满183天的任一年度中有一次离境超过30天的，其在中国境内居住累计满183天的年度的连续年限重新起算。

《个人所得税法实施条例》第五条规定，在中国境内无住所的个人，在一个纳税年度内在中国境内居住累计不超过90天的，其来源于中国境内的所得，由境外雇主支付并且不由该雇主在中国境内的机构、场所负担的部分，免予缴纳个人所得税。

《财政部关于外国来华工作人员缴纳个人所得税问题的通知》（财税〔1980〕189号）对有关单位对外国来华工作人员如何缴纳个人所得税，具体规定如下：

（1）援助国派往我国专为该国无偿援助我国的建设项目服务的工作人员，取得的工资、生活津贴，不论是我方支付或外国支付，均可免征个人所得税。

（2）外国来华文教专家，在我国服务期间，由我方发工资、薪金，并对其住房、使用汽车、医疗实行免费"三包"，可只就工资、薪金所得按照税法规定征收个人所得税；对我方免费提供的住房、使用汽车、医疗，可免予计算纳税。

（3）外国来华工作人员，在我国服务而取得的工资、薪金，不论是我方支付、外国支付，我方和外国共同支付，均属于来源于中国的所得，除第（1）项规定给予免税优惠外，其他均应按规定征收个人所得税。但对在中国境内连续居住不超过90天的，可只就我方支付的工资、薪金部分计算纳税，对外国支付的工资、薪金部分免予征税。

（4）外国来华留学生，领取的生活津贴费、奖学金，不属于工资、薪金范畴，不征个人所得税。

（5）外国来华工作人员，由外国派出单位发给包干款项，其中包括个人工资、公用经费（邮电费、办公费、广告费、业务上往来必要的交际费）、生活津贴费（住房费、差旅费），凡对上述所得能够划分清楚的，可只就工资、薪金所得部分按照规定征收个人所得税。

73. 对从事2022年冬奥会和冬残奥会相关工作的外籍个人有什么优惠政策？

答：根据《财政部 税务总局 海关总署关于北京2022年冬奥会和冬残奥会税收政策的通知》（财税〔2017〕60号）第三条第五项的规定，对受北京冬奥组委邀请的，在北京2022年冬奥会、冬残奥会、测试赛期间临时来华，从事奥运相关工作的外籍顾问以及裁判员等外籍技术官员取得的由北京冬奥组委、测试赛赛事组委会支付的劳务报酬免征增值税和个人所得税。

74. 对亚洲开发银行员工的薪金和津贴有什么优惠政策？

答： 根据《个人所得税法》第四条第九项的规定，对中国政府参加的国际公约、签订的协议中规定免税的所得，免征个人所得税。

《财政部 国家税务总局关于〈建立亚洲开发银行协定〉有关个人所得税问题的补充通知》（财税〔2007〕93号）具体规定如下：

《建立亚洲开发银行协定》第五十六条第二款规定："对亚行付给董事、副董事、官员和雇员（包括为亚行执行任务的专家）的薪金和津贴不得征税。除非成员在递交批准书或接受书时，声明对亚行向其本国公民或国民支付的薪金和津贴该成员及其行政部门保留征税的权力。"鉴于我国在加入亚洲开发银行时，未作相关声明，因此，对由亚洲开发银行支付给我国公民或国民（包括为亚行执行任务的专家）的薪金和津贴，凡经亚洲开发银行确认这些人员为亚洲开发银行雇员或执行项目专家的，其取得的符合我国税法规定的有关薪金和津贴等报酬，应依《协定》的约定，免征个人所得税。

十、非居民个人和无住所居民个人的个人所得税政策

75. 外籍个人取得工资薪酬，如何判断所得来源地？

答： 财税公告2019年第35号第一条规定如下：

（1）关于工资薪金所得来源地。

个人取得归属于中国境内工作期间的工资薪金所得为来源于境内的工资薪金所得。境内工作期间按照个人在境内工作天数计算，包括其在境内的实际工作日以及境内工作期间在境内、境外享受的公休假、个人休假、接受培训的天数。在境内、境外单位同时担任职务或者仅在境外单位任职的个人，在境内停留的当天不足24小时的，按照半天计算境内工作天数。

无住所个人在境内、境外单位同时担任职务或者仅在境外单位任职，且当期同时在境内、境外工作的，按照工资薪金所属境内、境外工作天数占当期公

历天数的比例计算确定来源于境内、境外工资薪金所得的收入额。境外工作天数按照当期公历天数减去当期境内工作天数计算。

（2）关于数月奖金以及股权激励所得来源地的规定。

无住所个人取得的数月奖金或者股权激励所得按照上述第（1）项规定确定所得来源地的，无住所个人在境内履职或者执行职务时收到的数月奖金或者股权激励所得，归属于境外工作期间的部分，为来源于境外的工资薪金所得；无住所个人停止在境内履约或者执行职务离境后收到的数月奖金或者股权激励所得，属于境内工作期间的部分，为来源于境内的工资薪金所得。具体计算方法为：数月奖金或者股权激励乘以数月奖金或者股权激励所属工作期间境内工作天数与所属工作期间公历天数之比。

无住所个人一个月内取得的境内外数月奖金或者股权激励包含归属于不同期间的多笔所得的，应当先分别按照本公告规定计算不同归属期间来源于境内的所得，然后再加总计算当月来源于境内的数月奖金或者股权激励收入额。

上述所称数月奖金是指一次取得归属于数月的奖金、年终加薪、分红等工资薪金所得，不包括每月固定发放的奖金及一次性发放的数月工资。本公告所称股权激励包括股票期权、股权期权、限制性股票、股票增值权、股权奖励以及其他因认购股票等有价证券而从雇主取得的折扣或者补贴。

（3）关于董事、监事及高层管理人员取得报酬所得来源地的规定。

对于担任境内居民企业的董事、监事及高层管理职务的个人（以下统称高管人员），无论是否在境内履行职务，取得由境内居民企业支付或者负担的董事费、监事费、工资薪金或者其他类似报酬（以下统称高管人员报酬，包含数月奖金和股权激励），属于来源于境内的所得。

上述所称高层管理职务包括企业正、副（总）经理、各职能总师、总监及其他类似公司管理层的职务。

76.无住所个人工资、薪金所得收入额如何计算？

答： 财税公告 2019 年第 35 号第二条规定，无住所个人取得工资薪金所得，按以下规定计算在境内应纳税的工资薪金所得的收入额（以下称工资薪金收入额）：

（1）无住所个人为非居民个人的情形。非居民个人取得工资薪金所得，除本条第（3）项规定以外，当月工资薪金收入额分别按照以下两种情形计算：

1）非居民个人境内居住时间累计不超过90天的情形。

在一个纳税年度内，在境内累计居住不超过90天的非居民个人，仅就归属于境内工作期间并由境内雇主支付或者负担的工资薪金所得计算缴纳个人所得税。当月工资薪金收入额的计算公式如下（公式一）：

$$当月工资薪金收入额 = 当月境内外工资薪金总额 \times \frac{当月境内支付工资薪金数额}{当月境内外工资薪金数额} \times \frac{当月工资薪金所属工作期间境内工作天数}{当月工资薪金所属工作期间公历天数}$$

上述所称境内雇主包括雇用员工的境内单位和个人以及境外单位或者个人在境内的机构、场所。凡境内雇主采取核定征收所得税或者无营业收入未征收所得税的，无住所个人为其工作取得工资薪金所得，不论是否在该境内雇主会计账簿中记载，均视为由该境内雇主支付或者负担。

上述所称工资薪金所属工作期间的公历天数，是指无住所个人取得工资薪金所属工作期间按公历计算的天数。

上述所列公式中当月境内外工资薪金包含归属于不同期间的多笔工资薪金的，应当先分别按照本公告规定计算不同归属期间工资薪金收入额，然后再加总计算当月工资薪金收入额。

2）非居民个人境内居住时间累计超过90天不满183天的情形。

在一个纳税年度内，在境内累计居住超过90天但不满183天的非居民个人，取得归属于境内工作期间的工资薪金所得，均应当计算缴纳个人所得税；其取得归属于境外工作期间的工资薪金所得，不征收个人所得税。当月工资薪金收入额的计算公式如下（公式二）：

$$当月工资薪金收入额 = 当月境内外工资薪金总额 \times \frac{当月工资薪金所属工作期间境内工作天数}{当月工资薪金所属工作期间公历天数}$$

（2）无住所个人为居民个人的情形。

在一个纳税年度内，在境内累计居住满183天的无住所居民个人取得工资薪金所得，当月工资薪金收入额按照以下规定计算：

1）无住所居民个人在境内居住累计满183天的年度连续不满六年的情形。

在境内居住累计满183天的年度连续不满六年的无住所居民个人，符合实施条例第四条优惠条件的，其取得的全部工资薪金所得，除归属于境外工作期间且由境外单位或者个人支付的工资薪金所得部分外，均应计算缴纳个人所得税。工资薪金所得收入额的计算公式如下（公式三）：

$$当月工资薪金收入额 = 当月境内外工资薪金总额 \times \left(1 - \frac{当月境外支付工资薪金数额}{当月境内外工资薪金数额} \times \frac{当月工资薪金所属工作期间境外工作天数}{当月工资薪金所属工作期间公历天数}\right)$$

2）无住所居民个人在境内居住累计满183天的年度连续满六年的情形。

在境内居住累计满183天的年度连续满六年后，不符合实施条例第四条优惠条件的无住所居民个人，其从境内、境外取得的全部工资薪金所得均应计算缴纳个人所得税。

（3）无住所个人为高管人员的情形。

无住所居民个人为高管人员的，工资薪金收入额按照上述第（2）项规定计算纳税。非居民个人为高管人员的，按照以下规定处理：

1）高管人员在境内居住时间累计不超过90天的情形。

在一个纳税年度内，在境内累计居住不超过90天的高管人员，其取得由境内雇主支付或者负担的工资薪金所得应当计算缴纳个人所得税；不是由境内雇主支付或者负担的工资薪金所得，不缴纳个人所得税。当月工资薪金收入额为当月境内支付或者负担的工资薪金收入额。

2）高管人员在境内居住时间累计超过90天不满183天的情形。

在一个纳税年度内，在境内居住累计超过90天但不满183天的高管人员，其取得的工资薪金所得，除归属于境外工作期间且不是由境内雇主支付或者负担的部分外，应当计算缴纳个人所得税。当月工资薪金收入额计算适用公式三。

77. 无住所个人税款如何计算？

答：关于无住所个人税款计算，财税公告2019年第35号第三条具体规定如下：

（1）关于无住所居民个人税款计算的规定。

无住所居民个人取得综合所得，年度终了后，应按年计算个人所得税；有扣缴义务人的，由扣缴义务人按月或者按次预扣预缴税款；需要办理汇算清缴的，按照规定办理汇算清缴，年度综合所得应纳税额计算公式如下：

年度综合所得应纳税额＝（年度工资薪金收入额＋年度劳务报酬收入额＋
年度稿酬收入额＋年度特许权使用费收入额－
减除费用－专项扣除－专项附加扣除－
依法确定的其他扣除）×适用税率－速算扣除数

无住所居民个人为外籍个人的，2022年1月1日前计算工资薪金收入额时，已经按规定减除住房补贴、子女教育费、语言训练费等八项津补贴的，不能同时享受专项附加扣除。

年度工资薪金、劳务报酬、稿酬、特许权使用费收入额分别按年度内每月工资薪金以及每次劳务报酬、稿酬、特许权使用费收入额合计数额计算。

（2）关于非居民个人税款计算的规定。

1）非居民个人当月取得工资薪金所得，以按照本公告第二条规定计算的当月收入额，减去税法规定的减除费用后的余额，为应纳税所得额，适用按月换算后的综合所得税率表计算应纳税额。

2）非居民个人一个月内取得数月奖金，单独按照本公告第二条规定计算当月收入额，不与当月其他工资薪金合并，按6个月分摊计税，不减除费用，适用月度税率表计算应纳税额，在一个公历年度内，对每一个非居民个人，该计税办法只允许适用一次。计算公式如下：

当月数月奖金应纳税额＝[（数月奖金收入额÷6）×适用税率－速算扣除数]×6

3）非居民个人一个月内取得股权激励所得，单独按照本公告第二条规定计算当月收入额，不与当月其他工资薪金合并，按6个月分摊计税（一个公历年度内的股权激励所得应合并计算），不减除费用，适用月度税率表计算应纳税额，计算公式如下：

当月股权激励所得应纳税额 = [（本公历年度内股权激励所得合计额 ÷ 6）× 适用税率 − 速算扣除数] × 6 − 本公历年度内股权激励所得已纳税额

4）非居民个人取得来源于境内的劳务报酬所得、稿酬所得、特许权使用费所得，以税法规定的每次收入额为应纳税所得额，适用月度税率表（《个人所得税税率表三》(表1-8)）计算应纳税额。

78. 无住所个人如何适用税收协定？

答：关于无住所个人适用税收协定，财税公告2019年第35号第四条具体规定如下：按照我国政府签订的避免双重征税协定，内地与香港、澳门签订的避免双重征税安排（以下称税收协定）居民条款规定为缔约对方税收居民的个人（以下称对方税收居民个人），可以按照税收协定及财政部、税务总局有关规定享受税收协定待遇，也可以选择不享受税收协定待遇计算纳税。除税收协定及财政部、税务总局另有规定外，无住所个人适用税收协定的，按照以下规定执行。

（1）关于无住所个人适用受雇所得条款的规定。

1）无住所个人享受境外受雇所得协定待遇。

上述所称境外受雇所得协定待遇，是指按照税收协定受雇所得条款规定，对方税收居民个人在境外从事受雇活动取得的受雇所得，可不缴纳个人所得税。

无住所个人为对方税收居民个人，其取得的工资薪金所得可享受境外受雇所得协定待遇的，可不缴纳个人所得税。工资薪金收入额计算适用公式二。

无住所居民个人为对方税收居民个人的，可在预扣预缴和汇算清缴时按前款规定享受协定待遇；非居民个人为对方税收居民个人的，可在取得所得时按前款规定享受协定待遇。

2）无住所个人享受境内受雇所得协定待遇。

上述所称境内受雇所得协定待遇，是指按照税收协定受雇所得条款规定，在税收协定规定的期间内境内停留天数不超过183天的对方税收居民个人，在境内从事受雇活动取得受雇所得，不是由境内居民雇主支付或者代其支付的，也不是由雇主在境内常设机构负担的，可不缴纳个人所得税。

无住所个人为对方税收居民个人，其取得的工资薪金所得可享受境内受雇所得协定待遇的，可不缴纳个人所得税。工资薪金收入额计算适用本公告公式一。

无住所居民个人为对方税收居民个人的，可在预扣预缴和汇算清缴时按前款规定享受协定待遇；非居民个人为对方税收居民个人的，可在取得所得时按前款规定享受协定待遇。

（2）关于无住所个人适用独立个人劳务或者营业利润条款的规定。

上述所称独立个人劳务或者营业利润协定待遇，是指按照税收协定独立个人劳务或者营业利润条款规定，对方税收居民个人取得的独立个人劳务所得或者营业利润符合税收协定规定条件的，可不缴纳个人所得税。

无住所居民个人为对方税收居民个人，其取得的劳务报酬所得、稿酬所得可享受独立个人劳务或者营业利润协定待遇的，在预扣预缴和汇算清缴时，可不缴纳个人所得税。

非居民个人为对方税收居民个人，其取得的劳务报酬所得、稿酬所得可享受独立个人劳务或者营业利润协定待遇的，在取得所得时可不缴纳个人所得税。

（3）关于无住所个人适用董事费条款的规定。

对方税收居民个人为高管人员，该个人适用的税收协定未纳入董事费条款，或者虽然纳入董事费条款但该个人不适用董事费条款，且该个人取得的高管人员报酬可享受税收协定受雇所得、独立个人劳务或者营业利润条款规定待遇的，该个人取得的高管人员报酬可不适用该公告第二条第三项规定，分别按照上述第（1）项、第（2）项规定执行。

对方税收居民个人为高管人员，该个人取得的高管人员报酬按照税收协定董事费条款规定可以在境内征收个人所得税的，应按照有关工资薪金所得或者劳务报酬所得规定缴纳个人所得税。

（4）关于无住所个人适用特许权使用费或者技术服务费条款的规定。

上述所称特许权使用费或者技术服务费协定待遇，是指按照税收协定特许权使用费或者技术服务费条款规定，对方税收居民个人取得符合规定的特许权使用费或者技术服务费，可按照税收协定规定的计税所得额和征税比例计算纳税。

无住所居民个人为对方税收居民个人，其取得的特许权使用费所得、稿酬所得或者劳务报酬所得可享受特许权使用费或者技术服务费协定待遇的，可不纳入综合所得，在取得当月按照税收协定规定的计税所得额和征税比例计算应纳税额，并预扣预缴税款。年度汇算清缴时，该个人取得的已享受特许权使用费或者技术服务费协定待遇的所得不纳入年度综合所得，单独按照税收协定规定的计税所得额和征税比例计算年度应纳税额及补退税额。

非居民个人为对方税收居民个人，其取得的特许权使用费所得、稿酬所得或者劳务报酬所得可享受特许权使用费或者技术服务费协定待遇的，可按照税收协定规定的计税所得额和征税比例计算应纳税额。

79. 对无住所个人，个人所得税有什么具体的征管规定？

答：财税公告 2019 年第 35 号第五条，对无住所个人的征管，具体规定如下：

（1）关于无住所个人预计境内居住时间的规定。

无住所个人在一个纳税年度内首次申报时，应当根据合同约定等情况预计一个纳税年度内境内居住天数以及在税收协定规定的期间内境内停留天数，按照预计情况计算缴纳税款。实际情况与预计情况不符的，分别按照以下规定处理：

1）无住所个人预先判定为非居民个人，因延长居住天数达到居民个人条件的，一个纳税年度内税款扣缴方法保持不变，年度终了后按照居民个人有关规定办理汇算清缴，但该个人在当年离境且预计年度内不再入境的，可以选择在离境之前办理汇算清缴。

2）无住所个人预先判定为居民个人，因缩短居住天数不能达到居民个人条件的，在不能达到居民个人条件之日起至年度终了 15 天内，应当向主管税务机关报告，按照非居民个人重新计算应纳税额，申报补缴税款，不加收税收滞纳金。需要退税的，按照规定办理。

3）无住所个人预计一个纳税年度境内居住天数累计不超过 90 天，但实际累计居住天数超过 90 天的，或者对方税收居民个人预计在税收协定规定的期间内境内停留天数不超过 183 天，但实际停留天数超过 183 天的，待达到 90 天或者 183 天的月度终了后 15 天内，应当向主管税务机关报告，就以前月份工资薪金所得重新计算应纳税款，并补缴税款，不加收税收滞纳金。

（2）关于无住所个人境内雇主报告境外关联方支付工资薪金所得的规定。

无住所个人在境内任职、受雇取得来源于境内的工资薪金所得，凡境内雇主与境外单位或者个人存在关联关系，将本应由境内雇主支付的工资薪金所得，部分或者全部由境外关联方支付的，无住所个人可以自行申报缴纳税款，也可以委托境内雇主代为缴纳税款。无住所个人未委托境内雇主代为缴纳税款的，境内雇主应当在相关所得支付当月终了后15天内向主管税务机关报告相关信息，包括境内雇主与境外关联方对无住所个人的工作安排、境外支付情况以及无住所个人的联系方式等信息。

80. 非居民个人取得股权激励，如何计算个人所得税？

答： 按照《个人所得税法》规定，非居民个人取得工资、薪金所得，按月计算缴纳个人所得税。其取得股权激励，可能存在税负畸高的问题，因此，财税公告2019年第35号规定，非居民个人取得股权激励的，应计算境内计税的工资、薪金收入额，不与当月其他工资、薪金收入合并，按6个月分摊，不减除费用，适用月度税率表计算应纳税额。非居民个人在一个纳税年度内取得多笔股权激励所得的，应当合并计算纳税。

【案例3-29】非居民个人取得股权激励个人所得税的计算方法

杰克先生为无住所个人，2020年在中国境内居住天数不满90天。2020年1月，杰克先生取得境内支付的股权激励所得30万元，其中归属于境内工作期间的所得为12万元。2020年5月，杰克先生取得境内支付的股权激励所得40万元，其中归属于境内工作期间的所得为18万元。请问：杰克先生取得上述股权激励所得应缴纳多少个人所得税？（不考虑税收协定因素）

解析：

2020年1月杰克先生应交个人所得税 = [（120 000÷6）×20%−1 410]×6 = 15 540（元）

2020年5月杰克先生应交个人所得税 = {[（120 000+180 000]÷6）×30%−4 410}×6−15 540 = 48 000（元）

附录3A

上市公司股权激励个人所得税延期纳税备案表及其填报说明

上市公司股权激励个人所得税延期纳税备案表

备案编号（主管税务机关填写）：

单位：股，人民币元（列至角分）

公司基本情况								
公司名称		纳税人识别号		股票代码		联系人		联系电话

股权激励基本情况	
股权激励形式	□股票期权　□限制性股票　□股权奖励

股权激励明细情况														
					股票期权			限制性股票					股权奖励	
序号	姓名	身份证照类型	身份证照号码	任职受雇月数	行权日	行权日市价	行权价	行权股数	股票登记日	股票登记日市价	解禁日	解禁日市价	实际出资总额	本批次解禁数	总股票数	授予日	授予日市价	奖励股票数

谨声明：此表是根据《中华人民共和国个人所得税法》及有关法律法规规定填写的，是真实的、完整的、可靠的。

法定代表人签章：　　　　年　月　日

公司签章：	代理申报机构（人）签章：	主管税务机关印章：
经办人：	经办人：	受理人：
填报日期：　年　月　日	经办人执业证件号码： 代理申报日期：　年　月　日	受理日期：　年　月　日

国家税务总局监制

填报说明

一、适用范围

本表适用于实施股权激励的上市公司向主管税务机关办理个人所得税延期缴纳备案事宜时填报。

二、报送期限

企业应于股票期权行权、限制性股票解禁、股权奖励获得之次月15日内报送本表。

三、表内各栏

（一）公司基本情况

1.公司名称：填写实施股权激励的上市公司法定名称全称。

2.纳税人识别号：填写纳税人识别号或统一社会信用代码。

3.联系人、联系电话：填写上市公司负责办理股权激励及相关涉税事项人员的相关情况。

（二）股权激励基本情况

股权激励形式：根据实施股权激励的形式勾选。

（三）股权激励明细情况

1.姓名：填写纳税人姓名。中国境内无住所个人，其姓名应当用中、外文同时填写。

2.身份证照类型：填写能识别纳税人唯一身份的身份证、军官证、士兵证、护照、港澳居民来往内地通行证、台湾居民来往大陆通行证等有效证照名称。

3.身份证照号码：填写能识别纳税人唯一身份的号码。

4.任职受雇月数：填写被激励对象在本公司实际任职受雇月份数。

5.股票期权栏：以股票期权形式实施激励的企业填写本栏。没有则不填。

1）行权日：填写根据股票期权计划，行权购买股票的实际日期。

2）行权日市价：填写被激励对象所持股票行权购买日的收盘价。

3）行权价：填写被激励对象股票期权行权时，实际出资的每股金额。

4）行权股数：填写被激励对象本次行权取得的股票数量。

6.限制性股票栏：以限制性股票形式实施激励的企业填写本栏。没有则不填。

1）股票登记日：填写被激励对象取得的限制性股票在中国登记结算公司进行股票登记的日期。

2）股票登记日市价：填写股票登记日的收盘价。

3）解禁日：填写根据限制性股票计划，被激励对象取得限制性股票达到规定条件而解除出售限制的具体日期。

4）解禁日市价：填写股票解禁日的收盘价。

5）实际出资总额：填写被激励对象为获取限制性股票实际支付资金数额。

6）本批次解禁数：填写本次股票解禁的股数。

7）总股票数：填写被激励对象获取的限制性股票总数。

7.股权奖励栏：以股权奖励形式实施激励的企业填写本栏。没有则不填。

1）授予日：填写授予被激励对象获得股票的实际日期。

2）授予日市价：填写股票授予日的收盘价。

3）奖励股票数：填写被激励对象获取的股票总数。

四、本表一式二份。主管税务机关受理后，由上市公司和主管税务机关分别留存。

附录 3B

非上市公司股权激励个人所得税递延纳税备案表及其填报说明

非上市公司股权激励个人所得税递延纳税备案表

备案编号（主管税务机关填写）：

单位：股、%、人民币元（列至角分）

公司名称												

公司基本情况

纳税人识别号		联系人		联系电话	

股权激励基本情况

股权激励形式	□股票（权）期权　□限制性股票　□股权奖励	股权激励人数		近6个月平均人数	
该栏仅由实施股权奖励的公司填写	本公司是否为限制性行业　□是　□否	标的公司名称			
	标的公司是否为限制性行业　□是　□否	标的公司纳税人识别号			

股权激励明细情况

序号	姓名	身份证照类型	身份证照号码	股票（权）期权					限制性股票					股权奖励		
				授予日	行权日	可出售日	取得成本	股数	授予日	解禁日	可出售日	取得成本	持股比例	股数	授予日	可出售日	股数	持股比例

谨声明：此表是根据《中华人民共和国个人所得税法》及有关法律法规规定填写的，是真实的、完整的、可靠的。

实施股权激励公司法定代表人签章：　　　　　年　月　日

公司签章：	代理申报机构（人）签章：	主管税务机关印章：
经办人：	经办人：	受理人：
填报日期：　年　月　日	经办人执业证件号码：	受理日期：　年　月　日
	代理申报日期：　年　月　日	

国家税务总局监制

填报说明

一、适用范围

本表适用于实施符合条件股权激励的非上市公司向主管税务机关办理个人所得税递延缴纳备案事宜时填报。

二、报送期限

企业应于符合条件的股票（权）期权行权、限制性股票解禁、股权奖励获得之次月15日内报送。

三、表内各栏

（一）公司基本情况

1. 公司名称：填写实施股权激励的非上市公司法定名称全称。

2. 纳税人识别号：填写纳税人识别号或统一社会信用代码。

3. 联系人、联系电话：填写非上市公司负责办理股权激励及相关涉税事项人员的相关情况。

（二）股权激励基本情况

1. 股权激励形式：根据实施股权激励的形式勾选。

2. 股权激励人数：填写股权激励计划中被激励对象的总人数。

3. 近6个月平均人数：填写股票（权）期权行权、限制性股票解禁、股权奖励获得之上月起向前6个月"工资、薪金所得"项目全员全额扣缴明细申报的平均人数。如，某公司实施一批股票期权并于2017年1月行权，则按照该公司2016年7月、8月、9月、10月、11月、12月"工资、薪金所得"项目全员全额扣缴明细申报的平均人数计算。计算结果按四舍五入取整。

4. 实施股权奖励公司填写栏：填写实施股权奖励企业的有关情况。

（1）本公司是否为限制性行业：实施股权奖励公司根据本公司上一纳税年度主营业务收入占比最高的行业，确定是否属于《财政部　国家税务总局关于完善股权激励和技术入股有关所得税政策的通知》（财税〔2016〕101号）附件《股权奖励税收优惠政策限制性行业目录》所列行业。属于所列行业选"是"，不属于所列行业选"否"。

（2）标的公司名称、标的公司是否为限制性行业、标的公司纳税人识别号：以技术成果投资入股到其他境内居民企业所取得的股权实施股权奖励的,填写本栏。以本公司股权为股权奖励标的,无须填报本栏。

①标的公司名称:以其他境内居民企业股权实施股权奖励的,填写用以实施股权奖励的股权标的公司法定名称全称。

②标的公司纳税人识别号:以其他境内居民企业股权实施股权奖励的,填写用以实施股权奖励的股权标的公司的纳税人识别号或统一社会信用代码。

③标的公司是否为限制性行业:以其他境内居民企业股权实施股权奖励的,根据标的公司上一纳税年度主营业务收入占比最高的行业,确定是否属于《财政部 国家税务总局关于完善股权激励和技术入股有关所得税政策的通知》(财税〔2016〕101号)附件《股权奖励税收优惠政策限制性行业目录》所列行业。属于所列行业选"是",不属于所列行业选"否"。

(三)股权激励明细情况

1.姓名:填写纳税人姓名。中国境内无住所个人,其姓名应当用中、外文同时填写。

2.身份证照类型:填写能识别纳税人唯一身份的身份证、军官证、士兵证、护照、港澳居民来往内地通行证、台湾居民来往大陆通行证等有效证照名称。

3.身份证照号码:填写能识别纳税人唯一身份的号码。

4.股票(权)期权栏:以股票(权)期权形式实施激励的企业填写本栏。没有则不填。

1)授予日:填写股票(权)期权计划中,授予被激励对象股票(权)期权的实际日期。

2)行权日:填写根据股票(权)期权计划,行权购买股票(权)的实际日期。

3)可出售日:填写根据股票(权)期权计划,股票(权)期权同时满足自授予日起持有满3年,且自行权日起持有满1年条件后,实际可以对外出售的日期。

4)取得成本:填写被激励对象股票(权)期权行权时,按行权价实际出资的金额。

5)股数、持股比例:填写被激励对象实际取得的股数以及对应的持股比例。若非上市公司因公司注册类型限制,难以用股数体现被激励对象股权激励权益的,可只填写持股比例,持股比例按照保留小数点后两位填写。

5.限制性股票栏:以限制性股票形式实施激励的企业填写本栏。没有则不填。

1）授予日：填写限制性股票计划中，授予被激励对象限制性股票的实际日期。

2）解禁日：填写根据限制性股票计划，被激励对象取得限制性股票达到规定条件而解除出售限制的具体日期。

3）可出售日：填写根据限制性股票计划，限制性股票同时满足自授予日起持有满 3 年，且解禁后持有满 1 年条件后，实际可以对外出售的日期。

4）取得成本：填写被激励对象取得限制性股票时的实际出资金额。

5）股数、持股比例：填写被激励对象实际取得的股数以及对应的持股比例。若非上市公司因公司注册类型限制，难以用股数体现被激励对象股权激励权益的，可只填写持股比例，持股比例按照保留小数点后两位填写。

6.股权奖励栏：以股权奖励形式实施激励的企业填写本栏。没有则不填。

1）授予日：填写授予被激励对象股权奖励的实际日期。

2）可出售日：填写根据股权奖励计划，自获得奖励之日起持有满 3 年后，实际可以对外出售的日期。

3）股数、持股比例：填写被激励对象实际取得的股数以及对应的持股比例。若非上市公司因公司注册类型限制，难以用股数体现被激励对象股权激励权益的，可只填写持股比例，持股比例按照保留小数点后两位填写。

四、本表一式二份。主管税务机关受理后，由非上市公司和主管税务机关分别留存。

附录 3C

技术成果投资入股个人所得税递延纳税备案表及其填报说明

技术成果投资入股个人所得税递延纳税备案表

备案编号（主管税务机关填写）：　　　　　　单位：股，%，人民币元（列至角分）

被投资公司基本情况							
公司名称		纳税人识别号		联系人		联系电话	
技术成果基本情况							
技术成果名称		技术成果类型		发证部门		技术成果证书编号	
技术成果投资入股情况							
涉及人数		评估价（协议价）		技术成果原值		合理税费	
技术成果投资入股个人基本情况							
序号	姓名	身份证照类型	身份证照号码	联系地址	联系电话	股数	持股比例
谨声明：此表是根据《中华人民共和国个人所得税法》及相关法律法规规定填写的，是真实的、完整的、可靠的。							
被投资公司法定代表人签字：　　　　年　月　日							
公司签章： 经办人： 填报日期：　年　月　日		代理申报机构（人）签章： 经办人： 经办人执业证件号码： 代理申报日期：　年　月　日			主管税务机关印章： 受理人： 受理日期：　年　月　日		

国家税务总局监制

填报说明

一、适用范围

本表适用于个人以技术成果投资入股境内非上市公司并选择递延纳税的，被投资公司向主管税务机关办理相关个人所得税递延纳税备案事宜时填报。备案表区分投资入股的技术成果，分别填写。

二、报送期限

企业应于被投资公司取得技术成果并支付股权之次月 15 日内报送。

三、表内各栏

（一）被投资公司基本情况

1. 公司名称：填写接受技术成果投资入股的公司名称全称。

2. 纳税人识别号：填写纳税人识别号或统一社会信用代码。

3. 联系人、联系电话：填写接受技术成果投资入股公司负责办理个人所得税递延纳税备案人员的相关情况。

（二）技术成果基本情况

1. 技术成果名称：填写技术成果的标准名称。

2. 技术成果类型：是指《财政部　国家税务总局关于完善股权激励和技术入股有关所得税政策的通知》（财税〔2016〕101 号）规定的专利技术（含国防专利）、计算机软件著作权、集成电路布图设计专有权、植物新品种权、生物医药新品种，以及科技部、财政部、国家税务总局确定的其他技术成果。

3. 发证部门：填写颁发技术成果证书的部门全称。

4. 技术成果证书编号：填写技术成果证书上的编号。

（三）技术成果投资入股情况

1. 涉及人数：填写技术成果投资协议中以该项技术成果投资入股的人数。

2. 评估价（协议价）：填写技术成果投资入股按照协议确定的公允价值。

3. 技术成果原值：填写个人发明或取得该项技术成果过程中实际发生的支出。

4. 合理税费：填写个人以技术成果投资入股过程中按规定实际支付的有关税费。

（四）技术成果投资入股个人基本情况

1. 姓名：填写技术成果投资入股个人的姓名，中国境内无住所个人，其姓名应当用中、外文同时填写。

2.身份证照类型：填写能识别技术成果投资入股个人的唯一身份的身份证、军官证、士兵证、护照、港澳居民来往内地通行证、台湾居民来往大陆通行证等有效证照名称。

3.身份证照号码：填写能识别技术成果投资入股个人的唯一身份的号码。

4.联系地址和联系电话：填写技术成果投资入股个人的有效联系地址和常用联系电话。

5.股数：填写个人因技术成果投资入股获得的股票（权）数。

6.持股比例：按照保留小数点后两位填写。

7.技术成果投资入股个人基本情况如果填写不下，可另附纸填写。

四、本表一式二份。主管税务机关受理后，由扣缴义务人和主管税务机关分别留存。

附录 3D

个人所得税递延纳税情况年度报告表及其填报说明

个人所得税递延纳税情况年度报告表

报告所属期：　　年　　　　　　　　　　　　单位：股，%，人民币元（列至角分）

公司基本情况							
公司名称		纳税人识别号		联系人		联系电话	
递延纳税有关情况							
递延纳税股票（权）形式	□股票（权）期权　　□限制性股票　　□股权奖励　　□技术成果投资入股						

递延纳税明细情况															
序号	姓名	身份证照类型	身份证照号码	总体情况			股票（权）期权		限制性股票		股权奖励		技术成果投资入股		
				转让情况		剩余情况	扣缴个人所得税	转让情况		剩余情况		转让情况		剩余情况	转让情况		剩余情况
				股数	持股比例	股数	持股比例	股数	持股比例	股数	持股比例	股数	持股比例	股数	持股比例

谨声明：此表是根据《中华人民共和国个人所得税法》及有关法律法规规定填写的，是真实的、完整的、可靠的。

公司法定代表人签章：　　　　　年　月　日

公司签章： 经办人： 填报日期：　年　月　日	代理申报机构（人）签章： 经办人： 经办人执业证件号码： 代理申报日期：　年　月　日	主管税务机关印章： 受理人： 受理日期：　年　月　日

国家税务总局监制

填报说明

一、适用范围

本表适用于实施符合条件股权激励的非上市公司和取得个人技术成果的境内公司，在递延纳税期间向主管税务机关报告个人相关股权持有和转让情况。

二、报送期限

实施股权激励的非上市公司和取得个人技术成果的境内公司，应于每个纳税年度终了 30 日内报送本表。

三、表内各栏

（一）公司基本情况

1. 公司名称：填写实施股权激励的非上市公司，或者取得个人技术成果的境内公司的法定名称全称。

2. 纳税人识别号：填写纳税人识别号或统一社会信用代码。

3. 联系人、联系电话：填写负责办理股权激励或技术成果投资入股相关涉税事项人员的相关情况。

（二）递延纳税有关情况

递延纳税股票（权）形式：根据递延纳税的股票（权）形式勾选。

（三）递延纳税明细情况

1. 姓名：填写纳税人姓名。中国境内无住所个人，其姓名应当用中、外文同时填写。

2. 身份证照类型：填写能识别纳税人唯一身份的身份证、军官证、士兵证、护照、港澳居民来往内地通行证、台湾居民来往大陆通行证等有效证照名称。

3. 身份证照号码：填写能识别纳税人唯一身份的号码。

4. 总体情况、股票（权）期权、限制性股票、股权奖励、技术成果投资入股栏：填写个人转让和剩余享受递延纳税优惠的股票（权）相关情况。

1）股数、持股比例：填写个人实际转让或剩余的享受递延纳税优惠的股票（权）数以及对应的持股比例。若非上市公司因公司注册类型限制，难以用股票（权）数体现个人相关权益的，可只填列持股比例，持股比例按照保留小数点后两位填写。

2）扣缴个人所得税：填写个人转让递延纳税的股权，扣缴义务人实际扣缴的个人所得税。

四、本表一式二份。主管税务机关受理后，由扣缴义务人和主管税务机关分别留存。

附录 3E

个人所得税分期缴纳备案表（股权奖励）及其填报说明

个人所得税分期缴纳备案表（股权奖励）

备案编号（主管税务机关填写）： 　　　　　　　　金额单位：人民币元（列至角分）

扣缴单位基本情况					
扣缴单位名称		纳税人识别号		高新技术企业证书编号	
地址		联系人		电话		总股本（实收资本）	

分期缴税情况
股权价格确定方法　□上市公司股票　□净资产法　□类比法　　每股价格 □其他合理方法_____

序号	姓名	身份证件类型	身份证件号码	股权奖励时间	获得股份数	持股比例	计税价格	应缴个人所得税	分期缴税计划												签名
									第一年		第二年		第三年		第四年		第五年		
									缴税时间	缴税金额	缴税时间	缴税金额	缴税时间	缴税金额	缴税时间	缴税金额	缴税时间	缴税金额	

谨声明：此表是根据《中华人民共和国个人所得税法》及有关法律法规规定填写的，是真实的、完整的、可靠的。

　　　　　　　扣缴单位负责人签字：　　　　　扣缴单位盖章：　　　　年　月　日

代理申报机构（人）签章：	主管税务机关受理章：
经办人：	受理人：
经办人执业证件号码：	
代理申报日期：　年　月　日	受理日期：　年　月　日

国家税务总局监制

填报说明

本表适用于个人取得股权奖励，其扣缴义务人向主管税务机关办理分期缴纳个人所得税备案事宜。本表一式二份，主管税务机关受理后，由扣缴义务人和主管税务机关分别留存。

一、备案编号：由主管税务机关自行编制。

二、纳税人识别号：填写税务机关赋予的 18 位纳税人识别号。

三、高新技术企业证书编号：填写高新技术企业认定部门核发的有效期内的高新技术企业证书编号。

四、股权价格确定方法：根据适用的公平市场价格确定方法勾选。选择其他合理方法的，应在横线中写明具体方法名称。

五、每股价格：填写按照股权价格确定方法计算的每股价格。

六、股权奖励时间：填写纳税人实际获得股权奖励的具体日期。纳税人在一个月份中多次取得股权奖励的，可一并填写。

七、获得股份数、持股比例：填写纳税人实际取得的股权份额及持股比例。纳税人在一个月份中多次取得股权奖励的，可合并填写。

八、计税价格：计税价格＝每股价格 × 获得股份数，或根据持股比例换算。

九、应缴个人所得税：应缴个人所得税＝（计税价格 ÷ 规定月份数 × 税率－速算扣除数）× 规定月份数。

税率按照《个人所得税法》中《个人所得税税率表一（工资、薪金所得适用）》确定。

规定月份数按照本公告有关规定确定。

十、计划缴税时间：按年度填写每一年度计划缴税的截止月份。

十一、计划缴税金额：填写每一年度计划分期缴纳的个人所得税金额。

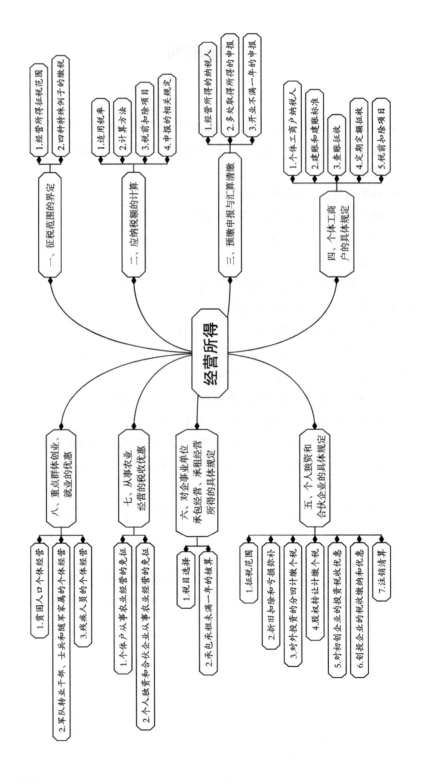

第四章

经营所得

一、征税范围的界定

1. 经营所得的征税范围是哪些?

答: 根据《个人所得税法实施条例》第六条第五项的规定,经营所得是指:

(1)个体工商户从事生产、经营活动取得的所得,个人独资企业投资人、合伙企业的个人合伙人来源于境内注册的个人独资企业、合伙企业生产、经营的所得;

(2)个人依法从事办学、医疗、咨询以及其他有偿服务活动取得的所得;

(3)个人对企业、事业单位承包经营、承租经营以及转包、转租取得的所得;

(4)个人从事其他生产、经营活动取得的所得。

提醒读者注意的是,经营所得是个人所得税所有应税项目中,最难学习和最难理解的应税项目,不仅计算复杂,而且在所得性质的界定上,除了上述第(2)项所得和第(3)项所得项目外,与劳务报酬所得等其他征税项目征税范围的界限比较模糊,难以区分,从而造成在计缴个人所得税时出现错误。

2. 个人举办各类学习班,如何计缴个人所得税?

答: 个人举办各类学习班是按经营所得还是劳务报酬所得征收个人所得税,以下两个文件做了具体政策解释:

(1)《国家税务总局关于个人举办各类学习班取得的收入征收个人所得税问题的批复》(国税函〔1996〕658号)在回复原内蒙古自治区地方税务局问题请示

时明确如下：

1）个人经政府有关部门批准并取得执照举办学习班、培训班的，其取得的办班收入属于"经营所得"应税项目，应按税法规定计征个人所得税。

注：2019 年 1 月 1 日开始执行的《个人所得税法》第二条已将"个体工商户的生产、经营所得"和"对企事业单位的承包经营、承租经营所得"两个应税项目归并为"经营所得"应税项目（下文统称为"经营所得"）。

2）个人无须经政府有关部门批准并取得执照举办学习班、培训班的，其取得的办班收入属于"劳务报酬所得"应税项目，应按税法规定计征个人所得税。

（2）《国家税务总局关于社会力量办学征收个人所得税问题的批复》（国税函〔1998〕738 号）在回复原安徽省地方税务局问题请示时再次明确：对于个人经政府有关部门批准，取得执照，从事办学取得的所得，应按"经营所得"应税项目计征个人所得税。

3. 个人从事医疗服务活动取得收入，要缴纳个人所得税吗？

答：《财政部　国家税务总局关于医疗卫生机构有关税收政策的通知》（财税〔2000〕42 号）规定，对非营利的医疗机构按照国家规定的价格取得的医疗服务收入免征各项税收，仅指机构自身的各项税收，不包括个人从医疗机构取得所得应纳的个人所得税。个人从医疗机构取得所得，应依法缴纳个人所得税。具体政策解释如下：

（1）《国家税务总局关于个人从事医疗服务活动征收个人所得税问题的通知》（国税发〔1997〕178 号）第一条明确：

1）个人经政府有关部门批准，取得执照，以门诊部、诊所、卫生所（室）、卫生院、医院等医疗机构形式从事疾病诊断、治疗及售药等服务活动，应当以该医疗机构取得的所得，作为个人应纳税所得，按照"经营所得"应税项目缴纳个人所得税。

2）个人未经政府有关部门批准，自行连续从事医疗服务活动，不管是否有经营场所，其取得与医疗服务活动相关的所得，按照"经营所得"应税项目缴纳个人所得税。

《财政部　国家税务总局关于医疗机构有关个人所得税政策问题的通知》(财税〔2003〕109号)明确：

（1）个人因在医疗机构（包括营利性医疗机构和非营利性医疗机构）任职而取得的所得，应按照"工资、薪金所得"应税项目计征个人所得税。

（2）医生或其他个人承包、承租经营医疗机构，经营成果归承包人所有的，承包人取得的所得，应按照"经营所得"应税项目计征个人所得税。

（3）个人投资或个人合伙投资开设医院（诊所）而取得的收入，应依据个人所得税法规定，按照"经营所得"应税项目计征个人所得税。

4. 以合伙企业资金为家庭成员支付消费性支出或购买财产，需要缴纳个人所得税吗？

答：根据《财政部　国家税务总局关于规范个人投资者个人所得税征收管理的通知》（财税〔2003〕158号，以下简称财税〔2003〕158号文件）、《个人所得税法》第二条和《个人所得税法实施条例》第六条的规定，个人独资企业、合伙企业的个人投资者以企业资金为本人、家庭成员及其相关人员支付与企业生产经营无关的消费性支出及购买汽车、住房等财产性支出，视为企业对个人投资者的利润分配，并入投资者个人的生产经营所得，依照"经营所得"项目计征个人所得税。

财税〔2008〕83号文件也进一步明确，符合以下情形的房屋或其他财产，不论所有权人是否将财产无偿或有偿交付企业使用，其实质均为企业对个人进行了实物性质的分配，应依法计征个人所得税：

（1）企业出资购买房屋及其他财产，将所有权登记为投资者个人、投资者家庭成员或企业其他人员的。

（2）企业投资者个人、投资者家庭成员或企业其他人员向企业借款用于购买房屋及其他财产，将所有权登记为投资者、投资者家庭成员或企业其他人员，且借款年度终了后未归还借款的。

对个人独资企业、合伙企业的个人投资者或其家庭成员取得的上述所得，视为企业对个人投资者的利润分配，按照"经营所得"项目计征个人所得税。

5. 建筑安装工程承包人取得的所得，适用什么项目缴纳个人所得税？

答： 根据《个人所得税法实施条例》第六条和《国家税务总局关于印发〈建筑安装业个人所得税征收管理暂行办法〉的通知》（国税发〔1996〕127号）的规定，承包建筑安装业各项工程作业的承包人取得的所得，经营成果归承包人个人所有的所得，或按照承包合同（协议）规定，将一部分经营成果留归承包人个人的所得，按"经营所得"项目征税。

二、应纳税额的计算

6. 经营所得的个人所得税适用税率是多少？

答：《个人所得税法》第三条第二项规定，经营所得，适用百分之五至百分之三十五的超额累进税率（税率表如表4-1所示）。

表4-1 经营所得个人所得税适用税率表

级数	全年应纳税所得额	税率（%）	速算扣除数
1	不超过30 000元的	5	0
2	超过30 000元至90 000元的部分	10	1 500
3	超过90 000至300 000元的部分	20	10 500
4	超过300 000元至500 000元的部分	30	40 500
5	超过500 000元的部分	35	65 500

7. 经营所得如何计算个人所得税应纳税额？

答： 根据《个人所得税法》第六条第一款第三项、《个人所得税法实施条例》第十五条的规定，个人取得经营所得，按年计算个人所得税（计算方法如表4-2所示），具体步骤如下：

（1）第一步，计算个体工商户、个人独资企业、合伙企业以及个人从事其他生产经营活动的应纳税所得额：以每一纳税年度的收入总额减除成本、费用以及损失后的余额，为应纳税所得额。计算公式为：

$$应纳税所得额 = 收入总额 - 成本、费用 - 损失$$

1）成本、费用，是指个体工商户、个人独资企业、合伙企业以及个人从事其他生产、经营活动发生的各项直接支出和分配计入成本的间接费用以及销售费用、管理费用、财务费用。

2）损失，是指个体工商户、个人独资企业、合伙企业以及个人从事其他生产经营活动发生的固定资产和存货的盘亏、毁损、报废损失，转让财产损失、坏账损失，自然灾害等不可抗力因素造成的损失以及其他损失。

注意：上述应纳税所得额，包括企业分配给投资者个人的所得和企业当年留存的所得（利润）。

（2）第二步，计算个人来源于个体工商户、个人独资企业、合伙企业以及个人从事其他生产经营活动的经营所得。

1）个体工商户业主、个人独资企业的投资者或个人从事其他生产经营活动的，以上述全部应纳税所得额为个人的经营所得。

2）合伙企业的投资者按照合伙企业的全部经营所得和合伙协议约定的分配比例确定应纳税所得额，合伙协议没有约定分配比例的，以上述全部应纳税所得额和合伙人数量平均计算每个投资者的经营所得为个人的经营所得。

（3）第三步，计算个人经营所得的应纳税所得额。

1）取得经营所得的个人，没有综合所得的，计算其每一纳税年度的应纳税所得额时，应当减除费用6万元、专项扣除、专项附加扣除以及依法确定的其他扣除。专项附加扣除在办理汇算清缴时减除。

从多处取得经营所得的，应汇总计算个人所得税，只减除一次上述费用和扣除。

2）取得经营所得的个人，有综合所得的，减除费用6万元、专项扣除、专项附加扣除以及依法确定的其他扣除已在综合所得的应纳税所得额扣除的，不能重复扣除。

如果个人将经营所得捐赠用于公益慈善事业，根据《个人所得税法》第六条第三款的规定，个人将其所得对教育、扶贫、济困等公益慈善事业进行捐赠，捐赠额未超过纳税人申报的应纳税所得额百分之三十的部分，可以从其应纳税所得额中扣除；国务院规定对公益慈善事业捐赠实行全额税前扣除的，从其规定。

（4）第四步，查找适用税率，计算应纳税额。计算公式为：

应纳税额＝应纳税所得额×适用税率－速算扣除数

表4-2 经营所得应纳税额计算明细表

具体情形	应纳税额的计算
没有综合所得的	[（收入总额－成本－费用－损失）×分配比例－60 000－专项扣除－专项附加扣除－依法确定的其他扣除－准予扣除的公益慈善事业捐赠]×适用税率－速算扣除数
有综合所得的	[（收入总额－成本－费用－损失）×分配比例－准予扣除的公益慈善事业捐赠]×适用税率－速算扣除数

注：上述计算方法仅适用于查账征收的个体工商户业主、个人独资企业投资人、合伙企业个人合伙人、承包承租经营者个人以及其他从事生产、经营活动的个人在中国境内取得经营所得时计算个人所得税。

【案例4-1】经营所得的应纳税额计算

胡昊与吴桢在上海共同创办了景鸿合伙企业，合伙协议约定利润分配比例胡昊为60%，吴桢为40%。2019年景鸿合伙企业实现收入总额1 000万元，成本费用600万元，其中，列支胡昊工资12万元，其他事项纳税调整增加额为38万元。

胡昊2019年无任何综合所得，实际缴纳基本养老保险和基本医疗保险2.4万元，符合条件的专项附加扣除3.6万元。吴桢在一家公司上班，2019年的工资薪金所得为20万元，实际缴纳三险一金为4万元，符合条件的专项附加扣除为3万元，已由单位在发放工资预扣预缴个人所得税时进行了扣除，另外吴桢从经营所得中拿出50万元捐赠给公益慈善事业。请问：胡昊与吴桢来源于景鸿合伙企业的经营所得应该缴纳多少个人所得税？

解析：

（1）计算景鸿合伙企业的应纳税所得额：

应纳税所得额＝收入－成本费用＋税前列支的投资者工资＋纳税调整增加额＝1 000－600+12+38=450（万元）

（2）计算个人来源于景鸿合伙企业的经营所得：

合伙企业的投资者按照合伙企业的全部经营所得和合伙协议约定的分配比例确定应纳税所得额。

胡昊来源于景鸿合伙企业的经营所得=450×60%=270（万元）

吴桢来源于景鸿合伙企业的经营所得=450×40%=180（万元）

（3）计算个人经营所得的应纳税额：

1）胡昊没有综合所得，计算应纳税所得额时，可减除费用6万元、专项扣除、专项附加扣除以及依法确定的其他扣除。

胡昊经营所得的应纳税所得额=270-6-2.4-3.6=258（万元）

适用税率35%，速算扣除数65 500。

应交个人所得税=258×35%-6.55=83.75（万元）

2）吴桢有综合所得的，减除费用6万元、专项扣除、专项附加扣除以及依法确定的其他扣除已在综合所得的应纳税所得额扣除的，不能重复扣除。

吴桢经营所得扣除捐赠额之前的应纳税所得额=180（万元）

准予扣除的公益慈善事业捐赠额=180×30%=54（万元）

实际捐赠50万元，小于扣除限额，可以据实扣除。

扣除捐赠额之后的应纳税所得额=180-50=130（万元）

适用税率35%，速算扣除数65 500。

应交个人所得税=130×35%-6.55=38.95（万元）

8. 经营所得可以税前扣除哪些项目，标准是多少？

答：《个人所得税法实施条例》第十五条第二款规定，取得经营所得的个人，没有综合所得的，计算其每一纳税年度的应纳税所得额时，应当减除费用6万元、专项扣除、专项附加扣除以及依法确定的其他扣除。专项附加扣除在办理汇算清缴时减除。具体扣除标准的扣除时间如表4-3所示。

9. 2018年10～12月的经营所得，如何预缴个人所得税？

答：《财政部税务总局关于2018年第四季度个人所得税减除费用和税率适用问题的通知》（财税〔2018〕98号，以下简称财税〔2018〕98号文件）第二条规定如下：

（1）对个体工商户业主、个人独资企业和合伙企业自然人投资者、企事业单位承包承租经营者2018年第四季度取得的生产经营所得，减除费用按照5 000元/月执行，前三季度减除费用按照 3 500 元 / 月执行。

表 4-3　居民个人经营所得税前扣除项目明细表

序号	扣除项目	扣除标准	扣除时间
一	基本减除费用	60 000 元	办理预缴申报时扣除（月度或季度终了后 15 日内，下同）
二	专项扣除		
1	基本养老保险费	按照国家或省（自治区、直辖市）人民政府规定的缴费比例或办法实际缴付的金额	
2	基本医疗保险费		
3	失业保险费		
4	住房公积金	不超过职工工作地所在设区城市上一年度职工月平均工资的 3 倍 ×12%	
三	专项附加扣除		
1	子女教育	每个子女每月定额扣除 1 000 元	汇算清缴时扣除（次年 3 月 31 日之前，下同）
2	继续教育	学历教育：每月定额扣除 400 元 职业资格继续教育：当年定额扣除 3 600 元	
3	大病医疗	80 000 元限额内据实扣除	
4	住房贷款利息	每月定额扣除 1 000 元	
5	住房租金	每月定额扣除 1 500 元或 1 100 元或 800 元	
6	赡养老人	赡养人分摊每月定额扣除 2 000 元	
四	其他扣除		
1	符合规定条件的商业健康保险	2 400 元 / 年（200 元 / 月）	预缴申报时扣除
2	税收递延型养老保险	当年应税收入的 6% 和 12 000 元孰低（试点地区）	
五	对公益慈善事业进行捐赠	一般捐赠：未超过应纳税所得额 30% 的部分 特殊捐赠：全额扣除	汇算清缴时扣除

【备注】扣除项目具体规定详见本书第二章的相关内容。

（2）对个体工商户业主、个人独资企业和合伙企业自然人投资者、企事业单位承包承租经营者2018年取得的生产经营所得，用全年应纳税所得额分别计算应纳前三季度税额和应纳第四季度税额，其中应纳前三季度税额按照税法修改前规定的税率和前三季度实际经营月份的权重计算，应纳第四季度税额按照本通知所附个人所得税税率表二（见表4-1）和第四季度实际经营月份的权重计算。其中，月（季）度预缴税款的计算方法如下：

本期应缴税额 = 累计应纳税额 − 累计已缴税额

累计应纳税额 = 应纳10月1日以前税额 + 应纳10月1日以后税额

应纳10月1日以前税额 =（累计应纳税所得额 × 税法修改前规定的税率 −
　　　　　　　　税法修改前规定的速算扣除数）× 10月1日以前
　　　　　　　　实际经营月份数 ÷ 累计实际经营月份数

应纳10月1日以后税额 =（累计应纳税所得额 × 税法修改后规定的税率 −
　　　　　　　　税法修改后规定的速算扣除数）× 10月1日以后
　　　　　　　　实际经营月份数 ÷ 累计实际经营月份数

【案例4-2】2018年10月生产经营所得预缴税额的计算

个体工商户张洪2018年1~9月取得收入1 000 000元，成本费用为728 500元，已经预缴税额69 250元；10月取得收入150 000元，成本费用为125 000元。请计算张洪10月应预缴的税额。

解析：

2018年10月的生产经营所得可扣减除费用5 000元，并执行新的税率。

（1）累计应纳税所得额 = 1 000 000 − 728 500 − 3 500 × 9 + 150 000 − 125 000 − 5 000 × 1 = 260 000（元）

（2）应纳10月1日以前税额 =（260 000 × 35% − 14 750）× 9 ÷ 10 = 68 625（元）

（3）应纳10月1日以后税额 =（260 000 × 20% − 10 500）× 1 ÷ 10 = 4 150（元）

（4）10月应缴税额 = 68 625 + 4 150 − 69 250 = 3 525（元）

10. 2018年度的生产经营所得，个人所得税如何汇算清缴？

答： 财税〔2018〕98号文件第二条规定如下：

（1）对个体工商户业主、个人独资企业和合伙企业自然人投资者、企事业单位承包承租经营者 2018 年第四季度取得的生产经营所得，减除费用按照 5 000 元/月执行，前三季度减除费用按照 3 500 元/月执行。

（2）对个体工商户业主、个人独资企业和合伙企业自然人投资者、企事业单位承包承租经营者 2018 年取得的生产经营所得，用全年应纳税所得额分别计算应纳前三季度税额和应纳第四季度税额，其中应纳前三季度税额按照税法修改前规定的税率和前三季度实际经营月份的权重计算，应纳第四季度税额按照本通知所附个人所得税税率表二（见表 4-1）和第四季度实际经营月份的权重计算。其中，年度汇算清缴税款的计算方法如下：

汇算清缴应补（退）税额 = 全年应纳税额 − 累计已缴税额

全年应纳税额 = 应纳前三季度税额 + 应纳第四季度税额

应纳前三季度税额 =（全年应纳税所得额 × 税法修改前规定的税率 −
税法修改前规定的速算扣除数）× 前三季度实际
经营月份数 ÷ 全年实际经营月份数

应纳第四季度税额 =（全年应纳税所得额 × 税法修改后规定的税率 −
税法修改后规定的速算扣除数）× 第四季度实际
经营月份数 ÷ 全年实际经营月份数

【案例 4-3】2018 年度生产经营所得的汇算清缴

个体工商户张洪 2018 年 1～9 月取得收入 1 000 000 元，成本费用为 728 500 元，已经预缴税额 69 250 元；10～12 月取得收入 500 000 元，成本费用为 405 000 元，已预缴税额 17 562.50 元，汇算清缴时，纳税调整增加额为 10 000 元。请计算汇算清缴张洪应补（退）的税额。

解析：

2018 年 10 月～12 月的经营所得，每月可扣减除费用 5 000 元，并执行新的税率。

（1）全年应纳税所得额 = 1 000 000 − 728 500 − 3 500×9 + 500 000 − 405 000 − 5 000×3 + 10 000 = 330 000（元）

（2）应纳前三季度税额 =（330 000×35% − 14 750）×9÷12 = 75 562.5（元）

（3）应纳 10 月 1 日以后税额 =（330 000×30% − 40 500）×3÷12 = 1 4625（元）

（4）汇算清缴应补缴税额 =75 562.5 + 14 625 − 69 250 − 17 562.50 = 3 375（元）

11. 个人经营所得能否采用核定征收方式征收个人所得税？

答：《个人所得税法实施条例》第十五条第三款规定，从事生产、经营活动，未提供完整、准确的纳税资料，不能正确计算应纳税所得额的，由主管税务机关核定应纳税所得额或者应纳税额。

（1）《税收征收管理法》第三十五条规定，纳税人有下列情形之一的，税务机关有权核定其应纳税额：

1）依照法律、行政法规的规定可以不设置账簿的。

2）依照法律、行政法规的规定应当设置账簿但未设置的。

3）擅自销毁账簿或者拒不提供纳税资料的。

4）虽设置账簿，但账目混乱或者成本资料、收入凭证、费用凭证残缺不全，难以查账的。

5）发生纳税义务，未按照规定的期限办理纳税申报，经税务机关责令限期申报，逾期仍不申报的。

6）纳税人申报的计税依据明显偏低，又无正当理由的。

（2）根据《税收征收管理法实施细则》第四十七条的规定，有上列情形的，税务机关有权采用下列任何一种方法核定其应纳税额：

1）参照当地同类行业或者类似行业中经营规模和收入水平相近的纳税人的税负水平核定。

2）按照营业收入或者成本加合理的费用和利润的方法核定。

3）按照耗用的原材料、燃料、动力等推算或者测算核定。

4）按照其他合理方法核定。采用所列一种方法不足以正确核定应纳税额时，可以同时采用两种以上的方法核定。

纳税人对税务机关采取本条规定的方法核定的应纳税额有异议的，应当提供相关证据，经税务机关认定后，调整应纳税额。

一般来说，经营所得个人所得税的核定征收方式有：税收定期定额征收、核定应税所得率征收、核定应纳税所得额征收、税务机关认可的其他方式这四种方式。

三、预缴申报与汇算清缴

12. 取得经营所得,需要进行纳税申报的纳税人有哪些?

答:根据《个人所得税自行纳税申报有关问题的公告》第二条第二款的规定,下列纳税人有下列取得经营所得的情形都应当向主管税务机关办理纳税申报。

(1)个体工商户业主:来源于境内注册个体工商户从事生产、经营活动取得的所得。

(2)个人独资企业投资者:来源于境内注册的个人独资企业生产、经营的所得。

(3)合伙企业个人合伙人:来源于境内注册的合伙企业生产、经营的所得。

(4)承包承租经营者个人:来源于对企业、事业单位承包经营、承租经营以及转包、转租取得的所得。

(5)其他从事生产、经营活动的个人:来源于从事其他生产、经营活动取得的所得。

13. 个人从两个以上独资或合伙企业取得经营所得,如何进行纳税申报?

答:根据《个人所得税自行纳税申报有关问题的公告》第二条第二款的规定,个人取得经营所得进行纳税申报,具体如表4-4所示,操作要点如下:

(1)纳税人取得经营所得,按年计算个人所得税,由纳税人在月度或季度终了后15日内,向经营管理所在地主管税务机关办理预缴纳税申报,并报送《个人所得税经营所得纳税申报表(A表)》(见附录4A)。

合伙企业有两个或者两个以上个人合伙人的,应分别办理预缴纳税申报。

(2)纳税人在取得经营所得的次年3月31日前,向经营管理所在地主管税务机关办理汇算清缴,并报送《个人所得税经营所得纳税申报表(B表)》(见附录4B)。

纳税人创办两个以上企业的,应分别向各企业经营管理地主管税务机关办理汇算清缴。

(3)纳税人从两处以上取得经营所得的,选择向其中一处经营管理所在地主管税务机关办理年度汇总申报,并报送《个人所得税经营所得纳税申报表(C表)》(见附录4C)。

表 4-4 经营所得个人所得税纳税申报明细表

序号	申报项目	申报时间	申报表类型	纳税申报地点
1	预缴	月度或季度终了之日起 15 日内	个人所得税经营所得纳税申报表（A 表）	经营管理所在地主管税务机关
2	汇算清缴	次年 3 月 31 日前	个人所得税经营所得纳税申报表（B 表）	经营管理所在地主管税务机关
3	两处以上经营所得合并计算	次年 3 月 31 日前	个人所得税经营所得纳税申报表（C 表）	选择向其中一处经营管理所在地主管税务机关

【案例 4-4】创办两个以上独资或合伙企业，经营所得的个人所得税申报

章美丽为九江市蓝天合伙企业的合伙人，分配比例为 50%，2019 年该合伙企业实现收入总额 1 000 万元，成本费用为 600 万元，章美丽在该企业列支工资 8 万元，其他纳税调整增加额为 42 万元。

章美丽在南昌市创办的白云独资企业 2019 年实现收入总额 100 万元，成本费用为 80 万元，章美丽在该企业列支工资 8 万元，无其他纳税调整事项。

章美丽 2019 年度缴纳基本养老保险和基本医疗 4.4 万元，符合条件的专项附加扣除为 3.6 万元。

假设章美丽无综合所得，2019 年度经营所得该如何纳税申报？

解析：

（1）分企业分别办理汇算清缴：

1）章美丽来源于蓝天合伙企业经营所得的纳税申报。

假设专项扣除和专项附加扣除选择在该企业扣除：

来源于蓝天合伙企业的经营所得 =（1 000-600+8+42）×50%=225（万元）

应纳税所得额 =225-6-4.4-3.6=211（万元）

适用税率 35%，速算扣除数 65 500。

应交个人所得税 =211×35%-6.55=67.30（万元）

章美丽应于 2020 年 3 月 31 日之前向九江市该企业的主管税务机关办理纳

税申报,并报送《个人所得税经营所得纳税申报表(B表)》。

2)章美丽来源于白云独资企业经营所得的纳税申报。

来源于白云独资企业的经营所得=100−80+8=28(万元)

应纳税所得额=28−6=22(万元)

适用税率20%,速算扣除数10 500。

应交个人所得税=22×20%−1.05=3.35(万元)

章美丽应于2020年3月31日之前向南昌市该企业的主管税务机关办理纳税申报,并报送《个人所得税经营所得纳税申报表(B表)》。

(2)章美丽将两处经营所得合并计算:

汇总经营所得=225+28=253(万元)

汇总应纳税所得额=253−6−4.4−3.6=239(万元)

适用税率35%,速算扣除数65 500。

应交个人所得税=239×35%−6.55=77.10(万元)

已缴个人所得税=67.30+3.35=70.65(万元)

应补缴个人所得税=77.10−70.65=6.45(万元)

章美丽应于2020年3月31日之前,选择九江市或南昌市其中一处主管税务机关办理汇总申报,报送《个人所得税经营所得纳税申报表(C表)》。

14. 个体工商户、个人独资企业和合伙企业纳税年度中间开业,如何进行纳税申报?

答: 这个问题在本书出版之前,根据现行有效的文件,需要分个人所得税制改革前、改革后来处理。

(1)税制改革前。

根据《国家税务总局关于个体工商户、个人独资企业和合伙企业个人所得税问题的公告》(国家税务总局公告2014年第25号,以下简称国家税务总局公告2014年第25号文件)的规定,从2014年起,个体工商户、个人独资企业和合伙企业因在纳税年度中间开业、合并、注销及其他原因,导致该纳税年度的实际经营期不足1年的,对个体工商户业主、个人独资企业投资者和合伙企业自然人合伙人的生产经营所得计算个人所得税时,以其实际经营期为1个纳税年度。投资者本人的费用扣除标准，应按照其实际经营月份数，以每月 3 500 元的减除标准确定。

计算公式为：

应纳税所得额 = 该年度收入总额 − 成本、费用及损失 − 当年投资者本人的费用扣除额

当年投资者本人的费用扣除额 = 月减除费用（3 500 元 / 月）× 当年实际经营月份数

应纳税额 = 应纳税所得额 × 税率 − 速算扣除数

注：财税〔2018〕98 号文件第二条规定，2018 年第四季度投资者费用扣除标准由 3 500 元 / 月，调整为 5 000 元 / 月。

【案例 4-5】2018 年度中间开业，投资者经营所得的纳税申报

章楷于 2018 年 10 月创办锦鲤工作室（个人独资企业），2018 年 10～12 月取得收入 1 000 000 元，成本费用为 800 000 元，其中，列支章楷工资 18 000 元、家庭消费性支出 20 000 元，业务招待费超标准列支 12 000 元。章楷当年无其他所得，实际缴纳基本养老保险和基本医疗保险 9 000 元。假设税务机关认定为按季申报，请问：章楷如何办理 2018 年度的预缴申报和汇算清缴申报？

解析：

（1）2019 年 1 月 15 日之前办理 2018 第四季度预缴申报时：

根据国家税务总局公告 2014 年第 25 号文件的规定，锦鲤工作室因在纳税年度中间开业，投资者减除费用 = 本年实际经营月份数 × 5 000 元 = 5 000 × 3 = 15 000（元）

应纳税所得额 = 1 000 000 − 800 000 − 15 000 − 9 000 = 176 000（元）

应预缴个人所得税 = 176 000 × 20% − 10 500 = 24 700（元）

（2）2019 年 3 月 30 日之前办理 2018 年度汇算清缴申报时：

锦鲤工作室列支投资者章楷工资、家庭消费性支出、业务招待费超标准列支应进行纳税调整，纳税调整增加额 = 18 000 + 12 000 + 20 000 = 50 000（元）

根据国家税务总局公告 2014 年第 25 号文件的规定，因锦鲤工作室在纳税年度中间开业，章楷第四季度减除费用 = 5 000 × 本年实际经营月份数 = 5 000 × 3 = 15 000（元）

2018年度应纳税所得额=（1 000 000-800 000+50 000）-15 000-9 000=226 000（元）

应交个人所得税=226 000×20%-10 500=34 700（元）

应补缴个人所得税=34 700-24 700=10 000（元）

（2）税制改革后。

《个人所得税法实施条例》第十五条第二款规定，取得经营所得的个人，计算其每一纳税年度的应纳税所得额的计算公式为：

应纳税额＝应纳税所得额×税率－速算扣除数

投资者本人当年没有综合所得的，应纳税所得额＝该年度收入总额－成本、费用及损失－60 000－专项扣除－专项附加扣除－依法确定的其他扣除

投资者本人当年有综合所得的，应纳税所得额＝该年度收入总额－成本、费用及损失

那么，对于纳税年度的实际经营期不足 1 年的，投资者本人的费用扣除标准，应按照其实际经营月份数乘以减除标准确定还是按 60 000 元确定呢？

截至本书完稿前，国家税务总局公告 2014 年第 25 号文件尚未宣布作废，但《国家税务总局关于修订个人所得税申报表的公告》（国家税务总局公告 2019 年第 7 号，以下简称国家税务总局公告 2019 年第 7 号文件）对《个人所得税经营所得纳税申报表（A 表）》和《个人所得税经营所得纳税申报表（B 表）》的填报说明中关于"投资者减除费用"的填报口径如下：

（1）《个人所得税经营所得纳税申报表（A 表）》第 8 行"投资者减除费用"：填写根据本年实际经营月份数计算的可在税前扣除的投资者本人每月 5 000 元减除费用的合计金额。

（2）《个人所得税经营所得纳税申报表（B 表）》第 42 行"投资者减除费用"：填写按税法规定的减除费用金额。

也就是说，对于个体工商户、个人独资企业和合伙企业纳税年度的实际经营期不足 1 年的，投资者按照填报说明填写"投资者减除费用"预缴申报和汇算清缴申报的金额是不一样的。

在此，编者先按上述填报说明进行案例分析，本书出版后如果出台新文件，以新文件的计缴方法为准。

【案例 4-6】2019 年度中间开业，投资者经营所得的纳税申报

张平于 2019 年 10 月创办飞宇工作室（个人独资企业），2019 年 10～12 月取得收入 1 000 000 元，成本费用为 800 000 元，其中，列支张平工资 18 000 元、家庭消费性支出 20 000 元，业务招待费超标准列支为 12 000 元。张平当年无其他所得，实际缴纳基本养老保险和基本医疗保险 9 000 元，符合条件的专项附加扣除为 6 000 元。假设税务机关认定为按季申报，请问：张平如何办理 2019 年度的预缴申报和汇算清缴申报？

解析：

（1）2020 年 1 月 15 日之前办理 2019 年第四季度预缴申报时：

根据国家税务总局公告 2019 年第 7 号文件对《个人所得税经营所得纳税申报表（A 表）》第 8 行的填报说明，因飞宇工作室在纳税年度中间开业，张平第四季度减除费用 =5 000× 本年实际经营月份数 =5 000×3=15 000（元）

应纳税所得额 =1 000 000－800 000－15 000－9 000=176 000（元）

应预缴个人所得税 =176 000×20%－10 500=24 700（元）

（2）2020 年 3 月 31 日之前办理 2019 年度汇算清缴申报时：

工作室列支投资者张平工资、家庭消费性支出、业务招待费超标准列支应进行纳税调整，纳税调整增加额 =18 000＋12 000＋20 000=50 000（元）

根据国家税务总局公告 2019 年第 7 号文件对《个人所得税经营所得纳税申报表（B 表）》第 42 行的填报说明，投资者减除费用为 60 000 元。

专项附加扣除在汇算清缴时可以扣除。

2019 年度应纳税所得额 =（1 000 000－800 000+50 000）－60 000－9 000－6 000=175 000（元）

应交个人所得税 =175 000×20%－10 500=24 500（元）

应退个人所得税 =24 700－24 500=200（元）

四、个体工商户的具体规定

15. 个体工商户的纳税义务人有哪些？

答：《国家税务总局个体工商户个人所得税计税办法》(国家税务总局令 2014

年第 35 号）第三条、第四条规定，个体工商户以业主为个人所得税纳税义务人。个体工商户包括：

（1）依法取得个体工商户营业执照，从事生产经营的个体工商户。

（2）经政府有关部门批准，从事办学、医疗、咨询等有偿服务活动的个人。

（3）其他从事个体生产、经营的个人。

16. 个体工商户需要建账吗？建账标准是什么？

答：根据《个体工商户建账管理暂行办法》（国家税务总局令第 17 号）的规定，凡从事生产、经营并有固定生产、经营场所的个体工商户，都应当按照法律、行政法规和该办法的规定设置、使用和保管账簿及凭证，并根据合法、有效凭证记账核算。

（1）符合下列情形之一的个体工商户，应当设置复式账：

1）注册资金在 20 万元以上的。

2）纳税人月销售额在 40 000 元以上的；从事货物生产的增值税纳税人月销售额在 60 000 元以上的；从事货物批发或零售的增值税纳税人月销售额在 80 000 元以上的。

上述所称纳税人月销售额，是指个体工商户上一个纳税年度月平均销售额；新办的个体工商户为业户预估的当年度经营期月平均销售额。

3）省级税务机关确定应设置复式账的其他情形。

设置复式账的个体工商户应按《个体工商户会计制度（试行）》的规定设置总分类账、明细分类账、日记账等，进行财务会计核算，如实记载财务收支情况。成本、费用列支和其他财务核算规定按照《个体工商户个人所得税计税办法（试行）》执行。

设置复式账的个体工商户在办理纳税申报时，应当按照规定向当地主管税务机关报送财务会计报表和有关纳税资料。月度会计报表应当于月份终了后 10 日内报出，年度会计报表应当在年度终了后 30 日内报出。

（2）符合下列情形之一的个体工商户，应当设置简易账，并积极创造条件设置复式账：

1）注册资金在 10 万元以上 20 万元以下的。

2）纳税人月销售额在 15 000 元至 40 000 元的；从事货物生产的增值税纳税人月销售额在 30 000 元至 60 000 元的；从事货物批发或零售的增值税纳税人月销售额在 40 000 元至 80 000 元的。

3）省级税务机关确定应当设置简易账的其他情形。

设置简易账的个体工商户应当设置经营收入账、经营费用账、商品（材料）购进账、库存商品（材料）盘点表和利润表，以收支方式记录、反映生产、经营情况并进行简易会计核算。按照税务机关规定的要求使用税控收款机的个体工商户，其税控收款机输出的完整的书面记录，可以视同经营收入账。

（3）达不到上述建账标准的个体工商户，经县以上税务机关批准，可按照税收征管法的规定，建立收支凭证粘贴簿、进货销货登记簿或者使用税控装置。

（4）达到建账标准的个体工商户，应当自领取营业执照或者发生纳税义务之日起 15 日内，按照法律、行政法规和本办法的有关规定设置账簿并办理账务，不得伪造、变造或者擅自损毁账簿、记账凭证、完税凭证和其他有关资料。

依照规定应当设置账簿的个体工商户违反有关法律、行政法规和本办法关于账簿设置、使用和保管规定的，由税务机关按照税收征管法的有关规定进行处理。

17．个体工商户的个人所得税有哪些征收方式？

答：个体工商户的征收方式主要有查账征收、税收定期定额、核定附征率三种方式。法规依据主要见以下文件条款：

（1）《个体工商户个人所得税计税办法》第二条规定，凡实行查账征收的个体户，均应当按本办法的规定计算并申报缴纳个人所得税。

（2）《个体工商户建账管理暂行办法》第十五条规定，依照规定应当设置账簿的个体工商户，具有税收征管法第三十五条第一款第二项至第六项情形之一的，税务机关有权根据税收征管法实施细则第四十七条规定的方法核定其应纳税额。

（3）根据《国家税务总局关于个体工商户定期定额征收管理有关问题的通知》（国税发〔2006〕183 号，以下简称国税发〔2006〕183 号文件）第二条、第三条的规定，对虽设置账簿，但账目混乱或成本资料、收入凭证、费用凭证残缺不全、难以查账的个体工商户，税务机关可以实行定期定额征收。个人所得税附征率应当按照法律、行政法规的规定和当地实际情况，分地域、行业进行换算。

（4）根据《个体工商户税收定期定额征收管理办法》（国家税务总局令第16号）第二条的规定，对于经主管税务机关认定和县以上税务机关批准的生产、经营规模小，达不到《个体工商户建账管理暂行办法》规定设置账簿标准的个体工商户，税务机关可以实行税收定期定额征收。

综合以上规定，个体工商户的征收方式主要包括查账征收、税收定期定额、核定附征率三种方式。

18. 查账征收的个体工商户计算应纳税所得额的原则是什么？

答：根据《个体工商户个人所得税计税办法》（国家税务总局令第35号）第五条、第六条的规定，个体工商户应纳税所得额的计算，以权责发生制为原则，属于当期的收入和费用，不论款项是否收付，均作为当期的收入和费用；不属于当期的收入和费用，即使款项已经在当期收付，均不作为当期收入和费用。在计算应纳税所得额时，个体工商户会计处理办法与该办法和财政部、国家税务总局相关规定不一致的，应当依照该办法和财政部、国家税务总局的相关规定计算。

个体工商户应纳税所得额的计算公式为：

$$个体工商户应纳税所得额 = 当年度收入总额 - 成本、费用 - 损失 + 纳税调整增加额 - 纳税调整减少额$$

19. 查账征收的个体工商户的收入总额怎么确认？

答：根据《个体工商户个人所得税计税办法》第八条的规定，个体工商户从事生产经营以及与生产经营有关的活动取得的货币形式和非货币形式的各项收入，为收入总额。包括：销售货物收入、提供劳务收入、转让财产收入、利息收入、租金收入、接受捐赠收入、其他收入。

上述所称其他收入包括个体工商户资产溢余收入、逾期一年以上的未退包装物押金收入、确实无法偿付的应付款项、已作坏账损失处理后又收回的应收款项、债务重组收入、补贴收入、违约金收入、汇兑收益等。

20. 查账征收的个体工商户应纳税所得额可以扣除哪些成本、费用、损失？

答：根据《个体工商户个人所得税计税办法》第九条至第十四条、第十八条至第十九条的规定，个体工商户发生的支出应当区分收益性支出和资本性支出。收益性支出在发生当期直接扣除；资本性支出应当分期扣除或者计入有关资产成本，不得在发生当期直接扣除。这里所称的支出是指与取得收入直接相关的支出，具体包括：

（1）成本是指个体工商户在生产经营活动中发生的销售成本、销货成本、业务支出以及其他耗费。

个体工商户使用或者销售存货，按照规定计算的存货成本，准予在计算应纳税所得额时扣除。

个体工商户转让资产，该项资产的净值，准予在计算应纳税所得额时扣除。

（2）费用是指个体工商户在生产经营活动中发生的销售费用、管理费用和财务费用，已经计入成本的有关费用除外。

（3）税金是指个体工商户在生产经营活动中发生的除个人所得税和允许抵扣的增值税以外的各项税金及其附加。

（4）损失是指个体工商户在生产经营活动中发生的固定资产和存货的盘亏、毁损、报废损失，转让财产损失，坏账损失，自然灾害等不可抗力因素造成的损失以及其他损失。

个体工商户发生的损失，减除责任人赔偿和保险赔款后的余额，参照财政部、国家税务总局有关企业资产损失税前扣除的规定扣除。

个体工商户已经作为损失处理的资产，在以后纳税年度又全部收回或者部分收回时，应当计入收回当期的收入。

（5）其他支出是指除成本、费用、税金、损失外，个体工商户在生产经营活动中发生的与生产经营活动有关的、合理的支出。

除税收法律法规另有规定外，个体工商户实际发生的成本、费用、税金、损失和其他支出，不得重复扣除。

21. 查账征收的个体工商户应纳税所得额的扣除项目标准是什么？

答：根据《个体工商户个人所得税计税办法》第二十条至第三十五条的规定，除了部分扣除项目有限定标准外，一般来说，与生产经营收入密切相关的费用支出都可以税前扣除，但是由于个人所得税税制特点，一些费用扣除和企业所得税的税前扣除标准是有些差异的，请读者注意区分。

个体工商户经营所得的扣除项目及标准如表4-5所示。

22. 查账征收的个体工商户生产经营的哪些支出不允许税前扣除？

答：根据《个体工商户个人所得税计税办法》第十五条、第三十条的规定，个体工商户下列支出不得扣除：

（1）个人所得税税款。

（2）税收滞纳金。

（3）罚金、罚款和被没收财物的损失。

（4）不符合扣除规定的捐赠支出。

（5）赞助支出，是指个体工商户发生的与生产经营活动无关的各种非广告性质支出。

（6）用于个人和家庭的支出。

（7）与取得生产经营收入无关的其他支出。

（8）国家税务总局规定不准扣除的支出。

（9）个体工商户代其从业人员或者他人负担的税款，不得税前扣除。

23. 个体工商户生产经营与个人、家庭生活混用难以分清的费用如何税前扣除？

答：《个体工商户个人所得税计税办法》第十六条规定，个体工商户生产经营活动中，应当分别核算生产经营费用和个人、家庭费用。

对于生产经营与个人、家庭生活混用难以分清的费用，其40%视为与生产经营有关的费用，准予扣除。

表 4-5 个体工商户经营所得的扣除项目及标准明细表

序号	扣除项目	扣除标准
1	工资薪金	(1) 个体工商户实际支付给从业人员的、合理的工资薪金支出，准予扣除。 (2) 个体工商业主的工资薪金支出不得税前扣除。个体工商户业主的费用扣除标准为每年6万元
2	三项经费支出	(1) 个体工商户向当地工会组织拨缴的工会经费、实际发生的职工福利费支出、职工教育经费支出分别在工资薪金总额的2%、14%、2.5%的标准内据实扣除。 其中：职工教育经费支出是指实际发生数额超过规定比例当期不能扣除的数额，准予在以后纳税年度结转扣除。 注：工资薪金总额是指允许在当期税前扣除的工资薪金支出数额 (2) 个体工商户业主本人向当地工会组织缴纳的工会经费、实际发生的职工福利费支出、职工教育经费支出，分别在当地(地级市)上年度社会平均工资的3倍为计算基数的2%、14%、2.5%的标准内据实扣除
3	五险一金	个体工商户按照国务院有关主管部门或者省级人民政府规定的范围和标准为其业主和从业人员缴纳的基本养老保险费、基本医疗保险费、失业保险费、生育保险费、工伤保险费和住房公积金，准予扣除
4	补充保险	(1) 个体工商户为从业人员缴纳的补充养老保险费、补充医疗保险费，分别在不超过从业人员工资总额5%标准内的部分据实扣除；超过部分，不得扣除。 (2) 个体工商业主本人缴纳的补充养老保险费、补充医疗保险费，分别在不超过当地(地级市)上年度社会平均工资3倍为计算基数，分别在不超过该计算基数5%标准内的部分据实扣除；超过部分，不得扣除
5	商业保险	除个体工商户依照国家有关规定为特殊工种从业人员支付的人身安全保险费和财政部、国家税务总局规定可以扣除的其他商业保险费外，个体工商户业主本人或者从业人员支付的商业保险费，不得扣除
6	财产保险	个体工商户参加财产保险，按照规定缴纳的保险费，准予扣除
7	借款费用及利息	(1) 个体工商户在生产经营活动中发生的合理的不需要资本化的借款费用，准予扣除。 (2) 个体工商户为购置、建造固定资产、无形资产和经过12个月以上的建造才能达到预定可销售状态的存货发生的，在有关资产购置、建造期间发生的合理的借款费用，应当作为资本性支出计入有关资产的成本，并依照本办法的规定扣除。 (3) 个体工商户在生产经营活动中发生的向金融企业借款的利息支出和向非金融企业和个人借款的利息支出，不超过按照金融企业同期同类贷款利率计算的数额的部分，准予扣除
8	汇兑损益	个体工商户在货币交易中，以及纳税年度终了时将人民币以外的货币性资产、负债按照期末即期人民币汇率中间价折算为人民币时产生的汇兑损失，除已经计入有关资产成本部分外，准予扣除

(续)

序号	扣除项目	扣除标准
9	业务招待费	(1) 个体工商户发生的与生产经营活动有关的业务招待费，按照实际发生额的60%扣除，但最高不得超过当年销售（营业）收入的5‰ (2) 业主自申请营业执照开始生产经营之日起至开始生产经营之日止所发生的业务招待费，按照实际发生额的60%计入个体工商户的开办费
10	广告费	个体工商户每一纳税年度发生的与其生产经营活动直接相关的广告费和业务宣传费不超过当年销售（营业）收入15%的部分，可以据实扣除；超过部分，准予在以后纳税年度结转扣除
11	租赁费	个体工商户根据生产经营活动的需要租入固定资产支付的租赁费，以经营租赁方式租入固定资产发生的租赁费支出，按照租赁期限均匀扣除；以融资租赁方式租入固定资产发生的租赁费支出，按照规定构成融资租入固定资产价值的部分应当提取折旧费用，分期扣除
12	劳动保护费	个体工商户发生的合理的劳动保护支出，准予扣除
13	开办费	个体工商户自申请营业执照之日起至开始生产经营之日止所发生符合本办法规定的费用，除为取得固定资产、无形资产的支出，以及应计入资产价值的汇兑损益、利息支出外，作为开办费，个体工商户可以选择在开始生产经营的当年一次性扣除，也可自生产经营月份起不短于3年期限内摊销扣除，但一经选定，不得改变开始生产经营之日为个体工商户取得第一笔销售（营业）收入的日期
14	捐赠支出	个体工商户通过公益性社会团体或者县级以上人民政府及其部门，用于《中华人民共和国公益事业捐赠法》规定的公益事业的捐赠，捐赠额不超过其应纳税所得额30%的部分可以据实扣除 财政部、国家税务总局规定可以全额在税前扣除的捐赠支出项目，按有关规定执行 个体工商户直接对受益人的捐赠不得扣除 公益性社会团体的认定，按照财政部、国家税务总局、新工艺所发新产品、新技术、民政部有关规定执行
15	研发费用	个体工商户研究开发新产品、新技术、新工艺所发生的费用，以及研究开发新产品、新技术而购置单台价值在10万元以下的测试仪器和试验性装置的购置费准予直接扣除；单台价值在10万元以上（含10万元）的测试仪器和试验性装置，按固定资产管理，不得在当期直接扣除
16	摊位费等其他费用	个体工商户按照规定缴纳的摊位费、行政性收费、协会费等，按实际发生数额扣除

24. 查账征收的个体工商户应纳税所得额亏损弥补有哪些具体规定？

答：《个体工商户个人所得税计税办法》第十七条、第二十条规定，亏损是指个体工商户依照该办法规定计算的应纳税所得额小于零的数额。个体工商户纳税年度发生的亏损，准予向以后年度结转，用以后年度的生产经营所得弥补，但结转年限最长不得超过五年。

25. 什么是个体工商户税收定期定额征收？

答：《个体工商户税收定期定额征收管理办法》第二条规定，个体工商户税收定期定额征收，是指税务机关依照法律、行政法规及该办法的规定，对个体工商户在一定经营地点、一定经营时期、一定经营范围内的应纳税经营额（包括经营数量）或所得额（以下简称定额）进行核定，并以此为计税依据，确定其应纳税额的一种征收方式。

根据国税发〔2006〕183号文件的规定，上述所称"经营数量"是指从量计征的货物数量。

26. 个体工商户定额核定的方法有哪些？

答：《个体工商户税收定期定额征收管理办法》第六条规定，税务机关应当根据定期定额户的经营规模、经营区域、经营内容、行业特点、管理水平等因素核定定额，可以采用下列一种或两种以上的方法核定：

（1）按照耗用的原材料、燃料、动力等推算或者测算核定。

（2）按照成本加合理的费用和利润的方法核定。

（3）按照盘点库存情况推算或者测算核定。

（4）按照发票和相关凭据核定。

（5）按照银行经营账户资金往来情况测算核定。

（6）参照同类行业或类似行业中同规模、同区域纳税人的生产、经营情况核定。

（7）按照其他合理方法核定。

税务机关应当运用现代信息技术手段核定定额，增强核定工作的规范性和合理性。

27. 个体工商户定期定额的执行期限一般是多长时间？

答：《个体工商户税收定期定额征收管理办法》第五条规定，定额执行期的具体期限由省级税务机关确定，但最长不得超过一年。定额执行期是指税务机关核定后执行的第一个纳税期至最后一个纳税期。

28. 在定额核定过程中，个体工商户业主需要提供什么资料？

答：《个体工商户税收定期定额征收管理办法》第七条规定，纳税人需要自行申报：定期定额户要按照税务机关规定的申报期限、申报内容向主管税务机关申报，填写有关申报文书。申报内容应包括经营行业、营业面积、雇佣人数和每月经营额、所得额以及税务机关需要的其他申报项目。这里的经营额、所得额为预估数。

29. 个体工商户对税务机关确定的定额有异议怎么办？

答：《个体工商户税收定期定额征收管理办法》第二十二条规定，定期定额户对税务机关核定的定额有争议的，可以在接到《核定定额通知书》之日起30日内向主管税务机关提出重新核定定额申请，并提供足以说明其生产、经营真实情况的证据，主管税务机关应当自接到申请之日起30日内书面答复。

定期定额户也可以按照法律、行政法规的规定直接向上一级税务机关申请行政复议；对行政复议决定不服的，可以依法向人民法院提起行政诉讼。

定期定额户在未接到重新核定定额通知、行政复议决定书或人民法院判决书前，仍按原定额缴纳税款。

30. 定期定额个体工商户在税收管理中需要履行哪些涉税义务？

答：《个体工商户税收定期定额征收管理办法》第八条、第九条规定，定期定额户应当建立收支凭证粘贴簿、进销货登记簿，完整保存有关纳税资料，并接受税务机关的检查。

依照法律、行政法规的规定，定期定额户负有纳税申报义务。

实行简易申报的定期定额户，应当在税务机关规定的期限内按照法律、行政法规规定缴清应纳税款，当期（指纳税期）可以不办理申报手续。

31. 定期定额个体工商户可以通过网络或其他方式缴税吗？

答：《个体工商户税收定期定额征收管理办法》第十一条、第十六条规定，定期定额户可以委托经税务机关认定的银行或其他金融机构办理税款划缴。

凡委托银行或其他金融机构办理税款划缴的定期定额户，应当向税务机关书面报告开户银行及账号。其账户内存款应当足以按期缴纳当期税款。其存款余额低于当期应纳税款，致使当期税款不能按期入库的，税务机关按逾期缴纳税款处理；对实行简易申报的，按逾期办理纳税申报和逾期缴纳税款处理。

通过银行或其他金融机构划缴税款的，其完税凭证可以到税务机关领取，或到税务机关委托的银行或其他金融机构领取；税务机关也可以根据当地实际情况采取邮寄送达，或委托有关单位送达。

根据国税发〔2006〕183号文件的有关规定，定期定额户委托银行或其他金融机构划缴税款的，其账户内存款数额，应当足以缴纳当期税款。为保证税款及时入库，其存款入账的时间不得影响银行或其他金融机构在纳税期限内将其税款划缴入库。

32. 定期定额户按期申报缴纳税款后还需要按照实际所得额申报缴税吗？

答：《个体工商户税收定期定额征收管理办法》第十七条、第十八条规定，定期定额户在定额执行期结束后，应当以该期每月实际发生的经营额、所得额向税务机关申报，申报额超过定额的，按申报额缴纳税款；申报额低于定额的，按定额缴纳税款。具体申报期限由省级税务机关确定。

定期定额户当期发生的经营额、所得额超过定额一定幅度的，应当在法律、行政法规规定的申报期限内向税务机关进行申报并缴清税款。具体幅度由省级税务机关确定。

定期定额户的经营额、所得额连续纳税期超过或低于税务机关核定的定额，应当提请税务机关重新核定定额，税务机关应当根据本办法规定的核定方法和程序重新核定定额。具体期限由省级税务机关确定。

五、个人独资和合伙企业的具体规定

33. 个人独资企业和合伙企业的征税范围有哪些？

答：《财政部 国家税务总局关于印发〈关于个人独资企业和合伙企业投资者征收个人所得税的规定〉的通知》（财税〔2000〕91号，以下称简称《个人独资企业和合伙企业投资者征收个人所得税的规定》）第二条规定，所称个人独资企业和合伙企业是指：

（1）依照《中华人民共和国个人独资企业法》和《中华人民共和国合伙企业法》登记成立的个人独资企业、合伙企业。

（2）依照《中华人民共和国私营企业暂行条例》登记成立的独资、合伙性质的私营企业。

（3）依照《中华人民共和国律师法》登记成立的合伙制律师事务所。

（4）经政府有关部门依照法律法规批准成立的负无限责任和无限连带责任的其他个人独资、个人合伙性质的机构或组织。

34. 个人独资企业和合伙企业对外投资分回利息、股息、红利如何缴纳个人所得税？

答：《国家税务总局关于〈关于个人独资企业和合伙企业投资者征收个人所得税的规定〉执行口径的通知》（国税函〔2001〕84号，以下简称国税函〔2001〕84号文件）第二条规定，个人独资企业和合伙企业对外投资分回的利息或者股息、红利，不并入企业的收入，而应单独作为投资者个人取得的利息、股息、红利所得，按"利息、股息、红利所得"应税项目计算缴纳个人所得税。

以合伙企业名义对外投资分回利息或者股息、红利的，应按规定确定各个投资者的利息、股息、红利所得，分别按"利息、股息、红利所得"应税项目计算缴纳个人所得税。

35. 个人独资企业和合伙企业股权转让所得如何缴纳个人所得税？

答：《国家税务总局关于切实加强高收入者个人所得税征管的通知》（国税发〔2011〕50号）规定，个人独资企业和合伙企业从事股权（票）、期货、基金、债券、外汇、贵重金属、资源开采权及其他投资品交易取得的所得，应全部纳入生产经营所得，依法征收个人所得税。将个人独资企业、合伙企业和个体工商户的资金用于投资者本人、家庭成员及其相关人员消费性支出和财产性支出的，严格按照相关规定计征个人所得税。

36. 投资者如何计算来源于个人独资企业、合伙企业的经营所得？

答： 根据《个人独资企业和合伙企业投资者征收个人所得税的规定》《个人所得税法》第六条第三项和《个人所得税实施条例》第十五条的规定，投资者来源于个人独资企业、合伙企业的经营所得计算方法如下：

（1）计算个人独资企业、合伙企业的生产经营所得。

$$个人独资企业、合伙企业的生产经营所得$$
$$=当年度的收入总额-成本、费用-损失$$

收入总额，是指企业从事生产经营以及与生产经营有关的活动所取得的各项收入，对外投资分回利息或者股息、红利除外，具体包括商品（产品）销售收入、营运收入、劳务服务收入、工程价款收入、财产出租或转让收入、其他业务收入和营业外收入。

生产经营所得，包括企业分配给投资者个人的所得和企业当年留存的所得（利润）。

（2）计算投资者来源于个人独资企业、合伙企业的经营所得。

1）个人独资企业的投资者以全部生产经营所得为经营所得。

2）合伙企业的投资者按照合伙企业的全部生产经营所得和合伙协议约定的分配比例确定应纳税所得额，合伙协议没有约定分配比例的，以全部生产经营所得和合伙人数量平均计算每个投资者的经营所得。

【备注】①个人合伙人来源于合伙企业的所得应纳税额的计算方法见【案例4-1】。②个人投资者来源于个人独资企业的所得应纳税额的计算方法见【案例4-4】。

37. 查账征收的个人独资企业和合伙企业，怎么确定费用扣除？

答： 根据《个人独资企业和合伙企业投资者征收个人所得税的规定》第六

条的规定，凡实行查账征税办法的，生产经营所得比照《个体工商户个人所得税计税办法》的规定确定，但下列项目的扣除依照该办法的规定执行。

（1）投资者的费用扣除标准。

1）投资者的工资不得在税前扣除。

2）投资者费用扣除按照个人所得税法第六条减除费用标准执行。

注：《个人所得税法实施条例》第十五条第二款规定，投资者没有综合所得的，计算其每一纳税年度的应纳税所得额时，应当减除费用6万元、专项扣除、专项附加扣除以及依法确定的其他扣除。

（2）投资者及其家庭发生的生活费用不允许在税前扣除。投资者及其家庭发生的生活费用与企业生产经营费用混合在一起，并且难以划分的，全部视为投资者个人及其家庭发生的生活费用，不允许在税前扣除。

（3）企业生产经营和投资者及其家庭生活共用的固定资产，难以划分的，由主管税务机关根据企业的生产经营类型、规模等具体情况，核定准予在税前扣除的折旧费用的数额或比例。

注：对于部分费用扣除标准，《财政部 国家税务总局关于调整个体工商户个人独资企业和合伙企业个人所得税税前扣除标准有关问题的通知》（财税〔2008〕65号）第二条至第五条调整如下：

（1）个人独资企业和合伙企业向其从业人员实际支付的合理的工资、薪金支出，允许在税前据实扣除。

（2）个人独资企业和合伙企业拨缴的工会经费、发生的职工福利费、职工教育经费支出分别在工资薪金总额2%、14%、2.5%的标准内据实扣除。

（3）个人独资企业和合伙企业每一纳税年度发生的广告费和业务宣传费用不超过当年销售（营业）收入15%的部分，可据实扣除；超过部分，准予在以后纳税年度结转扣除。

（4）个人独资企业和合伙企业每一纳税年度发生的与其生产经营业务直接相关的业务招待费支出，按照发生额的60%扣除，但最高不得超过当年销售（营业）收入的5‰。

对比上述规定可以看出，个人独资企业和合伙企业生产经营所得的费用扣除项目基本与《个体工商户个人所得税计税办法》一致。

38. 个人独资企业和合伙企业发生亏损可以在下一年度弥补吗？

答： 根据《个人独资企业和合伙企业投资者征收个人所得税的规定》第十四条和国税函〔2001〕84号文件第三条的规定，企业的年度亏损，允许用本企业下一年度的生产经营所得弥补，下一年度所得不足弥补的，允许逐年延续弥补，但最长不得超过5年。

投资者兴办两个或两个以上企业的，企业的年度经营亏损不能跨企业弥补。

需要注意的是，国税函〔2001〕84号文件第三条规定，实行查账征税方式的个人独资企业和合伙企业改为核定征税方式后，在查账征税方式下认定的年度经营亏损未弥补完的部分，不得再继续弥补。

39. 个人独资企业资产评估增值计提折旧，是否可以税前扣除？

答： 根据《国家税务总局关于个人独资企业个人所得税税前固定资产折旧费扣除问题的批复》（国税函〔2002〕1090号）的规定，个人独资企业在计算缴纳投资者个人所得税时，应遵循历史成本原则，资产评估增值计提的折旧可以作为企业成本核算的依据，但不允许在税前扣除。

40. 个人独资企业和合伙企业注销清算如何计缴个人所得税？

答：《个人独资企业和合伙企业投资者征收个人所得税的规定》第十六条规定，企业进行清算时，投资者应当在注销工商登记之前，向主管税务机关结清有关税务事宜。企业的清算所得应当视为年度生产经营所得，由投资者依法缴纳个人所得税。

清算所得，是指企业清算时的全部资产或者财产的公允价值扣除各项清算费用、损失、负债、以前年度留存的利润后，超过实缴资本的部分。

根据国家税务总局公告2014年第25号的规定，个人独资企业和合伙企业因在纳税年度中间开业、合并、注销及其他原因，导致该纳税年度的实际经营期不足1年的，对个人独资企业投资者和合伙企业自然人合伙人的生产经营所得计算个人所得税时，以其实际经营期为1个纳税年度。投资者本人的费用扣除标准，应按照其实际经营月份数，以每月减除费用标准确定。

【案例 4-7】个人独资企业注销清算个人所得税的计算

张宏因出国定居，于 2019 年 10 月将 2016 年 3 月实际出资 30 万元创办的飞扬工作室（个人独资企业）注销，注销时资产的公允价值为 1 000 万元、负债为 800 万元、以前年度留存的利润为 120 万元，发生清算费用 20 万元。另外 2019 年 1～10 月取得收入 200 万元，成本费用为 150 万元，其中，列支张宏工资 5 万元，业务招待费、家庭消费支出等事项纳税调整增加额 2 万元，已预缴个人所得税 8.25 万元。张宏无综合所得，实际缴纳基本养老保险和基本医疗保险 3 万元，符合条件的专项附加扣除为 2 万元。飞扬工作室注销清算时，张宏应补缴多少个人所得税？

解析：

（1）张宏应当在注销工商登记之前，向主管税务机关结清有关税务事宜。飞扬工作室的清算所得应当视为年度生产经营所得，由投资者依法缴纳个人所得税。

飞扬工作室的清算所得＝清算时的全部资产或者财产的公允价值扣除－各项清算费用－损失－负债－以前年度留存的利润－实缴资本＝1 000－800－120－20－30＝30（万元）

（2）飞扬工作室在纳税年度中间注销，以其实际经营期为 1 个纳税年度。张宏本人的费用扣除标准，应按照其实际经营月份数，以每月减除标准 0.5 万元确定。

当年张宏的费用扣除额＝0.5×10＝5（万元）

（3）张宏没有综合所得，可以扣除专项扣除和专项附加扣除。

应纳税所得额＝30+200－150+5+2－5－3－2＝77（万元）

适用税率 35%，速算扣除数 65 500

应纳税额＝77×35%－6.55＝20.40（万元）

应补缴税额＝20.40－8.25＝12.15（万元）

41.合伙企业的合伙人，如何确定应纳税所得额？

答： 对合伙企业合伙人所得税如何缴纳所得税的问题，《财政部 国家税务总局关于合伙企业合伙人所得税问题的通知》（财税〔2008〕159 号，以下简称财税〔2008〕159 号文件）做了如下规定：

（1）合伙企业是指依照中国法律、行政法规成立的合伙企业。

（2）合伙企业以每一个合伙人为纳税义务人。合伙企业合伙人是自然人的，缴纳个人所得税；合伙人是法人和其他组织的，缴纳企业所得税。

（3）合伙企业生产经营所得和其他所得采取"先分后税"的原则。

具体应纳税所得额的计算按照《个人独资企业和合伙企业投资者征收个人所得税的规定》及《个人所得税法》及其实施条例的有关规定执行。

上述所称生产经营所得和其他所得，包括合伙企业分配给所有合伙人的所得和企业当年留存的所得（利润）。

（4）合伙企业的合伙人按照下列原则确定应纳税所得额：

1）合伙企业的合伙人以合伙企业的生产经营所得和其他所得，按照合伙协议约定的分配比例确定应纳税所得额。

2）合伙协议未约定或者约定不明确的，以全部生产经营所得和其他所得，按照合伙人协商决定的分配比例确定应纳税所得额。

3）协商不成的，以全部生产经营所得和其他所得，按照合伙人实缴出资比例确定应纳税所得额。

4）无法确定出资比例的，以全部生产经营所得和其他所得，按照合伙人数量平均计算每个合伙人的应纳税所得额。

合伙协议不得约定将全部利润分配给部分合伙人。

【案例4-8】合伙企业的个人所得税纳税申报

章美丽为锦绣投资合伙企业的合伙人，合伙协议约定其分配比例为50%。2019年该合伙企业取得投资分回的股息红利为200万元，取得的转让股权收入为5 000万元，股权取得成本为3 000万元，发生其他成本费用及税费200万元，取得政府奖励收入50万元，除了章美丽在该企业列支工资8万元外，业务招待费超支20万元，无其他纳税调整事项。2019年度缴纳基本养老保险和基本医疗4.4万元，符合条件的专项附加扣除3.6万元。假设章美丽无综合所得，2019年度章美丽就锦绣投资合伙企业的经营所得该如何缴纳个人所得税？

解析：

（1）根据国税函〔2001〕84号文件第二条的规定，锦绣投资合伙企业对外投资分回的股息红利200万元，不并入企业的收入，应按规定确定各个投资者的利息、股息、红利所得，分别按"利息、股息、红利所得"应税项目计算缴纳个人所得税。

章美丽应交股息红利个人所得税=200×50%×20%=20（万元）

（2）章美丽经营所得的个人所得税计算：

锦绣投资合伙企业生产经营所得=5 000−3 000−200+50+8+20=1 878（万元）

章美丽应分得生产经营所得=1 878×50%=939（万元）

应纳税所得额=939−6−4.4−3.6=925（万元）

适用税率35%，速算扣除数65 500。

应交个人所得税=925×35%−6.55=317.20（万元）

章美丽应于2020年3月31日之前向锦绣投资合伙企业主管税务机关办理纳税申报，并报送《个人所得税经营所得纳税申报表（B表）》。

42. 个人合伙人对初创科技型企业投资，如何抵扣分回的经营所得？

答：《财政部 税务总局关于创业投资企业和天使投资个人有关税收政策的通知》（财税〔2018〕55号，以下简称财税〔2018〕55号文件）第一条第二项规定，自2018年1月1日起，有限合伙制创业投资企业（以下简称合伙创投企业）采取股权投资方式直接投资于种子期、初创期科技型企业（以下简称初创科技型企业）满2年的，个人合伙人可以按照对初创科技型企业投资额的70%抵扣个人合伙人从合伙创投企业分得的经营所得；当年不足抵扣的，可以在以后纳税年度结转抵扣。

根据该文件第三条和《国家税务总局关于创业投资企业和天使投资个人税收政策有关问题的公告》（国家税务总局公告2018年第43号，以下简称国家税务总局公告2018年第43号文件）第一条的规定，具体管理事项及管理要求如下：

（1）执行口径。

1）所称投资额，按照创业投资企业对初创科技型企业的实缴投资额确定。

2）享受该项优惠税收政策的投资，仅限于通过向被投资初创科技型企业直接支付现金方式取得的股权投资，不包括受让其他股东的存量股权。

3）所称满2年是指合伙创投企业投资于初创科技型企业的实缴投资满2

年,投资时间从初创科技型企业接受投资并完成工商变更登记的日期算起。

需要注意的是,对于合伙创投企业投资初创科技型企业的,仅强调合伙创投企业投资于初创科技型企业的实缴投资满2年。

【案例4-9】实缴投资满2年的计算口径

某合伙创投企业于2018年12月投资初创科技型企业,假设其他条件均符合文件规定,合伙创投企业的某个法人合伙人于2019年1月对该合伙创投企业出资,2020年12月,合伙创投企业投资初创科技型企业满2年时,该法人合伙人同样可享受税收试点政策。

——摘自国家税务总局公告2018年第43号的解读

4)合伙创投企业的合伙人对初创科技型企业的投资额,按照合伙创投企业对初创科技型企业的实缴投资额和合伙协议约定的合伙人占合伙创投企业的出资比例计算确定。

所称出资比例,按投资满2年当年年末各合伙人对合伙创投企业的实缴出资额占所有合伙人全部实缴出资额的比例计算。

5)合伙人从合伙创投企业分得的所得,按照财税〔2008〕159号文件的规定计算。本章第41个问答对此进行了具体解读。

(2)后续管理。

1)转请机制。税务机关在创业投资企业和合伙创投企业合伙人享受优惠政策的后续管理中,对初创科技型企业是否符合规定条件有异议的,可以转请相应主管税务机关提供相关资料,主管税务机关应积极配合。

2)骗取抵扣的罚则。创业投资企业、合伙创投企业合伙人、初创科技型企业提供虚假情况,故意隐瞒已投资抵扣情况或采取其他手段骗取投资抵扣,不缴或者少缴应纳税款的,按税收征管法有关规定处理。

(3)政策衔接。2017年12月31日之前2年内发生的投资,在2018年1月1日后投资满2年,且符合其他条件的,可以适用该项税收优惠政策。

【案例4-10】个人合伙人对初创科技型企业投资额抵扣经营所得的计算

昊天投资公司和章美丽成立了蓝天有限合伙企业,双方各出资50%。2017

年 4 月蓝天有限合伙企业投资 800 万元现金到中锐科技公司（符合初创科技型企业条件），占股权比例为 40%。章美丽 2019 年实缴两险一金 4 万元，符合条件的专项附加扣除为 3 万元，无综合所得和其他所得。

（1）假设 2019 年章美丽分得蓝天有限合伙企业的经营所得为 400 万元，章美丽应缴纳多少个人所得税？

（2）假设 2019 年章美丽分得蓝天有限合伙企业的经营所得为 200 万元。章美丽应缴纳多少个人所得税？

解析：

从 2017 年 4 月到 2019 年 12 月，已满 24 个月，符合税收优惠条件，章美丽投资额的 70%，即 800×50%×70%=280（万元），可以抵扣 2019 年从蓝天有限合伙企业分得的经营所得。

（1）假设 2019 年章美丽分得蓝天有限合伙企业的经营所得为 400 万元，则抵扣 280 万元。

应纳税所得额 =400-280-6-4-3=107（万元）

适用税率 35%，速算扣除数 65 500。

应交个人所得税 =107×35%-6.55=30.90（万元）

（2）假设 2019 年章美丽分得蓝天有限合伙企业的经营所得为 200 万元，小于 280 万元，实际抵扣 200 万元，不足抵扣的 80 万元，可以在以后纳税年度结转抵扣。

应纳税所得额 =200-200-6-4-3=-13（万元）

无须缴纳个人所得税。

43. 个人合伙人对初创科技型企业投资享受税收优惠，需要符合哪些条件？

答：根据财税〔2018〕55 号文件第二条和国家税务总局公告 2018 年第 43 号文件第一条的规定，个人合伙人对初创科技型企业投资享受优惠，需要满足以下条件。

（1）创业投资企业，应同时符合以下条件：

1）在中国境内（不含港、澳、台地区）注册成立、实行查账征收的居民企业或合伙创投企业，且不属于被投资初创科技型企业的发起人。

2）符合《创业投资企业管理暂行办法》（发展改革委等 10 部门令第 39 号）规定或者《私募投资基金监督管理暂行办法》（证监会令第 105 号）关于创业投资基金的特别规定，按照上述规定完成备案且规范运作。

3）投资后 2 年内，创业投资企业及其关联方持有被投资初创科技型企业的股权比例合计应低于 50%。

注：创业投资企业的定义。《创业投资企业管理暂行办法》第二条规定，创业投资企业，系指在中华人民共和国境内注册设立的主要从事创业投资的企业组织。①创业投资，系指向创业企业进行股权投资，以期所投资创业企业发育成熟或相对成熟后主要通过股权转让获得资本增值收益的投资方式。②创业企业，系指在中华人民共和国境内注册设立的处于创建或重建过程中的成长性企业，但不含已经在公开市场上市的企业。

（2）初创科技型企业，应同时符合以下条件：

1）在中国境内（不包括港、澳、台地区）注册成立、实行查账征收的居民企业。

2）接受投资时设立时间不超过 5 年（60 个月）。

3）接受投资时以及接受投资后 2 年内未在境内外证券交易所上市。

4）接受投资当年及下一纳税年度，研发费用总额占成本费用支出的比例不低于 20%。

所称成本费用，包括主营业务成本、其他业务成本、销售费用、管理费用、财务费用。

所称研发费用总额占成本费用支出的比例，是指企业接受投资当年及下一纳税年度的研发费用总额合计占同期成本费用总额合计的比例。此口径参考了高新技术企业研发费用占比的计算方法，一定程度上降低了享受优惠的门槛，使更多的企业可以享受到政策红利。

【案例 4-11】研发费用总额占成本费用支出的比例不低于 20% 的计算口径

某公司制创投企业于 2018 年 5 月投资初创科技型企业，假设其他条件均符合文件规定，初创科技型企业 2018 年发生研发费用 100 万元，成本费用 1 000

万元,2018年研发费用占比为10%,低于20%;2019年发生研发费用500万元,成本费用1 000万元,2019年研发费用占比为50%,高于20%。如要求投资当年及下一年分别满足研发费用占比高于20%的条件,则该公司制创投企业不能享受税收优惠政策。但按照《公告》明确的口径,投资当年及下一年初创科技型企业研发费用平均占比为30%((100+500)/(1 000+1 000)),该公司制创投企业可以享受税收优惠政策。

——摘自国家税务总局公告2018年第43号的解读

5)接受投资时,从业人数不超过200人,其中具有大学本科以上学历的从业人数不低于30%;资产总额和年销售收入均不超过3 000万元。

所称从业人数,包括与企业建立劳动关系的职工人员及企业接受的劳务派遣人员。从业人数和资产总额指标,按照企业接受投资前连续12个月的平均数计算,不足12个月的,按实际月数平均计算。

所称从业人数及资产总额指标,按照初创科技型企业接受投资前连续12个月的平均数计算,不足12个月的,按实际月数平均计算。具体计算公式为:

$$月平均数 = (月初数 + 月末数) \div 2$$

接受投资前连续12个月平均数 = 接受投资前连续12个月平均数之和 ÷ 12

所称销售收入,包括主营业务收入与其他业务收入;年销售收入指标,按照企业接受投资前连续12个月的累计数计算,不足12个月的,按实际月数累计计算。

特别关注,《财政部 税务总局关于实施小微企业普惠性税收减免政策的通知》(财税〔2019〕13号,以下简称财税〔2019〕13号文件)第五条规定,2019年1月1日至2021年12月31日期间,从业人数不超过300人,资产总额和年销售收入均不超过5 000万元的初创科技型企业,2019年1月1日前2年内发生的投资,自2019年1月1日起投资满2年的以及2019年1月1日至2021年12月31日期间发生的投资,投资满2年且符合其他条件的,可以适用优惠政策。具体如表4-6所示。

表4-6 个人合伙人对初创科技型企业投资额享受优惠的条件明细表

创业投资企业	（1）在中国境内（不含港、澳、台地区）注册成立、实行查账征收的居民企业或合伙创投企业，且不属于被投资初创科技型企业的发起人 （2）符合《创业投资企业管理暂行办法》（发展改革委等10部门令第39号）的规定或者《私募投资基金监督管理暂行办法》（证监会令第105号）关于创业投资基金的特别规定，按照上述规定完成备案且规范运作 （3）投资后2年内，创业投资企业及其关联方持有被投资初创科技型企业的股权比例合计应低于50%

初创科技型企业	（1）在中国境内（不包括港、澳、台地区）注册成立、实行查账征收的居民企业 （2）接受投资时设立时间不超过5年（60个月） （3）接受投资时以及接受投资后2年内未在境内外证券交易所上市 （4）接受投资当年及下一纳税年度，研发费用总额占成本费用支出的比例不低于20%	
	（5）2016年12月31日以前投资且2018年12月31日之前投资满2年的，接受投资时从业人数不超过200人，其中具有大学本科以上学历的从业人数不低于30%；资产总额和年销售收入均不超过3 000万元	（5）2017年1月1日以后投资且2019年1月1日之后投资满2年的，接受投资时从业人数不超过300人，其中具有大学本科以上学历的从业人数不低于30%；资产总额和年销售收入均不超过5 000万元

44. 个人合伙人享受初创科技型企业投资优惠，如何办理？

答： 根据国家税务总局公告2018年第43号第一条的规定，合伙创投企业的个人合伙人符合享受优惠条件的，可以按以下程序办理：

（1）合伙创投企业的个人合伙人符合享受优惠条件的，合伙创投企业应在投资初创科技型企业满2年的年度终了后3个月内，向合伙创投企业主管税务机关办理备案手续，备案时应报送《合伙创投企业个人所得税投资抵扣备案表》（见附录4D），同时将有关资料留存备查（备查资料具体见表4-7）。合伙企业多次投资同一初创科技型企业的，应按年度分别备案。

表4-7　个人合伙人对初创科技型企业投资额享受优惠办理程序要点明细表

	要做3件事
合伙创投企业	**第1件事：办理备案手续** （1）合伙创投企业的个人合伙人符合享受优惠条件的，合伙创投企业应在投资初创科技型企业满2年的年度终了后3个月内，向合伙创投企业主管税务机关办理备案手续，备案时应报送《合伙创投企业个人所得税投资抵扣备案表》，同时将有关资料留存备查 （2）多次投资同一初创科技型企业的，应按年度分别备案
	第2件事：留存备查资料 （1）发展改革或证监部门出具的符合创业投资企业条件的年度证明材料 （2）初创科技型企业接受现金投资时的投资合同（协议）、章程、实际出资的相关证明材料 （3）创业投资企业与其关联方持有初创科技型企业的股权比例的说明 （4）被投资企业符合初创科技型企业条件的有关资料： 1）接受投资时从业人数、资产总额、年销售收入和大学本科以上学历的从业人员人数比例的情况说明 2）接受投资时设立时间不超过5年的证明材料 3）接受投资时以及接受投资后2年内未在境内外证券交易所上市情况声明 4）研发费用总额占成本费用总额比例的情况说明
	第3件事：每年报告抵扣情况 合伙创投企业应在投资初创科技型企业满2年后的每个年度终了后3个月内，向合伙创投企业主管税务机关报送《合伙创投企业个人所得税投资抵扣情况表》
个人合伙人	**只做1件事** 年度申报时享受抵扣： （1）在投资初创科技型企业满2年的年度终了后3个月内，正常办理年度纳税申报即可享受投资抵扣 （2）填写申报表时，将当年允许抵扣的投资额，填至《个人所得税生产经营所得纳税申报表（B表）》的"允许扣除的其他费用"栏

（2）合伙创投企业应在投资初创科技型企业满2年后的每个年度终了后3个月内，向合伙创投企业主管税务机关报送《合伙创投企业个人所得税投资抵扣情况表》（见附录4E）。

（3）个人合伙人在个人所得税年度申报时，应将当年允许抵扣的投资额填至《个人所得税生产经营所得纳税申报表（B表）》"允许扣除的其他费用"栏，并同时标明"投资抵扣"字样。

45. 创投企业选择按单一投资基金核算方式的，个人合伙人如何计缴个人所得税？

答：《财政部　税务总局　发展改革委　证监会关于创业投资企业个人合伙人所得税政策问题的通知》（财税〔2019〕8号，以下简称财税〔2019〕8号文件）第一条规定，自2019年1月1日起至2023年12月31日止，创投企业可以选择按单一投资基金核算或者按创投企业年度所得整体核算两种方式之一，对其个人合伙人来源于创投企业的所得计算个人所得税应纳税额。

创投企业选择按单一投资基金核算方式的，对其个人合伙人来源于创投企业的所得应按该文件第二条、第三条、第五条至第六条规定进行纳税申报，具体要点如下：

（1）征税项目。创投企业选择按单一投资基金核算的，其个人合伙人从该基金应分得的股权转让所得和股息红利所得，按照20%税率计算缴纳个人所得税。

（2）应纳税额计算。单一投资基金核算，是指单一投资基金（包括不以基金名义设立的创投企业）在一个纳税年度内从不同创业投资项目取得的股权转让所得和股息红利所得按下述方法分别核算纳税：

1）股权转让所得。单个投资项目的股权转让所得，按年度股权转让收入扣除对应股权原值和转让环节合理费用后的余额计算，股权原值和转让环节合理费用的确定方法，参照股权转让所得个人所得税有关政策规定执行；单一投资基金的股权转让所得，按一个纳税年度内不同投资项目的所得和损失相互抵减后的余额计算，余额大于或等于零的，即确认为该基金的年度股权转让所得；余额小于零的，该基金年度股权转让所得按零计算且不能跨年结转。

个人合伙人按照其应从基金年度股权转让所得中分得的份额计算其应纳税

额，并由创投企业在次年 3 月 31 日前代扣代缴个人所得税，并报送《单一投资基金核算的合伙制创业投资企业个人所得税扣缴申报表》(见附录 4F)。

符合财税〔2018〕55 号文件规定条件的，创投企业个人合伙人可以按照被转让项目对应投资额的 70% 抵扣其应从基金年度股权转让所得中分得的份额后再计算其应纳税额，当期不足抵扣的，不得向以后年度结转。

2）股息红利所得。单一投资基金的股息红利所得，以其来源于所投资项目分配的股息、红利收入以及其他固定收益类证券等收入的全额计算。

个人合伙人按照其应从基金股息红利所得中分得的份额计算其应纳税额，并由创投企业按次代扣代缴个人所得税。

（3）执行口径。

1）除前述可以扣除的成本、费用之外，单一投资基金发生的包括投资基金管理人的管理费和业绩报酬在内的其他支出，不得在核算时扣除。

2）单一投资基金核算方法仅适用于计算创投企业个人合伙人的应纳税额。

3）创投企业，是指符合《创业投资企业管理暂行办法》(发展改革委等 10 部门令第 39 号)或者《私募投资基金监督管理暂行办法》(证监会令第 105 号)关于创业投资企业（基金）的有关规定，并按照上述规定完成备案且规范运作的合伙制创业投资企业（基金）。

4）创投企业选择按单一投资基金核算的，3 年内不能变更。

（4）备案管理。创投企业选择按单一投资基金核算的，应当在按照本通知第一条规定完成备案的 30 日内，向主管税务机关进行核算方式备案（《合伙制创业投资企业单一投资基金核算方式备案表》见附录 4G）；未按规定备案的，视同选择按创投企业年度所得整体核算。

2019 年 1 月 1 日前已经完成备案的创投企业，选择按单一投资基金核算的，应当在 2019 年 3 月 1 日前向主管税务机关进行核算方式备案。

创投企业选择按单一投资基金核算方式满 3 年需要调整的，应当在满 3 年的次年 1 月 31 日前，重新向主管税务机关备案。

（5）后续管理。税务部门依法开展税收征管和后续管理工作，可转请发展改革部门、证券监督管理部门对创投企业及其所投项目是否符合有关规定进行核查，发展改革部门、证券监督管理部门应当予以配合。

【案例 4-12】创投企业选择按单一投资基金核算的个人所得税处理

陈亮出资 2 000 万元与其他合伙人共同出资设立锦绣合伙创投企业，合伙协议约定其出资比例和分配比例均为 30%。锦绣合伙企业于 2017 年 1 月，以 1 000 万元现金投资入股到初创科技型企业天成公司，当年 3 月以 800 万元现金投资入股到金科公司（非初创科技型企业）。2019 年锦绣合伙创投企业发生以下业务：

（1）3 月 10 日，取得天成公司分回的股息、红利收入 200 万元。

（2）4 月 15 日，将所持天成公司的全部股权以 3 000 万元的价格转让给富友公司，转让时发生审计、评估费及印花税等费用共计 60 万元。

（3）6 月 15 日，将所持金科公司的全部股权以 600 万元的价格转让给聚能公司，转让发生审计、评估费及印花税等费用共计 30 万元。

（4）2019 年发生管理费和业绩报酬等其他支出 300 万元。

锦绣合伙创投企业选择按单一投资基金核算。2019 年，陈亮实缴两险一金 4 万元，符合条件的专项附加扣除为 3 万元，无综合所得和其他所得，请问：陈亮该如何计缴个人所得税？

解析：

（1）股息、红利所得的个人所得税处理：

根据财税〔2019〕8 号文件的规定，锦绣合伙创投企业选择按单一投资基金核算，陈亮应分得的股息、红利所得，按照 20% 税率计算应纳税额，并由锦绣合伙创投企业按次代扣代缴个人所得税。

陈亮分得的股息、红利所得 =200 × 30%=60（万元）

应交个人所得税 =60 × 20%=12（万元）

由锦绣合伙创投企业代扣代缴陈亮的个人所得税，并于 2019 年 4 月 15 日之前进行扣缴申报。

（2）股权转让所得的个人所得税处理：

根据财税〔2019〕8 号文件的规定，锦绣合伙创投企业选择按单一投资基金核算，陈亮应分得的股权转让所得，按照 20% 税率计算缴纳个人所得税。

锦绣合伙创投企业股权转让所得，按一个纳税年度内不同投资项目的所得和损失相互抵减后的余额计算，余额大于或等于零的，即确认为该基金的年度股权转让所得；余额小于零的，该基金年度股权转让所得按零计算且不能跨年结转。管理费和业绩报酬在内的其他支出,不得在核算时扣除。个人合伙人按照其应从基金年度股权转让所得中分得的份额计算其应纳税额,并由创投企业在次年3月31日前代扣代缴个人所得税。

1)锦绣合伙创投企业2019年度股权转让所得计算。

转让天成公司股权所得=3 000-1 000-60=1 940(万元)

转让金科公司股权所得=600-800-30=-230(万元)

可分配的股权转让所得合计:1 940-230=1 710(万元)

2)陈亮应纳个人所得税的计算。

天成公司符合初创科技型企业条件,陈亮可以按照被转让项目对应投资额的70%抵扣其应从锦绣合伙创投企业年度股权转让所得中分得的份额后再计算其应纳税额,当期不足抵扣的,不得向以后年度结转。

应分得的股权所得=1 710 × 30%=513(万元)

允许抵扣的投资额=1 000 × 30% × 70%=210(万元)

应交个人所得税=(513-210)×20%=60.6(万元)

由锦绣合伙创投企业于2020年3月31日之前代扣代缴。

46. 创投企业选择按年度所得整体核算方式的,个人合伙人如何计缴个人所得税?

答: 财税〔2019〕8号文件第一条规定,自2019年1月1日起至2023年12月31日止,创投企业可以选择按单一投资基金核算或者按创投企业年度所得整体核算两种方式之一,对其个人合伙人来源于创投企业的所得计算个人所得税应纳税额。

如果创投企业选择按年度所得整体核算方式的,对其个人合伙人来源于创投企业的所得应按该文件第四条至第六条规定进行纳税申报,具体要点如下:

本通知所称创投企业,是指符合《创业投资企业管理暂行办法》(发展改革委等10部门令第39号)或者《私募投资基金监督管理暂行办法》(证监会令第105号)关于创业投资企业(基金)的有关规定,并按照上述规定完成备案且规范运作的合伙制创业投资企业(基金)。

(1)征税项目。创投企业选择按创投企业年度所得整体核算的,其个人合伙人应从创投企业取得的所得，按照"经营所得"项目，适用5%～35%的超额累进税率计算缴纳个人所得税。

（2）应纳税额计算。创投企业年度所得整体核算，是指将创投企业以每一纳税年度的收入总额减除成本、费用以及损失后，计算应分配给个人合伙人的所得。如符合财税〔2018〕55号规定条件的，创投企业个人合伙人可以按照被转让项目对应投资额的70%抵扣其可以从创投企业分得的经营所得后再计算其应纳税额。年度核算亏损的，准予按有关规定向以后年度结转。

按照"经营所得"项目计税的个人合伙人，没有综合所得的，可依法减除基本减除费用、专项扣除、专项附加扣除以及国务院确定的其他扣除。从多处取得经营所得的，应汇总计算个人所得税，只减除一次上述费用和扣除。

（3）执行口径。

1）创投企业，是指符合《创业投资企业管理暂行办法》（发展改革委等10部门令第39号）或者《私募投资基金监督管理暂行办法》（证监会令第105号）关于创业投资企业（基金）的有关规定，并按照上述规定完成备案且规范运作的合伙制创业投资企业（基金）。

2）创投企业选择按年度所得整体核算，3年内不能变更。

（4）备案管理。

1）创投企业选择单一投资基金核算未按规定备案的，视同选择按创投企业年度所得整体核算。

2）创投企业选择按年度所得整体核算满3年需要调整的，应当在满3年的次年1月31日前，重新向主管税务机关备案。

（5）后续管理。税务部门依法开展税收征管和后续管理工作，可转请发展改革部门、证券监督管理部门对创投企业及其所投项目是否符合有关规定进行核查，发展改革部门、证券监督管理部门应当予以配合。

【案例4-13】创投企业选择按年度所得整体核算的个人所得税处理

肖华出资2 000万元与其他合伙人共同出资设立鹏程合伙创投企业，合伙协议约定其出资比例和分配比例均为30%。鹏程合伙企业于2017年1月以1 000万元现金投资入股到初创科技型企业盛达公司，当年3月以800万元现金投资入股到嘉业公司（非初创科技型企业）。2019年鹏程合伙创投企业发生以下业务：

（1）4月10日，将所持盛达公司的全部股权以3 000万元的价格转让给富森公司，转让时发生审计、评估费及印花税等费用共计60万元。

（2）6月15日，将所持嘉业公司的全部股权以600万元的价格转让给聚能公司，转让发生审计、评估费及印花税等费用共计30万元。

（3）2019年发生管理费和业绩报酬等其他支出300万元。

鹏程合伙创投企业选择按年度所得整体核算。肖华2019年实缴两险一金4万元，符合条件的专项附加扣除为3万元，无综合所得和其他所得。请问：该如何计缴个人所得税？

解析：

根据财税〔2019〕8号文件的规定，创投合伙企业选择按创投企业年度所得整体核算的，以每一纳税年度的收入总额减除成本、费用以及损失后，计算应分配给个人合伙人的所得。个人合伙人应从创投企业取得的所得，按照"经营所得"项目计算缴纳个人所得税。

（1）鹏程合伙创投企业2019年度经营所得计算：

转让盛达公司股权所得=3 000-1 000-60=1 940（万元）

转让嘉业公司股权所得=600-800-30=-230（万元）

可分配的经营所得=1 940-230-300=1 410（万元）

（2）肖华应纳个人所得税的计算：

肖华没有综合所得的，可依法减除6万元、专项扣除、专项附加扣除以及国务院确定的其他扣除。

盛达公司符合初创科技型企业条件，肖华可以按照盛达公司对应投资额的70%抵扣其可以从鹏程合伙创投企业应分得的经营所得后再计算其应纳税额。年度核算亏损的，准予按有关规定向以后年度结转。

应分得的经营所得=1 410×30%=423（万元）

允许抵扣的投资额=1 000×30%×70%=210（万元）

应纳税所得额=423-210-6-4-3=200（万元）

适用税率35%，速算扣除数65 500。

肖华应申报缴纳个人所得税=200×35%-6.55=63.45（万元）

为了便于读者查阅，笔者将创投企业两种核算个人所得税的处理要点进行了对比，具体如表 4-8 所示。

表 4-8 创投企业两种核算方式个人所得税处理对比明细表

方式	单一投资基金核算	创投企业年度所得整体核算
征税项目	个人合伙人从该基金应分得的股权转让所得和股息红利所得，分别按照 20% 税率计算缴纳个人所得税	个人合伙人应从创投企业取得的所得，按照"经营所得"项目，以 5%～35% 的超额累进税率计算缴纳个人所得税
应纳税所得额	（1）单个投资项目的股权转让所得，按年度股权转让收入扣除对应股权原值和转让环节合理费用后的余额计算，股权原值和转让环节合理费用的确定方法，参照股权转让所得个人所得税有关政策规定执行；单一投资基金的股权转让所得，按一个纳税年度内不同投资项目的所得和损失相互抵减后的余额计算，余额大于或等于零的，即确认为该基金的年度股权转让所得；余额小于零的，该基金年度股权转让所得按零计算且不能跨年结转 （2）单一投资基金发生的包括投资基金管理人的管理费和业绩报酬在内的其他支出，不得在核算时扣除 （3）个人合伙人按照其应从基金年度股权转让所得中分得的份额计算其应纳税所得额	（1）创投企业以每一纳税年度的收入总额减除成本、费用以及损失后，计算应分配给个人合伙人的所得 （2）按照"经营所得"项目计税的个人合伙人，没有综合所得的，可依法减除基本减除费用、专项扣除、专项附加扣除以及国务院确定的其他扣除 （3）从多处取得经营所得的，应汇总计算个人所得税，只减除一次上述费用和扣除
投资于初创科技型企业的优惠	（1）个人合伙人可以按照被转让项目对应投资额的 70% 抵扣其应从基金年度股权转让所得中分得的份额后再计算其应纳税额 （2）当期不足抵扣的，不得向以后年度结转	（1）个人合伙人可以按照被转让项目对应投资额的 70% 抵扣其可以从创投企业应分得的经营所得后再计算其应纳税额 （2）年度核算亏损的，准予按有关规定向以后年度结转

（续）

方式	单一投资基金核算	创投企业年度所得整体核算
纳税申报	（1）股权转让所得，创投企业在次年3月31日前在自然人税收管理系统扣缴端代扣代缴个人所得税，填写《单一投资基金核算的合伙制创业投资企业个人所得税扣缴申报表》；符合优惠条件抵扣70%投资额的，一并在该表相应栏次填写 （2）股息红利所得，由创投企业通过自然人税收管理系统扣缴客户端填报《个人所得税扣缴申报表》按次进行扣缴申报	（1）个人合伙人按月（季）填报《个人所得税经营所得纳税申报表（A）表》，在年度终了后3个月内汇缴时填报《个人所得税经营所得纳税申报表（B表）》 （2）符合优惠条件抵扣70%投资额的，还应向合伙创投企业主管税务机关报送《合伙创投企业个人所得税投资抵扣情况表》
备案资料	（1）创投企业在向政府管理机构部门完成备案的30日内，向主管税务机关进行核算方式备案，填写《合伙制创业投资企业单一投资基金核算方式备案表》，满3年需要调整的，在满3年的次年1月31日前，重新向主管税务机关备案 （2）2019年1月1日前已经完成备案的创投企业，选择按单一投资基金核算的，应当在2019年3月1日前向主管税务机关进行核算方式备案	（1）未按规定进行单一投资基金核算方式备案的，视同选择按创投企业年度所得整体核算 （2）创投企业年度所得整体核算满3年需要调整的，在满3年的次年1月31日前，重新向主管税务机关备案

47. 在哪些情形下，个人独资企业和合伙企业可采用核定征收方式？

答：《个人独资企业和合伙企业投资者征收个人所得税的规定》第七条规定，有下列情形之一的，主管税务机关应采取核定征收方式征收个人所得税：

（1）企业依照国家有关规定应当设置但未设置账簿的。

（2）企业虽设置账簿，但账目混乱或者成本资料、收入凭证、费用凭证残缺不全，难以查账的。

（3）纳税人发生纳税义务，未按照规定的期限办理纳税申报，经税务机关责令限期申报，逾期仍不申报的。

上面所说的核定征收方式，包括定额征收、核定应税所得率征收以及其他合理的征收方式。

48.实行核定应税所得率征收的个人独资企业和合伙企业，如何计算应纳税所得额？

答：根据《个人独资企业和合伙企业投资者征收个人所得税的规定》第九条的规定，实行核定应税所得率征收方式的，应纳所得税额的计算公式为：

应纳所得税额 = 应纳税所得额 × 适用税率

应纳税所得额 = 收入总额 × 应税所得率

= 成本费用支出额 ÷（1 - 应税所得率）× 应税所得率

注：企业经营多业的，无论其经营项目是否单独核算，均应根据其主营项目确定其适用的应税所得率。

应税所得率应按表 4-9 规定的标准执行。

表 4-9 个人独资企业和合伙企业应税所得率表

行　业	应税所得率（%）
工业、交通运输业、商业	5～20
建筑业、房地产开发业	7～20
饮食服务业	7～25
娱乐业	20～40
其他行业	10～30

注：纳税人为合伙企业个人合伙人的，需要按照分配比例分配应纳税所得额，分配比例为合伙协议约定的比例；合伙协议未约定或不明确的，为合伙人协商决定的比例；协商不成的，为合伙人实缴出资比例；无法确定出资比例的，按合伙人平均分配。

49.实行核定征税的个人独资企业和合伙企业投资者能享受优惠政策吗？

答：《个人独资企业和合伙企业投资者征收个人所得税的规定》第十条规定，

实行核定征税的投资者，不能享受个人所得税的优惠政策。《个人所得税法》、财政部、税务主管部门另有规定的除外。

注意，实行核定征收的纳税人可享受商业健康保险和税延养老保险税前扣除，主管税务机关按程序相应调减其应纳税所得额或应纳税额，具体见本书第二章的相关内容。

六、对企事业单位的承包经营、承租经营所得的具体规定

50. 对企事业单位的承包经营、承租经营所得按什么应税项目征税？

答：实行承包（租）经营的形式较多，分配方式也不相同，对企事业单位的承包经营、承租经营所得项目如何计征个人所得税，根据《个人所得税法实施条例》第六条、《国家税务总局关于个人对企事业单位实行承包经营、承租经营取得所得征税问题的通知》（国税发〔1994〕179号）的规定，应区分不同情形进行处理：

（1）企业实行个人承包、承租经营后，如果工商登记仍为企业的，不管其分配方式如何，均应先按照企业所得税的有关规定缴纳企业所得税。承包经营、承租经营者按照承包、承用经营合同（协议）规定取得的所得，依照个人所得税法的有关规定缴纳个人所得税，具体为：

1）承包、承租人对企业经营成果不拥有所有权，仅是按合同（协议）规定取得一定所得的，其所得按"工资、薪金所得"项目征税。

2）承包、承租人按合同（协议）的规定只向发包、出租方交纳一定费用后，企业经营成果归其所有的，承包、承租人取得的所得，按"经营所得"项目征税。

（2）企业实行个人承包、承租经营后，如工商登记改变为个体工商户的，应依照"经营所得"项目计征个人所得税，不再征收企业所得税。

（3）企业实行承包经营、承租经营后，不能提供完整、准确的纳税资料，不能正确计算应纳税所得额的，由主管税务机关核定其应纳税所得额，并依据《中华人民共和国税收征收管理法》的有关规定，自行确定征收方式。

【案例 4-14】承包、承租经营所得个人所得税的计算

金好好于 2019 年承包优衣服装厂，享有利润支配权。2019 年 6 月、12 月分别取得承包经营利润 100 000 元、150 000 元，同时每月从该服装厂取得工资 6 000 元。假设不考虑其他事项，金好好取得的收入该怎么计缴个人所得税？

解析：

金好好承包服装厂且有利润支配权，取得的所得属于对企事业单位的承包、承租经营所得，应按"经营所得"项目缴纳个人所得税。

金好好应纳税所得额应该包括经营利润即 6 月、12 月取得的收入 250 000（100 000+150 000）元加上从服装厂取得的工资、薪金 72 000 元。

金好好应交个人所得税 =（250 000+72 000−60 000）×20%−10 500=41 900（元）

51. 承包、承租经营不满一年的如何计缴个人所得税？

答： 国税发〔1994〕89 号文件规定，实行承包、承租经营的纳税义务人，应以每一纳税年度取得的承包、承租经营所得计算纳税，在一个纳税年度内，承包、承租经营不足 12 个月的，以其实际承包、承租经营的月份数为一个纳税年度计算纳税。计算公式为：

应纳税所得额 = 该年度承包、承租经营收入额 −（投资者必要费用 × 该年度实际承包、承租经营月份数）

应纳税额 = 应纳税所得额 × 适用税率 − 速算扣除数

七、从事农业经营的税收优惠

52. 个体户从事种植业、养殖业、饲养业、捕捞业所得，可以免征个人所得税吗？

答：《财政部 国家税务总局关于农村税费改革试点地区有关个人所得税问题的通知》（财税〔2004〕30 号）第一条规定，农村税费改革试点期间，取消农业特产税、减征或免征农业税后，对个人或个体户从事种植业、养殖业、饲养业、捕捞业，且经营项目属于农业税（包括农业特产税）、牧业税征税范围的，其取得的"四业"所得暂不征收个人所得税。

53. 个人独资企业和合伙企业从事种植业、养殖业、饲养业和捕捞业，投资者需要缴纳个人所得税吗？

答：《财政部 国家税务总局关于个人独资企业和合伙企业投资者取得种植业养殖业饲养业捕捞业所得有关个人所得税问题的批复》（财税〔2010〕96号）规定，对个人独资企业和合伙企业从事种植业、养殖业、饲养业和捕捞业，其投资者取得的"四业"所得暂不征收个人所得税。

八、重点群体创业、就业的税收优惠

54. 建档立卡贫困人口从事个体经营的，如何享受税收优惠？

答： 根据《财政部 国家税务总局关于进一步支持和促进重点群体创业就业有关税收政策的通知》（财税〔2019〕22号）第一条的规定，建档立卡贫困人口、持《就业创业证》（注明"自主创业税收政策"或"毕业年度内自主创业税收政策"）或《就业失业登记证》（注明"自主创业税收政策"）的人员，从事个体经营的，自办理个体工商户登记当月起，在3年（36个月，下同）内按每户每年12 000元为限额依次扣减其当年实际应缴纳的增值税、城市维护建设税、教育费附加、地方教育附加和个人所得税。限额标准最高可上浮20%，各省、自治区、直辖市人民政府可根据本地区实际情况在此幅度内确定具体限额标准。

纳税人年度应缴纳税款小于上述扣减限额的，减免税额以其实际缴纳的税款为限；大于上述扣减限额的，以上述扣减限额为限。

上述人员具体包括：①纳入全国扶贫开发信息系统的建档立卡贫困人口；②在人力资源社会保障部门公共就业服务机构登记失业半年以上的人员；③零就业家庭、享受城市居民最低生活保障家庭劳动年龄内的登记失业人员；④毕业年度内高校毕业生。高校毕业生是指实施高等学历教育的普通高等学校、成人高等学校应届毕业的学生；毕业年度是指毕业所在自然年，即1月1日至12月31日。

该通知规定的税收政策执行期限为2019年1月1日至2021年12月31日。纳税人在2021年12月31日享受税收优惠政策未满3年的，可继续享受至3年期满为止。《财政部　税务总局　人力资源社会保障部关于继续实施支持和促进重点群体创业就业有关税收政策的通知》(财税〔2017〕49号)自2019年1月1日起停止执行。

本通知所述人员，以前年度已享受重点群体创业就业税收优惠政策满3年的，不得再享受本通知规定的税收优惠政策；以前年度享受重点群体创业就业税收优惠政策未满3年且符合本通知规定条件的，可按本通知规定享受优惠至3年期满。

55. 自主择业的军队转业干部从事个体经营的，可以免征个人所得税吗？

答：《财政部　国家税务总局关于自主择业的军队转业干部有关税收政策问题的通知》(财税〔2003〕26号)第一条、第三条规定，从事个体经营的军队转业干部，经主管税务机关批准，自领取税务登记证之日起，3年内免征个人所得税。

自主择业的军队转业干部必须持有师以上部队颁发的转业证件。

56. 从事个体经营的随军家属，可以免征个人所得税吗？

答：《财政部、国家税务总局关于随军家属就业有关税收政策的通知》(财税〔2000〕84号)第二条规定，自2000年1月1日起，对从事个体经营的随军家属，自领取税务登记证之日起，3年内免征个人所得税。

57. 自主就业退役士兵从事个体经营的，可以免征个人所得税吗？

答：《财政部、国家税务总局关于进一步扶持自主就业退役士兵创业就业有关税收政策的通知》(财税〔2019〕21号)对自主就业退役士兵从事个体经营，个人所得税的征免规定如下：

（1）优惠内容。自主就业退役士兵从事个体经营的，自办理个体工商户登记当月起，在3年（36个月，下同）内按每户每年12 000元为限额依次扣减其当年实际应缴纳的增值税、城市维护建设税、教育费附加、地方教育附加和个人所得税。限额标准最高可上浮20%，各省、自治区、直辖市人民政府可根据本地区实际情况在此幅度内确定具体限额标准。

纳税人年度应缴纳税款小于上述扣减限额的，减免税额以其实际缴纳的税款为限；大于上述扣减限额的，以上述扣减限额为限。

纳税人的实际经营期不足1年的，应当按月换算其减免税限额。换算公式为：

减免税限额＝年度减免税限额÷12×实际经营月数

城市维护建设税、教育费附加、地方教育附加的计税依据是享受本项税收优惠政策前的增值税应纳税额。

（2）适用条件。所称自主就业退役士兵是指依照《退役士兵安置条例》（国务院　中央军委令第608号）的规定退出现役并按自主就业方式安置的退役士兵。

（3）纳税申报及留存备查资料。自主就业退役士兵从事个体经营的，在享受税收优惠政策进行纳税申报时，注明其退役军人身份，并将《中国人民解放军义务兵退出现役证》《中国人民解放军士官退出现役证》或《中国人民武装警察部队义务兵退出现役证》《中国人民武装警察部队士官退出现役证》留存备查。

（4）政策衔接。税收政策执行期限为2019年1月1日至2021年12月31日。纳税人在2021年12月31日享受本通知规定税收优惠政策未满3年的，可继续享受至3年期满为止。《财政部　税务总局　民政部关于继续实施扶持自主就业退役士兵创业就业有关税收政策的通知》（财税〔2017〕46号）自2019年1月1日起停止执行。

退役士兵以前年度已享受退役士兵创业就业税收优惠政策满3年的，不得再享受本通知规定的税收优惠政策；以前年度享受退役士兵创业就业税收优惠政策未满3年且符合本通知规定条件的，可按本通知规定享受优惠至3年期满。

58. 残疾人员兴办个人独资企业和合伙企业，能享受个人所得税优惠吗？

答：《国家税务总局关于〈关于个人独资企业和合伙企业投资者征收个人所得税的规定〉执行口径的通知》（国税函〔2001〕84号）第五条规定，残疾人员投资兴办或参与投资兴办个人独资企业和合伙企业的，残疾人员取得的生产经营所得，符合省、自治区、直辖市人民政府规定的减征个人所得税条件的，经本人申请、主管税务机关审核批准，可按省、自治区、直辖市人民政府规定减征的范围和幅度，减征个人所得税。

附录 4A

个人所得税经营所得纳税申报表（A 表）及其填报说明

个人所得税经营所得纳税申报表（A 表）

税款所属期： 　　年　　月　　日至　　　　年　　月　　日

纳税人姓名：

纳税人识别号：☐☐☐☐☐☐☐☐☐☐☐☐☐☐☐☐☐☐

金额单位：人民币元（列至角分）

被投资单位信息	名称		纳税人识别号（统一社会信用代码）	
征收方式	□查账征收（据实预缴）　　□查账征收（按上年应纳税所得额预缴） □核定应税所得率征收　　　□核定应纳税所得额征收 □税务机关认可的其他方式 _____			
项目			行次	金额/比例
一、收入总额			1	
二、成本费用			2	
三、利润总额（3=1-2）			3	
四、弥补以前年度亏损			4	
五、应税所得率（%）			5	
六、合伙企业个人合伙人分配比例（%）			6	
七、允许扣除的个人费用及其他扣除（7=8+9+14）			7	
（一）投资者减除费用			8	
（二）专项扣除（9=10+11+12+13）			9	
1.基本养老保险费			10	
2.基本医疗保险费			11	
3.失业保险费			12	
4.住房公积金			13	
（三）依法确定的其他扣除（14=15+16+17）			14	
1.			15	
2.			16	
3.			17	

(续)

八、应纳税所得额	18	
九、税率（%）	19	
十、速算扣除数	20	
十一、应纳税额（21=18×19-20）	21	
十二、减免税额（附报《个人所得税减免税事项报告表》）	22	
十三、已缴税额	23	
十四、应补/退税额（24=21-22-23）	24	
谨声明：本表是根据国家税收法律法规及相关规定填报的，是真实的、可靠的、完整的。 纳税人签字： 年 月 日		
经办人： 经办人身份证件号码： 代理机构签章： 代理机构统一社会信用代码：	受理人： 理税务机关（章）： 受理日期： 年 月 日	

国家税务总局监制

填报说明

一、适用范围

本表适用于查账征收和核定征收的个体工商户业主、个人独资企业投资人、合伙企业个人合伙人、承包承租经营者个人以及其他从事生产、经营活动的个人在中国境内取得经营所得，办理个人所得税预缴纳税申报时，向税务机关报送。

合伙企业有两个或者两个以上个人合伙人的，应分别填报本表。

二、报送期限

纳税人取得经营所得，应当在月度或者季度终了后15日内，向税务机关办理预缴纳税申报。

三、本表各栏填写

（一）表头项目

1. 税款所属期：填写纳税人取得经营所得应纳个人所得税款的所属期间，应填写具体的起止年月日。

2. 纳税人姓名：填写自然人纳税人姓名。

3. 纳税人识别号：有中国公民身份号码的，填写中华人民共和国居民身份证上载明的"公民身份号码"；没有中国公民身份号码的，填写税务机关赋予的纳税人识别号。

（二）被投资单位信息

1. 名称：填写被投资单位法定名称的全称。

2. 纳税人识别号（统一社会信用代码）：填写被投资单位的纳税人识别号或者统一社会信用代码。

3. 征收方式：根据税务机关核定的征收方式，在对应框内打"√"。采用税务机关认可的其他方式的，应在下划线填写具体征收方式。

（三）表内各行填写

1. 第1行"收入总额"：填写本年度开始经营月份起截至本期从事经营以及与经营有关的活动取得的货币形式和非货币形式的各项收入总金额。包括：销售货物收入、提供劳务收入、转让财产收入、利息收入、租金收入、接受捐赠收入、其他收入。

2. 第 2 行"成本费用"：填写本年度开始经营月份起截至本期实际发生的成本、费用、税金、损失及其他支出的总额。

3. 第 3 行"利润总额"：填写本年度开始经营月份起截至本期的利润总额。

4. 第 4 行"弥补以前年度亏损"：填写可在税前弥补的以前年度尚未弥补的亏损额。

5. 第 5 行"应税所得率"：按核定应税所得率方式纳税的纳税人，填写税务机关确定的核定征收应税所得率。按其他方式纳税的纳税人不填本行。

6. 第 6 行"合伙企业个人合伙人分配比例"：纳税人为合伙企业个人合伙人的，填写本行；其他则不填。分配比例按照合伙协议约定的比例填写；合伙协议未约定或不明确的，按合伙人协商决定的比例填写；协商不成的，按合伙人实缴出资比例填写；无法确定出资比例的，按合伙人平均分配。

7. 第 7～17 行"允许扣除的个人费用及其他扣除"

（1）第 8 行"投资者减除费用"：填写根据本年实际经营月份数计算的可在税前扣除的投资者本人每月 5 000 元减除费用的合计金额。

（2）第 9～13 行"专项扣除"：填写按规定允许扣除的基本养老保险费、基本医疗保险费、失业保险费、住房公积金的金额。

（3）第 14～17 行"依法确定的其他扣除"：填写商业健康保险、税延养老保险以及其他按规定允许扣除项目的金额。其中，税延养老保险可在申报四季度或 12 月份税款时填报扣除。

8. 第 18 行"应纳税所得额"：根据相关行次计算填报。

（1）查账征收（据实预缴）：第 18 行 =（第 3 行 – 第 4 行）× 第 6 行 – 第 7 行。

（2）查账征收（按上年应纳税所得额预缴）：第 18 行 = 上年度的应纳税所得额 ÷ 12 × 月份数。

（3）核定应税所得率征收（能准确核算收入总额的）：第 18 行 = 第 1 行 × 第 5 行 × 第 6 行。

（4）核定应税所得率征收（能准确核算成本费用的）：第 18 行 = 第 2 行 ÷（1 - 第 5 行）× 第 5 行 × 第 6 行。

（5）核定应纳税所得额征收：直接填写应纳税所得额。

（6）税务机关认可的其他方式：直接填写应纳税所得额。

9. 第 19～20 行"税率"和"速算扣除数"：填写按规定适用的税率和速算扣

除数。

10. 第 21 行"应纳税额"：根据相关行次计算填报。第 21 行 = 第 18 行 × 第 19 行 – 第 20 行。

11. 第 22 行"减免税额"：填写符合税法规定可以减免的税额，并附报《个人所得税减免税事项报告表》。

12. 第 23 行"已缴税额"：填写本年度在月（季）度申报中累计已预缴的经营所得个人所得税的金额。

13. 第 24 行"应补/退税额"：根据相关行次计算填报。第 24 行 = 第 21 行 – 第 22 行 – 第 23 行。

四、其他事项说明

以纸质方式报送本表的，应当一式两份，纳税人、税务机关各留存一份。

附录 4B

个人所得税经营所得纳税申报表（B 表）及其填报说明

个人所得税经营所得纳税申报表（B 表）

税款所属期：　　　年　　月　　日至　　　年　　月　　日

纳税人姓名：

纳税人识别号：□□□□□□□□□□□□□□□□□□

金额单位：人民币元（列至角分）

被投资单位信息	名称		纳税人识别号（统一社会信用代码）		
项目				行次	金额／比例
一、收入总额				1	
其中：国债利息收入				2	
二、成本费用（3=4+5+6+7+8+9+10）				3	
（一）营业成本				4	
（二）营业费用				5	
（三）管理费用				6	
（四）财务费用				7	
（五）税金				8	
（六）损失				9	
（七）其他支出				10	
三、利润总额（11=1－2－3）				11	
四、纳税调整增加额（12=13+27）				12	
（一）超过规定标准的扣除项目金额（13=14+……+26）				13	
1. 职工福利费				14	
2. 职工教育经费				15	
3. 工会经费				16	
4. 利息支出				17	
5. 业务招待费				18	
6. 广告费和业务宣传费				19	
7. 教育和公益事业捐赠				20	

(续)

8. 住房公积金	21	
9. 社会保险费	22	
10. 折旧费用	23	
11. 无形资产摊销	24	
12. 资产损失	25	
13. 其他	26	
(二) 不允许扣除的项目金额 (27=28+29+30+31+32+33+34+35+36)	27	
1. 个人所得税税款	28	
2. 税收滞纳金	29	
3. 罚金、罚款和被没收财物的损失	30	
4. 不符合扣除规定的捐赠支出	31	
5. 赞助支出	32	
6. 用于个人和家庭的支出	33	
7. 与取得生产经营收入无关的其他支出	34	
8. 投资者工资薪金支出	35	
9. 其他不允许扣除的支出	36	
五、纳税调整减少额	37	
六、纳税调整后所得 (38=11+12-37)	38	
七、弥补以前年度亏损	39	
八、合伙企业个人合伙人分配比例 (%)	40	
九、允许扣除的个人费用及其他扣除 (41=42+43+48+55)	41	
(一) 投资者减除费用	42	
(二) 专项扣除 (43=44+45+46+47)	43	
1. 基本养老保险费	44	
2. 基本医疗保险费	45	
3. 失业保险费	46	
4. 住房公积金	47	
(三) 专项附加扣除 (48=49+50+51+52+53+54)	48	
1. 子女教育	49	
2. 继续教育	50	
3. 大病医疗	51	
4. 住房贷款利息	52	

(续)

5. 住房租金	53
6. 赡养老人	54
（四）依法确定的其他扣除（55=56+57+58+59）	55
1. 商业健康保险	56
2. 税延养老保险	57
3.	58
4.	59
十、投资抵扣	60
十一、准予扣除的个人捐赠支出	61
十二、应纳税所得额（62=38-39-41-60-61）或[62=（38-39）×40-41-60-61]	62
十三、税率（%）	63
十四、速算扣除数	64
十五、应纳税额（65=62×63-64）	65
十六、减免税额（附报《个人所得税减免税事项报告表》）	66
十七、已缴税额	67
十八、应补/退税额（68=65-66-67）	68

　　谨声明：本表是根据国家税收法律法规及相关规定填报的，是真实的、可靠的、完整的。

纳税人签字：　　　年　　月　　日

经办人：	受理人：
经办人身份证件号码：	
代理机构签章：	受理税务机关（章）：
代理机构统一社会信用代码：	受理日期：　　年　　月　　日

国家税务总局监制

填报说明

一、适用范围

本表适用于个体工商户业主、个人独资企业投资人、合伙企业个人合伙人、承包承租经营者个人以及其他从事生产、经营活动的个人在中国境内取得经营所得，且实行查账征收的，在办理个人所得税汇算清缴纳税申报时，向税务机关报送。

合伙企业有两个或者两个以上个人合伙人的，应分别填报本表。

二、报送期限

纳税人在取得经营所得的次年3月31日前，向税务机关办理汇算清缴。

三、本表各栏填写

（一）表头项目

1. 税款所属期：填写纳税人取得经营所得应纳个人所得税款的所属期间，应填写具体的起止年月日。

2. 纳税人姓名：填写自然人纳税人姓名。

3. 纳税人识别号：有中国公民身份号码的，填写中华人民共和国居民身份证上载明的"公民身份号码"；没有中国公民身份号码的，填写税务机关赋予的纳税人识别号。

（二）被投资单位信息

1. 名称：填写被投资单位法定名称的全称。

2. 纳税人识别号（统一社会信用代码）：填写被投资单位的纳税人识别号或统一社会信用代码。

（三）表内各行填写

1. 第1行"收入总额"：填写本年度从事生产经营以及与生产经营有关的活动取得的货币形式和非货币形式的各项收入总金额。包括：销售货物收入、提供劳务收入、转让财产收入、利息收入、租金收入、接受捐赠收入、其他收入。

2. 第2行"国债利息收入"：填写本年度已计入收入的因购买国债而取得的应予免税的利息金额。

3. 第3～10行"成本费用"：填写本年度实际发生的成本、费用、税金、损失及其他支出的总额。

（1）第 4 行"营业成本"：填写在生产经营活动中发生的销售成本、销货成本、业务支出以及其他耗费的金额。

（2）第 5 行"营业费用"：填写在销售商品和材料、提供劳务的过程中发生的各种费用。

（3）第 6 行"管理费用"：填写为组织和管理企业生产经营发生的管理费用。

（4）第 7 行"财务费用"：填写为筹集生产经营所需资金等发生的筹资费用。

（5）第 8 行"税金"：填写在生产经营活动中发生的除个人所得税和允许抵扣的增值税以外的各项税金及其附加。

（6）第 9 行"损失"：填写生产经营活动中发生的固定资产和存货的盘亏、毁损、报废损失，转让财产损失，坏账损失，自然灾害等不可抗力因素造成的损失以及其他损失。

（7）第 10 行"其他支出"：填写除成本、费用、税金、损失外，生产经营活动中发生的与之有关的、合理的支出。

4. 第 11 行"利润总额"：根据相关行次计算填报。

第 11 行 = 第 1 行 – 第 2 行 – 第 3 行。

5. 第 12 行"纳税调整增加额"：根据相关行次计算填报。

第 12 行 = 第 13 行 + 第 27 行。

6. 第 13 行"超过规定标准的扣除项目金额"：填写扣除的成本、费用和损失中，超过税法规定的扣除标准应予调增的应纳税所得额。

7. 第 27 行"不允许扣除的项目金额"：填写按规定不允许扣除但已被投资单位扣除的各项成本、费用和损失，应予调增应纳税所得额的部分。

8. 第 37 行"纳税调整减少额"：填写在计算利润总额时已计入收入或未列入成本费用，但在计算应纳税所得额时应予扣除的项目金额。

9. 第 38 行"纳税调整后所得"：根据相关行次计算填报。

第 38 行 = 第 11 行 + 第 12 行 – 第 37 行。

10. 第 39 行"弥补以前年度亏损"：填写本年度可在税前弥补的以前年度亏损额。

11. 第40行"合伙企业个人合伙人分配比例":纳税人为合伙企业个人合伙人的,填写本栏;其他则不填。分配比例按照合伙协议约定的比例填写;合伙协议未约定或不明确的,按合伙人协商决定的比例填写;协商不成的,按合伙人实缴出资比例填写;无法确定出资比例的,按合伙人平均分配。

12. 第41行"允许扣除的个人费用及其他扣除":填写按税法规定可以税前扣除的各项费用、支出,包括:

(1)第42行"投资者减除费用":填写按税法规定的减除费用金额。

(2)第43～47行"专项扣除":分别填写本年度按规定允许扣除的基本养老保险费、基本医疗保险费、失业保险费、住房公积金的合计金额。

(3)第48～54行"专项附加扣除":分别填写本年度纳税人按规定可享受的子女教育、继续教育、大病医疗、住房贷款利息、住房租金、赡养老人等专项附加扣除的合计金额。

(4)第55～59行"依法确定的其他扣除":分别填写按规定允许扣除的商业健康保险、税延养老保险,以及国务院规定其他可以扣除项目的合计金额。

13. 第60行"投资抵扣":填写按照税法规定可以税前抵扣的投资金额。

14. 第61行"准予扣除的个人捐赠支出":填写本年度按照税法及相关法规、政策规定,可以在税前扣除的个人捐赠合计额。

15. 第62行"应纳税所得额":根据相关行次计算填报。

(1)纳税人为非合伙企业个人合伙人的:

  第62行
= 第38行 − 第39行 − 第41行 − 第60行 − 第61行。

(2)纳税人为合伙企业个人合伙人的:

  第62行
=(第38行 − 第39行)× 第40行 − 第41行 − 第60行 − 第61行。

16. 第63～64行"税率""速算扣除数":填写按规定适用的税率和速算扣除数。

17. 第65行"应纳税额":根据相关行次计算填报。

第65行 = 第62行 × 第63行 − 第64行。

18. 第66行"减免税额":填写符合税法规定可以减免的税额,并附报《个人所得税减免税事项报告表》。

19. 第67行"已缴税额":填写本年度累计已预缴的经营所得个人所得税金额。

20. 第68行"应补/退税额":根据相关行次计算填报。

第68行 = 第65行 - 第66行 - 第67行。

四、其他事项说明

以纸质方式报送本表的,应当一式两份,纳税人、税务机关各留存一份。

附录 4C

个人所得税经营所得纳税申报表（C表）及其填报说明

个人所得税经营所得纳税申报表（C表）

税款所属期：　　　　年　　月　　日至　　　　年　　月　　日

纳税人姓名：

纳税人识别号：□□□□□□□□□□□□□□□□□□

金额单位：人民币元（列至角分）

被投资单位信息	单位名称		纳税人识别号（统一社会信用代码）	投资者应纳税所得额
	汇总地			
	非汇总地	1		
		2		
		3		

项目	行次	金额/比例
一、投资者应纳税所得额合计	1	
二、应调整的个人费用及其他扣除（2=3+4+5+6）	2	
（一）投资者减除费用	3	
（二）专项扣除	4	
（三）专项附加扣除	5	
（四）依法确定的其他扣除	6	
三、应调整的其他项目	7	
四、调整后应纳税所得额（8=1+2+7）	8	
五、税率（%）	9	
六、速算扣除数	10	
七、应纳税额（11=8×9-10）	11	
八、减免税额（附报《个人所得税减免税事项报告表》）	12	
九、已缴税额	13	
十、应补/退税额（14=11-12-13）	14	

谨声明：本表是根据国家税收法律法规及相关规定填报的，是真实的、可靠的、完整的。

纳税人签字：　　　　　　年　　月　　日

经办人： 经办人身份证件号码： 代理机构签章： 代理机构统一社会信用代码：	受理人： 受理税务机关（章）： 受理日期：　　年　　月　　日

国家税务总局监制

填报说明

一、适用范围

本表适用于个体工商户业主、个人独资企业投资人、合伙企业个人合伙人、承包承租经营者个人以及其他从事生产、经营活动的个人在中国境内两处以上取得经营所得，办理合并计算个人所得税的年度汇总纳税申报时，向税务机关报送。

二、报送期限

纳税人从两处以上取得经营所得，应当于取得所得的次年3月31日前办理年度汇总纳税申报。

三、本表各栏填写

（一）表头项目

1.税款所属期：填写纳税人取得经营所得应纳个人所得税款的所属期间，应填写具体的起止年月日。

2.纳税人姓名：填写自然人纳税人姓名。

3.纳税人识别号：有中国公民身份号码的，填写中华人民共和国居民身份证上载明的"公民身份号码"；没有中国公民身份号码的，填写税务机关赋予的纳税人识别号。

（二）被投资单位信息

1.名称：填写被投资单位法定名称的全称。

2.纳税人识别号（统一社会信用代码）：填写被投资单位的纳税人识别号或者统一社会信用代码。

3.投资者应纳税所得额：填写投资者从其各投资单位取得的年度应纳税所得额。

（三）表内各行填写

1.第1行"投资者应纳税所得额合计"：填写投资者从其各投资单位取得的年度应纳税所得额的合计金额。

2.第2～6行"应调整的个人费用及其他扣除"：填写按规定需调整增加或者减少应纳税所得额的项目金额。调整减少应纳税所得额的，用负数表示。

（1）第3行"投资者减除费用"：填写需调整增加或者减少应纳税所得额的投资者减除费用的金额。

（2）第4行"专项扣除"：填写需调整增加或者减少应纳税所得额的"三险一金"（基本养老保险费、基本医疗保险费、失业保险费、住房公积金）的合计金额。

（3）第5行"专项附加扣除"：填写需调整增加或者减少应纳税所得额的专项附加扣除（子女教育、继续教育、大病医疗、住房贷款利息、住房租金、赡养老人）的合计金额。

（4）第6行"依法确定的其他扣除"：填写需调整增加或者减少应纳税所得额的商业健康保险、税延养老保险以及国务院规定其他可以扣除项目的合计金额。

3.第7行"应调整的其他项目"：填写按规定应予调整的其他项目的合计金额。调整减少应纳税所得额的，用负数表示。

4.第8行"调整后应纳税所得额"：根据相关行次计算填报。第8行=第1行+第2行+第7行。

5.第9～10行"税率""速算扣除数"：填写按规定适用的税率和速算扣除数。

6.第11行"应纳税额"：根据相关行次计算填报。第11行=第8行×第9行－第10行。

7.第12行"减免税额"：填写符合税法规定可以减免的税额，并附报《个人所得税减免税事项报告表》。

8.第13行"已缴税额"：填写纳税人本年度累计已缴纳的经营所得个人所得税的金额。

9.第14行"应补/退税额"：按相关行次计算填报。第14行=第11行－第12行－第13行。

四、其他事项说明

以纸质方式报送本表的，应当一式两份，纳税人、税务机关各留存一份。

附录 4D

合伙创投企业个人所得税投资抵扣备案表及其填报说明

合伙创投企业个人所得税投资抵扣备案表

（_____年度）

备案编号（主管税务机关填写）：　　　　　　　　　单位：%，人民币元（列至角分）

合伙创投企业基本情况			
企业名称		纳税人识别号（统一社会信用代码）	
备案管理部门		备案时间	
联系人		联系电话	
对初创科技型企业投资情况			

初创科技型企业名称	纳税人识别号	注册地	设立时间	投资日期	从业人数	本科以上学历人数占比	资产总额	年销售收入	研发费用总额占成本费用支出的比例	投资2年内与关联方合计持股比例是否超50%	投资额

谨声明：本人（单位）知悉并保证本表填报内容及所附证明材料真实、完整，并承担因资料虚假而产生的法律责任。

合伙创投企业印章：　　合伙创投企业负责人签章：　　　　年　月　日

代理机构印章：	主管税务机关印章：
联系人：	受理人：
填报日期：	受理日期：

国家税务总局监制

填报说明

一、适用范围

本表适用于有限合伙制创业投资企业（以下简称"合伙创投企业"）投资境内种子期、初创期科技型企业（以下简称"初创科技型企业"），就符合投资抵扣税收优惠条件的投资，向主管税务机关办理投资情况备案。

二、报送期限

合伙创投企业应于投资满 2 年的年度终了后 3 个月内，向其注册地主管税务机关报送本表。

三、表内各栏

（一）合伙创投企业基本情况

1. 企业名称：填写合伙创投企业名称全称。

2. 纳税人识别号（统一社会信用代码）：填写合伙创投企业的纳税人识别号或统一社会信用代码。

3. 备案管理部门：填写合伙创投企业根据《创业投资企业管理暂行办法》或《私募投资基金监督管理暂行办法》等规定，办理备案的主管部门名称全称。

4. 备案时间：填写合伙创投企业向备案管理部门完成备案的时间。

5. 联系人：填写合伙创投企业联系人姓名。

6. 联系电话：填写合伙创投企业联系人的联系电话。

（二）对初创科技型企业投资情况

合伙创投企业投资多个初创科技型企业或对同一家初创科技型企业有多轮投资的，均需就每次投资情况分行填写。

1. 初创科技型企业名称：填写初创科技型企业名称全称。

2. 纳税人识别号：填写初创科技型企业的纳税人识别号或统一社会信用代码。

3. 注册地：填写初创科技型企业注册登记的具体地址。

4. 设立时间：填写初创科技型企业设立登记的具体日期。

5. 投资日期：填写初创科技型企业接受合伙创投企业投资并完成工商变更登记的日期。

6. 从业人数：填写与初创科技型企业建立劳动关系的职工及企业接受的劳务派

遣人员人数。具体按照初创科技型企业接受投资前连续 12 个月的平均数填写，不足 12 个月的按实际月数平均计算填写。

7. 本科以上学历人数占比：填写初创科技型企业接受投资时本科以上学历人数占企业从业人数的比例。

8. 资产总额：填写初创科技型企业的资产总额。具体按照初创科技型企业接受投资前连续 12 个月的平均数填写，不足 12 个月的按实际月数平均计算填写。

9. 年销售收入：填写初创科技型企业的年销售收入。具体按照初创科技型企业接受投资前连续 12 个月的累计数填写，不足 12 个月的按实际月数累计计算填写。

10. 研发费用总额占成本费用支出的比例：填写企业接受投资当年及下一年两个纳税年度的研发费用总额合计占同期成本费用总额合计的比例。

11. 投资后 2 年内与关联方合计持股比例是否超 50%：填写"是"或"否"。

12. 投资额：填写合伙创投企业以现金形式对初创科技型企业的实缴出资额。

四、本表一式两份。主管税务机关受理后，由合伙创投企业和主管税务机关分别留存。

附录 4E

合伙创投企业个人所得税投资抵扣情况表及其填报说明

合伙创投企业个人所得税投资抵扣情况表

（_____年度）

单位：%，人民币元（列至角分）

合伙创投企业情况									
企业名称			纳税人识别号（统一社会信用代码）						
投资情况备案编号									
当年新增符合条件的投资额合计				新增可抵扣投资额					
个人合伙人相关情况									
姓名	身份证件类型	身份证件号码	出资额	出资比例	分配比例	当年度分配的经营所得	结转上年可抵扣投资额	当年新增可抵扣投资额	当年实际抵扣投资额	结转抵扣投资额

谨声明：本人（单位）知悉并保证本表填报内容及所附证明材料真实、完整，并承担因资料虚假而产生的法律责任。

合伙创投企业印章：　　　　　合伙创投企业负责人签章：　　　年　月　日

代理机构印章：	主管税务机关印章：
联系人：	受理人：
填报日期：	受理日期：

国家税务总局监制

填报说明

一、适用范围

本表适用于有限合伙制创业投资企业（以下简称"合伙创投企业"）投资境内种子期、初创期科技型企业（以下简称"初创科技型企业"），在符合投资抵扣税收优惠年度及以后年度，向主管税务机关报告有关情况并办理投资抵扣手续。

二、报送期限

合伙创投企业自符合投资抵扣税收优惠年度起，每个年度终了3个月内，向其注册地主管税务机关报送本表。

三、表内各栏

（一）合伙创投企业情况

1. 企业名称：填写合伙创投企业名称全称。

2. 纳税人识别号（统一社会信用代码）：填写合伙创投企业的纳税人识别号或统一社会信用代码。

3. 投资情况备案编号：填写合伙创投企业办理投资情况备案时，税务机关受理其填报的《合伙创投企业个人所得税投资抵扣备案表》赋予的备案编号。

4. 当年新增符合条件的投资额合计：填写当年《合伙创投企业个人所得税投资抵扣备案表》投资额合计。若当年无新增符合投资抵扣税收优惠条件的投资，则无须填写。

5. 新增可抵扣投资额：新增可抵扣投资额＝当年新增符合条件的投资额合计×70%。

（二）个人合伙人相关情况

本栏填报个人合伙人报告年度实际投资抵扣的有关情况。

1. 姓名：填写个人合伙人姓名。

2. 身份证件类型：填写个人合伙人办理个人所得税年度申报时使用的身份证件类型。

3. 身份证件号码：填写个人合伙人办理个人所得税年度申报时使用的身份证件号码。

4. 出资额：填写个人合伙人在投资满两年当年年末，对合伙创投企业的实缴出资额。

5. 出资比例：填写报告年度年末各合伙人对合伙创投企业的实缴出资额占所有合伙人全部实缴出资额的比例。

6. 分配比例：填写个人合伙人办理个人所得税年度申报时填报的分配比例。

7. 当年度分配的经营所得：填写报告年度个人合伙人按其分配比例自合伙创投企业计算分得的经营所得。

8. 结转上年可抵扣投资额：填写上年度此表"结转抵扣投资额"，上年无结转抵扣投资额的填"0"。

9. 当年新增可抵扣投资额：当年新增可抵扣投资额 = 新增可抵扣投资额 × 出资比例。

10. 当年实际抵扣投资额：区别以下情况计算填写。

（1）当年度分配的经营所得＜结转上年可抵扣投资额 + 当年新增可抵扣投资额时，当年实际抵扣投资额 = 当年度分配的经营所得。

（2）当年度分配的经营所得≥结转上年可抵扣投资额 + 当年新增可抵扣投资额时，当年实际抵扣投资额 = 当年新增可抵扣投资额 + 结转上年可抵扣投资额。

11. 结转抵扣投资额：结转抵扣投资额 = 结转上年可抵扣投资额 + 当年新增可抵扣投资额 − 当年实际抵扣投资额。

四、本表一式两份。主管税务机关受理后，由合伙创投企业和主管税务机关分别留存。

附表 4F

单一投资基金核算的合伙制创业投资企业个人所得税扣缴申报表及其填报说明

单一投资基金核算的合伙制创业投资企业个人所得税扣缴申报表

税款所属期： 年 月 日 至 年 月 日

扣缴义务人名称：

扣缴义务人纳税人识别号（统一社会信用代码）：□□□□□□□□□□□□□□□□□□

金额单位：人民币元（列至角分）

税务机关备案编号

序号	被投资企业名称	被投资企业纳税人识别号（统一社会信用代码）	投资股权股份数	转让股权股份数	转让后股权股份数	股权转让时间	股权转让收入	股权原值	合理费用	股权转让所得额
1	2	3	4	5	6	7	8	9	10	11

创投企业投资项目所得情况

纳税年度内股权转让所得额合计

创投企业个人合伙人所得分配情况

序号	个人合伙人姓名	身份证件类型	身份证件号码	个人合伙人纳税人识别号	分配比例（%）	创投企业股权转让所得额	分配所得额	其中：投资初创科技型企业情况			应纳税所得额	税率	应纳税额	减免税额	已缴税额	应补/退税额
								创投企业符合条件的投资额	个人出资比例	当年按个人投资额70%计算的实际抵扣额						
12	13	14	15	16	17	18	19	20	21	22	23	24	25	26	27	28
合计										—						

谨声明：本表是根据国家税收法律法规及相关规定填报的，是真实的、可靠的、完整的。

受声明人：

经办人签字： 创投企业（基金）印章： 年 月 日

经办人身份证件号码：

代理机构签章： 受理人：

代理机构统一社会信用代码： 受理税务机关（章）： 受理日期： 年 月 日

国家税务总局监制

填报说明

一、适用范围

本表适用于选择按单一投资基金核算的合伙制创业投资企业（含创投基金，以下统称创投企业）按规定办理年度股权转让所得扣缴申报时，向主管税务机关报送。

二、申报期限

创投企业取得所得的次年3月31日前报送。

三、本表各栏填写

（一）表头项目

1. 税款所属期：填写创投企业申报股权转让所得的所属期间，应填写具体的起止年月日。

2. 扣缴义务人名称：填写扣缴义务人（即创投企业）的法定名称全称。

3. 扣缴义务人纳税人识别号（统一社会信用代码）：填写扣缴义务人（即创投企业）的纳税人识别号或者统一社会信用代码。

4. 税务机关备案编号：填写创投企业在主管税务机关进行核算方式备案的编号。

（二）表内各栏

1. 创投企业投资项目所得情况

（1）第2列"被投资企业名称"：填写被投资企业的法定名称。

（2）第3列"被投资企业纳税人识别号（统一社会信用代码）"：填写被投资企业的纳税人识别号或者统一社会信用代码。

（3）第4列"投资股权份数"：填写创投企业在发生股权转让前持有被投资企业的股权份数。

（4）第5列"转让股权份数"：填写创投企业纳税年度内转让被投资企业股权的份数，一年内发生多次转让的，应分行填写。

（5）第6列"转让后股权份数"：填写创投企业发生股权转让后持有被投资企业的股权份数。

（6）第7列"股权转让时间"：填写创投企业转让被投资企业股权的具体时间，一年内发生多次转让的，应分行填写。

（7）第8列"股权转让收入"：填写创投企业发生股权转让收入额，一年内发生多次转让的,应分行填写。

(8)第 9 列"股权原值":填写创投企业转让股权的原值,一年内发生多次转让的,应分行填写。

(9)第 10 列"合理费用":填写转让股权过程中发生的按规定可以扣除的合理税费。

(10)第 11 列"股权转让所得额":按相关列次计算填报。第 11 列 = 第 8 列 - 第 9 列 - 第 10 列。

(11)"纳税年度内股权转让所得额合计":填写纳税年度内股权转让所得的合计金额,即所得与损失相互抵减后的余额。余额为负数的,填写 0。

2.创投企业个人合伙人所得分配情况

(1)第 13 列"个人合伙人姓名":填写个人合伙人姓名。

(2)第 14 列"身份证件类型":填写纳税人有效的身份证件名称。中国公民有中华人民共和国居民身份证的,填写居民身份证;没有居民身份证的,填写中华人民共和国护照、港澳居民来往内地通行证或港澳居民居住证、台湾居民通行证或台湾居民居住证、外国人永久居留身份证、外国人工作许可证或护照等。

(3)第 15 列"身份证件号码":填写纳税人有效身份证件上载明的证件号码。

(4)第 16 列"个人合伙人纳税人识别号":有中国公民身份号码的,填写中华人民共和国居民身份证上载明的"公民身份号码";没有中国公民身份号码的,填写税务机关赋予的纳税人识别号。

(5)第 17 列"分配比例(%)":分配比例按照合伙协议约定的比例填写;合伙协议未约定或不明确的,按合伙人协商决定的比例填写;协商不成的,按合伙人实缴出资比例填写;无法确定出资比例的,按合伙人平均分配。

(6)第 18 列"创投企业股权转让所得额":填写创投企业纳税年度内取得的股权转让所得总额,即本表"创投企业投资项目所得情况"中"纳税年度内股权转让所得额合计"的金额。

(7)第 19 列"分配所得额":填写个人合伙人按比例分得的股权转让所得额。第 19 列 = 第 18 列 × 第 17 列。

(8)第 20 列"创投企业符合条件的投资额":填写合伙创投企业对种子期、初创期科技型企业符合投资抵扣条件的投资额。

(9)第 21 列"个人出资比例":填写个人合伙人对创投企业的出资比例。

（10）第 22 列"当年按个人投资额 70% 计算的实际抵扣额"：根据相关列次计算填报。第 22 列 = 第 20 列 × 第 21 列 ×70%。

（11）第 23 列"应纳税所得额"：填写个人合伙人纳税年度内取得股权转让所得的应纳税所得额。第 23 列 = 第 19 列 − 第 22 列。

（12）第 24 列"税率"：填写所得项目按规定适用的税率。

（13）第 25 列"应纳税额"：根据相关列次计算填报。第 25 列 = 第 23 列 × 第 24 列。

（14）第 26 列"减免税额"：填写符合税法规定的可以减免的税额，并附报《个人所得税减免税事项报告表》。

（15）第 27 列"已缴税额"：填写纳税人当期已实际缴纳或者被扣缴的个人所得税税款。

（16）第 28 列"应补／退税额"：根据相关列次计算填报。第 28 列 = 第 25 列 − 第 26 列 − 第 27 列。

四、其他事项说明

以纸质方式报送本表的，应当一式两份，扣缴义务人、税务机关各留存一份。

附录 4G

合伙制创业投资企业单一投资基金核算方式备案表及其填报说明

合伙制创业投资企业单一投资基金核算方式备案表

（_____至_____年度）

备案编号（主管税务机关填写）：

创投企业（基金）名称	
纳税人识别号（统一社会信用代码）	
创投企业（基金）备案管理机构	□发展改革部门　□证券监管部门
管理机构备案编号	
管理机构备案时间	
谨声明：本表是根据国家税收法律法规及相关规定填报的，是真实的、可靠的、完整的。	
创投企业（基金）印章：　　　年　　月　　日	
经办人签字：	受理人：
经办人身份证件号码：	
代理机构签章：	受理税务机关（章）：
代理机构统一社会信用代码：	受理日期：　　　年　　月　　日

国家税务总局监制

填报说明

一、适用范围

本表适用于合伙制创业投资企业（含创投基金，以下统称创投企业）选择按单一投资基金核算，按规定向主管税务机关进行核算类型备案。

二、报送期限

选择按单一投资基金核算的创投企业，应当在管理机构完成备案的 30 日内，向主管税务机关进行核算方式备案，报送本表。

创投企业选择一种核算方式满 3 年需要调整的，应当在满 3 年的次年 1 月 31 日前，重新向主管税务机关备案，报送本表。

三、本表各栏填写

1. 创投企业（基金）名称：填写创投企业的法定名称全称。

2. 纳税人识别号（统一社会信用代码）：填写创投企业的纳税人识别号或统一社会信用代码。

3. 创投企业（基金）备案管理机构：选择创投企业备案的机构名称，在"发展改革部门"或"证券监管部门"备案的，分别在对应框中打"√"。

4. 管理机构备案编号：填写创投企业在国家发展和改革委员会或中国证券投资基金业协会备案的编号。

5. 管理机构备案时间：填写创投企业在国家发展和改革委员会或中国证券投资基金业协会备案的时间。

四、其他事项说明

以纸质方式报送本表的，应当一式两份，扣缴义务人、税务机关各留存一份。

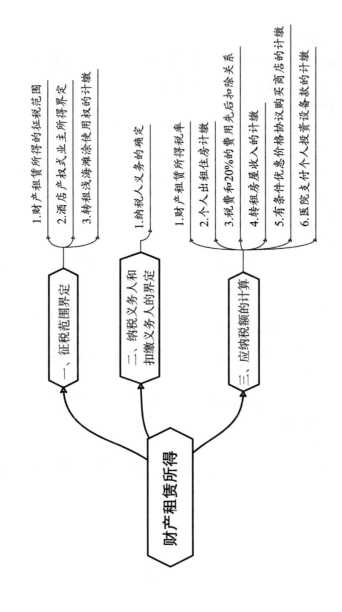

第五章 财产租赁所得

一、征税范围的界定

1. 财产租赁所得的征税范围如何界定？

答：《个人所得税法实施条例》第六条第七项规定，财产租赁所得是指个人出租不动产、机器设备、车船以及其他财产取得的所得。

2. 酒店产权式业主取得的收入按什么项目征收个人所得税？

答：《国家税务总局关于酒店产权式经营业主税收问题的批复》（国税函〔2006〕478号）规定，酒店产权式经营业主在约定的时间内提供房产使用权与酒店进行合作经营，如房产产权并未归属新的经济实体，业主按照约定取得的固定收入和分红收入均应视为租金收入，根据有关税收法律、行政法规的规定，应按照"服务业—租赁业"征收营业税，按照财产租赁所得项目征收个人所得税。

【备注】根据《营业税改征增值税试点实施办法》（财税〔2016〕36号附件1）的规定，从2016年5月1日起，房屋租金收入征收增值税，不再征收营业税。

3. 转租浅海滩涂使用权收入按什么项目征收个人所得税？

答：河北省秦皇岛市石河镇村民丁某与村委会签订了承包合同，承包部分浅海滩涂，用于海产养殖，承包期为10年。其后，丁某又将其承包的海滩转租给姜某，另外将原海滩的一切设施和剩余的文蛤作价一并转让给姜某。对此，《国家税务总局关于转租浅海滩涂使用权收入征收个人所得税问题的批复》（国税函〔2002〕1158号）规定，个人转租滩涂使用权取得的收入，应按照"财产租赁所得"应税项目征收个人所得税，其每年实际上交村委会的承包费可以在税前扣除；同时，个人一并转让原海滩的设施和剩余文蛤的所得应按照"财产转让所得"应税项目征收个人所得税。

二、纳税义务人和扣缴义务人的界定

4.财产租赁所得的纳税义务人怎么确定？

答：《个人所得税法》第九条规定，个人所得税以所得人为纳税人，以支付所得的单位或者个人为扣缴义务人。

国税发〔1994〕89号文件第六条第三项、第四项具体规定如下：

（1）确认财产租赁所得的纳税义务人，应以产权凭证为依据。无产权凭证的，由主管税务机关根据实际情况确定纳税义务人。

（2）产权所有人死亡，在未办理产权继承手续期间，该财产出租而有租金收入的，以领取租金的个人为纳税义务人。

三、应纳税额的计算

5.财产租赁所得如何计缴个人所得税？

答： 根据《个人所得税法》第三条第三项、第六条第一款第四项和《个人所得税法实施条例》第十四条第二项的规定，财产租赁所得每次收入不超过四千元的，减除费用八百元；四千元以上的，减除百分之二十的费用，其余额为应纳税所得额。财产租赁所得以一个月内取得的收入为一次，适用比例税率，税率为百分之二十。

《个人所得税法》第六条第三款规定，个人将其所得对教育、扶贫、济困等公益慈善事业进行捐赠，捐赠额未超过纳税人申报的应纳税所得额百分之三十的部分，可以从其应纳税所得额中扣除；国务院规定对公益慈善事业捐赠实行全额税前扣除的，从其规定。

国税发〔1994〕89号文件第六条第一项和第二项规定，以下支出可以在税前扣除。

（1）纳税义务人在出租财产过程中缴纳的税金和国家能源交通重点建设基金、国家预算调节基金、教育费附加，可持完税（缴款）凭证，从其财产租赁收入中扣除。

（2）纳税义务人出租财产取得财产租赁收入，在计算征税时，除可依法减除规定费用和有关税、费外，还准予扣除能够提供有效、准确凭证，证明由纳税义务人负担的该出租财产实际开支的修缮费用。允许扣除的修缮费用，以每次800元为限，一次扣除不完的，准予在下一次继续扣除，直至扣完为止。

财产租赁所得个人所得税计算公式如表5-1所示。

表5-1 财产租赁所得个人所得税计算明细表

情形	应纳税额（居民个人＋非居民个人）
（每次收入额－修缮费用）≤4 000	应纳税额＝（收入额－修缮费用－800－允许扣除的公益慈善捐赠额）×20%，修缮费用每次以800元为限
（每次收入额－修缮费用）＞4 000	应纳税额＝[（收入额－修缮费用）×（1-20%）－允许扣除的公益慈善捐赠额]×20%，修缮费用每次以800元为限

6. 个人出租住房取得的所得如何计缴个人所得税？

答：《财政部 国家税务总局关于调整住房租赁市场税收政策的通知》（财税〔2000〕125号）规定，自2001年1月1日起，对个人出租房屋取得的所得暂减按10%的税率征收个人所得税。

《财政部 国家税务总局关于廉租住房经济适用住房和住房租赁有关税收政策的通知》（财税〔2008〕24号）第一条第七项、第二条、第八条对住房租赁有关个人所得税政策又做了如下规定：

（1）自2007年8月1日起，对个人按《廉租住房保障办法》（建设部等9部委令第162号）规定取得的廉租住房货币补贴，免征个人所得税；对于所在单位以廉租住房名义发放的不符合规定的补贴，应征收个人所得税。

（2）自2008年3月1日起，对个人出租住房取得的所得减按10%的税率征收个人所得税。

（3）自 2007 年 8 月 1 日起，个人捐赠住房作为廉租住房的，捐赠额未超过其申报的应纳税所得额 30% 的部分，准予从其应纳税所得额中扣除。

【案例 5-1】个人出租住房取得所得个人所得税的计算

钱鑫在北京市东城区有一套住宅，2019 年 6 月 1 日租赁给蓝天公司作为员工宿舍，当月收取租金 10 000 元，发生修缮费用 1 000 元，当月钱鑫通过红十字会捐赠希望工程 3 000 元，并将相关票据和资料提供给了蓝天公司。假设不考虑其他税费，请问：蓝天公司当月应代扣代缴钱鑫多少个人所得税？

解析：

（1）修缮费用本月只能扣除 800 元，钱鑫租金收入额＞4 000 元，定率扣除 20% 的费用。

应纳税所得额 =（10 000-800）×（1-20%）=7 360（元）

（2）通过红十字会捐赠希望工程，允许在应纳税所得额的 30% 以内扣除。

公益慈善捐赠扣除限额 =7 360×30%=2 208（元）

实际捐赠 3 000 元，允许扣除公益慈善捐赠额为 2 208 元。

（3）对个人出租住房取得的所得减按 10% 的税率征收个人所得税。

蓝天公司应代扣代缴个人所得税 =（7 360-2 208）×10%=515.20（元）

7. 财产租赁所得是先扣除各项税费还是先扣除 20% 的费用？

答：国税函〔2002〕146 号文件第二条规定，有关财产租赁所得个人所得税前扣除税费的扣除次序为：

（1）财产租赁过程中缴纳的税费。

（2）向出租方支付的租金。

（3）由纳税人负担的租赁财产实际开支的修缮费用。

（4）税法规定的费用扣除标准。

【案例 5-2】财产租赁所得各项费用的扣除次序

2019 年 6 月，钱鑫将两年前从白云公司租赁的一套专用设备转租给了碧海公司，每月收取租金 126 000 元（含增值税），租赁期为 3 年。当月缴纳增值税 6 000

元，缴纳其他税费 720 元，发生了修缮费用 1 500 元，支付给白云公司租金 100 000 元，并取得了发票。请问：当月碧海公司应代扣代缴钱鑫多少个人所得税？

解析：

（1）应税收入不含增值税，即该项财产租赁所得应税收入为 120 000 元。

（2）该项财产租赁所得个人所得税前扣除税费的扣除次序为：

1）财产租赁过程中缴纳的税费：720 元。

2）向出租方支付的租金：100 000 元。

3）由纳税人负担的租赁财产实际开支的修缮费用：800 元（每月 800 元为限）。

4）税法规定的费用扣除标准：收入额＞4 000 元，定率扣除 20%。

应纳税所得额 =（120 000−720−100 000−800）×（1−20%）=14 784（元）

（3）碧海公司应代扣代缴个人所得税 =14 784×20%=2 956.80（元）

8. 个人转租房屋取得的收入如何计缴个人所得税？

答：根据《国家税务总局关于个人转租房屋取得收入征收个人所得税问题的通知》（国税函〔2009〕639 号）的规定，个人将承租房屋转租取得的租金收入，属于个人所得税应税所得，应按"财产租赁所得"项目计算缴纳个人所得税。取得转租收入的个人向房屋出租方支付的租金，凭房屋租赁合同和合法支付凭据允许在计算个人所得税时，从该项转租收入中扣除。各项扣除次序按国税函〔2002〕146 号文件规定执行。

《财政部　国家税务总局关于营改增后契税 房产税 土地增值税 个人所得税计税依据问题的通知》（财税〔2016〕43 号，以下简称财税〔2016〕43 号文件）第四条第二项、第五条规定，个人出租房屋的个人所得税应税收入不含增值税，计算房屋出租所得可扣除的税费不包括本次出租缴纳的增值税。个人转租房屋的，其向房屋出租方支付的租金及增值税额，在计算转租所得时予以扣除。免征增值税的，确定计税依据时，成交价格、租金收入、转让房地产取得的收入不扣减增值税额。

【案例 5-3】个人转租房屋取得收入个人所得税的计算

2018 年 1 月，金好好在北京市西城区租赁了一层写字楼用于自己的公司办公,租金为每月 210 000 元(含增值税),租赁期为 10 年。2019 年 7 月,金好好将公司迁往上海,该层写字楼被转租给了白云公司,租金为每月 315 000 元(含增值税),缴纳增值税 15 000 元,缴纳其他税费 19 050 元,发生了修缮费用 600 元,并取得了发票。请问:当月白云公司应代扣代缴金好好多少个人所得税?

解析:

(1) 应税收入不含增值税,即该项财产租赁所得应税收入为 300 000 元。

(2) 该项财产租赁所得个人所得税前扣除税费的扣除次序为:

1) 财产租赁过程中缴纳的税费:19 050 元。

2) 向出租方支付的租金及增值税额:210 000 元。

3) 由纳税人负担的租赁财产实际开支的修缮费用:600 元(每月 800 元为限)。

4) 税法规定的费用扣除标准:收入额 > 4 000 元,定率扣除 20%。

应纳税所得额 =(300 000-19 050-210 000-600)×(1-20%)=56 280(元)

(3) 白云公司应代扣代缴个人所得税 =56 280×20%=11 256(元)。

9. 个人与房地产开发企业签订有条件优惠价格协议购买商店如何计缴个人所得税?

答:《国家税务总局关于个人与房地产开发企业签订有条件优惠价格协议购买商店征收个人所得税问题的批复》(国税函〔2008〕576 号)规定如下:

(1) 房地产开发企业与商店购买者个人签订协议规定,房地产开发企业按优惠价格出售其开发的商店给购买者个人,但购买者个人在一定期限内必须将购买的商店无偿提供给房地产开发企业对外出租使用。其实质是购买者个人以所购商店交由房地产开发企业出租而取得的房屋租赁收入支付了部分购房价款。

(2) 根据个人所得税法的有关规定精神,对上述情形的购买者个人少支出的购房价款,应视同个人财产租赁所得,按照"财产租赁所得"项目征收个人所得税。

(3) 每次财产租赁所得的收入额,按照少支出的购房价款和协议规定的租赁月份数平均计算确定。

【案例 5-4】个人签订有条件优惠价格协议购买商店的个人所得税处理

盛大房地产开发公司在市中心黄金地段开发的城市购物广场项目完工后,

对其中的临街商铺拟采用售后返租方式销售。商铺单位面积为50平方米，每平方米售价21万元，每个商铺售价1 050万元。开发商与60个购房者约定，商铺在3年内由开发商统一对外租赁，用于商业经营，则按售价优惠21%，房款需一次付清。假设不考虑其他税费，请问：购房者取得的优惠差价该如何计缴个人所得税？

解析：

购房者少支出的购房价款 =10 500 000×21%=2 205 000（元）

按照"财产租赁所得"项目征收个人所得税，由盛大房地产开发公司代扣代缴。

每次财产租赁所得的收入额，按照少支出的购房价款和协议规定的租赁月份数平均计算确定。

每次收入额 =2 205 00÷（3×12）=61 250（元）

收入额＞4 000元，定率扣除费用20%。

应交个人所得税 =61 250×（1−20%）×20%=9 800（元）

10. 医院支付个人投资设备款如何扣缴个人所得税？

答：个人和医院签订协议，由个人出资购买医疗仪器或设备交医院使用，取得的收入扣除有关费用后，剩余部分双方按一定比例分成；医疗仪器或设备使用达到一定年限后，产权归医院所有，但收入继续分成。

根据《国家税务总局关于个人投资设备取得所得征收个人所得税问题的批复》（国税函〔2000〕540号）的规定，个人的上述行为，实际上是一种具有投资特征的融资租赁行为。对上述个人取得的分成所得，应按照"财产租赁所得"项目征收个人所得税，具体计征办法为：

（1）自合同生效之日起至财产产权发生转移之日止，个人取得的分成所得可在上述年限内按月平均扣除设备投资后，就其余额按税法法规计征个人所得税。

（2）产权转移后，个人取得的全部分成收入应按税法法规计征个人所得税。

（3）税款由医院在向个人支付所得时代扣代缴。

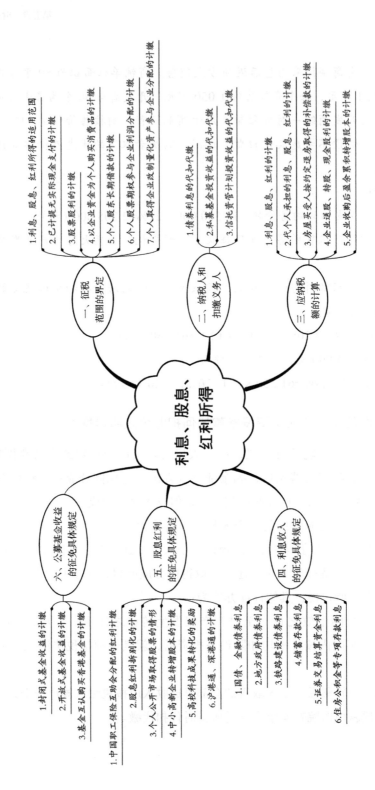

第六章

利息、股息、红利所得

一、征税范围的界定

1. 利息、股息、红利所得适用范围如何界定？

答：《个人所得税法实施条例》第六条第六项规定，利息、股息、红利所得，是指个人拥有债权、股权等而取得的利息、股息、红利所得。

编者结合各方面的资料，对有关概念综述如下：

（1）债权，是指债权人请求债务人为其给付的权利，债权是一种财产权，可以用货币来衡量和评价，债权的标的物主要是货币。

（2）股权，是有限责任公司或者股份有限公司的股东对公司享有的人身和财产权益的一种综合性权利，即股权是股东基于其股东资格而享有的，从公司获得经济利益，并参与公司经营管理的权利。股权是股东在公司中的投资份额，即股权比例，股权比例的大小，直接影响股东对公司的话语权和控制权，也是股东分红比例的依据。

（3）利息，是资金时间价值的表现形式之一，从其形式上看，是货币所有者因为借出货币资金而从借款者手中获得的报酬；另外，它是借贷者使用货币资金必须支付的代价。

（4）股息与红利，统称为股利，是指股份公司从留存收益中派发给股东的部分。股利是股东投资于股份公司的收益的一部分（另一部分是资本利得），是付给资本的报酬。股利一般有两种支付方式：现金股利和红股，前者是指股份公司向股东支付现金，又称配息；后者是指股份公司向股东以赠送新的股份方式代替支付现金股利，又称配股。一般理解，现金股利给予股东即时的资本回报,而红股给予股东一个长远获取更大回报的机会(只适用于股份价值上升时),但增加了流通总股本,从而摊薄其他收取现金股利的股东的权益。

【案例6-1】利息、股息、红利所得性质的界定

金好好将100万元人民币借给朋友李老三的公司,2019年6月收到李老三公司资金占用费12万元;将200万元人民币投资到朋友赵老四的公司,占股权比例为20%,2019年6月收到赵老四公司分配的利润20万元。请问:金好好这两笔收入按什么项目征收个人所得税?

解析:

(1)金好好借钱给李老三的公司,从李老三的公司获得资金占用费符合个人所得税法上所列的"利息所得",应按规定缴纳个人所得税。

(2)金好好投资赵老四的公司,按照占股比例获得利润分配,符合"股息所得",应按规定缴纳个人所得税。

2.尚未实际支付现金已计提的股息或利息要计缴个人所得税吗?

答: 根据《个人所得税法实施条例》第二十四条的规定,企业在向个人支付应税款项时,应当依照税法规定代扣税款。这里所说的支付,包括现金支付、汇拨支付、转账支付和以有价证券、实物以及其他形式的支付。

《国家税务总局关于利息、股息、红利所得征税问题的通知》(国税函〔1997〕656号,以下简称国税函〔1997〕656号文件)规定,扣缴义务人将属于纳税义务人应得的利息、股息、红利收入,通过扣缴义务人的往来会计科目分配到个人名下,收入所有人有权随时提取,在这种情况下,扣缴义务人将利息、股息、红利所得分配到个人名下时,即应认为所得的支付,应按税收法规规定及时代扣代缴个人应缴纳的个人所得税。

【案例6-2】尚未实际支付现金已计提的股息或利息的个人所得税处理

某市蓝天公司2017年9月1日由于资金紧张,决定向公司股东钱鑫借款1 000万元。借款协议约定:公司按照同期银行利率水平(8%)向个人借款一年,到期还本付息。2018年9月30日,公司由于资金紧张,并未支付借款本息,公司在账务处理时，按会计准则的规定将应付利息80万元计入股东个人往来账户。

该市税务稽查局于2019年3月对该公司进行税务检查时，对该单位计提的应付未付利息没有扣缴税款行为，给予了相应的税务处理和8万元的罚款。该单位对税务机关的处理感到不解，一时难以接受。该单位认为，按照《个人所得税法》的规定，扣缴个人所得税应该是在支付个人利息所得时扣缴，预提尚未支付的利息可以暂时不需扣缴。请问：该市税务稽查局的税务处理是否妥当？

解析：

根据《个人所得税法实施条例》第二十四条和国税函〔1997〕656号文件的规定，蓝天公司将属于股东钱鑫应得的利息80万元，通过往来会计科目分配到个人名下，钱鑫有权随时提取，即应认为所得的支付，应按规定及时代扣代缴个人所得税。

根据《税收征收管理法》第六十九条的规定，扣缴义务人应扣未扣税款的，由税务机关向纳税人追缴税款，对扣缴义务人处应扣未扣税款百分之五十以上三倍以下的罚款。

根据《国家税务总局关于贯彻〈中华人民共和国税收征收管理法〉及其实施细则若干具体问题的通知》（国税发〔2003〕47号）第二条第三款的规定，扣缴义务人违反征管法及其实施细则规定应扣未扣税款的，税务机关除按征管法及其实施细则的有关规定对其给予处罚外，应当责成扣缴义务人限期将应扣未扣的税款补扣。

因此，该市税务稽查局的税务处理和税务行政处罚是符合法律规定的。

3. 发放股票股利是否需要扣缴个人所得税？

答： 根据《个人所得税法实施条例》第八条的规定，个人所得的形式，包括现金、实物、有价证券和其他形式的经济利益。所得为有价证券的，根据票面价格和市场价格核定应纳税所得额。

国税发〔1994〕89号文件第十一条规定，股份制企业在分配股息、红利时，以股票形式向股东个人支付应得的股息、红利（即派发红股），应以派发红股的股票票面金额为收入额，按"利息、股息、红利"项目计征个人所得税。

《国家税务税局关于股份制企业转增股本和派发红股征免个人所得税的通知》(国税发〔1997〕198号，以下简称国税发〔1997〕198号文件）第二条规定，上市公司以留存收益派发股票股利（包括以利润送股和以盈余公积转增股本两种方式）时，"对个人取得的红股数额，应作为个人所得征税，由派发的企业履行扣缴义务"，征收20%的个人所得税。

4. 以企业资金为本人或家庭成员购买汽车、住房，需要缴纳个人所得税吗？

答：企业为个人投资者本人、家庭成员及其相关人员支付消费性、财产性支出，是基于投资者拥有企业的债权、股权，对企业拥有一定的控制权和支配权。个人投资者从企业获得的消费性、财产性支出是企业对投资者债权、股权的衍生支出，应视为利息、股息支出，根据财税〔2003〕158号文件第一条的规定，除个人独资企业、合伙企业以外的其他企业的个人投资者，以企业资金为本人、家庭成员及其相关人员支付与企业生产经营无关的消费性支出及购买汽车、住房等财产性支出，视为企业对个人投资者的红利分配，依照"利息、股息、红利所得"项目计征个人所得税。

5. 个人股东从企业借款长期不还，需要缴纳个人所得税吗？

答：财税〔2003〕158号文件第二条规定，纳税年度内个人投资者从其投资企业（个人独资企业、合伙企业除外）借款，在该纳税年度终了后既不归还，又未用于企业生产经营的，其未归还的借款可视为企业对个人投资者的红利分配，依照"利息、股息、红利所得"项目计征个人所得税。

财税〔2008〕83号文件进一步明确，符合以下情形的房屋或其他财产，不论所有权人是否将财产无偿或有偿交付企业使用，其实质均为企业对个人进行了实物性质的分配，应依法计征个人所得税：

（1）企业出资购买房屋及其他财产，将所有权登记为投资者个人、投资者家庭成员或企业其他人员的。

（2）企业投资者个人、投资者家庭成员或企业其他人员向企业借款用于购买房屋及其他财产，将所有权登记为投资者、投资者家庭成员或企业其他人员，且借款年度终了后未归还借款的。

对个人独资企业、合伙企业的个人投资者或其家庭成员取得的上述所得，视为企业对个人投资者的利润分配，按照"个体工商户的生产、经营所得"项目计征个人所得税；对除个人独资企业、合伙企业以外其他企业的个人投资者或其家庭成员取得的上述所得，视为企业对个人投资者的红利分配，按照"利息、股息、红利所得"项目计征个人所得税；对企业其他人员取得的上述所得，按照"工资、薪金所得"项目计征个人所得税。

6. 个人股票期权所得参与企业税后利润分配取得的所得如何计缴个人所得税？

答：根据财税〔2005〕35号文件第二条第四项的规定，员工因拥有股权而参与企业税后利润分配取得的所得，按照"利息、股息、红利所得"适用的规定计算缴纳个人所得税。

7. 个人取得的企业改制量化资产参与企业分配而获得的股息、红利如何计缴个人所得税？

答：《国家税务总局关于企业改组改制过程中个人取得的量化资产征收个人所得税问题的通知》（国税发〔2000〕60号）规定，对职工个人以股份形式取得的企业量化资产参与企业分配而获得的股息、红利，应按"利息、股息、红利"项目征收个人所得税。

8. 个体工商户、个人独资企业、合伙企业对外投资分回股息红利如何计缴个人所得税？

答：财税字〔1994〕20号文件第一条第三项规定，个体工商户与企业联营而分得的利润，按"利息、股息、红利"所得项目征收个人所得税。

国税函〔2001〕84号文件规定，个人独资企业和合伙企业对外投资分回的利息或者股息、红利，不并入企业的收入，而应单独作为投资者个人取得的利息、股息、红利所得，按"利息、股息、红利所得"应税项目计算缴纳个人所得税。以合伙企业名义对外投资分回利息或者股息、红利的,应按规定确定各个投资者的利息、股息、红利所得,分别按"利息、股息、红利所得"应税项目计算缴纳个人所得税。

二、纳税人和扣缴义务人

9. 企业债券利息个人所得税由谁代扣代缴?

答:《个人所得税法》第九条规定,个人所得税以所得人为纳税人,以支付所得的单位或者个人为扣缴义务人。

《国家税务总局关于加强企业债券利息个人所得税代扣代缴工作的通知》(国税函〔2003〕612号)第一条规定,企业债券利息个人所得税统一由各兑付机构在向持有债券的个人兑付利息时负责代扣代缴,就地入库。各兑付机构应按照个人所得税法的有关规定做好代扣代缴个人所得税工作。

10. 个人取得私募基金的投资收益由谁扣缴个人所得税?

答:《个人所得税法》第九条规定,个人所得税以所得人为纳税人,以支付所得的单位或者个人为扣缴义务人。

《中华人民共和国证券投资基金法》(中华人民共和国主席令第七十一号)第八条规定,基金财产投资的相关税收,由基金份额持有人承担,基金管理人或者其他扣缴义务人按照国家有关税收征收的规定代扣代缴。

根据上述规定,个人取得私募股权投资基金的投资收益应由私募股权投资基金代扣代缴个人所得税。

11. 信托计划、资管计划中个人投资者取得的投资收益,扣缴义务人是谁?

答:《个人所得税法》第九条规定,个人所得税以所得人为纳税人,以支付所得的单位或者个人为扣缴义务人。

国税发〔1994〕89号文件第十八条规定,利息、股息、红利所得实行源泉扣缴的征收方式,其扣缴义务人应是直接向纳税义务人支付利息、股息、红利的单位。

《国家税务总局关于个人所得税偷税案件查处中有关问题的补充通知》（国税函〔1996〕602号，以下称国税函〔1996〕602号文件）第三条进一步明确，由于支付所得的单位和个人与取得所得的人之间有多重支付的现象，有时难以确定扣缴义务人。为保证全国执行的统一，现将认定标准规定为：凡税务机关认定对所得的支付对象和支付数额有决定权的单位和个人，即为扣缴义务人。

【政策链接】《财政部　税务总局关于资管产品增值税有关问题的通知》（财税〔2017〕56号）第一条：

资管产品管理人运营资管产品过程中发生的增值税应税行为，暂适用简易计税方法，按照3%的征收率缴纳增值税。

资管产品管理人，包括银行、信托公司、公募基金管理公司及其子公司、证券公司及其子公司、期货公司及其子公司、私募基金管理人、保险资产管理公司、专业保险资产管理机构、养老保险公司。

资管产品，包括银行理财产品、资金信托（包括集合资金信托、单一资金信托）、财产权信托、公开募集证券投资基金、特定客户资产管理计划、集合资产管理计划、定向资产管理计划、私募投资基金、债权投资计划、股权投资计划、股债结合型投资计划、资产支持计划、组合类保险资产管理产品、养老保障管理产品。

财政部和税务总局规定的其他资管产品管理人及资管产品。

【案例6-3】多重支付下利息所得的扣缴义务人认定

金巧巧和其他单位及个人投资者，将10 000万元现金投入银鑫信托公司蓝白碧信托债权计划，约定年投资收益率为7%，投资期限为两年，每年分红一次，两年后赎回。银鑫信托公司将该信托计划集合的资金借给蓝天公司、白云公司和碧海公司三家公司，年息为10%，利息支付到指定托管账户。请问：金巧巧等个人投资者的个人所得税由哪家公司代扣代缴？

解析：

根据《个人所得税法实施条例》第二十四条、国税发〔1994〕89号文件第十八条、国税函〔1996〕602号文件第三条的规定：

蓝天公司、白云公司和碧海公司将信托债权计划的借款利息转账到指定托管账户，并不知道哪些投资者是个人，个人实际取得的利息所得是多少。个人投资者也是和银鑫信托公司签订的协议，对所得的支付对象和支付数额有决定权的单位和个人是银鑫信托公司，因此，银鑫信托公司应该被认定为扣缴义务人，应按规定及时代扣代缴金巧巧等个人投资者利息所得的个人所得税。

三、应纳税额的计算

12. 利息、股息、红利所得如何计算应纳税额？

答：根据《个人所得税法》第三条第三项、第六条第一款第六项和《个人所得税法实施条例》第十四条第三项的规定，利息、股息、红利所得适用比例税率，税率为百分之二十，以每次收入额为应纳税所得额。利息、股息、红利所得，以支付利息、股息、红利时取得的收入为一次。

《个人所得税法》第六条第三款规定，个人将其所得对教育、扶贫、济困等公益慈善事业进行捐赠，捐赠额未超过纳税人申报的应纳税所得额百分之三十的部分，可以从其应纳税所得额中扣除；国务院规定对公益慈善事业捐赠实行全额税前扣除的，从其规定。

计算公式为：

应纳税额 =（每次收入额 − 准予扣除的公益慈善捐赠额）× 适用税率

【案例6-4】利息、股息、红利个人所得税的计算

金好好于2019年6月30日将100万元借给朋友李老三的公司，借款协议载明：借款期限为一年，月息为1%，从7月1日开始计息，每季度末之前付息一次。2019年9月30日，金好好收到李老三公司支付的利息30 000元，金好好将其中的10 000元通过民政部门捐赠给老年服务机构。请问：金好好当月应该缴纳多少个人所得税？

解析：

金好好借钱给李老三的公司，收取公司支付的利息应按照"利息、股息、红利所得"计缴个人所得税，应每次收取的收入为应纳税所得额，不扣减任何费用。

根据《财政部 国家税务总局关于对老年服务机构有关税收政策问题的通知》（财税〔2000〕97号）的规定，对企事业单位、社会团体和个人等社会力量，通过非营利性的社会团体和政府部门向福利性、非营利性的老年服务机构的捐赠，在缴纳企业所得税和个人所得税前准予全额扣除。

金好好当月应交个人所得税额=（30 000-10 000）×20%=4 000（元）

13. 代个人承担税款的股息、利息、红利所得，如何扣缴个人所得税？

答：国税发〔1994〕89号文件第十四条规定，单位或个人为纳税义务人负担个人所得税税款，应将纳税义务人取得的不含税收入换算为应纳税所得额，计算征收个人所得税。计算公式为：

应纳税所得额=（不含税收入额－费用扣除标准－速算扣除数）÷（1－税率）

应纳税额=应纳税所得额×适用税率－速算扣除数

根据上述规定可得出，代个人承担税款的股息、利息、红利所得的个人所得税的计算公式为：

应纳税额=不含税收入额÷（1-20%）×20%

【案例6-5】代个人承担税款的股息、利息、红利所得个人所得税的计算

金好好于2019年8月31日将人民币100万元借给朋友钱老五的公司，借款协议载明：借款期限为一年，月息为1%，从9月1日开始计息，每月末之前付息一次，税款约定由钱老五公司负担。金好好于2019年9月30日收到钱老五公司支付的利息1万元。假设不考虑其他税费，请问：金好好当月应该缴纳多少个人所得税？

解析：

金好好借款给钱老五的公司每月按1%收取利息，应按照"利息、股息、红利所得"项目缴纳个人所得税。税款约定由钱老五的公司负担，按照国税发〔1994〕89号文件第十四条规定计缴个人所得税。

（1）应纳税所得额=10 000÷（1-20%）=12 500（元）

（2）应交个人所得税额=12 500×20%=2 500（元）

14. 房屋买受人按照约定退房取得的补偿款如何计缴个人所得税？

答：《国家税务总局关于房屋买受人按照约定退房取得的补偿款有关个人所得税问题的批复》（税总函〔2013〕748号）规定，根据《个人所得税法》及其实施条例有关规定，房屋买受人在未办理房屋产权证的情况下，按照与房地产公司约定条件（如对房屋的占有、使用、收益和处分权进行限制）在一定时期后无条件退房而取得的补偿款，应按照"利息、股息、红利所得"项目缴纳个人所得税，税款由支付补偿款的房地产公司代扣代缴。

【案例6-6】个人按照约定退房取得补偿款的个人所得税处理

金好好于2018年1月1日从万顺房地产公司购买住宅一套，支付首付款150万元。金好好与房地产公司约定，如果2019年6月30日前不能办理好按揭手续，那么金好好就将住宅退还万顺房地产公司，万顺房地产公司将返还首付款150万元并支付金好好资金占用费5万元。到6月30日，按揭手续没有办好。7月10日，万顺房地产公司按约定向金好好返还首付款150万元、支付资金占用费5万元。假设不考虑其他税费。请问：金好好取得返还款和资金占用费需要缴纳个人所得税吗？

解析：

金好好与万顺房地产公司按约定退还房产，返还首付款并收取资金占用费。首付款是金好好支付的，收到公司返还不符合《个人所得税法》第二条规定的个人所得税应税范围，收取的资金占用费应适用"利息、股息红利"项目缴纳个人所得税。

金好好应缴纳个人所得税=50 000×20%=10 000（元）

万顺房地产公司在支付金好好资金占用费时应代扣代缴10 000元的税款。

15. 企业送股、转股、派发现金股利如何计缴个人所得税？

答： 企业送股、转股、派发现金股利分别代表了股东分红的三种形式。送股、转股都是上市公司向股东派发股份作为分红。不同的是，送股是将盈余公积和未分配利润转化为股份，而转股是将资本公积转化为股份。

针对个人投资者，现金股利纳税义务不存在疑义，按照"股息、红利"征收个人所得税,而对送股、转股是否要征收个人所得税,争论就比较多了。

根据《个人所得税法实施条例》第八条关于"个人所得的形式,包括现金、实物、有价证券和其他形式的经济利益"的规定,可以分析出:送股、转股是个人股东取得所得的非现金形式,对于上市公司来说,就是股票,所得的形式就是有价证券;对于非上市公司来说,就是股份,所得的形式就是其他经济利益。

因此,企业将盈余公积、未分配利润、资本公积转增个人实收资本或股本,其实就是企业将资本累积分配给个人股东,个人股东再将分配的所得投入到企业增加实收资本(股本),按照《个人所得税法》及其实施条例的规定,应当适用"利息、股息、红利所得"项目计缴个人所得税。

国家税务总局先后下发了不少规范性文件对此做了解释和明确,具体有:

(1)国税发〔1997〕198号文件第二条规定,股份制企业用盈余公积金派发红股属于股息、红利性质的分配,对个人取得的红股数额,应作为个人所得征税。

(2)《国家税务总局关于盈余公积金转增注册资本征收个人所得税问题的批复》(国税函发〔1998〕333号)规定,对属于个人股东分得并再投入公司(转增注册资本)的部分应按照"利息、股息、红利所得"项目征收个人所得税,税款由股份有限公司在有关部门批准增资、公司股东会决议通过后代扣代缴。

(3)《国家税务总局关于原城市信用社在转制为城市合作银行过程中个人股增值所得应纳个人所得税的批复》(国税函〔1998〕289号)规定,在城市信用社改制为城市合作银行过程中,个人以现金或股份及其他形式取得的资产评估增值数额,应当按"利息、股息、红利所得"项目计征个人所得税,税款由城市合作银行负责代扣代缴。

(4)《国家税务总局关于进一步加强高收入者个人所得税征收管理的通知》(国税发〔2010〕54号)第二条第二项中"加强股息、红利所得征收管理"明确:重点加强股份有限公司分配股息、红利时的扣缴税款管理,对在境外上市公司分配股息红利,要严格执行现行有关征免个人所得税的规定。加强企业转增注册资本和股本管理,对以未分配利润、盈余公积和除股票溢价发行外的其他资本公积转增注册资本和股本的,要按照"利息、股息、红利所得"项目,依据现行政策规定计征个人所得税。

【案例6-7】资本公积转增个人实收资本的个人所得税处理

盛天公司于2016年1月10日成立，注册资本为3 000万元，自然人股东三人，每人出资1 000万元。三年后，嘉兴公司投入2 000万元参股，参股时增加注册资本1 000万元，资本公积为1 000万元，增资后四个股东各占25%的股份。2019年3月12日，盛天公司将盈余公积500万、未分配利润500万、资本公积1 000万转增注册资本2 000万元，每位股东500万元。请问：如何计缴自然人股东的个人所得税？

解析：

盛天公司将资本公积转增自然人股东实收资本，其实就是盛天公司将资本累积分配给自然人股东，自然人股东再将分配的所得投入到企业，增加实收资本，根据《个人所得税法》及其实施条例的规定，自然人股东应按"利息、股息红利所得"项目计缴个人所得税。

（1）每个自然人股东应交股息、红利个人所得税=500×20%=100（万元）

（2）盛天公司应代扣代缴三个自然人股东个人所得税=100×3=300（万元）

（3）转增后，每位自然人股东的股权原值增加至1 500万元。

16. 个人投资者收购企业股权后将原盈余积累转增股本如何计缴个人所得税？

答： 为了避免重复征税，《国家税务总局关于个人投资者收购企业股权后将原盈余积累转增股本个人所得税问题的公告》（国家税务总局公告2013年第23号）对个人投资者收购企业股权后将原盈余积累转增股本个人所得税处理做了如下规定：

（1）一名或多名个人投资者以股权收购方式取得被收购企业100%股权，股权收购前，被收购企业原账面金额中的"资本公积、盈余公积、未分配利润"等盈余积累未转增股本，而在股权交易时将其一并计入股权转让价格并履行了所得税纳税义务。股权收购后，企业将原账面金额中的盈余积累向个人投资者（新股东，下同）转增股本，有关个人所得税问题区分以下情形处理：

1）新股东以不低于净资产价格收购股权的，企业原盈余积累已全部计入股权交易价格，新股东取得盈余积累转增股本的部分，不征收个人所得税。

2）新股东以低于净资产价格收购股权的，企业原盈余积累中，对于股权收购价格减去原股本的差额部分已经计入股权交易价格，新股东取得盈余积累转增股本的部分，不征收个人所得税；对于股权收购价格低于原所有者权益的差额部分未计入股权交易价格，新股东取得盈余积累转增股本的部分，应按照"利息、股息、红利所得"项目征收个人所得税。

（2）新股东以低于净资产价格收购企业股权后转增股本，应按照下列顺序进行，即先转增应税的盈余积累部分，然后再转增免税的盈余积累部分。

【案例6-8】收购企业股权后将原盈余积累转增股本的个人所得税处理

甲公司原账面资产总额为8 000万元，负债为3 000万元，所有者权益为5 000万元，其中：实收资本为1 000万元，资本公积、盈余公积、未分配利润等合计4 000万元。假定多名自然人新股东向甲公司原股东购买100%股权，股权收购价为4 500万元。收购完成后，甲公司将资本公积、盈余公积、未分配利润等4 000万元转增实收资本。请问：如何计缴自然人股东的个人所得税？

解析：

（1）股权收购时：

原股东股权转让所得=4 500-1 000=3 500（万元）

原股东应缴纳个人所得税额=3 500×20%=700（万元）

（2）新股东以低于企业净资产的价格收购企业股权，对于股权收购价格减去原股本的差额部分3 500万元已经计入股权交易价格，新股东取得盈余积累转增股本的部分，不征收个人所得税；对于股权收购价格低于原所有者权益的差额部分500万元未计入股权交易价格，新股东取得盈余积累转增股本的部分，应按照"利息、股息、红利所得"项目征收个人所得税。

新股东利息、股息、红利所得=4 000-3 500=500（万元）

新股东应缴纳个人所得税=500×20%=100（万元）

17. 企业为股东个人买房买车应计缴个人所得税吗？

答：《国家税务总局关于企业为股东个人购买汽车征收个人所得税的批复》

(国税函〔2005〕364号)第一条对于企业为股东个人买房买车的个人所得税处理做了如下规定：

（1）依据《个人所得税法》以及有关规定，企业购买车辆并将车辆所有权办到股东个人名下，其实质为企业对股东进行了红利性质的实物分配，应按照"利息、股息、红利所得"项目征收个人所得税。

（2）考虑到该股东个人名下的车辆同时也为企业经营使用的实际情况，允许合理减除部分所得；减除的具体数额由主管税务机关根据车辆的实际使用情况合理确定。

四、利息收入的征免具体规定

18. 个人取得国债、金融债券利息收入能免缴个人所得税吗？

答：《个人所得税法》第四条第二款规定，国债和国家发行的金融债券利息免纳个人所得税。

《个人所得税法实施条例》第十二条规定，税法第四条第二项所说的国债利息，是指个人持有中华人民共和国财政部发行的债券而取得的利息；所说的国家发行的金融债券利息，是指个人持有经国务院批准发行的金融债券而取得的利息。

19. 个人取得地方政府债券利息所得能免缴个人所得税吗？

答：根据《财政部 国家税务总局关于地方政府债券利息所得免征所得税问题的通知》（财税〔2011〕76号）的规定，对企业和个人取得的2009年、2010年和2011年发行的地方政府债券利息所得，免征企业所得税和个人所得税。

根据《财政部 国家税务总局关于地方政府债券利息免征所得税问题的通知》（财税〔2013〕5号）的规定，对企业和个人取得的2012年及以后年度发行的地方政府债券利息收入，免征企业所得税和个人所得税。

地方政府债券是指经国务院批准同意，以省、自治区、直辖市和计划单列市政府为发行和偿还主体的债券。

20. 个人取得中国铁路建设债券利息收入能免缴个人所得税吗？

答：根据《国家税务总局关于中国铁路建设债券利息征收个人所得税问题的批复》（国税函〔1999〕738号）的规定，"中国铁路建设债券"属于企业债券，不属于财政部发行的债券和国务院批准发行的金融债券。因此，个人持有中国铁路建设债券而取得的利息不属于可以免纳个人所得税的"国债和国家发行的金融债券利息"，必须依照个人所得税法的规定，按"利息、股息、红利所得"应税项目缴纳个人所得税。

但是，对个人投资者持有2016～2023年发行的铁路债券取得的利息收入，根据《财政部 国家税务总局关于铁路建设债券利息收入所得税政策问题的通知》（财税〔2016〕30号）第二条和《财政部 税务总局关于铁路债券利息收入所得税政策的公告》（财政部 税务总局公告2019年第57号）第二条的规定，减按50%计入应纳税所得额计算征收个人所得税。税款由兑付机构在向个人投资者兑付利息时代扣代缴。

这里要注意的是，这两个税收优惠文件第三条明确，铁路债券是指以中国铁路总公司为发行和偿还主体的债券，包括中国铁路建设债券、中期票据、短期融资券等债务融资工具。

21. 个人取得储蓄存款利息可以免缴个人所得税吗？

答：个人取得的教育储蓄存款利息所得以及国务院财政部门确定的其他专项储蓄存款或者储蓄性专项基金存款的利息所得，免征个人所得税，其他储蓄存款利息缴纳个人所得税征收问题分几个阶段：

（1）储蓄存款在1999年11月1日～2007年8月14日孳生的利息所得，按照20%的比例税率缴纳个人所得税。

文件依据：《对储蓄存款利息所得征收个人所得税的实施办法》（国务院令1999年第272号）规定，自1999年11月1日起，对储蓄存款利息所得，按照每次取得的利息所得额计征个人所得税，适用20%的比例税率。储蓄存款在1999年10月31日前孳生的利息所得，不征收个人所得税。

（2）储蓄存款在2007年8月15日～2008年10月8日孳生的利息所得按照5%的比例税率缴纳个人所得税。

文件依据：《国务院关于修改〈对储蓄存款利息所得征收个人所得税的实施办法〉的决定》（中华人民共和国国务院令第 502 号）规定，自 2007 年 8 月 15 日起，对储蓄存款利息所得征收个人所得税，减按 5% 的比例税率执行。对个人取得的教育储蓄存款利息所得以及国务院财政部门确定的其他专项储蓄存款或者储蓄性专项基金存款的利息所得，免征个人所得税。

（3）储蓄存款在 2008 年 10 月 9 日后（含 10 月 9 日）孳生的利息所得，暂免征收个人所得税。

文件依据：《财政部 国家税务总局关于储蓄存款利息所得有关个人所得税政策的通知》（财税〔2008〕132 号）规定，自 2008 年 10 月 9 日起，对储蓄存款利息所得暂免征收个人所得税。

22. 个人投资者证券交易结算资金利息所得要缴纳个人所得税吗？

答：《财政部 国家税务总局关于证券市场个人投资者证券交易结算资金利息所得有关个人所得税政策的通知》（财税〔2008〕140 号）规定，自 2008 年 10 月 9 日起，对证券市场个人投资者取得的证券交易结算资金利息所得，暂免征收个人所得税，即证券市场个人投资者的证券交易结算资金在 2008 年 10 月 9 日后（含 10 月 9 日）孳生的利息所得，暂免征收个人所得税。

23. 住房公积金等专项基金或资金存入个人账户取得的利息收入如何计缴个人所得税？

答：根据《财政部 国家税务总局关于住房公积金、医疗保险金、基本养老保险金、失业保险基金个人账户存款利息所得免征个人所得税的通知》（财税字〔1999〕67 号）的规定，按照国家或省级地方政府规定的比例缴付的下列专项基金或资金存入银行个人账户所取得的利息收入免征个人所得税：

（1）住房公积金。

（2）医疗保险金。

（3）基本养老保险金。

（4）失业保险基金。

因此，社保和住房公积金等专项基金或资金存入个人账户取得的利息，免征个人所得税。

五、股息红利的征免具体规定

24. 职工个人取得中国职工保险互助会分配的红利是否缴税？

答：根据《财政部 国家税务总局关于职工个人取得中国职工保险互助会分配的红利所得征免个人所得税问题的通知》（财税〔2000〕137号）的规定，中国职工保险互助会向参加互助合作保险的职工筹集资金，委托金融机构主要通过购买国债等形式进行运作，所获利润主要用于对遭遇工伤事故和意外事故的职工进行补偿，剩余部分分配给参加互助合作保险的职工。鉴于中国职工保险互助会筹集的大部分资金来自国有企业的困难职工，其所获利润主要来自购买国债的利息收入，分配使用体现了职工互助互济，解决自身困难的原则，对职工个人2000年及以前年度从中国职工保险互助会取得的红利所得特案免征个人所得税。从2001年1月1日起，职工个人从中国职工保险互助会取得的红利所得应依法缴纳个人所得税，税款由中国职工保险互助会代扣代缴。

25. 上市公司股息红利差别化如何扣缴个人所得税？

答：根据《财政部 国家税务总局 证监会关于上市公司股息红利差别化个人所得税政策有关问题的通知》（财税〔2015〕101号，以下简称财税〔2015〕101号文件）和《财政部 国家税务总局 证监会关于实施上市公司股息红利差别化个人所得税政策有关问题的通知》（财税〔2012〕85号，以下简称财税〔2012〕85号文件）第三条、第五条、第九条的规定，个人取得上市公司流通股的股息红利的个人所得税处理要点如下：

（1）个人从公开发行和转让市场取得的上市公司股票，实施股息红利差别化个人所得税政策：

1）股权登记日在2015年9月8日之前的，持股期限超过1年的，暂减按25%计入应纳税所得额，适用20%的税率计征个人所得税。

2）股权登记日在2015年9月8日之后的，持股期限超过1年的，股息红利所得暂免征收个人所得税。

3）持股期限在1个月以上至1年（含1年）的，暂减按50%计入应纳税所得额，适用20%的税率计征个人所得税。

（4）持股期限在1个月以内（含1个月）的，其股息红利所得全额计入应纳税所得额，适用20%的税率计征个人所得税。

（2）上市公司派发股息红利时，对个人持股1年以内（含1年）的，上市公司暂不扣缴个人所得税；待个人转让股票时，证券登记结算公司根据其持股期限计算应纳税额，由证券公司等股份托管机构从个人资金账户中扣收并划付证券登记结算公司，证券登记结算公司应于次月5个工作日内划付上市公司，上市公司在收到税款当月的法定申报期内向主管税务机关申报缴纳。

（3）个人转让股票时，按照先进先出的原则计算持股期限，即证券账户中先取得的股票视为先转让。应纳税所得额以个人投资者证券账户为单位计算，持股数量以每日日终结算后个人投资者证券账户的持有记录为准，证券账户取得或转让的股份数为每日日终结算后的净增（减）股份数。

（4）证券投资基金从上市公司取得的股息红利所得，按照上述规定计征个人所得税。

（5）所称年（月）是指自然年（月），即持股一年是指从上一年某月某日至本年同月同日的前一日连续持股，持股一个月是指从上月某日至本月同日的前一日连续持股。

【案例6-9】上市公司派发流通股股息红利个人所得税的扣缴方法

金巧巧于2019年3月15日购买昊天公司（上市公司）的股票100 000股，该公司2018年度每10股派发现金红利2元，股息登记日为2019年4月9日，股息派发日为4月12日。请问昊天公司派发股息红利时，如何对金巧巧扣缴个人所得税？

解析：

上市公司派发股息红利时，对个人持股1年以内（含1年）的，上市公司暂不扣缴个人所得税；待个人转让股票时，证券登记结算公司根据其持股期限计算应纳税额，由证券公司等股份托管机构从个人资金账户中扣收并划付证券登记结算公司，证券登记结算公司应于次月5个工作日内划付上市公司，上市公司在收到税款当月的法定申报期内向主管税务机关申报缴纳。

（1）2019年4月12日派发现金红利时，昊天公司暂不扣缴金巧巧的个人所得税。

（2）如果金巧巧在 2019 年 4 月 15 日之前卖出股票，持股期限在 1 个月以内（含 1 个月），其股息红利所得全额计入应纳税所得额。

昊天公司应扣缴个人所得税 =100 000÷10×2×20%=4 000（元）

（3）如果在 2019 年 4 月 16 日～2020 年 3 月 15 日卖出股票，持股期限在 1 个月以上至 1 年（含 1 年），暂减按 50% 计入应纳税所得额。

昊天公司应扣缴个人所得税 =100 000÷10×2×50%×20%=2 000（元）

（4）如果在 2020 年 3 月 16 日以后卖出股票，持股期限超过 1 年，免征收个人所得税。

26. 哪些情形为个人从公开发行和转让市场取得的上市公司股票？

答：财税〔2012〕85 号文件第六条规定，个人从公开发行和转让市场取得的上市公司股票包括：

（1）通过证券交易所集中交易系统或大宗交易系统取得的股票。

（2）通过协议转让取得的股票。

（3）因司法扣划取得的股票。

（4）因依法继承或家庭财产分割取得的股票。

（5）通过收购取得的股票。

（6）权证行权取得的股票。

（7）使用可转换公司债券转换的股票。

（8）取得发行的股票、配股、股份股利及公积金转增股本。

（9）持有从代办股份转让系统转到主板市场（或中小板、创业板市场）的股票。

（10）上市公司合并，个人持有的被合并公司股票转换的合并后公司股票。

（11）上市公司分立，个人持有的被分立公司股票转换的分立后公司股票。

（12）其他从公开发行和转让市场取得的股票。

27. 哪些情形为所称个人转让股票？

答：财税〔2012〕85 号文件第七条规定，所称个人转让股票包括下列情形：

（1）通过证券交易所集中交易系统或大宗交易系统转让股票。

（2）协议转让股票。

（3）持有的股票被司法扣划。

（4）因依法继承、捐赠或家庭财产分割让渡股票所有权。

（5）用股票接受要约收购。

（6）行使现金选择权将股票转让给提供现金选择权的第三方。

（7）用股票认购或申购交易型开放式指数基金（ETF）份额。

（8）其他具有转让实质的情形。

28. 上市公司派发限售股股息红利如何扣缴个人所得税？

答： 根据财税〔2012〕85号文件第四条的规定，对个人持有的上市公司限售股，解禁后取得的股息红利，按照财税〔2015〕101号文件股息红利差别化规定计算纳税，持股时间自解禁日起计算；解禁前取得的股息红利继续暂减按50%计入应纳税所得额，适用20%的税率计征个人所得税。

有关限售股的范围详见本书"第七章财产转让所得"相关内容。

【案例6-10】上市公司派发限售股股息红利个人所得税的扣缴方法

盛大公司（上市公司）有股本10 000万股（每股面值1元），其中：流通股4 000万股，且均为个人股东持有，限售股6 000万股（个人股东持有股票2 000万股）。现公司利润分配方案为每10股送3股的同时每10股派2.5元。请问：盛大公司如何扣缴个人股东的个人所得税？

解析：

（1）个人股东每股股息红利收入额的计算：

国税发〔1994〕89号文件第十一条规定，股份制企业在分配股息、红利时，以股票形式向股东个人支付应得的股息、红利（即派发红股），应以派发红股的股票票面金额为收入额，按"利息、股息、红利"项目计征个人所得税。

个人股东每股股息红利收入额＝（3+2.5）÷10=0.55（元）

个人流通股股息红利收入额=4 000×0.55=2 200（万元）

个人限售股股息红利收入额=2 000×0.55=1 100（万元）

（2）流通股个人股东的股息红利所得的个人所得税处理：

按照财税〔2015〕101号文件关于股息差别化的规定确定应纳税所得额，适用 20% 的税率计缴个人所得税。

个人股东持股期限超过 1 年的，股息红利所得暂免征收个人所得税。

个人股东持股期限在 1 个月以内（含 1 个月）的，其股息红利所得全额计入应纳税所得额。

个人股东持股期限在 1 个月以上至 1 年（含 1 年）的，暂减按 50% 计入应纳税所得额。

（3）限售股个人股东的股息红利所得的个人所得税处理：

按照财税〔2012〕85 号文件第四条的规定，解禁前取得的股息红利继续暂减按 50% 计入应纳税所得额，适用 20% 的税率计征个人所得税；解禁后取得的股息红利，按照财税〔2015〕101 号文件关于股息红利差别化的规定计算纳税，持股时间自解禁日起计算。

个人限售股股息红利应代扣代缴个人所得税 =1 100×50%×20%=110（万元）

29. 新三板公司派发个人股东的股息红利如何计缴个人所得税？

答：《财政部　国家税务总局　中国证券监督管理委员会关于实施全国中小企业股份转让系统挂牌公司股息红利差别化个人所得税政策有关问题的通知》（财税〔2014〕48 号，以下简称财税〔2014〕48 号文件）和财税〔2015〕101 号文件第一条规定，对全国中小企业股份转让系统挂牌公司（俗称"新三板公司"）个人所得税的处理规定如下：

（1）个人持有全国中小企业股份转让系统挂牌公司的股票，实施股息红利差别化个人所得税政策：

1）股权登记日在 2015 年 9 月 8 日之前的，持股期限超过 1 年的，暂减按 25% 计入应纳税所得额，适用 20% 的税率计征个人所得税。

2）股权登记日在 2015 年 9 月 8 日之后的，持股期限超过 1 年的，股息红利所得暂免征收个人所得税。

3）持股期限在 1 个月以上至 1 年（含 1 年）的，暂减按 50% 计入应纳税所得额，适用 20% 的税率计征个人所得税。

4）持股期限在 1 个月以内（含 1 个月）的，其股息红利所得全额计入应纳税所得额，适用 20% 的税率计征个人所得税。

上述所称挂牌公司是指股票在全国股份转让系统挂牌公开转让的非上市公众公司；持股期限是指个人取得挂牌公司股票之日至转让交割该股票之日前一日的持有时间。

（2）挂牌公司派发股息红利时，对股权登记日在2015年9月8日之前的，个人已持股超过1年的，其股息红利所得，按25%计入应纳税所得额，直接由挂牌公司计算并代扣代缴税款。对股权登记日在2015年9月8日之后的，个人已持股超过1年的，其股息红利所得，不代扣代缴个人所得税。对截至股权登记日个人持股1年以内（含1年）且尚未转让的，税款分两步代扣代缴：第一步，挂牌公司派发股息红利时，暂不代扣代缴税款；第二步，个人转让股票时，证券登记结算公司根据其持股期限计算实际应纳税额，超过已扣缴税款的部分，由证券公司等股票托管机构从个人资金账户中扣收并划付证券登记结算公司，证券登记结算公司应于次月5个工作日内划付挂牌公司，挂牌公司在收到税款当月的法定申报期内向主管税务机关申报缴纳。

个人应在资金账户留足资金，依法履行纳税义务。证券公司等股票托管机构应依法划扣税款，对个人资金账户暂无资金或资金不足的，证券公司等股票托管机构应当及时通知个人补足资金，并划扣税款。

（3）证券投资基金从挂牌公司取得的股息红利所得，按照上述规定计征个人所得税。

（4）所称个人持有全国股份转让系统挂牌公司的股票包括：在全国股份转让系统挂牌前取得的股票；通过全国股份转让系统转让取得的股票；因司法扣划取得的股票；因依法继承或家庭财产分割取得的股票；通过收购取得的股票；权证行权取得的股票；使用附认股权、可转换成股份条款的公司债券认购或者转换的股票；取得发行的股票、配股、股票股利及公积金转增股本；挂牌公司合并，个人持有的被合并公司股票转换的合并后公司股票；挂牌公司分立，个人持有的被分立公司股票转换的分立后公司股票；其他从全国股份转让系统取得的股票。

（5）个人和证券投资基金从全国股份转让系统挂牌的原STAQ、NET系统挂牌公司（简称两网公司）取得的股息红利所得，按照本通知规定计征个人所得税；从全国股份转让系统挂牌的退市公司取得的股息红利所得，按照财税〔2012〕85号文件和财税〔2015〕101号文件的有关规定计征个人所得税。

（6）个人投资者证券账户已持有的挂牌公司、两网公司、退市公司股票，其持股时间自取得之日起计算。

【案例6-11】新三板派发股息红利个人所得税的扣缴方法

金好好于2019年1月15日从在全国中小企业股份转让系统挂牌的蓝天公司取得股票100 000股，该挂牌公司2018年度每10股派发现金红利2元，股息登记日为2019年2月9日。请问：蓝天公司派发股息红利时，如何扣缴个人所得税？

解析：

根据财税〔2014〕48号文件、财税〔2015〕101号文件的规定，个人持有全国中小企业股份转让系统挂牌公司的股票，根据持有时间长短享受不同的税收政策：

（1）蓝天公司暂不扣缴金好好的个人所得税。

（2）如果金好好在2019年2月15日之前卖出股票，持有时间在1个月以内，应扣缴个人所得税=100 000÷10×2×20%=4 000（元）。

（3）如果金好好在2019年2月16日至2020年1月15日期间卖出股票，持有时间在1个月以上1年以内，应扣缴个人所得税=100 000÷10×2×50%×20%=2 000（元）。

（4）如果金好好在2020年1月16日以后卖出股票，持有时间超过一年，不需要补扣缴个人所得税。

30. 中小高新企业转增股本缴纳个人所得税有什么优惠政策？

答： 对于中小高新企业转增股本的个人所得税优惠问题，根据财税〔2015〕116号文件第三条、国家税务总局公告2015年第80号文件第二条至第四条的规定，具体操作要点如下：

（1）优惠内容。个人股东获得转增的股本，应按照"利息、股息、红利所得"项目，适用20%税率征收个人所得税。

自2016年1月1日起，全国范围内的非上市及未在全国中小企业股份转让系统挂牌的中小高新技术企业以未分配利润、盈余公积、资本公积向个人股东转增股本，并符合条件的，个人股东一次缴纳个人所得税确有困难的，可根据实际情况自行制订分期缴税计划，在不超过5个公历年度内（含）分期缴纳，并将有关资料报主管税务机关备案。

非上市及未在全国中小企业股份转让系统挂牌的其他企业转增股本，应及时代扣代缴个人所得税。企业在填写《扣缴个人所得税报告表》时，应将纳税人取得转增股本情况单独填列，并在"备注"栏中注明"转增股本"字样。

（2）获增股本的后续转让的规定。

1）股东转让股权并取得现金收入的，该现金收入应优先用于缴纳尚未缴清的税款。

2）在股东转让该部分股权之前，企业依法宣告破产，股东进行相关权益处置后没有取得收益或收益小于初始投资额的，主管税务机关对其尚未缴纳的个人所得税可不予追征。

3）纳税人在分期缴税期间取得分红或转让股权的，企业应及时代扣转增股本尚未缴清的个人所得税，并于次月15日内向主管税务机关申报纳税。

（3）享受优惠的条件。

1）所称中小高新技术企业，是指注册在中国境内实行查账征收的、经认定取得高新技术企业资格，且年销售额和资产总额均不超过2亿元、从业人数不超过500人的企业。

2）上市中小高新技术企业或在全国中小企业股份转让系统挂牌的中小高新技术企业向个人股东转增股本，股东应纳的个人所得税，继续按照现行有关股息红利差别化个人所得税政策执行，不适用分期纳税政策。

（4）优惠备案办理。

1）办理转增股本分期缴税，企业应向主管税务机关报送高新技术企业认定证书、股东大会或董事会决议、《个人所得税分期缴纳备案表（转增股本）》（见附录6A）、上年度及转增股本当月企业财务报表、转增股本有关情况说明等。

高新技术企业认定证书、股东大会或董事会决议的原件，主管税务机关进行形式审核后退还企业，复印件及其他有关资料税务机关留存。

2）纳税人分期缴税期间需要变更原分期缴税计划的，应重新制订分期缴税计划，由企业向主管税务机关重新报送《个人所得税分期缴纳备案表（转增股本）》。

【案例 6-12】中小高新企业转增股本的个人所得税处理

白云公司为符合条件的未上市中小高新技术企业，企业所得税为查账征收。2019 年 3 月 1 日，白云公司以未分配利润、盈余公积、资本公积共计 1 000 万元，向个人股东转增股本，其中个人股东钱鑫按其 20% 的持股比例，增加了实收资本 200 万元。2020 年 3 月 1 日，钱鑫将其持有的 5% 股份转让给蓝天公司，取得股权转让款 100 万元。请问：钱鑫如何缴纳个人所得税？

解析：

（1）2019 年 3 月 1 日转增实收资本时：

根据财税〔2015〕116 号文件第三条的规定，个人股东获得转增的股本，应按照"利息、股息、红利所得"项目，适用 20% 税率计缴个人所得税。

钱鑫应交个人所得税 =200×20%=40（万元）

如果钱鑫一次缴纳个人所得税确有困难，可以按照财税〔2015〕116 号文件第三条的规定，根据实际情况自行制订分期缴税计划，在不超过 5 个公历年度内（含）分期缴纳。

白云公司应向主管税务机关报送高新技术企业认定证书、股东大会或董事会决议、《个人所得税分期缴纳备案表（转增股本）》、上年度及转增股本当月企业财务报表、转增股本有关情况说明等。

（2）2020 年 3 月 1 日股权转让时，假设此时还有 32 万元尚未缴清的税款。

根据财税〔2015〕116 号文件第三条的规定，股东转让股权并取得现金收入的，该现金收入应优先用于缴纳尚未缴清的税款。

钱鑫将其持有的 5% 股份转让给蓝天公司，取得股权转让款 100 万元，此时有了纳税能力，不存在纳税困难了，尚未缴清的税款 32 万元应当全部缴清。

白云公司应及时代扣转增股本尚未缴清的个人所得税，并于 4 月 15 日之前向主管税务机关申报纳税。

31. 高校将科技成果以股份或出资比例等股权形式给予科技人员个人奖励，科技人员按股份获得的分红是否缴税？

答：《国家税务总局关于促进科技成果转化有关个人所得税问题的通知》（国税发〔1999〕125 号）规定：

（1）科研机构、高等学校转化职务科技成果以股份或出资比例等股权形式给予科技人员个人奖励，经主管税务机关审核后，暂不征收个人所得税。

（2）在获奖人按股份、出资比例获得分红时，对其所得按"利息、股息、红利所得"应税项目征收个人所得税。

32. 股权分置改革中个人流通股股东取得对价可以免缴个人所得税吗？

答：《财政部　国家税务总局关于股权分置试点改革有关税收政策问题的通知》（财税〔2005〕103号）规定，股权分置改革中非流通股股东通过对价方式向流通股股东支付的股份、现金等收入，暂免征收流通股股东应缴纳的企业所得税和个人所得税。

33. 个人通过沪港通投资上市股票的股息红利如何计缴个人所得税？

答：《财政部　国家税务总局　证监会关于沪港股票市场交易互联互通机制试点有关税收政策的通知》（财税〔2014〕81号，以下简称财税〔2014〕81号文件）第一条第三项、第二条第二项规定：

（1）自2014年11月17日起，对内地个人投资者通过沪港通投资香港联交所上市H股取得的股息红利，H股公司应向中国证券登记结算有限责任公司（以下简称中国结算）提出申请，由中国结算向H股公司提供内地个人投资者名册，H股公司按照20%的税率代扣个人所得税。内地个人投资者通过沪港通投资香港联交所上市的非H股取得的股息红利，由中国结算按照20%的税率代扣个人所得税。个人投资者在国外已缴纳的预提税，可持有效扣税凭证到中国结算的主管税务机关申请税收抵免。

对内地证券投资基金通过沪港通投资香港联交所上市股票取得的股息红利所得，按照上述规定计征个人所得税。

（2）自2014年11月17日起，对香港市场投资者（包括企业和个人）投资上交所上市A股取得的股息红利所得，在香港中央结算有限公司（以下简称香港结算）具备向中国结算提供投资者的身份及持股时间等明细数据的条件之前，暂不执行按持股时间实行差别化征税政策，由上市公司按照10%的税率代扣所得税，并向其主管税务机关办理扣缴申报。对于香港投资者中属于其他国家税收居民且其所在国与中国签订的税收协定规定股息红利所得税率低于10%的，企业或个人可以自行或委托代扣代缴义务人，向上市公司主管税务机关提出享受税收协定待遇的申请，主管税务机关审核后，应按已征税款和根据税收协定税率计算的应纳税款的差额予以退税。

34. 个人通过深港通投资上市股票的股息红利如何计缴个人所得税？

答：《财政部 国家税务总局 证监会关于深港股票市场交易互联互通机制试点有关税收政策的通知》(财税〔2016〕127号，以下简称财税〔2016〕127号文件）规定：

（1）自2016年12月5日起，对内地个人投资者通过深港通投资香港联交所上市H股取得的股息红利，H股公司应向中国证券登记结算有限责任公司（以下简称中国结算）提出申请，由中国结算向H股公司提供内地个人投资者名册，H股公司按照20%的税率代扣个人所得税。内地个人投资者通过深港通投资香港联交所上市的非H股取得的股息红利，由中国结算按照20%的税率代扣个人所得税。个人投资者在国外已缴纳的预提税，可持有效扣税凭证到中国结算的主管税务机关申请税收抵免。

对内地证券投资基金通过深港通投资香港联交所上市股票取得的股息红利所得，按照上述规定计征个人所得税。

（2）自2016年12月5日起，对香港市场投资者（包括企业和个人）投资深交所上市A股取得的股息红利所得，在香港中央结算有限公司（以下简称香港结算）具备向中国结算提供投资者的身份及持股时间等明细数据的条件之前，暂不执行按持股时间实行差别化征税政策，由上市公司按照10%的税率代扣所得税，并向其主管税务机关办理扣缴申报。对于香港投资者中属于其他国家税收居民且其所在国与中国签订的税收协定规定股息红利所得税率低于10%的，企业或个人可以自行或委托代扣代缴义务人，向上市公司主管税务机关提出享受税收协定待遇退还多缴税款的申请，主管税务机关查实后，对符合退税条件的，应按已征税款和根据税收协定税率计算的应纳税款的差额予以退税。

六、公募基金收益的征免具体规定

35.个人从封闭式基金取得的收入能免征个人所得税吗?

答: 根据《财政部 国家税务总局关于证券投资基金税收问题的通知》(财税〔1998〕55号)第三条的规定,个人从封闭式基金取得的收入优惠政策如下:

(1)对个人投资者买卖基金单位获得的差价收入,在对个人买卖股票的差价收入未恢复征收个人所得税以前,暂不征收个人所得税;对企业投资者买卖基金单位获得的差价收入,应并入企业的应纳税所得额,征收企业所得税。

(2)对投资者从基金分配中获得的股票的股息、红利收入以及企业债券的利息收入,由上市公司和发行债券的企业在向基金派发股息、红利、利息时代扣代缴20%的个人所得税,基金向个人投资者分配股息、红利、利息时,不再代扣代缴个人所得税。

(3)对投资者从基金分配中获得的国债利息、储蓄存款利息以及买卖股票价差收入,在国债利息收入、个人储蓄存款利息收入以及个人买卖股票差价收入未恢复征收所得税以前,暂不征收所得税。

(4)对个人投资者从基金分配中获得的企业债券差价收入,应按税法规定对个人投资者征收个人所得税,税款由基金在分配时依法代扣代缴。

36.个人从开放式基金取得的收入能免征个人所得税吗?

答: 根据《财政部 国家税务总局关于开放式证券投资基金有关税收问题的通知》(财税〔2002〕128号,以下简称财税〔2002〕128号文件)第二条规定,对个人投资开放式基金取得的股票的股息、红利收入,债券的利息收入、储蓄存款利息收入,由上市公司、发行债券的企业和银行在向基金支付上述收入时代扣代缴20%的个人所得税;对个人投资者从基金分配中取得的收入,暂不征收个人所得税。

【案例6-13】余额宝收益需要缴纳个人所得税吗?

金巧巧自2019年1月开始,每月15日从工资中将3 000元转入余额宝,每日取得的余额宝收益需要缴纳个人所得税吗?

解析：

"余额宝"的管理方是天弘基金，在"余额宝"这个名字出现前，它的名字是"天弘增利宝货币基金"。"余额宝"与相关基金挂钩，用户在其网站直接购买基金等理财产品，使用"余额宝"就相当于购买天弘基金管理公司的货币基金产品。对投资者而言，互联网金融理财产品与传统金融理财产品相比，只是购买渠道和方式不同，因此个人所得税并没有本质区别。

天弘增利宝货币基金为开放式基金，根据财税〔2002〕128号文件第二条的规定，对个人投资者从基金分配中取得的收入，暂不征收个人所得税。

37. 个人通过基金互认买卖香港基金份额的收入如何计缴个人所得税？

答：《财政部　国家税务总局　证监会关于内地与香港基金互认有关税收政策的通知》（财税〔2015〕125号）第一条第三项和第二条第二项规定如下：

（1）内地个人投资者通过基金互认从香港基金分配取得的收益，由该香港基金在内地的代理人按照20%的税率代扣代缴个人所得税。

前款所称代理人是指依法取得中国证监会核准的公募基金管理资格或托管资格，根据香港基金管理人的委托，代为办理该香港基金内地事务的机构。

（2）对香港市场投资者（包括企业和个人）通过基金互认从内地基金分配取得的收益，由内地上市公司向该内地基金分配股息红利时，对香港市场投资者按照10%的税率代扣所得税；或在发行债券的企业向该内地基金分配利息时，对香港市场投资者按照7%的税率代扣所得税，并由内地上市公司或发行债券的企业向其主管税务机关办理扣缴申报。该内地基金向投资者分配收益时，不再扣缴所得税。

内地基金管理人应当向相关证券登记结算机构提供内地基金的香港市场投资者的相关信息。

（3）所称基金互认，是指内地基金或香港基金经香港证监会认可或中国证监会注册，在双方司法管辖区内向公众销售。所称内地基金，是指中国证监会根据《中华人民共和国证券投资基金法》注册的公开募集证券投资基金。

（4）所称香港基金，是指香港证监会根据香港法律认可公开销售的单位信托、互惠基金或者其他形式的集体投资计划。所称买卖基金份额，包括申购与赎回、交易。

附表 6A

个人所得税分期缴纳备案表（转增股本）及其填报说明

个人所得税分期缴纳备案表（转增股本）

备案编号（主管税务机关填写）：　　　　　　　　　　　　　　　　金额单位：人民币元（列至角分）

扣缴单位基本情况					
扣缴单位名称		纳税人识别号		高新技术企业证书编号	
地址		联系人		电话	
年销售额		资产总额		员工人数	

转增股本情况			
未分配利润转增金额		盈余公积转增金额	
		资本公积转增金额	
		总股本（实收资本）	

分期缴税情况														
序号	姓名	身份证件类型	身份证件号码	持有股份数	持股比例	计税金额	应缴个人所得税	分期缴税计划							签名
								第一年		第二年		第三年		第四年		第五年		
								缴税时间	缴税金额	缴税时间	缴税金额	缴税时间	缴税金额	缴税时间	缴税金额	缴税时间	缴税金额	

谨声明：此表是根据《中华人民共和国个人所得税法》及有关法律法规规定填写的，是真实的、完整的、可靠的。

扣缴单位负责人签字：　　　　　　　　　　　　　　　　　　　　　　　扣缴单位盖章：　　　　　　　　年　　月　　日

代理申报机构（人）签章：　　　　　　　　　　　　　　　　　　　　　主管税务机关受理章：

经办人：　　　　　　　　　　　　　　　　　　　　　　　　　　　　　受理人：

经办人执业证件号码：　　　　　　　　　　　　　　　　　　　　　　　受理日期：　　　　　　　　　　　年　　月　　日

代理申报日期：　　　年　　月　　日

国家税务总局监制

填报说明

本表适用于个人因转增股本取得所得,其扣缴义务人向主管税务机关办理分期缴纳个人所得税备案事宜。本表一式二份,主管税务机关受理后,由扣缴义务人和主管税务机关分别留存。

一、备案编号:由主管税务机关自行编制。

二、纳税人识别号:填写税务机关赋予的18位纳税人识别号。

三、高新技术企业证书编号:填写高新技术企业认定部门核发的有效期内的高新技术企业证书编号。

四、年销售额:填写企业上一个会计年度的主营业务收入。

五、资产总额、员工人数、总股本(实收资本):填写企业转增股本当月相关数据。

六、转增股本情况:填写企业转增股本的相关情况。

七、计税金额:计税金额=(未分配利润转增金额+盈余公积转增金额+资本公积转增金额)× 持股比例。

八、应缴个人所得税:应缴个人所得税=计税金额×20%。

九、计划缴税时间:按年度填写每一年度计划缴税的截止月份。

十、计划缴税金额:填写每一年度计划分期缴纳的个人所得税金额。

财产转让所得

一、征税范围的界定
1. 财产转让所得的征税范围
2. 网络虚拟货币的计缴
3. 青苗补偿收入的计缴

二、应纳税额的计算
1. 财产转让所得应纳税额的计算方法
2. 个人拍卖收入的计缴

三、转让不动产的征免规定
1. 个人出售自有住房计缴
2. 装修费用的扣除
3. 虚假交易合同最低计税价格的确定
4. 转让离婚析产、无偿受赠房屋计缴
5. 拆迁补偿、安置房、贫困人口的安置基金的计缴

四、非货币性资产投资入股的税收优惠
1. 非货币性资产投资入股
2. 技术成果投资入股

五、股权转让的征免规定
1. 非上市公司的股权转让
2. 非上市公司股权转让的核定
3. 上市公司股票转让
4. 沪港通、深港通股票转让
5. 限售股权转让的计缴
6. 新三板股权转让的计缴
7. 个人终止投资经营收回款的计缴
8. 转让股权过程中收取的违约金的计缴
9. 企业改制过程中个人股获资产量化的计缴
10. 天使投资转让初创企业股权的计缴

六、买卖债权、基金的征免规定
1. 买卖债权的计缴
2. 处置"打包"债权的计缴
3. 从投保基金公司取得的行政和解金的计缴
4. 境外投资者投资境内原油期货的计缴

第七章 财产转让所得

一、征税范围的界定

1. 财产转让所得的征税范围如何界定?

答:《个人所得税法实施条例》第六条第八项规定,财产转让所得,是指个人转让有价证券、股权、合伙企业中的财产份额、不动产、机器设备、车船以及其他财产取得的所得。

编者结合各方面的资料,对有关概念综述如下:

(1)有价证券是指标有票面金额,用于证明持有人或该证券指定的特定主体对特定财产拥有所有权或债权的凭证。狭义的有价证券是资本证券,包括公司股票、公司债券、金融债券、国库券、公债券、优先认股权证、认股证书等。

(2)股权是有限责任公司或者股份有限公司的股东对公司享有的人身和财产权益的一种综合性权利,即股权是股东基于其股东资格而享有的,从公司获得经济利益,并参与公司经营管理的权利。股权是股东在初创公司中的投资份额,即股权比例,股权比例的大小直接影响股东对公司的话语权和控制权,也是股东分红比例的依据。

(3)合伙人的财产份额是指合伙人依照出资数额或协议约定的分配比例按份享有合伙企业财产的利益和分担合伙企业亏损的份额。合伙人的财产份额在合伙企业分配利润、退伙、解散时才表现为具体的权利,除此之外,是一种抽象的权利,而不是一种随时可兑现为物质利益的财产权利。

(4)不动产,简单地说就是不能移动的个人财产,是指依自然性质或法律规定不可移动的财产,如土地、房屋、探矿权、采矿权等土地定着物,与土地尚未脱离的土地生成物、因自然或者人力添附于土地并且不能分离的其他物。我国规定不动产的类型如下：土地、建筑物、构筑物以及添附于土地和建（构）筑物的物。

《财政部 国家税务总局 建设部关于个人出售住房所得征收个人所得税有关问题的通知》（财税〔1999〕278号，以下简称财税〔1999〕278号文件）第一条规定，个人出售自有住房取得的所得应按照"财产转让所得"项目征收个人所得税。

2. 个人通过网络买卖虚拟货币需要缴纳个人所得税吗？

答：根据《关于个人通过网络买卖虚拟货币取得收入征收个人所得税问题的批复》（国税函〔2008〕818号）的规定，个人通过网络收购玩家的虚拟货币，加价后向他人出售取得的收入，属于个人所得税应税所得，应按照"财产转让所得"项目计算缴纳个人所得税。个人销售虚拟货币的财产原值为其收购网络虚拟货币所支付的价款和相关税费。对于个人不能提供有关财产原值凭证的，由主管税务机关核定其财产原值。

3. 个人取得青苗补偿费收入需要缴纳个人所得税吗？

答：《国家税务总局关于个人取得青苗补偿费收入征免个人所得税的批复》（国税函发〔1995〕79号）规定，乡镇企业的职工和农民取得的青苗补偿费，属种植业的收益范围，同时，也属经济损失的补偿性收入，因此，对他们取得的青苗补偿费收入暂不征收个人所得税。

二、应纳税额的计算

4. 财产转让所得如何计缴个人所得税？

答：根据《个人所得税法》第三条第三项、第六条第五项的规定，财产转让所得，以每次转让财产的收入额减除财产原值和合理费用后的余额，为应纳税所得额。适用比例税率，税率为百分之二十。

注："每次"是指以一件财产的一次转让取得的收入为一次。《个人所得税

法实施条例》第十七条规定，财产转让所得，按照一次转让财产的收入额减除财产原值和合理费用后的余额计算纳税。

《个人所得税法》第六条第三款规定，个人将其所得对教育、扶贫、济困等公益慈善事业进行捐赠，捐赠额未超过纳税人申报的应纳税所得额百分之三十的部分，可以从其应纳税所得额中扣除；国务院规定对公益慈善事业捐赠实行全额税前扣除的，从其规定。

计算公式为：

$$应纳税额 = (财产转让收入额 - 财产原值 - 合理费用 - 准予扣除的公益慈善捐赠额) \times 20\%$$

（1）《个人所得税法实施条例》第十六条第一款规定，个人所得税法第六条第一款第五项所说的财产原值，是指：

1）有价证券，为买入价以及买入时按照规定交纳的有关费用。

2）建筑物，为建造费或者购进价格以及其他有关费用。

3）土地使用权，为取得土地使用权所支付的金额、开发土地的费用以及其他有关费用。

4）机器设备、车船，为购进价格、运输费、安装费以及其他有关费用。

5）其他财产，参照以上方法确定。

纳税义务人未提供完整、准确的财产原值凭证，不能正确计算财产原值的，由主管税务机关核定其财产原值。

（2）《个人所得税法实施条例》第十六条第三款规定，个人所得税法第六条第一款第五项所称合理费用，是指卖出财产时按照规定支付的有关税费。

【案例7-1】财产转让所得应纳税额的计算

金好好将位于B市沙田区一地块的土地使用权转让给白云公司，转让价格为315万元（含增值税）。该地块的土地使用权为五年前购入，购入价为200万元。此次转让已缴纳增值税15万元、其他税费10万元。请问：如何计缴个人所得税？

解析：

（1）转让房地产的个人所得税应税收入为不含增值税收入，免征增值税的，确定计税依据时,成交价格、租金收入、转让房地产取得的收入不扣减增值税额。

金好好财产转让收入 =315-15=300(万元)

(2)财产原值为购入价 200 万元,合理费用为其他税费 10 万元。

金好好财产转让所得应纳税所得额 =300-200-10=90(万元)

(3)金好好应交个人所得税 =90×20%=18(万元)

由白云公司在支付土地使用权价款时代扣代缴个人所得税。

5. 个人取得的拍卖收入如何计缴个人所得税?

答:《国家税务总局关于加强和规范个人取得拍卖收入征收个人所得税有关问题的通知》(国税发〔2007〕38 号)规定,个人拍卖除文字作品原稿及复印件外的其他财产,应以其转让收入额减除财产原值和合理费用后的余额为应纳税所得额,按照"财产转让所得"项目适用 20% 税率缴纳个人所得税。

(1)对个人财产拍卖所得征收个人所得税时,以该项财产最终拍卖成交价格为其转让收入额。

(2)个人财产拍卖所得适用"财产转让所得"项目计算应纳税所得额时,纳税人凭合法有效凭证(税务机关监制的正式发票、相关境外交易单据或海关报关单据、完税证明等),从其转让收入额中减除相应的财产原值、拍卖财产过程中缴纳的税金及有关合理费用。

1)财产原值,是指售出方个人取得该拍卖品的价格(以合法有效凭证为准)。具体如表 7-1 所示。

表 7-1 拍卖品的财产原值确认明细表

拍卖品类型	财产原值
通过商店、画廊等途径购买的	购买该拍卖品时实际支付的价款
通过拍卖行拍得的	拍得该拍卖品实际支付的价款及交纳的相关税费
通过祖传收藏的	收藏该拍卖品而发生的费用
通过赠送取得的	受赠该拍卖品时发生的相关税费
通过其他形式取得的	参照以上原则确定财产原值

2)拍卖财产过程中缴纳的税金,是指在拍卖财产时纳税人实际缴纳的相关

税金及附加。

3）有关合理费用，是指拍卖财产时纳税人按照规定实际支付的拍卖费（佣金）、鉴定费、评估费、图录费、证书费等费用。

（3）纳税人如不能提供合法、完整、准确的财产原值凭证，不能正确计算财产原值的，按转让收入额的3%征收率计算缴纳个人所得税；拍卖品为经文物部门认定是海外回流文物的，按转让收入额的2%征收率计算缴纳个人所得税。

（4）纳税人的财产原值凭证内容填写不规范，或者一份财产原值凭证包括多件拍卖品且无法确认每件拍卖品一一对应的原值的，不得将其作为扣除财产原值的计算依据，应视为不能提供合法、完整、准确的财产原值凭证，并按上述规定的征收率计算缴纳个人所得税。

（5）纳税人能够提供合法、完整、准确的财产原值凭证，但不能提供有关税费凭证的，不得按征收率计算纳税，应当就财产原值凭证上注明的金额据实扣除，并按照税法规定计算缴纳个人所得税。

（6）个人财产拍卖所得应纳的个人所得税税款，由拍卖单位负责代扣代缴，并按规定向拍卖单位所在地主管税务机关办理纳税申报。

（7）拍卖单位代扣代缴个人财产拍卖所得应纳的个人所得税税款时，应给纳税人填开完税凭证，并详细标明每件拍卖品的名称、拍卖成交价格、扣缴税款额。

三、转让不动产的征免规定

6. 个人出售自有住房如何缴纳个人所得税？

答： 根据《个人所得税法》第六条第五项的规定，财产转让所得，以转让财产的收入额减除财产原值和合理费用后的余额，为应纳税所得额，适用比例税率，税率为百分之二十。

根据财税〔1999〕278号文件第三条，《国家税务总局关于个人住房转让所得征收个人所得税有关问题的通知》（国税发〔2006〕108号），财税〔2016〕43号文件第四条第一款、第五条和第六条的规定，对转让住房收入计算个人所得税应纳税所得额时，纳税人可凭原购房合同、发票等有效凭证，经税务机关审

核后,允许从其转让收入中减除房屋原值、转让住房过程中缴纳的税金及有关合理费用。具体操作要点如下:

(1)住房转让收入。对住房转让所得征收个人所得税时,以实际成交价格为转让收入。纳税人申报的住房成交价格明显低于市场价格且无正当理由的,征收机关依法有权根据有关信息核定其转让收入,但必须保证各税种计税价格一致。

注意,个人转让住房的应税收入或税务机关核定的计税价格不含增值税。如果免征增值税,在确定计税依据时,成交价格、租金收入、转让房地产取得的收入不扣减增值税额。

(2)房产原值。个人自有住房的来源不同,房产原值确定的原则也不同,具体如表7-2所示。

表7-2 房屋原值确定明细表

房屋类型	房屋原值
商品房	购置该房屋时实际支付的房价款及交纳的相关税费,包括支付价款中包含的增值税
自建住房	实际发生的建造费用及建造和取得产权时实际交纳的相关税费
经济适用房(含集资合作建房、安居工程住房)	原购房人实际支付的房价款及相关税费,以及按规定交纳的土地出让金
已购公有住房	原购公有住房标准面积按当地经济适用房价格计算的房价款,加上原购公有住房超标准面积实际支付的房价款以及按规定向财政部门(或原产权单位)交纳的所得收益及相关税费
城镇拆迁安置住房	
(1)房屋拆迁取得货币补偿后购置房屋的	购置该房屋实际支付的房价款及交纳的相关税费
(2)房屋拆迁采取产权调换方式的	所调换房屋原值为《房屋拆迁补偿安置协议》注明的价款及交纳的相关税费
(3)房屋拆迁采取产权调换方式,又取得部分货币补偿的	所调换房屋原值为《房屋拆迁补偿安置协议》注明的价款和交纳的相关税费,减去货币补偿后的余额

(3)转让住房过程中缴纳的税金。这是指纳税人在转让住房时实际缴纳的营业税、城市维护建设税、教育费附加、土地增值税、印花税等税金,不包括本次转让缴纳的增值税。

(4)合理费用。这是指纳税人按照规定实际支付的住房装修费用、住房贷款利息、手续费、公证费等费用,具体如表 7-3 所示。

表 7-3 房屋转让合理费用确定明细表

费用类型	扣除内容和凭证
支付的住房装修费用	纳税人能提供实际支付装修费用的税务统一发票,并且发票上所列付款人姓名与转让房屋产权人一致的,经税务机关审核,其转让的住房在转让前实际发生的装修费用,可在以下规定比例内扣除:①已购公有住房、经济适用房,最高扣除限额为房屋原值的 15%;②商品房及其他住房,最高扣除限额为房屋原值的 10% 纳税人原购房为装修房,即合同注明房价款中含有装修费(铺装了地板、装配了洁具、厨具等)的,不得再重复扣除装修费用
支付的住房贷款利息	纳税人出售以按揭贷款方式购置的住房的,其向贷款银行实际支付的住房贷款利息,凭贷款银行出具的有效证明据实扣除
手续费、公证费等	纳税人按照有关规定实际支付的手续费、公证费等,凭有关部门出具的有效证明据实扣除

(5)核定征收。纳税人未提供完整、准确的房屋原值凭证,不能正确计算房屋原值和应纳税额的,税务机关可根据《税收征收管理法》第三十五条的规定,对其实行核定征税,即按纳税人住房转让收入的一定比例核定应纳个人所得税额。具体比例由省级地方税务局或者省级地方税务局授权的地市级地方税务局根据纳税人出售住房的所处区域、地理位置、建造时间、房屋类型、住房平均价格水平等因素,在住房转让收入 1%~3% 的幅度内确定。

国税发〔2007〕33 号文件第四条规定,上述所称"未提供完整、准确的房屋原值凭证",是指纳税人不能提供房屋购买合同、发票或建造成本、费用支出的有效凭证,或契税征管档案中没有上次交易价格或建造成本、费用支出金额等记录。凡纳税人能提供房屋购买合同、发票或建造成本、费用支出的有效凭证，或契税征管档案中有上次交易价格或建造成本、费用支出金额等记录的，均应按照据实征收方式计征个人所得税。

【案例7-2】个人转让房屋个人所得税的计缴

钱乐乐于2019年3月将2017年5月在北京购买的唯一住房，以1 050万元的价格转让给了曾美丽，开具的增值税普通发票上注明销售价格为1 000万元，增值税额为50万元。钱乐乐缴纳增值税50万元、城市维护建设税3.5万元、教育费附加1.5万元、地方教育附加1万元，发生过户费用3万元。该套住房是以银行按揭贷款的方式购置的，购置发票时注明销售价格为800万元，增值税额为40万元，贷款利息凭证注明已支付的住房贷款利息为32万元。该套住房还发生装修费用30万元，都有合法的凭证。钱乐乐该套住房转让应该缴纳多少个人所得税？

解析：

（1）应税收入。个人转让住房的应税收入不含增值税，即1 000万元。

（2）房屋原值。购置该房屋时实际支付的房价款及交纳的相关税费，包括支付价款中包含的增值税，即840万元。

（3）转让住房过程中缴纳的税金。转让住房时实际缴纳城市维护建设税3.5万元、教育费附加1.5万元、地方教育附加1万元，不包括本次转让缴纳的增值税，共计6万元。

（4）合理费用。实际支付住房装修费用30万元、住房贷款利息32万元、过户费3万元，共计65万元。

（5）住房转让应纳税所得额=1 000-840-6-65=89（万元）

应交个人所得税=89×20%=17.8（万元）

7. 装修费用在计缴住房转让所得个人所得税时如何进行扣除？

答：国税发〔2007〕33号文件第五条规定，凡有下列情况之一的，在计算缴纳转让住房所得个人所得税时不得扣除装修费用：

（1）纳税人提供的装修费用凭证不是有效发票的。

（2）发票上注明的付款人姓名与房屋产权人或产权共有人的姓名不一致的。

（3）发票由建材市场、批发市场管理机构开具，且未附所购商品清单的。

纳税人申报扣除装修费用，应当填写《房屋装修费用发票汇总表》，如实、完整地填写每份发票的开具人、受领人、发票字号、建材产品或服务项目、发票金额等信息，同时将有关装修发票原件提交征收人员审核。

征收人员受理申报时，应认真审核装修费用发票真伪、《房屋装修费用发票汇总表》与有关装修发票信息是否一致，对不符合要求的发票不准扣除装修费用。审核完毕后，有关装修发票退还纳税人。

8. 买卖双方订立虚假合同低报房屋交易价格，税务机关如何确定最低计税价格？

答： 针对一些地区买卖双方通过订立虚假合同低报房屋交易价格，不如实申报缴纳有关税收的问题，国税发〔2007〕33号文件第一条明确，各地要根据税收征收管理法的有关规定，建立房屋交易最低计税价格管理制度，加强房屋交易计税价格管理。

（1）确定合理的房屋交易最低计税价格办法。工作基础较好、具备直接制定最低计税价格条件的，可直接制定房屋交易最低计税价格，但定价时要考虑房屋的坐落地点、建筑结构、建筑年限、历史交易价格或建造价格、同类房屋先期交易价格等因素。不具备直接制定最低计税价格条件的，可参照下列一种方法确定最低计税价格。

1）当地政府公布的拆迁补偿标准、房屋交易指导价、基准地价。政府公布的上述信息未及时调整的，确定最低计税价格时应考虑房地产市场价格上涨因素。

2）房地产交易资金托管金额或者房地产交易网上报价。

3）信誉良好的房地产价格评估机构的评估价格。

（2）各地区要加强与房地产管理部门的联系，及时获得有关信息，按照规定的管理制度，确定有关交易房屋的最低计税价格，避免在办税窗口纳税人申报纳税时即时确定计税价格。

（3）纳税人申报的房屋销售价格高于各地区确定的最低计税价格的，应按纳税人申报的销售价格计算征税；纳税人申报的房屋销售价格低于各地区确定的最低计税价格的,应按最低计税价格计算征税。

9. 个人拍卖房屋如何计缴个人所得税?

答:《国家税务总局关于个人取得房屋拍卖收入征收个人所得税问题的批复》(国税函〔2007〕1145号)规定,个人通过拍卖市场取得的房屋拍卖收入在计征个人所得税时,其房屋原值应按照纳税人提供的合法、完整、准确的凭证予以扣除;不能提供完整、准确的房屋原值凭证,不能正确计算房屋原值和应纳税额的,统一按转让收入全额的3%计算缴纳个人所得税。

10. 个人转让自用3年的住房后又重新购房的,可以免缴个人所得税吗?

答:个人转让自用3年的住房后在1年内又重新购房的,应当缴纳个人所得税。政策依据如下:

(1)《财政部 国家税务总局 住房和城乡建设部关于调整房地产交易环节契税、个人所得税优惠政策的通知》(财税〔2010〕94号)第二条规定,自2010年10月1日起,对出售自有住房并在1年内重新购房的纳税人不再减免个人所得税。

(2)财税〔1994〕20号文件第二条第六项、财税〔1999〕278号文件第四条规定,个人转让自用达5年以上,并且是唯一的家庭生活用房取得的所得,暂免征收个人所得税。《国家税务总局关于个人转让房屋有关税收征管问题的通知》(国税发〔2007〕33号,以下简称国税发〔2007〕33号文件)第三条明确,所称"家庭唯一生活用房"是指在同一省、自治区、直辖市范围内纳税人(有配偶的为夫妻双方)仅拥有一套住房;所称"自用5年以上",是指个人购房至转让房屋的时间达5年以上。

1)个人转让房屋的日期,以销售发票上注明的时间为准。

2)个人购房日期的确定。个人按照国家房改政策购买的公有住房,以其购房合同的生效时间、房款收据开具日期或房屋产权证上注明的时间,依照孰先原则确定;个人购买的其他住房,以其房屋产权证注明日期或契税完税凭证注明日期,按照孰先原则确定。

个人因产权纠纷等原因未能及时获取房屋所有权证书,向法院、仲裁机构申请裁定后，取得人民法院、仲裁委员会的房屋所有权证裁定书的时间，可否确认为个人取得房屋所有权证书时间？

对上述问题，《国家税务总局关于个人转让住房享受税收优惠政策判定购房时间问题的公告》（国家税务总局公告2017年第8号）规定，从2017年4月1日起，个人转让住房，因产权纠纷等原因未能及时取得房屋所有权证书（包括不动产权证书），对于人民法院、仲裁委员会出具的法律文书确认个人购买住房的，法律文书的生效日期视同房屋所有权证书的注明时间，据以确定纳税人是否享受税收优惠政策。此前尚未进行税收处理的，按该公告规定执行。

11. 转让离婚析产房屋如何计缴个人所得税？

答：对于个人转让离婚析产取得的房产，《国家税务总局关于明确个人所得税若干政策执行问题的通知》（国税发〔2009〕121号）第四条规定如下：

（1）通过离婚析产的方式分割房屋产权是夫妻双方对共同共有财产的处置，个人因离婚办理房屋产权过户手续，不征收个人所得税。

（2）个人转让离婚析产房屋所取得的收入，允许扣除其相应的财产原值和合理费用后，余额按照规定的税率缴纳个人所得税；其相应的财产原值，为房屋初次购置全部原值和相关税费之和乘以转让者占房屋所有权的比例。

（3）个人转让离婚析产房屋所取得的收入，符合家庭生活自用五年以上唯一住房的，可以申请免征个人所得税，其购置时间按照《国家税务总局关于房地产税收政策中几个具体问题的通知》（国税发〔2005〕172号）第三条"个人将通过受赠、继承、离婚财产分割等非购买形式取得的住房对外销售的行为，其购房时间按发生受赠、继承、离婚财产分割行为前的购房时间确定，其购房价格按发生受赠、继承、离婚财产分割行为前的购房原价确定"的规定执行。

【案例7-3】离婚析产房屋的个人所得税处理

张先生和李女士于2018年3月离婚，离婚时，将2013年2月两人在南昌共同购买的购置价格为200万元的唯一住房分割给了继续在南昌工作的李女士，张先生回老家沈阳工作。2019年6月，李女士也回老家贵州工作，将该套住房以350万元的价格转让给了赵先生。请问李女士该套住房转让应该缴纳多少个人所得税?

解析:

(1) 2018年6月,张先生和李女士通过离婚析产的方式分割房屋产权是夫妻双方对共同共有财产的处置,张先生因离婚办理房屋产权过户手续给李女士,不征收个人所得税。

(2) 2019年6月,李女士将离婚析产房屋转让给赵先生时,按照国税〔2005〕172号文件第三条的规定,个人将通过离婚财产分割等非购买形式取得的住房对外销售的行为,其购房时间按发生离婚财产分割行为前的购房时间确定,即2013年2月,其购房价格按离婚财产分割行为前的购房原价确定,即200万元。

可以看出,该套住房购房至转让房屋的时间达5年以上,并且是李女士唯一生活用房,符合免税的条件,李女士可以申请免征个人所得税。

12. 个人转让无偿受赠的房屋如何缴纳个人所得税?

答: 对于个人无偿受赠房屋,《财政部 国家税务总局关于个人无偿受赠房屋有关个人所得税问题的通知》(财税〔2009〕78号)和财税公告2019年第74号第二条做了如下规定:

(1) 房屋产权所有人将房屋产权无偿赠与他人的,受赠人因无偿受赠房屋取得的受赠收入,按照"偶然所得"项目计算缴纳个人所得税。

符合以下情形的,对当事双方不征收个人所得税:

1) 房屋产权所有人将房屋产权无偿赠与配偶、父母、子女、祖父母、外祖父母、孙子女、外孙子女、兄弟姐妹。

2) 房屋产权所有人将房屋产权无偿赠与对其承担直接抚养或者赡养义务的抚养人或者赡养人。

3) 房屋产权所有人死亡,依法取得房屋产权的法定继承人、遗嘱继承人或者受遗赠人。

(2) 对受赠人无偿受赠房屋计征个人所得税时,其应纳税所得额为房地产赠与合同上标明的赠与房屋价值减除赠与过程中受赠人支付的相关税费后的余额。赠与合同标明的房屋价值明显低于市场价格或房地产赠与合同未标明赠与房屋价值的,税务机关可依据受赠房屋的市场评估价格或采取其他合理方式确定受赠人的应纳税所得额。

（3）受赠人转让受赠房屋的，以其转让受赠房屋的收入减除原捐赠人取得该房屋的实际购置成本以及赠与和转让过程中受赠人支付的相关税费后的余额，为受赠人的应纳税所得额，依法计征个人所得税。受赠人转让受赠房屋价格明显偏低且无正当理由的，税务机关可以依据该房屋的市场评估价格或其他合理方式确定的价格核定其转让收入。

【案例 7-4】转让无偿受赠的房屋的个人所得税处理

赵明和赵丽是两兄妹，赵明由于要离开苏州出国定居，于 2018 年 3 月将其在苏州的 90 平方米的老住房无偿赠送给赵丽，该套老住房 2008 年购置时的价款为 150 万元。赵丽为改善住房质量，解决新购买的 143 平方米住房的房款需求，2019 年 5 月将该套住房以 400 万元不含增值税的价格转让给他人，缴纳增值税 20 万元，其他税费 2.6 万元，发生过户费用 1.4 万元。请问赵丽应该缴纳多少个人所得税？

解析：

（1）2018 年 3 月，赵明将其在苏州老住房无偿赠送给赵丽，根据财税〔2009〕78 号文件第一条的规定，房屋产权所有人将房屋产权无偿赠与兄弟姐妹，对当事双方不征个人所得税。

（2）2019 年 5 月，赵丽转让受赠房屋，以其转让受赠房屋的收入（400 万元）减除原捐赠人取得该房屋的实际购置成本（150 万元）以及赠与和转让过程中受赠人支付的相关税费 [2.6+1.4=4（万元）] 后的余额，为受赠人的应纳税所得额，依法计征个人所得税。

应纳税所得额 =400-150-4=246（万元）

应交个人所得税 =246×20%=49.2（万元）

13. 个人无偿赠与或受赠不动产办理免征个人所得税手续，需要提供哪些证明资料？

答：根据《国家税务总局关于进一步简化和规范个人无偿赠与或受赠不动产免征营业税、个人所得税所需证明资料的公告》（国家税务总局公告 2015 年第

75号)的规定,纳税人在办理个人无偿赠与或受赠不动产免征个人所得税手续时,应报送《个人无偿赠与不动产登记表》、双方当事人的身份证明原件及复印件(继承或接受遗赠的,只需提供继承人或接受遗赠人的身份证明原件及复印件)、房屋所有权证原件及复印件。属于以下四类情形之一的,还应分别提交相应证明资料。

(1)离婚分割财产的,应当提交:①离婚协议或者人民法院判决书或者人民法院调解书的原件及复印件;②离婚证原件及复印件。

(2)亲属之间无偿赠与的,应当提交:①无偿赠与配偶的,提交结婚证原件及复印件;②无偿赠与父母、子女、祖父母、外祖父母、孙子女、外孙子女、兄弟姐妹的,提交户口簿或者出生证明或者人民法院判决书或者人民法院调解书或者其他部门(有资质的机构)出具的能够证明双方亲属关系的证明资料原件及复印件。

(3)无偿赠与非亲属抚养或赡养关系人的,应当提交:人民法院判决书或者人民法院调解书或者乡镇政府或街道办事处出具的抚养(赡养)关系证明或者其他部门(有资质的机构)出具的能够证明双方抚养(赡养)关系的证明资料原件及复印件。

(4)继承或接受遗赠的,应当提交:①房屋产权所有人死亡证明原件及复印件;②有权继承或接受遗赠的证明资料原件及复印件。

14. 个人取得拆迁补偿款或安置住房,是否要缴纳个人所得税?

答:个人因住房被征用而取得拆迁补偿款或房屋,属补偿性质的收入,免征个人所得税。目前有效的具体政策有以下几个:

(1)《国家税务总局关于个人取得被征用房屋补偿费收入免征个人所得税的批复》(国税函〔1998〕428号)规定,按照城市发展规划,在旧城改造过程中,个人因住房被征用而取得赔偿费,属补偿性质的收入,无论是现金还是实物(房屋),均免予征收个人所得税。

(2)《财政部 国家税务总局关于城镇房屋拆迁有关税收政策的通知》(财税〔2005〕45号)第一条规定,对被拆迁人按照国家有关城镇房屋拆迁管理办法规定的标准取得的拆迁补偿款,免征个人所得税。

（3）《财政部　国家税务总局关于棚户区改造有关税收政策的通知》（财税〔2013〕101号）第五条规定，个人取得的拆迁补偿款按有关规定免征个人所得税。

15. 易地扶贫搬迁贫困人口取得的住房建设补助资金，可以免征个人所得税吗？

答：《财政部　国家税务总局关于易地扶贫搬迁税收优惠政策的通知》（财税〔2018〕135号）第一条第一项规定，自2018年1月1日至2020年12月31日，对易地扶贫搬迁贫困人口按规定取得的住房建设补助资金、拆旧复垦奖励资金等与易地扶贫搬迁相关的货币化补偿和易地扶贫搬迁安置住房，免征个人所得税。

四、非货币性资产投资入股的税收优惠

16. 个人以非货币性资产投资入股，如何计缴个人所得税？

答：根据《财政部　国家税务总局关于个人非货币性资产投资有关个人所得税政策的通知》（财税〔2015〕41号，以下简称财税〔2015〕41号文件）和《国家税务总局关于个人非货币性资产投资有关个人所得税征管问题的公告》（国家税务总局公告2015年第20号）的规定，个人以非货币性资产投资入股的个人所得税处理如下：

（1）征税项目。对个人以非货币性资产投资，属于个人转让非货币性资产和投资同时发生，对个人转让非货币性资产的所得，应按照"财产转让所得"项目，依法计算缴纳个人所得税。

所称非货币性资产，是指现金、银行存款等货币性资产以外的资产，包括股权、不动产、技术发明成果以及其他形式的非货币性资产。

所称非货币性资产投资，包括以非货币性资产出资设立新的企业，以及以非货币性资产出资参与企业增资扩股、定向增发股票、股权置换、重组改制等投资行为。

（2）纳税人。非货币性资产投资个人所得税以发生非货币性资产投资行为并取得被投资企业股权的个人为纳税人。

（3）应纳税额。纳税人非货币性资产投资应纳税所得额为非货币性资产转让收入减除该资产原值及合理税费后的余额，适用税率为20%。

1）个人以非货币性资产投资，应按评估后的公允价值确认非货币性资产转让收入。

2）非货币性资产原值为纳税人取得该项资产时实际发生的支出。

纳税人无法提供完整、准确的非货币性资产原值凭证，不能正确计算非货币性资产原值的，主管税务机关可依法核定其非货币性资产原值。

纳税人以股权投资的，该股权原值确认等相关问题依照《国家税务总局关于发布〈股权转让所得个人所得税管理办法（试行）〉的公告》（国家税务总局公告2014年第67号，以下简称《股权转让所得个人所得税管理办法（试行）》）的有关规定执行。

3）合理税费是指纳税人在非货币性资产投资过程中发生的与资产转移相关的税金及合理费用。

（4）纳税义务发生时间。个人以非货币性资产投资，应于非货币性资产转让、取得被投资企业股权时，确认非货币性资产转让收入的实现。个人应在发生上述应税行为的次月15日内向主管税务机关申报纳税。

（5）纳税地点与申报方式。非货币性资产投资个人所得税由纳税人向主管税务机关自行申报缴纳。

1）纳税人以不动产投资的，以不动产所在地税务机关为主管税务机关。

2）纳税人以其持有的企业股权对外投资的，以该企业所在地税务机关为主管税务机关。

3）纳税人以其他非货币资产投资的，以被投资企业所在地税务机关为主管税务机关。

（6）优惠内容。

1）自2015年4月1日起，纳税人一次性缴税有困难的，可合理确定分期缴纳计划并报主管税务机关备案后，自发生上述应税行为之日起不超过5个公历年度内（含）分期缴纳个人所得税。

纳税人非货币性资产投资需要分期缴纳个人所得税的，应于取得被投资企业股权之日的次月15日内，自行制订缴税计划并向主管税务机关报送《非货币性资产投资分期缴纳个人所得税备案表》（见附录 7A）、纳税人身份证明、投资协议、非货币性资产评估价格证明材料、能够证明非货币性资产原值及合理税费的相关资料。

2）个人以非货币性资产投资交易过程中取得现金补价的，现金部分应优先用于缴税；现金不足以缴纳的部分，可分期缴纳。

个人在分期缴税期间转让其持有的上述全部或部分股权，并取得现金收入的，该现金收入应优先用于缴纳尚未缴清的税款。

3）对 2015 年 4 月 1 日之前发生的个人非货币性资产投资，尚未进行税收处理且自发生上述应税行为之日起期限未超过 5 年的，可在剩余的期限内分期缴纳其应纳税款，并按规定时限向主管税务机关办理分期缴税备案手续。

（7）征收管理。

1）被投资企业应将纳税人以非货币性资产投入本企业取得股权和分期缴税期间纳税人股权变动情况，分别于相关事项发生后 15 日内向主管税务机关报告，并协助税务机关执行公务。

2）纳税人按分期缴税计划向主管税务机关办理纳税申报时，应提供已在主管税务机关备案的《非货币性资产投资分期缴纳个人所得税备案表》和本期之前各期已缴纳个人所得税的完税凭证。

3）纳税人分期缴税期间提出变更原分期缴税计划的，应重新制订分期缴税计划并向主管税务机关重新报送《非货币性资产投资分期缴纳个人所得税备案表》。

4）纳税人在分期缴税期间转让股权的，应于转让股权之日的次月 15 日内向主管税务机关申报纳税。

【案例 7-5】以股权投资入股的个人所得税处理

金好好与蓝天公司在 2019 年 2 月 1 日签署了投资协议和公司章程成立盛大公司，金好好以持有白云公司 20% 的股权作价 400 万元（原值为 200 万元）出资，占股比 20%；蓝天公司以 1 600 万元现金出资，占股比 80%。盛大公司于 2019 年 2 月 10 日登记成立，金好好所持白云公司的股权变更到盛大公司名下，蓝天公司已缴纳 1 000 万元现金。2020 年 4 月 20 日，金好好将所持 10% 的股权转让给碧海公司，取得现金300万元。假设在此之前金好好缴纳了非货币性资产投资个人所得税税款5万元。假设不考虑其他税费，金好好如何计缴个人所得税？

解析：

（1）2019年2月10日：

1）纳税人非货币性资产投资应纳税所得额为非货币性资产转让收入减除该资产原值及合理税费后的余额，适用税率为20%。

财产转让所得应纳税所得额=400-200=200（万元）

应交个人所得税=200×20%=40（万元）

2）纳税人一次性缴税有困难的，可合理确定分期缴纳计划并报主管税务机关备案后，自发生上述应税行为之日起不超过5个公历年度内（含）分期缴纳个人所得税。

金好好可以在2019年3月15日前一次缴清，也可以自2019年2月10日起至2024年2月9日五个年度内分期缴纳。

金好好如果选择分期缴纳税款，应于3月15日内，自行制订缴税计划并向主管税务机关报送《非货币性资产投资分期缴纳个人所得税备案表》、身份证明、投资协议、非货币性资产评估价格证明材料、能够证明非货币性资产原值及合理税费的相关资料。

（2）2020年4月20日：

1）个人在分期缴税期间转让其持有的全部或部分股权，并取得现金收入的，该现金收入应优先用于缴纳尚未缴清的税款。

金好好应将股权转让取得的现金300万元，优先用于缴纳尚未缴清的税款35（=40-5）万元。

2）金好好将盛大公司10%的股权转让给碧海公司应纳税额的计算。

应纳税所得额=300-400×10%÷20%=100（万元）

应交个人所得税=100×20%=20（万元）

金好好应于2020年5月15日之前将上述两项税款共计55万元申报缴纳入库。

17. 个人以技术成果投资入股，如何计缴个人所得税？

答： 以技术成果投资入股，是指纳税人将技术成果所有权让渡给被投资企业，取得该企业股票（权）的行为。对此行为如何计缴个人所得税？根据财税〔2016〕101 号文件第三条第二项和国家税务总局公告 2016 年第 62 号第一条的规定，具体操作要点如下：

（1）优惠内容。

1）个人以技术成果投资入股到境内居民企业，被投资企业支付的对价全部为股票（权）的，个人可选择继续按现行有关税收政策执行，也可选择适用递延纳税优惠政策。

选择技术成果投资入股递延纳税政策的，经向主管税务机关备案，投资入股当期可暂不纳税，允许递延至转让股权时，按股权转让收入减去技术成果原值和合理税费后的差额计算缴纳所得税。

2）个人选择适用上述任一项政策，均允许被投资企业按技术成果投资入股时的评估值入账并在企业所得税前摊销扣除。

（2）适用条件。技术成果是指专利技术（含国防专利）、计算机软件著作权、集成电路布图设计专有权、植物新品种权、生物医药新品种，以及科技部、财政部、国家税务总局确定的其他技术成果。

（3）征收管理。

1）个人以技术成果投资入股境内公司并选择递延纳税的，被投资公司应于取得技术成果并支付股权之次月 15 日内，向主管税务机关报送《技术成果投资入股个人所得税递延纳税备案表》（见附录 7B）、技术成果相关证书或证明材料、技术成果投资入股协议、技术成果评估报告等资料。

2）个人因以技术成果投资入股取得的股票（权），实行递延纳税期间，扣缴义务人应于每个纳税年度终了后 30 日内，向主管税务机关报送《个人所得税递延纳税情况年度报告表》（见附录 7C）。

【案例 7-6】以技术成果投资入股的个人所得税处理

金好好、盛大公司在 2019 年 3 月 1 日签署了投资协议和公司章程，成立金鑫公司。金好好以专利技术 A 作价 200 万元投资入股（成本为 20 万元），占股权比例为 20%；盛大公司以 800 万元现金出资，占股权比例为 80%。金鑫公司于 2019 年 3 月 10 日登记成立，金好好已将专利权变更到金鑫公司名下，盛大公司也于同日以500万元现金履行了出资义务。2020年3月30日，金好好将10%的股权转让给中天公司，取得转让收入现金200万元。假设已缴投资环节的个人所得税5万元，不考虑其他税费，金好好如何计缴个人所得税？

解析：

（1）金好好如果选择适用财税〔2016〕101号文件的规定计缴个人所得税：

1）2019年3月10日投资入股时。

应交个人所得税=（200-20）×20%=36（万元）

经向主管税务机关备案，投资入股当期可暂不纳税，允许递延至转让股权时，按股权转让收入减去技术成果原值和合理税费后的差额计算缴纳所得税。

2）2020年3月30日转让股权取得现金收入200万元时。

转让10%股权，取得现金收入200万元。

应交个人所得税=（200-20×0.5）×20%=38（万元）

金好好应在2019年4月15日之前申报缴纳个人所得税38万元。

（2）金好好如果选择适用财税〔2015〕41号文件的规定计缴个人所得税：

1）2019年3月10日投资入股时。

应交个人所得税=（200-20）×20%=36（万元）

应在2019年4月15日之前向金鑫公司主管税务机关申报纳税，或报分期缴纳计划。

在2019年3月10日起至2024年3月9日共5个年度内分期缴纳。

2）2020年3月30日转让股权取得现金收入200万元时。

应交个人所得税=（200-200×50%）×20%=20（万元）

投资环节尚未缴清的个人所得税=36-5=31（万元）

金好好应在2020年4月15日之前申报缴纳个人所得税51万元。

五、股权转让的征免规定

18. 个人转让非上市公司的股权如何计缴个人所得税？

答：个人股权转让是指个人将股权转让给其他单位和个人的行为。对于非上市公司的股权转让如何计缴个人所得税，《股权转让所得个人所得税管理办法

（试行）》做了具体规定。

（1）征税范围。该办法第二条、第三条规定，股权转让行为具体包括以下情形：

1）出售股权。

2）公司回购股权。

3）发行人首次公开发行新股时，被投资企业股东将其持有的股份以公开发行方式一并向投资者发售。

4）股权被司法或行政机关强制过户。

5）以股权对外投资或进行其他非货币性交易。

6）以股权抵偿债务。

7）其他股权转移行为。

上述所称的股权是指个人股东投资于在中国境内成立的企业或组织（不包括个人独资企业和合伙企业）的股权或股份。

（2）应纳税额计算。该办法第四条至第六条规定如下：

1）个人发生股权转让，应按"财产转让所得"缴纳个人所得税。计算公式为：

应纳税额 =（股权转让收入 － 股权原值 － 合理费用）×20%

2）个人股权转让所得个人所得税，以股权转让方为纳税人，以受让方为扣缴义务人。

3）扣缴义务人应于股权转让相关协议签订后 5 个工作日内，将股权转让的有关情况报告主管税务机关。

4）被投资企业应当详细记录股东持有本企业股权的相关成本，如实向税务机关提供与股权转让有关的信息，协助税务机关依法执行公务。

（3）纳税地点。该办法第十九条规定，个人股权转让所得个人所得税应向被投资企业所在地主管税务机关申报纳税。

【案例 7-7】IPO 过程中公开发售股份的个人所得税处理

2019 年 1 月《蓝天股份有限公司首次公开发行股票招股说明书》中指出，本次公开发行股票总量为 3 000 万股，发行价 20 元 / 股，占发行后总股本的 25%。持有公司股份的董事伍越、雷炜和肖华根据《公司法》的相关规定，其公开发售的股份数分别为100万股、120万股和180万股，均不超过其所持有发行人股份总数的25%，其他股东按相同比例发售其部分股份。假设原股东股权的原值为1元/股，发行时相关税费为0.2元/股，伍越、雷炜和肖华应如何进行个人所得税处理？

解析：

（1）本案例中，个人股东伍越、雷炜和肖华在蓝天股份有限公司IPO过程中公开发售股份的行为，属于《股权转让所得个人所得税管理办法（试行）》第三条第三项"发行人首次公开发行新股时，被投资企业股东将其持有的股份以公开发行方式一并向投资者发售"的情形，该上市公司股东权属发生了变更，应按照"财产转让所得"计缴个人所得税。

（2）伍越、雷炜和肖华公开发售股份应将转让收入减去股份原值及合理税费的余额适用20%的税率计缴个人所得税。

伍越应交个人所得税=100×（20-1-0.2）×20%=376（万元）

雷炜应交个人所得税=120×（20-1-0.2）×20%=451.2（万元）

肖华应交个人所得税=180×（20-1-0.2）×20%=676.8（万元）

（3）伍越、雷炜和肖华应当向蓝天股份有限公司的主管税务机关申报缴纳以上税款。

【案例7-8】以定向增发方式收购个人股权的个人所得税处理

中天公司成立于2011年11月18日，注册资本为2亿元。其中，章烨及其弟弟章平持有80%的股权，价值1.6亿元。根据以2019年2月28日为基准日的中天公司资产评估报告，中天公司该基准日的净资产评估价值为38亿元，增值36亿元，增值了18倍。

2019年3月，科越公司（上市公司）完成一次定向增发，该公司向章烨及其弟弟章平定向增发1亿股股票（发行价格为20元/股，价值20亿元）和现金支付10亿元的对价以收购其二人持有的中天公司80%的股权，在定向增发过程中，发生相关税费160万元。请问：章烨兄弟二人应如何计缴个人所得税？

解析：

（1）本案例中，科越公司（上市公司）以定向增发方式收购个人股东章烨、章平持有的中天公司80%的股权，属于《股权转让所得个人所得税管理办法（试行）》第三条第五项"以股权对外投资或进行其他非货币性交易"的情形，相当于章烨、章平以持有的中天公司的股权对科越公司投资入股，章烨、章平应按照"财产转让所得"计缴个人所得税。

（2）章烨、章平应以转让收入（20亿元股票+10亿元现金）减去股份原值（1.6亿元）及合理税费（160万元）的余额，适用20%的税率计缴个人所得税。

章烨、章平应交个人所得税=（300 000-16 000-160）×20%=56 768（万元）

19. 个人转让非上市公司股权的应税收入额怎么确定？

答：《股权转让所得个人所得税管理办法（试行）》第七条至第十条对如何确定个人转让非上市公司股权的应税收入，明确如下：

1）股权转让收入是指转让方因股权转让而获得的现金、实物、有价证券和其他形式的经济利益。

2）转让方取得与股权转让相关的各种款项，包括违约金、补偿金以及其他名目的款项、资产、权益等，均应当并入股权转让收入。

3）纳税人按照合同约定，在满足约定条件后取得的后续收入，应当作为股权转让收入。

4）股权转让收入应当按照公平交易原则确定。

【案例7-9】有业绩承诺条款的股权收购的个人所得税处理

接【案例7-8】，科越公司（上市公司）完成对中天公司收购后，章烨和章平继续留在中天公司担任总经理和副总经理，二人向科越公司承诺以中天公司2018年扣除非经常性损益后的净利润8 000万元人民币为基数，2019年、2020年扣除非经常性损益后的净利润较上一年的年增长率不低于10%。如中天公司2019～2020年实际实现的扣除非经常性损益后的净利润总和高于承诺净利润总和，则以超过承诺净利润总和部分作为奖励对价，但该奖励对价的金额应不超过1 200万元人民币（2020年度中天公司专项审核报告出具后一次性以现金方式支付）。请问：章烨和章平如何计缴个人所得税？

解析：

如果中天公司超额完了约定的利润指标，科越公司将再向章烨和章平支付最高不超过1 200万元的奖励款,属于《股权转让所得个人所得税管理办法(试行)》第九条规定的"纳税人按照合同约定,在满足约定条件后取得的后续收入,应当作为股权转让收入",应按"财产转让所得"项目缴纳个人所得税。科越公司在支付章烨和章平此项收入时,应履行个人所得税代扣代缴义务。

20. 发生什么情形,税务机关可能对股权转让收入进行核定?

答:《股权转让所得个人所得税管理办法(试行)》第十一条规定,符合下列情形之一的,主管税务机关可以核定股权转让收入:

(1)申报的股权转让收入明显偏低且无正当理由的。

(2)未按照规定期限办理纳税申报,经税务机关责令限期申报,逾期仍不申报的。

(3)转让方无法提供或拒不提供股权转让收入的有关资料。

(4)其他应核定股权转让收入的情形。

21. 发生什么情形,可能被视为股权转让收入明显偏低?

答:《股权转让所得个人所得税管理办法(试行)》第十二条规定,符合下列情形之一,视为股权转让收入明显偏低:

(1)申报的股权转让收入低于股权对应的净资产份额的。其中,被投资企业拥有土地使用权、房屋、房地产企业未销售房产、知识产权、探矿权、采矿权、股权等资产的,申报的股权转让收入低于股权对应的净资产公允价值份额的。

(2)申报的股权转让收入低于初始投资成本或低于取得该股权所支付的价款及相关税费的。

(3)申报的股权转让收入低于相同或类似条件下同一企业同一股东或其他股东股权转让收入的。

(4)申报的股权转让收入低于相同或类似条件下同类行业的企业股权转让收入的。

(5)不具合理性的无偿让渡股权或股份的。

(6)主管税务机关认定的其他情形。

22. 股权转让收入明显偏低，什么情形可视为有正当理由？

答：《股权转让所得个人所得税管理办法（试行）》第十三条规定，符合下列条件之一的股权转让收入明显偏低，视为有正当理由：

（1）能出具有效文件，证明被投资企业因国家政策调整，生产经营受到重大影响，导致低价转让股权。

（2）继承或将股权转让给其能提供具有法律效力身份关系证明的配偶、父母、子女、祖父母、外祖父母、孙子女、外孙子女、兄弟姐妹以及对转让人承担直接抚养或者赡养义务的抚养人或者赡养人。

（3）相关法律、政府文件或企业章程规定，并有相关资料充分证明转让价格合理且真实的本企业员工持有的不能对外转让股权的内部转让。

（4）股权转让双方能够提供有效证据证明其合理性的其他合理情形。

【案例 7-10】低价转让股权是否有正当理由的判断

锦怡公司 2019 年 3 月 31 日的资产负债表显示：资产总额为 5 000 万元，负债总额为 1 500 万元，所有者权益总额为 3 500 万元。实收资本为 3 000 万元，其中：章怡出资 1 200 万元，持有股权 40%；章锦出资 1 800 万元，持有股权 60%。资产总额 5 000 万元中，无形资产——土地使用权价值 1 000 万元，固定资产房屋建筑物价值 3 000 万元，其他资产价值 1 000 万元。2019 年 4 月 1 日，章锦的儿子林睿轩拟以 1 800 万元的现金对价收购章锦持有的锦怡公司 60% 股权。请问：章锦需要缴纳个人所得税吗？

解析：

锦怡公司账面净资产为 3 500 万元，章锦应享有的权益为 2 100 万元，章锦将锦怡公司 60% 的股权以 1 800 万元转让给儿子林睿轩，符合《股权转让所得个人所得税管理办法（试行）》第十二条"申报的股权转让收入低于股权对应的净资产份额"的情形，应视为股权转让收入明显偏低。

但是章锦和林睿轩为母子关系，符合《股权转让所得个人所得税管理办法（试行）》第十三条"将股权转让给其能提供具有法律效力身份关系证明的子女"的情形，虽然股权转让收入明显偏低，但视为有正当理由，主管税务机关不需要按照《个人所得税法》第八条的规定进行纳税调整。

23. 税务机关核定非上市公司的股权转让收入的方法有哪些？

答：《股权转让所得个人所得税管理办法（试行）》第十四条规定，主管税务机关应依次按照下列方法核定股权转让收入：

（1）净资产核定法。股权转让收入按照每股净资产或股权对应的净资产份额核定。

被投资企业的土地使用权、房屋、房地产企业未销售房产、知识产权、探矿权、采矿权、股权等资产占企业总资产比例超过20%的，主管税务机关可参照纳税人提供的具有法定资质的中介机构出具的资产评估报告核定股权转让收入。

6个月内再次发生股权转让且被投资企业净资产未发生重大变化的，主管税务机关可参照上一次股权转让时被投资企业的资产评估报告核定此次股权转让收入。

（2）类比法。

1）参照相同或类似条件下同一企业同一股东或其他股东股权转让收入核定。

2）参照相同或类似条件下同类行业企业股权转让收入核定。

（3）其他合理方法。主管税务机关采用以上方法核定股权转让收入存在困难的，可以采用其他合理方法核定。

【案例7-11】平价低价转让股权的个人所得税处理

锦怡公司2019年3月31日的资产负债表显示：资产总额为5 000万元，负债总额为1 500万元，所有者权益总额为3 500万元。实收资本为3 000万元，其中：章怡出资1 200万元，持有股权40%；章锦出资1 800万元，持有股权60%。资产总额中：无形资产——土地使用权价值1 000万元，固定资产房屋建筑物价值3 000万元，其他资产价值1 000万元。

具有法定资质的中介机构出具的以2019年3月31日为基准日的资产评估报告表明，土地使用权的公允价值为5 000万元，房屋建筑物的公允价值为3 600万元，其他资产的公允价值为900万元，负债总额价值不变。

2019年4月1日，琅琪公司拟以1 400万元的现金对价收购章怡持有的锦怡公司40%股权，琅琪公司为章怡的大女儿方珏琅和二女儿方珏琪共同出资成立的公司。章怡认为转给的是女儿的公司，只需要按股权转让价格的 0.05% 缴纳印花税，而不需要缴纳个人所得税。请问：章怡的观点对吗？

解析：

（1）判断是否为低价转让股权，是否有正当理由：

锦怡公司净资产的公允价值 =5 000+3 600+900−1 500=8 000（万元）

章怡应享有的股东权益公允价值 =8 000×40%=3 200（万元）

章怡将锦怡公司 40% 的股权以 1 400 万元转让给琅琪公司，符合《股权转让所得个人所得税管理办法（试行）》第十二条"申报的股权转让收入低于股权对应的净资产份额"的情形，应视为股权转让收入明显偏低。

按《公司法》的规定，公司的财产具有独立性，公司以其财产对外承担债务，股东仅以出资额为限对外承担债务。琅琪公司虽然是章怡的大女儿方珏琅和二女儿方珏琪共同成立的，但公司和股东是两个独立的法律主体。因此，章怡和琅琪公司不符合《股权转让所得个人所得税管理办法（试行）》第十三条规定的情形，应视为无正当理由。

章怡和琅琪公司构成关联关系，《个人所得税法》第八条第一款第一项规定，个人与其关联方之间的业务往来不符合独立交易原则而减少本人或者其关联方应纳税额，且无正当理由，税务机关有权按照合理方法进行纳税调整。

（2）主管税务机关核定股权转让收入，进行纳税调整：

根据《股权转让所得个人所得税管理办法（试行）》第十一条第一款第一项的规定，申报的股权转让收入明显偏低且无正当理由的，主管税务机关可以核定股权转让收入。

根据该办法第十四条第一项的规定，主管税务机关可以采取净资产核定法，股权转让收入按照每股净资产或股权对应的净资产份额核定。被投资企业的土地使用权、房屋、房地产企业未销售房产、知识产权、探矿权、采矿权、股权等资产占企业总资产比例超过 20% 的，主管税务机关可参照纳税人提供的具有法定资质的中介机构出具的资产评估报告核定股权转让收入。

核定的股权收入应为章怡应享有的股东权益公允价值 3 200 万元。

章怡实缴印花税 =1 400×0.05%=0.7（万元）

应交个人所得税 =（3 200−1 200−0.7）×20%=399.86（万元）

24. 个人转让非上市公司股权，股权原值如何确定？

答：《股权转让所得个人所得税管理办法（试行）》第十五条至第十八条规定：

（1）个人转让股权的原值依照以下方法确认：

1）以现金出资方式取得的股权，按照实际支付的价款与取得股权直接相关的合理税费之和确认股权原值。

2）以非货币性资产出资方式取得的股权，按照税务机关认可或核定的投资入股时非货币性资产价格与取得股权直接相关的合理税费之和确认股权原值。

3）通过无偿让渡方式取得股权，具备该办法第十三条第二项所列情形的，按取得股权发生的合理税费与原持有人的股权原值之和确认股权原值。

上述第十三条第二项所列情形为：继承或将股权转让给其能提供具有法律效力身份关系证明的配偶、父母、子女、祖父母、外祖父母、孙子女、外孙子女、兄弟姐妹以及对转让人承担直接抚养或者赡养义务的抚养人或者赡养人。

4）被投资企业以资本公积、盈余公积、未分配利润转增股本，个人股东已依法缴纳个人所得税的，以转增额和相关税费之和确认其新转增股本的股权原值。

5）除以上情形外，由主管税务机关按照避免重复征收个人所得税的原则合理确认股权原值。

（2）股权转让人已被主管税务机关核定股权转让收入并依法征收个人所得税的，该股权受让人的股权原值以取得股权时发生的合理税费与股权转让人被主管税务机关核定的股权转让收入之和确认。

（3）个人转让股权未提供完整、准确的股权原值凭证，不能正确计算股权原值的，由主管税务机关核定其股权原值。

（4）对个人多次取得同一被投资企业股权的，转让部分股权时，采用"加权平均法"确定其股权原值。

25. 个人转让非上市公司股权，如何确认纳税义务的发生时间？

答：《股权转让所得个人所得税管理办法（试行）》第二十条规定，具有下列情形之一的，扣缴义务人、纳税人应当依法在次月15日内向主管税务机关申报纳税：

（1）受让方已支付或部分支付股权转让价款的。

（2）股权转让协议已签订生效的。

（3）受让方已经实际履行股东职责或者享受股东权益的。

（4）国家有关部门判决、登记或公告生效的。

（5）股权被司法或行政机关强制过户、以股权对外投资或进行其他非货币性交易、以股权抵偿债务和其他股权转移行为，行为已完成的。

（6）税务机关认定的其他有证据表明股权已发生转移的情形。

《个人所得税法实施条例》第十七条规定，财产转让所得，按照一次转让财产的收入额减除财产原值和合理费用后的余额计算纳税。

注：股权转让合同或协议约定以分期收款的方式进行股权转让，按照上述规定，应当视为一次，一次性计缴个人所得税。

26. 个人转让非上市公司股权所得，申报个人所得税时，应报送哪些资料？

答：《股权转让所得个人所得税管理办法（试行）》第二十一条规定，纳税人、扣缴义务人向主管税务机关办理股权转让纳税（扣缴）申报时，还应当报送以下资料：

（1）股权转让合同（协议）。

（2）股权转让双方身份证明。

（3）按规定需要进行资产评估的，需提供具有法定资质的中介机构出具的净资产或土地房产等资产价值评估报告。

（4）计税依据明显偏低但有正当理由的证明材料。

（5）主管税务机关要求报送的其他材料。

根据该办法第二十八条的规定，纳税人、扣缴义务人未按照规定期限办理纳税（扣缴）申报和报送相关资料的，依照《中华人民共和国税收征收管理法》及其实施细则有关规定处理。

27. 个人转让非上市公司股权，被投资企业应报送哪些资料？

答：《股权转让所得个人所得税管理办法（试行）》第二十二条规定，个人转让非上市公司股权：

（1）被投资企业应当在董事会或股东会结束后5个工作日内，向主管税务机关报送与股权变动事项相关的董事会或股东会决议、会议纪要等资料。

（2）被投资企业发生个人股东变动或者个人股东所持股权变动的，应当在次月15日内向主管税务机关报送含有股东变动信息的《个人所得税基础信息表（A表）》及股东变更情况说明。

该条还规定，主管税务机关应当及时向被投资企业核实其股权变动情况，并确认相关转让所得，及时督促扣缴义务人和纳税人履行法定义务。

根据该办法第二十八条的规定，被投资企业未按照规定期限报送相关资料的，依照《中华人民共和国税收征收管理法》及其实施细则有关规定处理。

28. 个人转让上市公司的股票，要缴纳个人所得税吗？

答： 个人转让上市公司的股票是否缴纳个人所得税，需要视该股票的性质而言。

《财政部 国家税务总局关于个人转让股票所得继续暂免征收个人所得税的通知》（财税〔1998〕61号）规定，从1997年1月1日起，对个人转让上市公司股票取得的所得继续暂免征收个人所得税。

上述政策的适用要注意以下三点：

一是个人转让境外上市公司的股票，财税〔2005〕35号文件第四条第二款明确，不适用免税政策，应按规定征收个人所得税。

二是个人转让的不是从公开发行和转让市场取得的上市公司股票，即限售股，《财政部 国家税务总局 证监会关于个人转让上市公司限售股所得征收个人所得税有关问题的通知》（财税〔2009〕167号，以下简称财税〔2009〕167号文件）第一条规定，自2010年1月1日起，对个人转让限售股取得的所得，按照"财产转让所得"，适用20%的比例税率征收个人所得税。

上述限售股的具体范围，财税〔2009〕167号文件第二条和《财政部 国家税务总局 证监会关于个人转让上市公司限售股所得征收个人所得税有关问题的补充通知》（财税〔2010〕70号，以下简称财税〔2010〕70号文件）第二条都有具体规定。

对于个人转让限售股如何计缴个人所得税，详见本章节后续相关问答内容。

三是对个人在上海证券交易所、深圳证券交易所转让从上市公司公开发行和转让市场取得的上市公司股票所得,根据财税〔2009〕167号文件第八条的规定,继续免征个人所得税。

29. 员工股票期权行权后,转让取得股票的所得,如何计缴个人所得税?

答:对于员工在股票期权行权后,转让股票取得所得的税款计算,财税〔2005〕35号文件第四条第二款明确,对于员工转让股票等有价证券取得的所得,应按现行税法和政策规定征免个人所得税,即

(1)个人将行权后的境内上市公司股票再行转让而取得的所得,暂不征收个人所得税。

(2)个人转让境外上市公司的股票而取得的所得,应按税法的规定计算应纳税所得额和应纳税额,依法缴纳税款。

30. 个人投资者通过沪港通投资上市股票的转让差价所得,如何计缴个人所得税?

答:个人投资者通过沪港通投资上市股票的转让差价所得,应视以下不同情形征免个人所得税:

(1)关于内地个人投资者通过沪港通投资香港联交所上市股票的转让差价所得。

财税〔2014〕81号文件第一条第一项规定,对内地个人投资者通过沪港通投资香港联交所上市股票取得的转让差价所得,自2014年11月17日起至2017年11月16日止,暂免征收个人所得税。

《财政部 国家税务总局 中国证券监督管理委员会关于继续执行沪港股票市场交易互联互通机制有关个人所得税政策的通知》(财税〔2017〕78号)规定,对内地个人投资者通过沪港通投资香港联交所上市股票取得的转让差价所得,自2017年11月17日起至2019年12月4日止,继续暂免征收个人所得税。

(2)关于香港市场投资者投资上交所上市A股取得的转让差价所得。

财税〔2014〕81号文件第二条第一项规定,对香港市场投资者(包括企业和个人)投资上交所上市A股取得的转让差价所得,暂免征收所得税。

(3)中国结算和香港结算可互相代收上述税款。

31. 个人投资者通过深港通投资上市股票的转让差价所得，如何计缴个人所得税？

答：个人投资者通过深港通投资上市股票的转让差价所得，应视以下不同情形征免个人所得税：

（1）内地个人投资者通过深港通投资香港联交所上市股票的转让差价所得。

财税〔2016〕127号文件第一条第一项规定，对内地个人投资者通过深港通投资香港联交所上市股票取得的转让差价所得，自2016年12月5日起至2019年12月4日止，暂免征收个人所得税。

（2）香港市场投资者投资深交所上市A股取得的转让差价所得。

财税〔2016〕127号文件第二条第一项规定，对香港市场投资者（包括企业和个人）投资深交所上市A股取得的转让差价所得，暂免征收所得税。

（3）中国结算和香港结算可互相代收上述税款。

32. 什么样的限售股，要计缴个人所得税？

答：自2010年1月1日起，对个人转让限售股取得的所得，按照"财产转让所得"应税项目，适用20%的比例税率征收个人所得税。根据财税〔2009〕167号文件第二条和财税〔2010〕70号文件第一条的规定，上述限售股包括：

（1）上市公司股权分置改革完成后股票复牌日之前股东所持原非流通股股份，以及股票复牌日至解禁日期间由上述股份孳生的送、转股（以下统称股改限售股）。

（2）2006年股权分置改革新老划断后，首次公开发行股票并上市的公司形成的限售股，以及上市首日至解禁日期间由上述股份孳生的送、转股（以下统称新股限售股）。

（3）个人从机构或其他个人受让的未解禁限售股。

（4）个人因依法继承或家庭财产依法分割取得的限售股。

（5）个人持有的从代办股份转让系统转到主板市场（或中小板、创业板市场）的限售股。

（6）上市公司吸收合并中，个人持有的原被合并方公司限售股所转换的合并方公司股份。

（7）上市公司分立中，个人持有的被分立方公司限售股所转换的分立后公司股份。

（8）其他限售股。

33. 哪些情形会被认定为具有转让限售股实质，要计缴个人所得税？

答：财税〔2010〕70号文件第二条规定，个人转让限售股或发生具有转让限售股实质的其他交易，取得现金、实物、有价证券和其他形式的经济利益均应缴纳个人所得税。

限售股在解禁前被多次转让的，转让方对每一次转让所得均应按规定缴纳个人所得税。

对具有下列情形的，应按规定征收个人所得税：

（1）个人通过证券交易所集中交易系统或大宗交易系统转让限售股。

（2）个人用限售股认购或申购交易型开放式指数基金（ETF）份额。

（3）个人用限售股接受要约收购。

（4）个人行使现金选择权将限售股转让给提供现金选择权的第三方。

（5）个人协议转让限售股。

（6）个人持有的限售股被司法扣划。

（7）个人因依法继承或家庭财产分割让渡限售股所有权。

（8）个人用限售股偿还上市公司股权分置改革中由大股东代其向流通股股东支付的对价。

（9）其他具有转让实质的情形。

34. 个人转让限售股，如何计算个人所得税？

答：根据财税〔2009〕167号文件第三条、第六条的规定，个人转让限售股，以每次限售股转让收入，减除股票原值和合理税费后的余额，为应纳税所得额。计算公式为：

$$应纳税所得额 = 限售股转让收入 - (限售股原值 + 合理税费)$$

$$应纳税额 = 应纳税所得额 \times 20\%$$

具体操作要点如下：

（1）限售股转让收入，是指转让限售股股票实际取得的收入。

财税〔2010〕70号文件第三条第三项规定,个人协议转让限售股,转让收入按照实际转让收入计算,转让价格明显偏低且无正当理由的,主管税务机关可以依据协议签订日的前一交易日该股收盘价或其他合理方式核定其转让收入。

(2)限售股原值,是指限售股买入时的买入价及按照规定缴纳的有关费用。

(3)合理税费,是指转让限售股过程中发生的印花税、佣金、过户费等与交易相关的税费。

(4)纳税人未能提供完整、真实的限售股原值凭证的,不能准确计算限售股原值的,主管税务机关一律按限售股转让收入的15%核定限售股原值及合理税费。

(5)纳税人同时持有限售股及该股流通股的,其股票转让所得,按照限售股优先原则,即转让股票视同为先转让限售股,按规定计算缴纳个人所得税。

【案例7-12】转让限售股的个人所得税处理

李四持有限售股100万股和该股流通股30万股,限售股原始取得成本为150万元,流通股取得成本为200万元。2019年2月,李四持有的限售股全部解禁可上市流通。2019年4月11日,李四将所持有的限售股和流通股卖出120万股,合计取得转让收入1 200万元,发生合理税费12万元。请问:李四应交多少个人所得税?如果限售股原始取得成本无法准确确定,李四应如何计缴个人所得税?

解析:

(1)李四转让限售股股数的确定:

纳税人同时持有限售股及该股流通股的,其股票转让所得,按照限售股优先原则,即转让股票视同为先转让限售股,按规定计算缴纳个人所得税。

李四卖出120万股股票,即视同卖出100万股限售股,按规定计缴个人所得税,卖出20万股流通股,适用免征个人所得税优惠政策。

(2)李四应交个人所得税的计算:

1)李四能提供完整、真实的限售股原值为100万元的凭证,则以每次限售股转让收入,减除股票原值和合理税费后的余额,为应纳税所得额,适用20%的税率。

限售股转让收入 =1 200×100÷120=1 000(万元)

限售股转让应分摊合理税费 =12×100÷120=10(万元)

应纳税所得额=1 000-(150+10)=840(万元)

李四应交个人所得税=840×20%=168(万元)

2)如果李四不能提供完整、真实的限售股原值凭证,不能准确计算限售股原值,那么主管税务机关一律按限售股转让收入的15%核定限售股原值及合理税费。

应纳税所得额=1 000-1 000×15%=850(万元)

李四应交个人所得税=850×20%=170(万元)

35. 个人转让限售股,个人所得税有哪些征收方式?

答: 根据财税〔2009〕167号文件第五条、财税〔2010〕70号文件第五条的规定,个人转让限售股,应区分不同情形,采取证券机构预扣预缴、纳税人自行申报清算和证券机构直接扣缴相结合的方式征收或采取纳税人自行申报纳税的方式。具体如表7-4所示。

表7-4 个人转让限售股征收方式明细表

征收方式	适用的具体情形
(1)证券机构技术和制度准备完成前形成的限售股:证券机构预扣预缴和纳税人自行申报清算相结合	(1)个人通过证券交易所集中交易系统或大宗交易系统转让限售股 (2)个人用限售股认购或申购交易型开放式指数基金(ETF)份额
(2)证券机构技术和制度准备完成后新上市公司的限售股:证券机构直接代扣代缴	(3)个人用限售股接受要约收购 (4)个人行使现金选择权将限售股转让给提供现金选择权的第三方
纳税人自行申报纳税	(1)个人协议转让限售股 (2)个人持有的限售股被司法扣划 (3)个人因依法继承或家庭财产分割让渡限售股所有权 (4)个人用限售股偿还上市公司股权分置改革中由大股东代其向流通股股东支付的对价

财税〔2009〕167号文件第七条规定,证券机构等应积极配合税务机关做好各项征收管理工作,并于每月15日前,将上月限售股减持的有关信息传递至主管税务机关。限售股减持信息包括股东姓名、公民身份号码、开户证券公司名

称及地址、限售股股票代码、本期减持股数及减持取得的收入总额。证券机构有义务向纳税人提供加盖印章的限售股交易记录。

36. 个人转让限售股，如何确认转让收入和股权原值？

答： 财税〔2010〕70号文件第三条规定，对个人转让限售股应区分不同情形确认转让收入和股权成本，具体如下。

（1）转让收入的确认，具体如表7-5所示。

表7-5 个人转让限售股转让收入确认明细表

序号	个人转让限售股的具体情形	转让收入的确认
1	通过证券交易所集中交易系统或大宗交易系统转让限售股	以转让当日该股份实际转让价格计算 证券公司在扣缴税款时，佣金支出统一按照证券主管部门规定的行业最高佣金费率计算
2	个人用限售股认购或申购交易型开放式指数基金（ETF）份额	通过认购ETF份额方式转让限售股的，以股份过户日的前一交易日该股份收盘价计算 通过申购ETF份额方式转让限售股的，以申购日的前一交易日该股份收盘价计算
3	用限售股接受要约收购	以要约收购的价格计算
4	行使现金选择权，将限售股转让给提供现金选择权的第三方	以实际行权价格计算
5	协议转让限售股	按照实际转让收入计算，转让价格明显偏低且无正当理由的，主管税务机关可以依据协议签订日的前一交易日该股收盘价或其他合理方式核定其转让收入
6	持有的限售股被司法扣划	以司法执行日的前一交易日该股收盘价计算
7	因依法继承或家庭财产分割让渡限售股所有权	转让收入以转让方取得该股时支付的成本计算
8	用限售股偿还上市公司股权分置改革中由大股东代其向流通股股东支付的对价	

（2）股权成本的确认。

1）个人转让因协议受让、司法扣划等情形取得未解禁限售股的，成本按照主管税务机关认可的协议受让价格、司法扣划价格核定，无法提供相关资料的，按照计算出的转让收入的 15% 确定限售股原值和合理税费。

2）个人转让因依法继承或家庭财产依法分割取得的限售股的，成本按照该限售股前一持有人取得该股时的实际成本及税费计算。

3）在证券机构技术和制度准备完成后形成的限售股，自股票上市首日至解禁日期间发生送、转、缩股的，证券登记结算公司应依据送、转、缩股比例对限售股成本原值进行调整；对于其他权益分派的情形（如现金分红、配股等），不对限售股的成本原值进行调整。

4）因个人持有限售股中存在部分限售股成本原值不明确，导致无法准确计算全部限售股成本原值的，证券登记结算公司一律以实际转让收入的 15% 作为限售股成本原值和合理税费。

37. 个人转让证券机构技术和制度准备完成前的限售股，如何申报缴纳个人所得税？

答：根据财税〔2009〕167 号文件第五条第一项和《国家税务总局关于做好限售股转让所得个人所得税征收管理工作的通知》（国税发〔2010〕8 号，以下简称国税发〔2010〕8 号文件）第一条第一项的规定，证券机构技术和制度准备完成前形成的限售股，其转让所得应缴纳的个人所得税，采取证券机构预扣预缴和纳税人自行申报清算相结合的方式征收。具体操作要点如下：

（1）证券机构的预扣预缴申报。

1）纳税人转让股改限售股的，证券机构按照该股票股改复牌日收盘价计算转让收入，纳税人转让新股限售股的，证券机构按照该股票上市首日收盘价计算转让收入，并按照计算出的转让收入的 15% 确定限售股原值和合理税费，以转让收入减去原值和合理税费后的余额为应纳税所得额，计算预扣预缴个人所得税额。

2）证券机构预扣预缴的税款，于次月 15 日内以纳税保证金形式向主管税务机关缴纳，并报送《限售股转让所得扣缴个人所得税报告表》（见附录 7D）及税务机关要求报送的其他资料。《限售股转让所得扣缴个人所得税报告表》应按每个纳税人区分不同股票分别填写；同一只股票的转让所得，按当月取得的累计发生额填写。

主管税务机关在收取纳税保证金时，应向证券机构开具《中华人民共和国纳税保证金收据》，并纳入专户存储。

（2）纳税人的自行申报清算。

1）纳税人办理清算时，应按照收入与成本相匹配的原则计算应纳税所得额，即限售股转让收入必须按照实际转让收入计算，限售股原值按照实际成本计算；纳税人未能提供完整、真实的限售股原值凭证，不能正确计算限售股原值的，主管税务机关一律按限售股实际转让收入的15%核定限售股原值及合理税费。

2）纳税人按照实际转让收入与实际成本计算出的应纳税额，与证券机构预扣预缴税额有差异的，纳税人应自证券机构代扣并解缴税款的次月1日起3个月内，持加盖证券机构印章的交易记录和相关完整、真实凭证，向主管税务机关提出清算申报并办理清算事宜。

纳税人办理清算时，应填报《限售股转让所得个人所得税清算申报表》（见附录7E），并出示个人有效身份证照原件，附送加盖开户证券机构印章的限售股交易明细记录、相关完整真实的财产原值凭证、缴纳税款凭证（《税务代保管资金专用收据》或《税收转账专用完税证》），以及税务机关要求报送的其他资料。

限售股交易明细记录应包括限售股每笔成交日期、成交时间、成交价格、成交数量、成交金额、佣金、印花税、过户费、其他费等信息。

纳税人委托中介机构或者他人代为办理纳税申报的，代理人在申报时，除提供上述资料外，还应出示代理人本人的有效身份证照原件，并附送纳税人委托代理申报的授权书。

3）主管税务机关审核确认后，按照重新计算的应纳税额，办理退（补）税手续。重新计算的应纳税额，低于预扣预缴的部分，税务机关应予以退还；高于预扣预缴的部分，纳税人应补缴税款。

纳税人在规定期限内未到主管税务机关办理清算事宜的，税务机关不再办理清算事宜，已预扣预缴的税款从纳税保证金账户全额缴入国库。

注：具体的征缴程序请仔细阅读《国家税务总局关于限售股转让所得个人

所得税征缴有关问题的通知》(国税函〔2010〕23 号)，在此就不再详述。

【案例 7-13】转让证券机构技术和制度准备完成前限售股个人所得税的计算

张三持有证券机构技术和制度准备完成前形成的限售股 100 万股，原始取得成本为 100 万元。该股股权分置改革后于 2012 年 1 月 10 日复牌上市，当日收盘价为 20 元。2015 年 1 月 10 日，张三持有的限售股全部解禁可上市流通。2018 年 1 月 20 日，张三将已经解禁的限售股全部减持，合计取得转让收入 1 800 万元，并支付印花税、过户费、佣金等税费 2 万元。

解析：

（1）第一步，证券公司预扣预缴：

证券机构按照限售股复牌日收盘价计算出的转让收入的 15% 确定限售股原值和合理税费，以转让收入减去原值和合理税费后的余额，适用 20% 税率，计算预扣预缴个人所得税额。

应纳税所得额 = 复牌日收盘价 × 减持股数 − 复牌日收盘价 × 减持股数 × 15%=20×100−20×100×15%=1 700（万元）

应交个人所得税 =1 700×20%=340（万元）

证券公司预扣预缴的税款，于 2018 年 2 月 15 日以前以纳税保证金形式向主管税务机关缴纳，并报送《限售股转让所得扣缴个人所得税报告表》及税务机关要求报送的其他资料。

（2）第二步，申报清算应纳税款：

1）如果张三能提供完整、真实的限售股原值凭证。

应纳税所得额 = 限售股转让收入 −（限售股原值 + 合理税费）=1 800−(100+2)=1 698（万元）

应交个人所得税 =1 698×20%=339.6（万元）

应退还的税款 =340−339.6=0.4（万元）

张三应在 2018 年 5 月 15 日以前，持加盖证券机构印章的交易记录和相关完整、真实凭证，向主管税务机关提出清算申报并办理清算事宜。

2）如果张三不提供完整、真实的限售股原值凭证。

应纳税所得额 = 限售股转让收入 ×(1-15%)=1 800×(1-15%)=1 530（万元）

应纳税额=1 530×20%=306（万元）

应退还的税款=340-306=34（万元）

张三应在 2018 年 5 月 15 日以前，持加盖证券机构印章的交易记录和相关完整、真实凭证，向主管税务机关提出清算申报并办理清算事宜。

38. 个人转让证券机构技术和制度准备完成后的新限售股，如何申报缴纳个人所得税？

答：对于个人转让证券机构技术和制度准备完成后新上市公司的限售股，如何征收个人所得税，根据财税〔2009〕167 号文件第五条第二项、国税发〔2010〕8 号文件第一条第二项及《财政部　国家税务总局关于证券机构技术和制度准备完成后个人转让上市公司限售股有关个人所得税问题的通知》（财税〔2011〕108 号）的规定，具体操作要点如下：

（1）自 2012 年 3 月 1 日起，网上发行资金申购日在 2012 年 3 月 1 日（含）之后的首次公开发行上市公司按照证券登记结算公司业务规定做好各项资料准备工作，在向证券登记结算公司申请办理股份初始登记时一并申报由个人限售股股东提供的有关限售股成本原值详细资料，以及会计师事务所或税务师事务所对该资料出具的鉴证报告。

新上市公司提供的成本原值资料和鉴证报告中应包括但不限于以下内容：证券持有人名称、有效身份证照号码、证券账户号码、新上市公司全称、持有新上市公司限售股数量、持有新上市公司限售股每股成本原值等。

新上市公司每位持有限售股的个人股东应仅申报一个成本原值。个人取得的限售股有不同成本的，应对所持限售股以每次取得股份数量为权重进行成本加权平均以计算出每股的成本原值，即

分次取得限售股的加权平均成本=（第一次取得限售股的每股成本原值×第一次取得限售股的股份数量+…+第 n 次取得限售股的每股成本原值×第 n 次取得限售股的股份数量）÷累计取得限售股的股份数量

（2）证券登记结算公司收到新上市公司提供的相关资料后，应及时将有关成本原值数据植入证券结算系统。个人转让新上市公司限售股的，证券登记结算公司根据实际转让收入和植入证券结算系统的标的限售股成本原值，以实际

转让收入减去成本原值和合理税费后的余额，适用20%税率，直接计算需扣缴的个人所得税额。

（3）新上市公司在申请办理股份初始登记时，确实无法提供有关成本原值资料和鉴证报告的，证券登记结算公司在完成股份初始登记后，将不再接受新上市公司申报有关成本原值资料和鉴证报告，并按规定以实际转让收入的15%核定限售股成本原值和合理税费。

（4）个人在证券登记结算公司以非交易过户方式办理应纳税未解禁限售股过户登记的，受让方所取得限售股的成本原值按照转让方完税凭证、《限售股转让所得个人所得税清算申报表》（见附录7E）等材料确定的转让价格进行确定；如转让方证券账户为机构账户，在受让方再次转让该限售股时，以受让方实际转让收入的15%核定其转让限售股的成本原值和合理税费。

（5）对采取自行纳税申报方式的纳税人，其个人转让限售股不需要纳税或应纳税额为零的，纳税人应持经主管税务机关审核确认并加盖受理印章的《限售股转让所得个人所得税清算申报表》原件，到证券登记结算公司办理限售股过户手续。未提供原件的，证券登记结算公司不予办理过户手续。

（6）对于个人持有的新上市公司未解禁限售股被司法扣划至其他个人证券账户，如国家有权机关要求强制执行但未能提供完税凭证等材料，证券登记结算公司在履行告知义务后予以协助执行，并在受让方转让该限售股时，以其实际转让收入的15%核定其转让限售股的成本原值和合理税费。

（7）证券公司应将每月所扣个人所得税款，于次月15日内缴入国库，并向当地主管税务机关报送《限售股转让所得扣缴个人所得税报告表》及税务机关要求报送的其他资料。

【案例7-14】转让证券机构技术和制度准备完成后新限售股的个人所得税处理

王五持有转让证券机构技术和制度准备完成后新上市公司限售股200万股，限售股原始取得成本为220万元（结算系统取得成本，每股1.1元）。2019年4月20日，王五持有的限售股全部解禁可上市流通。2019年5月10日，王五将所持有的限售股卖出100万股，取得转让收入1 500万元，发生佣金、印花税、过户费等费用30万元。请问：证券公司该如何代扣代缴王五的个人所得税？

解析：

（1）个人转让证券机构技术和制度准备完成后新上市公司限售股，证券机构以实际转让收入减去证券机构事先植入结算系统的限售股成本原值和发生的合理税费后的余额，适用20%税率，计算直接扣缴个人所得税额。

限售股原值=1.1×100=110（万元）

应纳税所得额=1 500－（110+30）=1 360（万元）

应扣缴个人所得税=1 360×20%=272（万元）

（2）证券公司应将所扣个人所得税款，于6月15日之前缴入国库，并向当地主管税务机关报送《限售股转让所得扣缴个人所得税报告表》及税务机关要求报送的其他资料。

39. 转让新三板公司的股权，如何计缴个人所得税？

答： 为促进全国中小企业股份转让系统（以下简称新三板）长期稳定发展，《财政部 国家税务总局 中国证券监督管理委员会关于个人转让全国中小企业股份转让系统挂牌公司股票有关个人所得税政策的通知》（财税〔2018〕137号）就个人转让新三板挂牌公司股票有关个人所得税政策规定如下：

（1）自2018年11月1日（含）起，对个人转让新三板挂牌公司非原始股取得的所得，暂免征收个人所得税。

所称非原始股是指个人在新三板挂牌公司挂牌后取得的股票，以及由上述股票孳生的送、转股。

（2）对个人转让新三板挂牌公司原始股取得的所得，按照"财产转让所得"，适用20%的比例税率征收个人所得税。

所称原始股是指个人在新三板挂牌公司挂牌前取得的股票，以及在该公司挂牌前和挂牌后由上述股票孳生的送、转股。

（3）2019年9月1日之前，个人转让新三板挂牌公司原始股的个人所得税，征收管理办法按照现行股权转让所得有关规定执行，以股票受让方为扣缴义务人，由被投资企业所在地税务机关负责征收管理。

（4）自2019年9月1日（含）起，个人转让新三板挂牌公司原始股的个人所得税，以股票托管的证券机构为扣缴义务人，由股票托管的证券机构所在地主管税务机关负责征收管理。具体征收管理办法参照财税〔2009〕167号文件和财税〔2010〕70号文件的有关规定执行。

（5）2018年11月1日之前，个人转让新三板挂牌公司非原始股，尚未进行税收处理的，可比照暂免征收个人所得税的规定执行，已经进行相关税收处理的，不再进行税收调整。

（6）中国证券登记结算公司应当在登记结算系统内明确区分新三板原始股和非原始股。中国证券登记结算公司、证券公司及其分支机构应当积极配合财政、税务部门做好相关工作。

40. 个人终止投资经营收回款项，如何计缴个人所得税？

答：《国家税务总局关于个人终止投资经营收回款项征收个人所得税问题的公告》（国家税务总局公告2011年第41号）规定，对个人终止投资、联营、经营合作等行为收回款项征收个人所得税问题按照以下规定处理：

（1）个人因各种原因终止投资、联营、经营合作等行为，从被投资企业或合作项目、被投资企业的其他投资者以及合作项目的经营合作人取得股权转让收入、违约金、补偿金、赔偿金及以其他名目收回的款项等，均属于个人所得税应税收入，应按照"财产转让所得"项目适用的规定计算缴纳个人所得税。

（2）应纳税所得额的计算公式为：

应纳税所得额 = 个人取得的股权转让收入、违约金、补偿金、赔偿金及以其他名目收回款项合计数 - 原实际出资额（投入额）及相关税费

【案例7-15】个人终止投资经营收回款项的个人所得税处理

2016年蓝天公司与张先生分别以1 000万元投资于盛大公司（未上市），各占25%股份，另一股东碧海公司出资2 000万元，占50%的股份。截至2018年年底，盛大公司共有未分配利润和盈余公积1 000万元。2019年3月，经股东会决议，同意蓝天公司、张先生抽回其投资，各分得现金1 500万元。请问：张先生怎么计缴个人所得税？

解析：

根据国家税务总局公告2011年第41号文件的规定，张先生从盛大公司抽回投资，应将从盛大公司取得的股权转让收入、违约金、补偿金、赔偿金及以

其他名目收回的款项等均属于个人所得税应税收入，按照"财产转让所得"项目计算缴纳个人所得税。

应纳税所得额＝个人取得的股权转让收入、违约金、补偿金、赔偿金及以其他名目收回款项合计数－原实际出资额（投入额）及相关税费

张先生应交个人所得税＝（1 500-1 000）×20%=100（万元）

41．个人转让股权过程中收取的违约金需要缴纳个人所得税吗？

答：《国家税务总局关于个人股权转让过程中取得违约金收入征收个人所得税问题的批复》（国税函〔2006〕866号）规定，股权成功转让后，转让方个人因受让方个人未按规定期限支付价款而取得的违约金收入，属于因财产转让而产生的收入。转让方个人取得的该违约金应并入财产转让收入，按照"财产转让所得"项目征收个人所得税。

42．纳税人收回转让的股权需要缴纳个人所得税吗？

答：《国家税务总局关于纳税人收回转让的股权征收个人所得税问题的批复》（国税函〔2005〕130号）规定，股权转让合同履行完毕、股权已作变更登记，且所得已经实现的，转让人取得的股权转让收入应当依法缴纳个人所得税。转让行为结束后，当事人双方签订并执行解除原股权转让合同、退回股权的协议，是另一次股权转让行为，对前次转让行为征收的个人所得税款不予退回。

股权转让合同未履行完毕，因执行仲裁委员会做出的解除股权转让合同及补充协议的裁决、停止执行原股权转让合同，并原价收回已转让股权的，由于其股权转让行为尚未完成、收入未完全实现，随着股权转让关系的解除，股权收益不复存在，根据个人所得税法和征管法的有关规定，以及从行政行为合理性原则出发，纳税人不应缴纳个人所得税。

43．企业改组改制过程中个人取得量化资产需要缴纳个人所得税吗？

答：《国家税务总局关于企业改组改制过程中个人取得的量化资产征收个人所得税问题的通知》（国税发〔2000〕60号）规定，对职工个人以股份形式取得的拥有所有权的企业量化资产，暂缓征收个人所得税，待个人将股份转让时，就其转让收入额，减除个人取得该股份时实际支付的费用支出和合理转让费用

后的余额，按"财产转让所得"项目计征个人所得税。

44. 天使投资个人转让初创科技型企业股权，有什么税收优惠政策？

答：《国务院关于促进创业投资持续健康发展的若干意见》（国发〔2016〕53号，以下简称国发〔2016〕53号文件）明确，天使投资的定义是除被投资企业职员及其家庭成员和直系亲属以外的个人以其自有资金直接开展的创业投资活动。

财税〔2018〕55号文件第一条第三项、第三条对于天使投资个人转让初创科技型企业股权享受个人所得税优惠的规定如下：

（1）优惠政策内容。自2018年7月1日起，天使投资个人采取股权投资方式直接投资于初创科技型企业满2年的，可以按照投资额的70%抵扣转让该初创科技型企业股权取得的应纳税所得额；当期不足抵扣的，可以在以后取得转让该初创科技型企业股权的应纳税所得额时结转抵扣。

天使投资个人投资多个初创科技型企业的，对其中办理注销清算的初创科技型企业，天使投资个人对其投资额的70%尚未抵扣完的，可自注销清算之日起36个月内抵扣天使投资个人转让其他初创科技型企业股权取得的应纳税所得额。

（2）管理事项及管理要求。

1）所称投资额，按照天使投资个人对初创科技型企业的实缴投资额确定。享受税收优惠政策的投资，仅限于通过向被投资初创科技型企业直接支付现金方式取得的股权投资，不包括受让其他股东的存量股权。

2）所称满2年是指天使投资个人投资于初创科技型企业的实缴投资满2年。

国家税务总局公告2018年第43号第一条规定，天使投资个人投资于初创科技型企业的实缴投资满2年，投资时间从初创科技型企业接受投资并完成工商变更登记的日期算起。

3）初创科技型企业接受天使投资个人投资满2年，在上海证券交易所、深圳证券交易所上市的，天使投资个人转让该企业股票时，按照现行限售股有关规定执行，其尚未抵扣的投资额，在税款清算时一并计算抵扣。

4）天使投资个人、被投资初创科技型企业应按规定办理优惠手续。

5）2018年6月30日之前2年内发生的投资，在2018年7月7日后投资满2年，且符合其他条件的，可以适用税收优惠政策。

6)天使投资个人的主管税务机关对被投资企业是否符合初创科技型企业条件有异议的,可以转请被投资企业主管税务机关提供相关材料。对天使投资个人提供虚假资料,违规享受税收政策的,应按税收征管法相关规定处理,并将其列入失信纳税人名单,按规定实施联合惩戒措施。

【案例7-16】天使投资人转让初创科技型企业股权个人所得税的计算

章美丽2017年4月投资500万元现金到中锐科技公司(符合初创科技型企业条件),占股权比例为20%,2019年5月以1 500万元的价格将其持有的全部中锐科技公司股权转让给睿越投资公司,发生相关税费2万元。假设章美丽符合天使投资个人的其他条件。请问:章美丽转让中锐科技公司股权所得,应缴纳多少个人所得税?

解析:

2017年4月~2019年5月,已满24个月,符合税收优惠条件,其投资额的70%,即500×70%=350万元,可以抵扣转让该初创科技型企业股权取得的应纳税所得额。

章美丽转让中锐科技公司股权应纳税所得额=(1 500-500-2)-350=648(万元)

应交个人所得税=648×20%=129.60(万元)

【案例7-17】初创科技型企业注销清算,天使投资个人的个人所得税处理

接【案例7-16】,假设天使投资个人章美丽2016年9月还投资了400万元现金到领先科技公司(符合初创科技型企业条件),占股权比例为20%。2018年12月领先科技公司经营失败,注销清算后,章美丽收回投资额200万元,投资亏了200万元。请问:章美丽转让中锐科技公司股权所得,应缴纳多少个人所得税?

解析:

天使投资个人投资多个初创科技型企业的,天使投资个人对其中办理注销清算的初创科技型企业投资额的70%尚未抵扣完的,可自注销清算之日起36个月内抵扣天使投资个人转让其他初创科技型企业股权取得的应纳税所得额。

因此,章美丽2016年9月对领先科技公司投资额的70%,即400×70%=280万元,可以抵扣转让中锐科技公司股权取得的应纳税所得额。

转让中锐科技公司股权应纳税所得额=(1 500-500-2)-350-280=368(万元)

应交个人所得税=368×20%=73.60(万元)

45. 天使投资个人转让初创科技型企业股权，享受税收优惠需要符合哪些条件？

答：根据财税〔2018〕55号文件第二条、财税〔2019〕13号文件第五条和国家税务总局公告2018年第43号第一条的规定，天使投资个人转让初创科技型企业股权，享受税收优惠需要符合以下条件：

（1）天使投资个人，应同时符合以下条件：

1）不属于被投资初创科技型企业的发起人、雇员或其亲属（包括配偶、父母、子女、祖父母、外祖父母、孙子女、外孙子女、兄弟姐妹，下同），且与被投资初创科技型企业不存在劳务派遣等关系。

2）投资后2年内，本人及其亲属持有被投资初创科技型企业股权比例合计应低于50%。

（2）初创科技型企业，应同时符合以下条件：

1）在中国境内（不包括港、澳、台地区）注册成立、实行查账征收的居民企业。

2）2016年12月31日以前投资，2018年12月31日之前投资满2年的，接受投资时从业人数不超过200人，其中具有大学本科以上学历的从业人数不低于30%；资产总额和年销售收入均不超过3 000万元；2017年1月1日以后投资，2019年1月1日之后投资满2年的，接受投资时从业人数不超过300人，其中具有大学本科以上学历的从业人数不低于30%；资产总额和年销售收入均不超过5 000万元。

所称从业人数，包括与企业建立劳动关系的职工人员及企业接受的劳务派遣人员。从业人数和资产总额指标，按照企业接受投资前连续12个月的平均数计算，不足12个月的，按实际月数平均计算。

所称销售收入，包括主营业务收入与其他业务收入；年销售收入指标，按照企业接受投资前连续12个月的累计数计算，不足12个月的，按实际月数累计计算。

3）接受投资时设立时间不超过5年（60个月）。

4）接受投资时以及接受投资后2年内未在境内外证券交易所上市。

5）接受投资当年及下一纳税年度，研发费用总额占成本费用支出的比例不低于20%。

所称成本费用，包括主营业务成本、其他业务成本、销售费用、管理费用、财务费用。

所称研发费用总额占成本费用支出的比例，是指企业接受投资当年及下一纳税年度的研发费用总额合计占同期成本费用总额合计的比例。

上述要点如表7-6所示。

表7-6　天使投资个人投资于初创科技型企业享受优惠的条件明细表

天使投资个人	（1）不属于被投资初创科技型企业的发起人、雇员或其亲属（包括配偶、父母、子女、祖父母、外祖父母、孙子女、外孙子女、兄弟姐妹，下同），且与被投资初创科技型企业不存在劳务派遣等关系 （2）投资后2年内，本人及其亲属持有被投资初创科技型企业股权比例合计应低于50%	
初创科技型企业	（1）在中国境内（不包括港、澳、台地区）注册成立、实行查账征收的居民企业 （2）接受投资时设立时间不超过5年（60个月） （3）接受投资时以及接受投资后2年内未在境内外证券交易所上市 （4）接受投资当年及下一纳税年度，研发费用总额占成本费用支出的比例不低于20%	
	（5）2016年12月31日以前投资，2018年12月31日之前投资满2年的，接受投资时从业人数不超过200人，其中具有大学本科以上学历的从业人数不低于30%；资产总额和年销售收入均不超过3 000万元	（5）2017年1月1日以后投资，2019年1月1日之后投资满2年的，接受投资时从业人数不超过300人，其中具有大学本科以上学历的从业人数不低于30%；资产总额和年销售收入均不超过5 000万元

46. 天使投资个人转让初创科技型企业股权享受税收优惠，应如何办理？

答： 根据国家税务总局公告2018年第43号第三条第二项的规定，天使投资个人投资额抵扣办理程序和资料如下：

（1）投资抵扣备案。

1）天使投资个人应在投资初创科技型企业满24个月的次月15日内，与初创科技型企业共同向初创科技型企业主管税务机关办理备案手续。

2）备案时应报送《天使投资个人所得税投资抵扣备案表》（见附录 7F）。

3）被投资企业符合初创科技型企业条件的有关资料留存企业备查，备查资料包括初创科技型企业接受现金投资时的投资合同（协议）、章程、实际出资的相关证明材料，以及被投资企业符合初创科技型企业条件的有关资料。多次投资同一初创科技型企业的，应分次备案。

（2）投资抵扣申报。

1）天使投资个人转让未上市的初创科技型企业股权，按照规定享受投资抵扣税收优惠时，应于股权转让次月 15 日内，向主管税务机关报送《天使投资个人所得税投资抵扣情况表》（见附录 7G）。同时，天使投资个人还应一并提供投资初创科技型企业后税务机关受理的《天使投资个人所得税投资抵扣备案表》。

其中，天使投资个人转让初创科技型企业股权需同时抵扣前 36 个月内投资其他注销清算初创科技型企业尚未抵扣完毕的投资额的，申报时应一并提供注销清算企业主管税务机关受理并注明注销清算等情况的《天使投资个人所得税投资抵扣备案表》，以及前期享受投资抵扣政策后税务机关受理的《天使投资个人所得税投资抵扣情况表》。

2）接受投资的初创科技型企业，应在天使投资个人转让股权纳税申报时，向扣缴义务人提供相关信息。

3）天使投资个人投资初创科技型企业满足投资抵扣税收优惠条件后，初创科技型企业在上海证券交易所、深圳证券交易所上市的，天使投资个人在转让初创科技型企业股票时，有尚未抵扣完毕的投资额的，应向证券机构所在地主管税务机关办理限售股转让税款清算，抵扣尚未抵扣完毕的投资额。清算时，应提供投资初创科技型企业后税务机关受理的《天使投资个人所得税投资抵扣备案表》和《天使投资个人所得税投资抵扣情况表》。

（3）被投资企业发生个人股东变动或者个人股东所持股权变动的，应在次月 15 日内向主管税务机关报送含有股东变动信息的《个人所得税基础信息表（A 表）》。对天使投资个人，应在备注栏标明"天使投资个人"字样。

（4）天使投资个人转让股权时，扣缴义务人、天使投资个人应将当年允许抵扣的投资额填至《扣缴个人所得税报告表》或《个人所得税自行纳税申报表

（A表）》"税前扣除项目"的"其他"栏，并同时标明"投资抵扣"字样。

（5）天使投资个人投资的初创科技型企业注销清算的，应及时持《天使投资个人所得税投资抵扣备案表》到主管税务机关办理情况登记。

上述办理事项操作要点如表7-7所示。

表7-7 天使投资个人转让初创科技型企业股权享受优惠办理程序明细表

程序1	优惠备案
办理程序	天使投资个人需要与初创科技型企业共同在投资初创科技型企业满24个月的次月15日内，向初创科技型企业的主管税务机关办理备案，报送《天使投资个人所得税投资抵扣备案表》
程序2	有关资料留存备查
备查资料	（1）初创科技型企业接受现金投资时的投资合同（协议）、章程、实际出资的相关证明材料 （2）被投资企业符合初创科技型企业条件的有关资料
程序3	投资抵扣申报
办理程序	（1）转让未上市的初创科技型企业股权。天使投资个人可以在股权转让次月15日内办理投资抵扣。具体需要向主管税务机关报送《天使投资个人所得税投资抵扣情况表》和投资初创科技型企业后税务机关受理的《天使投资个人所得税投资抵扣备案表》 （2）转让投资后初创科技型企业在上交所、深交所上市的公司股票。天使投资个人在转让上市公司限售股税款清算时，办理投资抵扣
程序4	注销清算及抵扣其他企业股权转让所得
办理程序	天使投资个人投资的初创科技型企业注销清算的，其尚未抵扣完毕的投资额，可以在36个月内转让其他符合投资抵扣条件的初创科技型企业股权时进行抵扣。具体分两步进行： （1）初创科技型企业注销清算时，天使投资个人应持前期投资抵扣备案的《天使投资个人所得税投资抵扣备案表》，及时到原初创科技型企业主管税务机关办理情况登记 （2）转让其他初创科技型企业股权投资抵扣时，持税务机关登记后的已注销清算企业的《天使投资个人所得税投资抵扣备案表》和前期办理投资抵扣时税务机关受理的《天使投资个人所得税投资抵扣情况表》办理投资抵扣手续

六、买卖债权、基金的征免规定

47. 买卖债券，如何缴纳个人所得税？

答：根据《个人所得税法》第六条第一款第五项和《个人所得税法实施条例》第六条、第十六条的规定，财产转让所得以每次转让收入额减除财产原值和合理费用后的余额为应纳税所得额。因此，个人转让债券所得应纳税额的计算式公式为：

应纳税额 =（个人转让债券卖出价 − 买入价 − 买入时按照规定交纳的有关费用 − 卖出时按照规定交纳的有关费用）× 20%

那么，分次买进多种债券，如何确定转让债权的财产原值呢？

国税发〔1994〕89号文件第七条规定，转让债权，采用"加权平均法"确定其应予减除的财产原值和合理费用，即以纳税人购进的同一种类债券买入价和买进过程中缴纳的税费总和，除以纳税人购进的该种类债券数量之和，乘以纳税人卖出的该种类债券数量，再加上卖出的该种类债券过程中缴纳的税费，用公式表示为：

一次卖出某一种类债券允许扣除的买入价和费用 = 纳税人购进的该种类债券买入价和买进过程中交纳的税费总和 ÷ 纳税人购进的该种类债券总数量 × 一次卖出的该种类债券的数量 + 卖出该种类债券过程中缴纳的税费

【案例7-18】买卖债券个人所得税的计算

金好好于2019年1月10日购入万家强债券12 000份，每份买入价为10元，支付购进买入债券的税费1 200元；3月又购入万家强债券8 000份，每份买入价为10.5元，支付购进买入债券的税费800元。2019年6月，金好好将买入的债券一次卖出10 000份，每份卖出价11元，支付卖出债券的税费1 100元。请问：金好好应该缴纳多少个人所得税？

解析：

购进的该种类债券买入价和买进过程中交纳的税费总和 = 12 000×10+1 200+8 000×10.5+800=206 000（元）

一次卖出债券应扣除的买入价及费用 = 206 000÷（12 000+8 000）×10 000+

1 100=104 100（元）

金好好应交个人所得税=（10 000×11-104 100）×20%=1 180（元）

48.个人处置"打包"债权，如何缴纳个人所得税？

答："打包"债权，指将若干个债权合成一个拍卖标的。根据《国家税务总局关于个人因购买和处置债权取得所得征收个人所得税问题的批复》（国税函〔2005〕655号）的规定，个人通过招标、竞拍或其他方式购置债权以后，通过相关司法或行政程序主张债权而取得的所得，应按照"财产转让所得"项目缴纳个人所得税。取得"打包"债权，只处置部分债权的，其应纳税所得额按以下方式确定：

（1）以每次处置部分债权的所得，作为一次财产转让所得征税。

（2）其应税收入按照个人取得的货币资产和非货币资产的评估价值或市场价值的合计数确定。

（3）所处置的债权成本费用（即财产原值），按下列公式计算：

当次处置债权成本费用＝个人购置"打包"债权实际支出×

当次处置债权账面价值（或拍卖机构公布价值）÷

"打包"债权账面价值（或拍卖机构公布价值）

（4）个人购买和处置债权过程中发生的拍卖招标手续费、诉讼费、审计评估费以及缴纳的税金等合理税费，在计算个人所得税时允许扣除。

【案例7-19】处置"打包"债权个人所得税的计算

2018年8月，钱鑫在不良资产拍卖会上以700万元取得一项"打包"债权：对培元公司的应收账款1 400万元，对刘英个人的应收款项600万元。钱鑫通过多种途径，于2019年1月追回培元公司评估价值为1 000万元的房产，发生审计评估费10万元、诉讼费5万元，缴纳税金85万元；于2019年3月追回刘英价值为200万元的汽车，发生诉讼费3万元，缴纳税金7万元。请问：钱鑫处置该项"打包"债权，如何缴纳个人所得税？

解析：

钱鑫取得"打包"债权后分次处置，应以每次处置部分债权的所得，作为一次财产转让所得，按照"财产转让所得"税目计算缴纳个人所得税。

（1）2019年1月追回培元公司应收账款

取得债权的成本费用=700×1 400÷（1 400+600）=490（万元）

允许扣除的税费=10+5+85=100（万元）

处置债权的收入额为追回房产的评估价值1 000万元。

应纳个人所得税=（1 000-490-100）×20%=82（万元）

（2）2019年3月处置刘英欠债的个人所得税处理

取得债权的成本费用=700×600÷（1 400+600）=210（万元）

允许扣除的税费=3+7=10（万元）

处置债权的收入额为追回汽车的价值200万元。

应纳税所得额=200-210-10=-20（万元），无须缴纳个人所得税。

（3）钱鑫处置这项"打包"债权，共应缴纳的个人所得税为82万元。

49. 个人投资者从投保基金公司取得的行政和解金是否缴纳个人所得税？

答：《财政部　国家税务总局关于行政和解金有关税收政策问题的通知》（财税〔2016〕100号）第三条规定，自2016年1月1日起，对个人投资者从投保基金公司取得的行政和解金，暂免征收个人所得税。

50. 个人通过基金互认买卖香港或内地基金份额所得可以免缴个人所得税吗？

答：《财政部　国家税务总局　证监会关于内地与香港基金互认有关税收政策的通知》（财税〔2015〕125号，以下简称财税〔2015〕125号文件）第一条第一项、第二第一项、第六条对个人投资者通过基金互认买卖香港或内地基金份额所得如何享受税收优惠政策规定如下：

（1）基金互认、内地基金、香港基金的定义。

1）所称基金互认，是指内地基金或香港基金经香港证监会认可或中国证监会注册，在双方司法管辖区内向公众销售。

2）所称内地基金，是指中国证监会根据《中华人民共和国证券投资基金法》注册的公开募集证券投资基金。

3)香港基金,是指香港证监会根据香港法律认可公开销售的单位信托、互惠基金或者其他形式的集体投资计划。所称买卖基金份额,包括申购与赎回、交易。

(2)优惠内容。

1)对香港市场投资者(包括企业和个人)通过基金互认买卖内地基金份额取得的转让差价所得,暂免征收所得税。

2)对内地个人投资者通过基金互认买卖香港基金份额取得的转让差价所得,自2015年12月18日起至2019年12月4日止,暂免征收个人所得税。

《财政部 税务总局 证监会关于继续执行内地与香港基金互认有关个人所得税政策的通知》(财税〔2018〕154号)规定,对内地个人投资者通过基金互认买卖香港基金份额取得的转让差价所得,自2018年12月18日起至2019年12月4日止,继续暂免征收个人所得税。

51. 境外个人投资者投资中国境内原油期货取得的所得可以免缴个人所得税吗?

答:2018年3月13日发布的《财政部 国家税务总局 中国证券监督管理委员会关于支持原油等货物期货市场对外开放税收政策的通知》(财税〔2018〕21号)第二条规定,自原油期货对外开放之日起,对境外个人投资者投资中国境内原油期货取得的所得,三年内暂免征收个人所得税。

该通知第三条规定,经国务院批准对外开放的其他货物期货品种,按照该通知规定的税收政策执行。

附录 7A

非货币性资产投资分期缴纳个人所得税备案表及其填报说明

非货币性资产投资分期缴纳个人所得税备案表

（本表一式二份）

备案编号（主管税务机关填写）：　　　　　　　　　　　　　　　金额单位：人民币元（列至角分）

投资人信息	姓　名		身份证件类型	身份证件号码
	国籍（地区）		纳税人识别号	
	通讯地址		联系电话	
被投资单位信息	名　称		纳税人识别号	
	地　址		联系人及电话	
投资情况	投资类型	□新设公司　□参与增资　□定向增发　□股权置换　□重组改制　□其他		
	取得股权时间	年　月　日	取得的现金补价	持股比例（%）
	非货币性资产名称	产权证或注册登记证号码	登记机关	坐落地	评估后的公允价值	非货币性资产原值	合理税费

(续)

分期缴税计划	截止缴税时间	年 月 日				
	应缴个人所得税					
	分 期	1	2	3	4	5
	计划缴税时间					
	计划缴纳金额					
	合 计	—				
	应纳税所得额					
	已缴个人所得税					

谨声明：本表根据《财政部 国家税务总局关于个人非货币性资产投资有关个人所得税政策的通知》（财税〔2015〕41号）及本公告有关规定填列。所填信息，是真实的、完整的、可靠的。

纳税人签字：　　　　　　　　　　　　被投资单位公章：　　　　　　　　　　　填报日期：　　年　月　日

提醒：请妥善保存此表。办理纳税申报时请主动提供此表及以前各期缴纳个人所得税的完税证明。如因股权转让取得收益，请及时缴纳个人所得税。

代理申报机构（人）签章：　　　　　　主管税务机关印章：

经办人：　　　　　　　　　　　　　　受理人：

经办人执业证件号码：

代理申报日期：　　年　月　日　　　　受理日期：　　年　月　日

国家税务总局监制

填报说明

本表适用于个人非货币性资产投资向主管税务机关办理分期缴纳个人所得税备案事宜。本表一式二份，主管税务机关受理后，由投资人和主管税务机关分别留存。

一、备案编号：由主管税务机关自行编制。

二、纳税人识别号：该栏填写税务机关赋予的18位纳税人识别号。初次办理涉税事宜的，应一并提供《个人所得税基础信息表（B表）》。

三、产权证或注册登记证号码：填写产权登记部门核发的不动产、技术发明成果等非货币性资产产权证号码或注册登记证上的注册登记号码。未登记或无须登记的非货币性资产不填此列。

四、登记机关：填写核发产权证或注册登记证的单位名称。未登记或无须登记的非货币性资产不填此列。

五、坐落地：填写不动产的具体坐落地址。其他非货币性资产无须填列。

六、评估后的公允价值、非货币性资产原值、合理税费：按照《财政部 国家税务总局关于个人非货币性资产投资有关个人所得税政策的通知》（财税〔2015〕41号）及本公告中有关规定填写。

七、应纳税所得额：应纳税所得额＝评估后的公允价值－非货币性资产原值－合理税费

八、应缴个人所得税：应缴个人所得税＝应纳税所得额×20%

九、已缴个人所得税：填写纳税人取得现金补价或自筹资金已缴纳的个人所得税。纳税人变更分期缴税计划的，其前期已经缴纳的个人所得税也一并在此填列。

十、计划缴税时间：填写每一期计划缴税的截止时点。

十一、计划缴税金额：填写应缴个人所得税减去已缴个人所得税后需要分期缴纳的个人所得税金额。

附录 7B

技术成果投资入股个人所得税递延纳税备案表及其填报说明

技术成果投资入股个人所得税递延纳税备案表

备案编号（主管税务机关填写）：　　　　　　　　　　　　　　单位：股、%、人民币元（列至角分）

被投资公司基本情况			
公司名称		纳税人识别号	
		联系人	
		联系电话	

技术成果基本情况			
技术成果名称		技术成果类型	
		发证部门	
		技术成果证书编号	

技术成果投资入股情况			
评估价（协议价）		技术成果原值	
涉及人数		合理税费	

技术成果投资入股个人基本情况						
序号	姓名	身份证照类型	身份证照号码	联系地址	联系电话	股数	持股比例

谨声明：此表是根据《中华人民共和国个人所得税法》及相关法律法规规定填写的，是真实的、完整的、可靠的。

被投资公司法定代表人签字：

公司签章：	代理申报机构（人）签章：	主管税务机关印章：
经办人：	经办人：	受理人：
经办人执业证件号码：		
填报日期：　年　月　日	代理申报日期：　年　月　日	受理日期：　年　月　日

国家税务总局监制

填报说明

一、适用范围

本表适用于个人以技术成果投资入股境内非上市公司并选择递延纳税的，被投资公司向主管税务机关办理相关个人所得税递延纳税备案事宜时填报。备案表区分投资入股的技术成果，分别填写。

二、报送期限

企业应于被投资公司取得技术成果并支付股权之次月 15 日内报送。

三、表内各栏

（一）被投资公司基本情况

1. 公司名称：填写接受技术成果投资入股的公司名称全称。

2. 纳税人识别号：填写纳税人识别号或统一社会信用代码。

3. 联系人、联系电话：填写接受技术成果投资入股公司负责办理个人所得税递延纳税备案人员的相关情况。

（二）技术成果基本情况

1. 技术成果名称：填写技术成果的标准名称。

2. 技术成果类型：是指《财政部　国家税务总局关于完善股权激励和技术入股有关所得税政策的通知》（财税〔2016〕101 号）规定的专利技术（含国防专利）、计算机软件著作权、集成电路布图设计专有权、植物新品种权、生物医药新品种，以及科技部、财政部、国家税务总局确定的其他技术成果。

3. 发证部门：填写颁发技术成果证书的部门全称。

4. 技术成果证书编号：填写技术成果证书上的编号。

（三）技术成果投资入股情况

1. 涉及人数：填写技术成果投资协议中以该项技术成果投资入股的人数。

2. 评估价（协议价）：填写技术成果投资入股按照协议确定的公允价值。

3. 技术成果原值：填写个人发明或取得该项技术成果过程中实际发生的支出。

4. 合理税费：填写个人以技术成果投资入股过程中按规定实际支付的有关税费。

（四）技术成果投资入股个人基本情况

1. 姓名：填写技术成果投资入股个人的姓名，中国境内无住所个人，其姓名应当用中、外文同时填写。

2. 身份证照类型：填写能识别技术成果投资入股个人的唯一身份的身份证、军官证、士兵证、护照、港澳居民来往内地通行证、台湾居民来往大陆通行证等有效证照名称。

3. 身份证照号码：填写能识别技术成果投资入股个人的唯一身份的号码。

4. 联系地址和联系电话：填写技术成果投资入股个人的有效联系地址和常用联系电话。

5. 股数：填写个人因技术成果投资入股获得的股票（权）数。

6. 持股比例：按照保留小数点后两位填写。

7. 技术成果投资入股个人基本情况如果填写不下，可另附纸填写。

四、本表一式二份。主管税务机关受理后，由扣缴义务人和主管税务机关分别留存。

附录 7C

个人所得税递延纳税情况年度报告表及其填报说明

个人所得税递延纳税情况年度报告表

报告所属期：　　　年　　　　　　　　　　　　　　　　　　　　　　　　　　　单位：股，%，人民币元（列至角分）

公司基本情况

公司名称		纳税人识别号		联系人		联系电话	

递延纳税有关情况

递延纳税股票（权）形式：□股票（权）　□期权　□限制性股票　□股权奖励　□技术成果投资入股

递延纳税明细情况

序号	姓名	身份证照类型	身份证照号码	扣缴个人所得税	递延纳税股票（权）					股票（权）期权					限制性股票					股权奖励					技术成果投资入股				
					总体情况		转让情况		剩余情况	转让情况		剩余情况			转让情况		剩余情况			转让情况		剩余情况			转让情况		剩余情况		
					股数	持股比例	股数	持股比例	股数 持股比例	股数	持股比例	股数	持股比例		股数	持股比例	股数	持股比例		股数	持股比例	股数	持股比例		股数	持股比例	股数	持股比例	

谨声明：此表是根据《中华人民共和国个人所得税法》及有关法律法规规定填写的，是真实的、完整的、可靠的。

公司签章：　　　　　　　　　　　　　代理申报机构（人）签章：　　　　　　　　　　公司法定代表人签章：

经办人：　　　　　　　　　　　　　　经办人：　　　　　　　　　　　　　　　　　主管税务机关印章：

填报日期：　　年　　月　　日　　　　经办人执业证件号码：　　　　　　　　　　　受理人：

　　　　　　　　　　　　　　　　　　代理申报日期：　　年　　月　　日　　　　　受理日期：　　年　　月　　日

国家税务总局监制

填报说明

一、适用范围

本表适用于实施符合条件股权激励的非上市公司和取得个人技术成果的境内公司，在递延纳税期间向主管税务机关报告个人相关股权持有和转让情况。

二、报送期限

实施股权激励的非上市公司和取得个人技术成果的境内公司，应于每个纳税年度终了30日内报送本表。

三、表内各栏

（一）公司基本情况

1. 公司名称：填写实施股权激励的非上市公司，或者取得个人技术成果的境内公司的法定名称全称。

2. 纳税人识别号：填写纳税人识别号或统一社会信用代码。

3. 联系人、联系电话：填写负责办理股权激励或技术成果投资入股相关涉税事项人员的相关情况。

（二）递延纳税有关情况

递延纳税股票（权）形式：根据递延纳税的股票（权）形式勾选。

（三）递延纳税明细情况

1. 姓名：填写纳税人姓名。中国境内无住所个人，其姓名应当用中、外文同时填写。

2. 身份证照类型：填写能识别纳税人唯一身份的身份证、军官证、士兵证、护照、港澳居民来往内地通行证、台湾居民来往大陆通行证等有效证照名称。

3. 身份证照号码：填写能识别纳税人唯一身份的号码。

4. 总体情况、股票（权）期权、限制性股票、股权奖励、技术成果投资入股栏：填写个人转让和剩余享受递延纳税优惠的股票（权）相关情况。

（1）股数、持股比例：填写个人实际转让或剩余的享受递延纳税优惠的股票（权）数以及对应的持股比例。若非上市公司因公司注册类型限制，难以用股票（权）数体现个人相关权益的，可只填列持股比例，持股比例按照保留小数点后两位填写。

（2）扣缴个人所得税：填写个人转让递延纳税的股权，扣缴义务人实际扣缴的个人所得税。

四、本表一式二份。主管税务机关受理后，由扣缴义务人和主管税务机关分别留存。

附录 7D

限售股转让所得扣缴个人所得税报告表及其填报说明

限售股转让所得扣缴个人所得税报告表

扣缴义务人编码：

税款所属期：　　年　月　日　至　　年　月　日

填表日期：　　年　月　日

扣缴义务人名称：　　　　　　　地址：　　　　　　　电话：

金额单位：元（列至角分）

序号	纳税人姓名	纳税人有效身份证照		证券账户号	股票代码	股票名称	每股计税价格(元/股)	转让股数(股)	转让收入额	限售股原值及合理税费			应纳税所得额	税率	扣缴税额
		证照类型	证照号码							小计	原值	合理税费			
	(1)	(2)	(3)	(4)	(5)	(6)	(7)	(8)	(9)= (7)×(8)	(10)= (11)+(12)	(11)	(12)	(13)= (9)-(10)	(14)	(5)=(13)×(14)
1															
2															
3															
4															
5															
6															
7															
合计														—	

扣缴义务人声明	我声明，此扣缴申报表及所附资料是根据《中华人民共和国个人所得税法》及相关法律法规的规定填报的，我确保它是真实的、可靠的、完整的。 法定代表人（签字）： 　　　　　　　年　月　日	扣缴义务人（盖章） 会计主管签字： 　　　　　　　年　月　日	主管税务机关受理专用章： 受理人： 受理时间：　年　月　日

国家税务总局监制

填报说明

一、本表根据《中华人民共和国个人所得税法》及其实施条例和相关文件制定，适用于证券机构预扣预缴，或者直接代扣代缴限售股转让所得个人所得税的申报，本表按月填写。

二、证券机构应在扣缴限售股转让所得个人所得税的次月7日内向主管税务机关报送本表。不能按照规定期限报送本表时，应当在规定的报送期限内提出申请，经当地税务机关批准，可以适当延期。

三、填写本表应当使用中文。

四、本表各栏的填写说明如下：

（一）扣缴义务人编码：填写扣缴税款的证券机构的税务登记证号码。

（二）填表日期：填写扣缴义务人办理扣缴申报的实际日期。

（三）税款所属期：填写证券机构实际扣缴税款的年度、月份和日期。

（四）扣缴义务人名称：填写扣缴税款的证券公司（营业部）等证券机构的全称。

（五）纳税人身份证照类型及号码：填写纳税人有效身份证件（居民身份证、军人身份证件等）的类型及号码。

（六）证券账户号：填写纳税人证券账户卡上的证券账户号。转让的限售股是在上海交易所上市的，填写证券账户卡（上海）上的证券账户号；转让的限售股是在深圳交易所上市的，填写证券账户卡（深圳）上的证券账户号。

（七）股票代码及名称：填写所转让的限售股股票的股票代码和证券名称。纳税人转让不同限售股的，分行填写。

（八）每股计税价格：区分以下两种情形填写。

1. 在证券机构技术和制度准备完成前形成的限售股，采取预扣预缴方式征收的，股改限售股填写股改复牌日收盘价；新股限售股填写该股上市首日的收盘价。

2. 在证券机构技术和制度准备完成后，采取直接代扣代缴方式征收的，填写纳税人实际转让限售股的每股成交价格。以不同价格成交的，分行填写。

（九）转让股数：填写前列每股计税价格所对应的股数，即

1. 在证券机构技术和制度准备完成前，采取预扣预缴方式的，转让股数填写本月该限售股累计转让股数。

2. 在证券机构技术和制度准备完成后，采取直接代扣代缴方式的，转让股数按照不同转让价格，分别填写按该价格转让的股数。

（十）转让收入额：填写本次限售股转让取得的用于计税的收入额。

限售股转让收入额 = 每股计税价格 × 转让股数

（十一）限售股原值及合理税费：填写取得限售股股票实际付出的成本，以及限售股转让过程中发生的印花税、佣金、过户费等与交易相关的税费的合计。具体有两种不同情况：

1. 在证券机构技术和制度准备完成前形成的限售股，采取预扣预缴税款的，限售股原值及合理税费 = 转让收入额 ×15%，直接填入小计栏中。

2. 在证券机构技术和制度准备完成后，采取直接代扣代缴税款的，限售股原值为事先植入结算系统的限售股成本原值；合理税费为转让过程中发生的印花税、佣金、过户费、其他费等与交易相关的税费。

（十二）应纳税所得额：应纳税所得额 = 转让收入额 - 限售股原值及合理税费。

（十三）扣缴税额：扣缴税额 = 应纳税所得额 ×20%。

五、本表为 A4 横式。一式两份，扣缴义务人留存一份，税务机关留存一份。

附录 7E

限售股转让所得个人所得税清算申报表及其填报说明

限售股转让所得个人所得税清算申报表

填表日期：　　年　月　日

税款所属期：　　年　月　日至　　年　月　日　金额单位：元（列至角分）

纳税人基本情况	姓　名		证券账户号	
	有效身份证照类型		有效身份证照号码	
	国籍（地区）		有效联系电话	
	开户银行名称		开户银行账号	
	中国境内有效联系地址及邮编			
开户证券公司（营业部）	名称		扣缴义务人编码	
	地址		邮编	
限售股转让收入及纳税情况	股票代码	1		
	股票名称	2		
	转让股数（股）	3		
	实际转让收入额	4		
	限售股原值和合理税费小计	5=6+7		
	限售股原值	6		
	合理税费	7		
	应纳税所得额	8 = 4-5		
	税率	9	20%	
	应纳税额	10 = 8×9		
	已扣缴税额	11		
	应退（补）税额	12=10-11		
声明	我声明，此纳税申报表及所附资料是根据《中华人民共和国个人所得税法》及相关法律法规规定填写、报送的，我确保上述资料是真实的、可靠的、完整的。 纳税人（签字） 年　月　日			
代理人（中介机构）签字或盖章：			主管税务机关受理专用章：	
经办人：				
经办人执业证件号码：			受理人：	
代理申报日期：　　年　月　日			受理时间：　　年　月　日	

国家税务总局监制

填报说明

一、本表根据《中华人民共和国个人所得税法》及其实施条例和相关文件制定，适用于纳税人取得限售股转让所得已预扣预缴个人所得税款的清算申报，本表按月填写。

二、向主管税务机关提出限售股转让所得个人所得税清算申请的纳税人，应在证券机构代扣并解缴税款的次月1日起3个月内，由本人或者委托他人向主管税务机关报送本表。不能按照规定期限报送本表时，应当在规定的报送期限内提出申请，经当地税务机关批准，可以适当延期。

三、向主管税务机关提出限售股转让所得清算申请的纳税人，应区别限售股股票种类，按每一股票填写本表，即同一限售股填写一张表。

四、填写本表应当使用中文。

五、纳税人在向主管税务机关办理清算事宜时，除填报本表外，还应出示纳税人本人的有效身份证照原件，并附送以下资料：

1. 加盖开户证券机构印章的限售股交易明细记录；
2. 相关完整、真实的财产原值凭证；
3. 缴纳税款凭证（《税务代保管资金专用收据》或《税收转账专用完税证》）；
4. 税务机关要求报送的其他资料。

纳税人委托中介机构或他人代理申报的，除提供上述资料外，代理人还应出示代理人的有效身份证照，并附送纳税人委托代理申报的授权书。

六、本表各栏的填写说明如下：

（一）填表日期：填写纳税人办理清算申报的实际日期。

（二）税款所属期：填写纳税人实际取得所得的年度、月份和日期。

（三）纳税人基本情况的填写：

1. 证券账户号：填写纳税人证券账户卡上的证券账户号。转让的限售股是在上海交易所上市的，填写证券账户卡（上海）上的证券账户号；转让的限售股是在深圳交易所上市的，填写证券账户卡（深圳）上的证券账户号。

2. 有效身份证照类型：填写纳税人的有效身份证件（居民身份证、军人身份证件等）名称。

3.有效身份证照号码：填写纳税人有效身份证照上的号码。

4.开户银行名称及账号：填写纳税人本人开户银行的全称及账号。

注：该银行账户，用于办理纳税人多扣缴个人所得税款的退还，即纳税人多扣缴的税款，经税务机关审核确认后，将直接退还至该银行账户中。因此，纳税人要特别注意本行填写的准确性。

5.中国境内有效联系地址及邮编：填写纳税人住址或有效联系地址及邮编。

6.开户证券公司（营业部）：填写纳税人开立证券交易账户的证券公司（营业部）的相关信息。

（1）名称：填写纳税人开立证券账户的证券公司（营业部）的全称。

（2）扣缴义务人编码：填写纳税人开立证券账户的证券公司（营业部）的税务登记证号码。

（3）地址及邮编：填写纳税人开立证券账户的证券公司（营业部）的地址及邮编。

（四）限售股转让收入及纳税情况的填写：

1.股票代码：填写限售股的股票代码。

2.股票名称：填写限售股股票的证券名称。

3.转让股数（股）：填写本月转让限售股的股数。

4.实际转让收入额：填写转让限售股取得的实际收入额。以证券机构提供的加盖印章的当月限售股交易记录汇总数为准。

5.限售股原值和合理税费：

（1）限售股原值和合理税费小计，填写纳税人转让限售股的股票原值和合理税费的合计。

纳税人未能提供完整、真实的限售股原值凭证，不能正确计算限售股原值的，一律按限售股实际转让收入的15%计算限售股原值和合理税费后，填入该栏。

（2）限售股原值，填写取得限售股股票实际付出的成本，并附相关完整、真实的原值凭证。

（3）合理税费，填写转让限售股过程中发生的印花税、佣金、过户费等与交易相关的税费。

6.应纳税所得额：填写转让限售股实际转让收入额减除限售股原值和合理税费后的余额。

7. 已扣缴税额：填写证券机构已预扣预缴的税款。

8. 应退（补）税额：应退（补）税额 = 应纳税额 − 已扣缴税额。负数为应退税额；正数为应补税额。

七、声明：填写纳税人本人的姓名。如纳税人不在时，可填写代理申报人的姓名。

八、代理人（中介机构）签字或盖章：填盖纳税人委托代理申报的中介机构的印章，或者代理人个人的签名或印章。

九、经办人：填写代理申报人的姓名。

十、本表为 A4 竖式。一式两份，纳税人留存一份，税务机关留存一份。

附录 7F

天使投资个人所得税投资抵扣备案表及其填报说明

天使投资个人所得税投资抵扣备案表

备案编号（主管税务机关填写）： 　　　　　　　　单位：%，人民币元（列至角分）

天使投资个人基本情况				
姓名		身份证件类型		身份证件号码	
国籍（地区）		联系电话		联系地址	

（注：表头为合并，下列为6列）

天使投资个人基本情况					
姓名		身份证件类型		身份证件号码	
国籍（地区）		联系电话		联系地址	
初创科技型企业基本情况					
企业名称		纳税人识别号（统一社会信用代码）			
设立时间		注册地址			

初创科技型企业及天使投资个人投资情况							
投资日期	从业人数	本科以上学历人数占比	资产总额	年销售收入	研发费用总额占成本费用支出的比例	投资2年内与其亲属合计持股比例是否超过50%	投资额

谨声明：本人（单位）知悉并保证本表填报内容及所附证明材料真实、完整，并承担因资料虚假而产生的法律责任。

天使投资个人签章： 　　　初创科技型企业负责人签章： 　　　年　月　日

代理机构印章：	主管税务机关印章：
联系人：	受理人：
填报日期：	受理日期：
初创科技型企业注销清算情况（税务机关填写）	
注销清算时间	清算前已抵扣投资额
主管税务机关印章： 受理人： 受理日期：	

国家税务总局监制

注：本表是天使投资个人日后转让初创科技型企业股权办理投资抵扣的重要凭据，请妥善保管。

填报说明

一、适用范围

本表适用于天使投资个人投资境内种子期、初创期科技型企业（以下简称"初创科技型企业"），就符合投资抵扣税收优惠条件的投资，向主管税务机关办理投资情况备案。

二、报送期限

初创科技型企业、天使投资个人应共同于满足投资抵扣税收优惠条件次月15日内，向其主管税务机关报送本表。

三、表内各栏

（一）天使投资个人基本情况

1. 姓名：填写天使投资个人姓名。中国境内无住所个人，其姓名应当用中、外文同时填写。

2. 身份证件类型：填写能识别天使投资个人唯一身份的身份证、军官证、士兵证、护照、港澳居民来往内地通行证、台湾居民来往大陆通行证等有效证照名称。

3. 身份证件号码：填写能识别天使投资个人唯一身份的有效证照号码。

4. 国籍（地区）：填写天使投资个人的国籍或者地区。

5. 联系电话、联系地址：填写天使投资个人的有效联系方式。

（二）初创科技型企业基本情况

1. 企业名称：填写初创科技型企业名称全称。

2. 纳税人识别号（统一社会信用代码）：填写初创科技型企业的纳税人识别号或统一社会信用代码。

3. 设立时间：填写初创科技型企业设立登记的具体日期。

4. 注册地址：填写初创科技型企业注册登记的具体地址。

（三）初创科技型企业及天使投资个人投资情况

1. 投资日期：填写初创科技型企业接受合伙创投企业投资并完成工商变更登记的日期。

2. 从业人数：填写与初创科技型企业建立劳动关系的职工及企业接受的劳务派遣人员人数。具体按照初创科技型企业接受投资前连续12个月的平均数填写，不足

12个月的按实际月数平均计算填写。

3.本科以上学历人数占比：填写初创科技型企业接受投资时本科以上学历人数占企业从业人数的比例。

4.资产总额：填写初创科技型企业的资产总额。具体按照初创科技型企业接受投资前连续12个月的平均数填写，不足12个月的按实际月数平均计算填写。

5.年销售收入：填写初创科技型企业的年销售收入。具体按照初创科技型企业接受投资前连续12个月的累计数填写，不足12个月的按实际月数累计计算填写。

6.研发费用总额占成本费用支出的比例：填写企业接受投资当年及下一年两个纳税年度的研发费用总额合计占同期成本费用总额合计的比例。

7.投资2年内与其亲属合计持股比例是否超过50%：填写"是"或"否"。

8.投资额：填写天使投资个人以现金形式对初创科技型企业的实缴出资额。

（四）初创科技型企业注销清算情况

本栏由主管税务机关在初创科技型企业注销后纳税人有尚未抵扣完毕的投资额需要结转抵扣时填写。

四、本表一式两份。主管税务机关受理后，由天使投资个人和主管税务机关分别留存。

附录 7G

天使投资个人所得税投资抵扣情况表及其填报说明

天使投资个人所得税投资抵扣情况表

单位：人民币元（列至角分）

天使投资个人基本情况					
姓名		身份证件类型		身份证件号码	
国籍（地区）		联系电话		联系地址	
投资抵扣备案编号		投资额		可抵扣投资额	
初创科技型企业基本情况					
企业名称		纳税人识别号（统一社会信用代码）			
投资抵扣情况					

股权转让时间	股权转让应纳税所得额	从已清算企业结转待抵扣投资额	本企业可抵扣投资额	可抵扣投资额合计	累计已抵扣投资额	本期抵扣投资额	结转抵扣投资额

谨声明：本人知悉并保证本表填报内容及所附证明材料真实、完整，并承担因资料虚假而产生的法律责任。

天使投资个人签章： 年 月 日

代理机构印章：	主管税务机关印章：
联系人：	受理人：
填报日期：	受理日期：

国家税务总局监制

填报说明

一、适用范围

本表适用于天使投资个人投资境内种子期、初创期科技型企业（以下简称"初创科技型企业"），享受投资抵扣税收优惠时，向主管税务机关报告有关情况并办理投资抵扣手续。

二、报送期限

天使投资个人应于股权转让次月15日内或在限售股转让清算时，向主管税务机关报送本表。

三、表内各栏

（一）天使投资个人基本情况

1. 姓名：填写天使投资个人姓名。中国境内无住所个人，其姓名应当用中、外文同时填写。

2. 身份证件类型：填写能识别天使投资个人唯一身份的身份证、军官证、士兵证、护照、港澳居民来往内地通行证、台湾居民来往大陆通行证等有效证照名称。

3. 身份证件号码：填写能识别天使投资个人唯一身份的有效证照号码。

4. 国籍（地区）：填写天使投资个人的国籍或者地区。

5. 联系电话、联系地址：填写天使投资个人的有效联系方式。

6. 投资抵扣备案编号：填写天使投资个人办理投资情况备案时，税务机关受理《天使投资个人所得税投资抵扣备案表》时赋予的备案编号。

7. 投资额：填写天使投资个人在转让初创科技型企业股权时，符合投资抵扣税收优惠条件的投资额合计。

8. 可抵扣投资额：可抵扣投资额＝投资额×70%。

（二）初创科技型企业基本情况

1. 企业名称：填写初创科技型企业名称全称。

2. 纳税人识别号（统一社会信用代码）：填写初创科技型企业的纳税人识别号或统一社会信用代码。

（三）投资抵扣情况

1. 股权转让时间：填写天使投资个人转让初创科技型企业股权的具体时间。

2.股权转让应纳税所得额：填写天使投资个人转让初创科技型企业股权取得的应纳税所得额。

3.从已清算企业结转待抵扣投资额：填写天使投资个人投资的其他初创科技型企业注销清算时尚未抵扣完毕的可抵扣投资额。

4.本企业可抵扣投资额：本企业可抵扣投资额=可抵扣投资额（"天使投资个人基本情况"栏）。

5.可抵扣投资额合计：可抵扣投资额合计=从已清算企业结转待抵扣投资额+本企业可抵扣投资额。

6.累计已抵扣投资额：填写天使投资个人前期转让初创科技型企业股权时已抵扣投资额合计。

7.本期抵扣投资额：区别以下情况计算填写。

（1）股权转让应纳税所得额＜可抵扣投资额合计－累计已抵扣投资额时，

本期抵扣投资额=股权转让应纳税所得额

（2）股权转让应纳税所得额≥可抵扣投资额合计－累计已抵扣投资额时，

本期抵扣投资额=可抵扣投资额合计－累计已抵扣投资额

8.结转抵扣投资额：结转抵扣投资额=可抵扣投资额合计－累计已抵扣投资额－本期抵扣投资额。

四、本表一式两份。主管税务机关受理后，由天使投资个人和主管税务机关分别留存。

偶然所得

一、征税范围的界定
1. 偶然所得的适用范围
2. 网络红包的计缴
3. 有奖发票的计缴
4. 境外博彩收入的计缴
5. 有奖储蓄中奖收入的计缴
6. 法定减免中奖收入的计缴
7. 市政府表彰行业先进奖励的计缴
8. 歌舞区征集大奖赛的获奖的计缴

二、应纳税额的计算
1. 偶然所得应纳税额计算方法
2. 企业促销赠送的礼品的计缴
3. 企业向个人支付的不竞争款项的计缴
4. 5汽车免费使用权的计缴

三、彩票中奖收入的征免规定
1. 福利彩票中奖收入的征免
2. 体育彩票中奖收入的征免

四、科技奖金的税收优惠
1. 长江小小科学家/明天小小科学家奖金的征免
2. 地质科学技术奖奖金、地球科学奖金的征免
3. 刘东生青年科学家、地球科学奖金的征免
4. 陈嘉庚科学奖的征免

五、教育奖金方面的税收优惠
1. 可以免征的教育方面的奖金
2. 曾宪梓教育基金会教师奖的征免
3. 教育部"特聘教授"奖金的征免
4. 特聘教授的岗位津贴和长江学者成就奖的征免

六、其他奖金的征免规定
1. 见义勇为奖金的征免
2. 青少年消除贫困奖的征免
3. 举报违法行为获奖的征免
4. 中华宝钢环境优秀奖金的征免
5. 全国职工技能大赛奖金的征免
6. "母亲河（波司登）奖"奖金的征免
7. 受灾地区个人的抚恤金、救济金的征免

第八章 偶然所得

一、征税范围的界定

1. 偶然所得适用范围如何界定？

答：《个人所得税法实施条例》第六条第九项规定，偶然所得，是指个人得奖、中奖、中彩以及其他偶然性质的所得。

编者结合各方面的资料，对有关概念综述如下：

（1）得奖是指个人参加各种评比、有奖竞赛活动等，得到的奖金。

（2）中奖、中彩是指参加各种有奖活动，如有奖销售、有奖储蓄、购买彩票等，经过规定程序，抽中、摇中号码而取得的奖金。

2. 网络红包需要缴纳个人所得税吗？

答：网络红包是一种基于互联网的新型红包派发方式，即朋友间玩耍祝福的互联网工具及互联网运营商、商家通过组织互联网线上活动、派发红包与现金的互联网工具。从目前来看，有微信红包和企业为广告、宣传或扩大企业用户等目的通过网络向个人派发红包，如滴滴快车、神州专车等各种红包、送券、充值奖励以及电商派发的各种消费券、代金券、抵用券、优惠券等。

个人取得的各种网络红包，数量不同，金额不同，极具不确定性，非常符合《个人所得税法实施条例》第六条第九项对偶然所得征税范围的界定，根据财税公告第74号第三条的规定，应根据不同情况进行税务处理：

（1）个人在企业的商品或服务宣传活动中，取得企业随机派发的现金网络红包，应按照"偶然所得"项目缴纳个人所得税。

比如，2018年春节期间，腾讯公司通过微信发放的红包和阿里巴巴公司通过支付宝集五福活动发放的红包，获得红包的个人应该按照"偶然所得"项目缴纳个人所得税。发放红包的腾讯公司和阿里巴巴公司应当履行代扣代缴个人所得税的义务。

（2）个人取得企业派发的用于购买该企业商品或服务才能使用的非现金网络红包，包括各种消费券、代金券、抵用券、优惠券等，以及个人因购买该企业商品或服务达到一定额度而取得的企业返还的现金网络红包，相当于销售折扣、折让，个人并没有取得所得，不需要缴纳个人所得税。

（3）个人之间派发的现金网络红包，不属于个人所得税法规定的应税所得，不征收个人所得税。

3. 个人取得有奖发票奖金如何计缴个人所得税？

答：《财政部 国家税务总局关于个人取得有奖发票奖金征免个人所得税问题的通知》（财税〔2007〕34号）规定，个人取得单张有奖发票奖金所得不超过800元（含800元）的，暂免征收个人所得税；个人取得单张有奖发票奖金所得超过800元的，按照个人所得税法规定的"偶然所得"项目征收个人所得税。

税务机关或其指定的有奖发票兑奖机构，是有奖发票奖金所得个人所得税的扣缴义务人，应依法认真做好个人所得税代扣代缴工作。

4. 个人在境外取得博彩所得如何计缴个人所得税？

答：《个人所得税法》第一条规定，在中国境内有住所，或者无住所而一个纳税年度内在境内居住累计满183天的个人，从中国境内和境外取得的所得，应缴纳个人所得税。

《国家税务总局关于个人在境外取得博彩所得征收个人所得税问题的批复》（国税函发〔1995〕663号）对原广东省地方税务局请示江门市周某境外博彩所得是否征收个人所得税的回复明确，江门市周某属于在中国境内有住所的个人，其在澳门葡京娱乐场摇老虎机博彩所得，属于"偶然所得"应税项目，应依照税法规定全额按20%的比例税率计算缴纳个人所得税。

5. 个人取得有奖储蓄中奖收入如何计缴个人所得税？

答：《国家税务总局关于有奖储蓄中奖收入征收个人所得税问题的批复》（国

税函发〔1995〕98号）规定，个人参加有奖储蓄取得的各种形式的中奖所得，属于机遇性的所得，应按照个人所得税法中"偶然所得"应税项目的规定征收个人所得税。虽然这种中奖所得具有银行储蓄利息二次分配的特点，但对中奖个人而言，已不属于按照国家规定利率标准取得的存款利息所得性质。支付该项所得的各级银行部门是税法规定的代扣代缴义务人，在其向个人支付有奖储蓄中奖所得时应按照"偶然所得"应税项目扣缴个人所得税税款。

6. 个人取得什么样的奖金才能法定减免？

答：《个人所得税法》第四条第一项规定，省级人民政府、国务院部委和中国人民解放军军以上单位，以及外国组织、国际组织颁发的科学、教育、技术、文化、卫生、体育、环境保护等方面的奖金，免征个人所得税。

7. 个人取得市政府表彰的行业先进奖金需要缴纳个人所得税？

答：《国家税务总局关于个人取得的奖金收入征收个人所得税问题的批复》（国税函〔1998〕293号）规定，个人因在各行各业做出突出贡献而从省级以下人民政府及其所属部门取得的一次性奖励收入，不论其奖金来源于何处，均不属于税法所规定的免税范畴，应按"偶然所得"项目征收个人所得税。

8. 歌曲征集大奖赛获奖作者的奖金可以免缴个人所得税吗？

答：歌曲征集大奖赛获奖作者的奖金，属于《个人所得税法实施条例》第八条第十款规定的"偶然所得"中的个人得奖所得，且不属于《个人所得税法》第四条的免税范围，应当按照奖金收入的全额依20%的税率计算缴纳个人所得税。

比如，《国家税务总局关于运动队队歌征集大奖赛获奖作者的奖金征收个人所得税的复函》（国税函发〔1994〕448号）规定，个人因参加由国家体委训练局、中国艺术研究院音乐研究所等单位联合主办的"营多杯"中国体育运动队队歌征集大奖赛而获得的奖金收入，属个人所得税"偶然所得"应税项目，不属免税范围。因此，对参加"营多杯"中国体育运动队队歌征集大奖赛获奖作者的奖金收入，应按个人所得税法规定计算个人所得税，税款由主办单位负责代扣代缴。

二、应纳税额的计算

9. 偶然所得如何计缴个人所得税？

答： 根据《个人所得税法》第三条第三项、第六条第六项和《个人所得税法实施条例》第十四条第四项的规定，偶然所得，以每次收入额为应纳税所得额，适用比例税率，税率为百分之二十。偶然所得，以每次取得该项收入为一次。

《个人所得税法》第六条第三款规定，个人将其所得对教育、扶贫、济困等公益慈善事业进行捐赠，捐赠额未超过纳税人申报的应纳税所得额百分之三十的部分，可以从其应纳税所得额中扣除；国务院规定对公益慈善事业捐赠实行全额税前扣除的，从其规定。

计算公式为：

应纳税额 =（每次收入额 − 准予扣除的公益慈善捐赠额）× 适用税率

【案例 8-1】偶然所得如何分次计缴个人所得税？

金好好于 2019 年 3 月 6 日参加诗词大赛获得了二等奖，奖金为 10 000 元，当月 18 日在某酒店消费取得有奖发票，获得发票奖金 1 500 元，当月取得单位发放的工资 5 000 元。诗词大赛奖金和发票奖金如何计缴个人所得税？

解析：

金好好参加诗词大赛获得二等奖和取得有奖发票奖金，属于《个人所得税法》第六条第九项规定的"偶然所得"。根据《个人所得税法实施条例》第十四条第四项的规定，应以每次取得的收入为一次，按照 20% 的税率计缴个人所得税。

（1）金好好参加诗词大赛获得奖金应缴纳个人所得税 = 10 000 × 20% = 2 000（元）

（2）金好好获得有奖发票奖金应缴纳个人所得税 = 1 500 × 20% = 300（元）

【案例 8-2】偶然所得如何扣除公益慈善捐赠额计缴个人所得税？

金好好于 2019 年 4 月 8 日上午在一个大型抽奖活动中，抽中特等奖，获得奖金 10 万元，当场就将其中 5 万元捐赠给红十字会用于贫困地区救助。假设不考虑其他因素，此笔奖金如何计缴个人所得税？

解析：

（1）《个人所得税法实施条例》第十九条规定，个人所得税法第六条第三款所称个人将其所得对教育、扶贫、济困等公益慈善事业进行捐赠，是指个人将其所得通过中国境内的公益性社会组织、国家机关向教育、扶贫、济困等公益慈善事业的捐赠；所称应纳税所得额，是指计算扣除捐赠额之前的应纳税所得额。金好好此笔公益慈善事业捐赠属于可以限额扣除的范围。

公益慈善事业捐赠的扣除限额 =100 000×30%=30 000（元）

实际公益慈善事业捐赠额为 50 000 元，超过扣除限额，可以从应纳税所得额中扣除的公益慈善事业捐赠额为 30 000 元。

（2）金好好应缴纳的个人所得税 =（100 000-30 000）×20%=14 000（元）

10. 企业在促销活动中向个人赠送礼品，应如何扣缴个人所得税？

答： 对于商品累积消费达到一定额度的顾客赠送礼品的个人所得税的处理，在《财政部 国家税务总局关于企业促销展业赠送礼品有关个人所得税问题的通知》（财税〔2011〕50号，以下简称财税〔2011〕50号文件）和财税公告2019年第74号第三条规定如下：

（1）企业在销售商品（产品）和提供服务过程中向个人赠送礼品，属于下列情形之一的，不征收个人所得税：

1）企业通过价格折扣、折让方式向个人销售商品（产品）和提供服务。

2）企业在向个人销售商品（产品）和提供服务的同时给予赠品，如通信企业对个人购买手机赠话费、入网费，或者购话费赠手机等。

3）企业对累积消费达到一定额度的个人按消费积分反馈礼品。

（2）企业向个人赠送礼品，属于下列情形之一的，取得该项所得的个人应依法缴纳个人所得税，税款由赠送礼品的企业代扣代缴：

1）企业在业务宣传、广告等活动中，随机向本单位以外的个人赠送礼品（包括网络红包），以及企业在年会、座谈会、庆典以及其他活动中向本单位以外的个人赠送礼品，个人取得的礼品收入，按照"偶然所得"项目计算缴纳个人所得税，但企业赠送的具有价格折扣或折让性质的消费券、代金券、抵用券、优惠券等礼品除外。

2）企业对累积消费达到一定额度的顾客，给予额外抽奖机会，个人的获奖所得，按照"偶然所得"项目，全额适用20%的税率缴纳个人所得税。

（3）企业赠送的礼品是自产产品（服务）的，按该产品（服务）的市场销售价格确定个人的应税所得；是外购商品（服务）的，按该商品（服务）的实际购置价格确定个人的应税所得。

综上所述，对于个人购买了企业的商品或提供劳务的同时才会获得相应物品或服务的赠送，是促销行为，不征收个人所得税。对于企业赠送礼品并不以个人购买企业的商品或提供的服务为前提，无偿取得就应当征收个人所得税。

【案例8-3】企业累积消费赠送代金券和抽奖如何计缴个人所得税？

2019年3月，豪盛商场开展累积消费每10 000元赠送代金券300元和一张抽奖券的促销活动。金好好于2018年在豪盛商场累积消费达32 000元，获得代金券900元和三张抽奖券。金好好的三张抽奖券中有两张未中奖，有一张抽中了一台智能清洁机器人。该智能清洁机器人由某商场委托厂家生产，生产成本为3 000元，市场售价为5 000元。金好好获得代金券和智能清洁机器人应该如何计缴个人所得税？

解析：

（1）金好好获得代金券属于财税〔2011〕50号文件第一条第三项"企业对累积消费达到一定额度的个人按消费积分反馈礼品"的情形，不征收个人所得税。

（2）金好好抽奖获赠智能机器人，符合财税〔2011〕50号文件第二条第三项"企业对累积消费达到一定额度的顾客，给予额外抽奖机会，个人的获奖所得，按照'偶然所得'项目，全额适用20%的税率缴纳个人所得税"的情形。

金好好获赠的智能机器人属于某商场委托生产，应按照财税〔2011〕50号文件第三条规定，以该产品的市场销售价格确定应纳税所得额。

金好好获赠智能机器人应缴纳个人所得税=5 000×20%=1 000（元）

金好好应缴纳的个人所得税应由豪盛商场代扣代缴。

11. 企业向个人支付不竞争款项如何计缴个人所得税？

答：不竞争款项是指资产购买方企业与资产出售方企业自然人股东之间在

资产购买交易中，通过签订保密和不竞争协议等方式，约定资产出售方企业自然人股东在交易完成后一定期限内，承诺不从事有市场竞争的相关业务，并负有相关技术资料的保密义务，资产购买方企业则在约定期限内，按一定方式向资产出售方企业自然人股东所支付的款项。

根据《财政部 国家税务总局关于企业向个人支付不竞争款项征收个人所得税问题的批复》(财税〔2007〕102号)的规定，鉴于资产购买方企业向个人支付的不竞争款项，属于个人因偶然因素取得的一次性所得，为此，资产出售方企业自然人股东取得的所得，应按照《个人所得税法》第二条第十项"偶然所得"项目计算缴纳个人所得税，税款由资产购买方企业在向资产出售方企业自然人股东支付不竞争款项时代扣代缴。

【案例8-4】企业向个人支付不竞争款项的个人所得税处理

发达公司购买王某持有的某项专利技术使用权并支付价款1 000 000元。同时，发达公司与王某还签订了保密和不竞争协议，要求王某在5年内不得向其他人透露该技术内容，并不得从事相关技术的生产经营。发达公司向王某另外支付了保密和不竞争款500 000元。王某取得的保密和不竞争款如何计缴个人所得税？

解析：

王某取得的发达公司支付的保密和不竞争款500 000元，属于个人因偶然因素取得的一次性所得，应按照《个人所得税法》第二条第九项"偶然所得"项目计算缴纳个人所得税。

王某获得的保密和不竞争款应缴纳个人所得税=500 000×20%=100 000（元）此项个人所得税应由发达公司代扣代缴。

12. 企业在购物有奖活动中用汽车5年的免费使用权作为奖项如何计缴个人所得税？

答：《个人所得税法实施条例》第八条规定，个人所得的形式，包括现金、实物、有价证券和其他形式的经济利益。所得为实物的，应当按照取得的凭证上所注明的价格计算应纳税所得额；无凭证的实物或者凭证上所注明的价格明显偏低的，参照市场价格核定应纳税所得额。所得为有价证券的，根据票面价格和市场价格核定应纳税所得额。所得为其他形式的经济利益的，参照市场价格核定应纳税所得额。

根据上述法理精神，《国家税务总局关于用使用权作奖项征收个人所得税问题的批复》（国税函〔1999〕549号）中对福建省地方税务局关于用财产使用权作奖项征收个人所得税问题的请示做了如下答复：

福建省外商投资企业福州元洪城举办购物有奖活动，规定特等奖为一套住房的10年免费使用权（10年内可以由中奖者自住，也可出租，10年后归还房子），一等奖为一部桑塔纳轿车的10年免费使用权。从以上情况可以看出，消费者取得了实物的使用权，可以运用该使用权获取收入或节省费用，使用权实质上是实物形态所得的表现形式。根据个人所得税法立法精神，个人取得的实物所得含取得所有权和使用权的所得。因此，可以认定消费者取得上述住房、汽车的免费使用权，不管是自用或出租，已经取得了实物形式的所得，应按照"偶然所得"应税项目缴纳个人所得税，税款由提供住房、汽车的企业代扣代缴。主管税务机关可根据个人所得税法实施条例第八条规定的原则，结合当地实际情况和所获奖品合理确定应纳税所得额。

三、彩票中奖收入的征免规定

13. 个人购买福利彩票中奖取得的收入可以免缴个人所得税吗？

答：《国家税务总局关于社会福利有奖募捐发行收入税收问题的通知》（国税发〔1994〕127号）第二条规定，对个人购买社会福利有奖募捐奖券一次中奖收入不超过10 000元的，暂免征收个人所得税；对一次中奖收入超过10 000元的，应全额依20%税率征收个人所得税。

14. 个人取得体育彩票中奖所得可以免缴个人所得税吗？

答：根据《财政部　国家税务总局关于个人取得体育彩票中奖所得征免个人所得税问题的通知》（财税〔1998〕12号）的规定，凡一次中奖收入不超过1万元的，暂免征收个人所得税；超过1万元的，应按税法规定依20%税率全额征收个人所得税。

四、科技奖金的税收优惠

15. 学生取得"长江小小科学家"奖金可以免缴个人所得税吗？

答：由教育部和李嘉诚基金会主办、中国科协承办的"长江小小科学家"活动，奖励全国（包括香港、澳门特别行政区）初中、高中、中等师范学校、中等专业学校、职业中学、技工学校的在校学生近年来完成的，并申报参加全国评选和展示的获奖优秀科技创新和科学研究项目。每次活动评出一等奖 1 名，奖金为 25 万元人民币（其中奖励学生个人 5 万元人民币，奖励学生所在学校 20 万元人民币）；二等奖 25 名，奖金为 6 万元人民币（其中奖励学生个人 1 万元人民币，奖励学生所在学校 5 万元人民币）；三等奖 50 名，奖金为 3.5 万元人民币（其中奖励学生个人 5 000 元人民币，奖励学生所在学校 3 万元人民币）；提名奖 100 名，奖金为 9 000 元人民币（其中奖励学生个人 1 500 元人民币，奖励学生所在学校 7 500 元人民币）。教育部为此申请对上述奖金免征个人所得税。

对此，《国家税务总局关于"长江小小科学家"奖金免征个人所得税的通知》（国税函〔2000〕688 号）规定：对学生个人参与"长江小小科学家"活动并获得的奖金，按照个人所得税法第四条免税规定，免予征收个人所得税。

16. 学生取得"明天小小科学家"奖金可以免缴个人所得税吗？

答：根据《国家税务总局关于明天小小科学家奖金免征个人所得税问题的公告》（国家税务总局公告 2012 年第 28 号）的规定明确，对教育部、中国科学技术协会和香港周凯旋基金会依照"明天小小科学家"评奖办法，评选出的"明天小小科学家"，学生个人参与"明天小小科学家"活动获得的奖金收入，按照个人所得税法第四条规定直接免予征收个人所得税。

17. 个人取得青年地质科学技术奖奖金可以免缴个人所得税吗？

答：为奖励在我国地质学领域做出重要贡献的杰出青年地质工作者，由国土资源部主管的黄汲清青年地质科学技术奖基金管理委员会根据《黄汲清青年地质科学技术奖基金章程》《黄汲清青年地质科学技术奖奖励条例》的规定，经过专家初评、社会公示和评奖委员会终评，第五届黄汲清青年地质科学技术奖共评出 15 位获奖者，每人奖金 1 万元人民币。

根据《国家税务总局关于第五届黄汲清青年地质科学技术奖奖金免征个人所得税问题的公告》（国家税务总局公告 2012 年第 4 号）的规定，对第五届及以后年度黄汲清青年地质科学技术奖获奖者所获奖金，按照个人所得税法第四条第一项关于国务院部委颁发的科学、教育、技术等方面的奖金免征个人所得税的规定，免予征收个人所得税。如果主办单位和评奖办法以后年度发生变化，主办单位应重新报国家税务总局审核确认。

18. 个人取得刘东生青年科学家奖和地球科学奖学金可以免缴个人所得税吗？

答：为推动地球科学发展，中国科学院设立了刘东生地球科学基金，用于奖励在第四纪、新生代古生物、青藏高原和环境地质研究领域做出创新性学术成果和取得优秀学术成果的国内青年科学家。2009 年组织了第一次评奖活动，评选出刘东生青年科学家奖 1 人，奖金为 2 万元；评选出刘东生地球科学奖学金 3 人，每人奖学金 5 000 元。

根据《国家税务总局关于刘东生青年科学家奖和刘东生地球科学奖学金获奖者奖金免征个人所得税的通知》（国税函〔2010〕74 号）的规定，按照个人所得税法第四条第一项关于国务院部委颁发的科学、教育、技术等方面的奖金免征个人所得税的规定，对中国科学院首届及以后年度"刘东生青年科学家奖""刘东生地球科学奖学金"的奖金收入免予征收个人所得税。如果主办单位和评奖办法以后年度发生变化的，主办单位应重新报国家税务总局审核确认。

19. 个人取得陈嘉庚科学奖获奖可以免缴个人所得税吗？

答：陈嘉庚基金会以中国科学院为业务主管部门，实行理事会负责制，由科技部、财政部、教育部、中国科学院、中国工程院、国家自然科学基金委员会、中国科学技术协会、中国银行等部门及中国科学院各学部主任和院士组成理事会，下设评选委员会。该基金会的主要职责是设立陈嘉庚科学奖，以奖励取得杰出科技成果的我国优秀科学家，促进中国科学技术事业的发展。该奖共设 6 个奖项，每个奖项奖金为 30 万元人民币。

根据《国家税务总局关于陈嘉庚科学奖获奖个人取得的奖金收入免征个人所得税的通知》(国税函〔2006〕561号)的规定,按照个人所得税法第四条第一项关于国务院部委颁发的科学、教育、技术等方面的奖金免征个人所得税的规定,对陈嘉庚科学奖2006年度获奖者个人取得的奖金收入,免予征收个人所得税。在陈嘉庚科学奖业务主管、组织结构、评选办法不变的情况下,以后年度的陈嘉庚科学奖获奖个人的奖金收入,继续免征个人所得税。

五、教育奖金的税收优惠

20. 个人取得哪些教育方面的奖学金可以免缴个人所得税?

答: 根据《财政部 国家税务总局关于教育税收政策的通知》(财税〔2004〕39号)第一条第十一项的规定,对省级人民政府、国务院各部委和中国人民解放军军以上单位,以及外国组织、国际组织颁布的教育方面的奖学金,免征个人所得税。

21. 个人获得曾宪梓教育基金会教师奖可以免缴个人所得税吗?

答:《个人所得税法》第四条第一项规定,省级人民政府、国务院部委和中国人民解放军军以上单位,以及外国组织、国际组织颁发的科学、教育、技术、文化、卫生、体育、环境保护等方面的奖金,免征个人所得税。

《国家税务总局关于曾宪梓教育基金会教师奖免征个人所得税的函》(国税函发〔1994〕376号)明确,曾宪梓教育基金会致力于发展中国的教育事业,评选教师奖具有严格的程序,奖金由国家教委颁发,对个人获得曾宪梓教育基金会教师奖的奖金,可视为国务院部委颁发的教育方面的奖金,免予征收个人所得税。

22. 教育部颁发的"特聘教授奖金"可以免缴个人所得税吗?

答: 由教育部与香港实业家李嘉诚先生及其领导的长江基建(集团)有限公司合作建立的"长江学者奖励计划"实施高等教育特聘教授岗位制度,根据教育部1999年6月10日印发的《高等学校特聘教授岗位制度实施办法》规定,"特聘教授在聘期内享受特聘教授奖金",标准为每人每年10万元人民币。

《国家税务总局关于"特聘教授奖金"免征个人所得税的通知》(国税函〔1999〕525号)明确如下:

（1）对教育部颁发的"特聘教授奖金"免予征收个人所得税。

（2）各地应加强对该免税项目的监管，要求设岗的高等学校将聘任的特聘教授名单、聘任合同及发放奖金的情况报当地主管税务机关。

23. 特聘教授取得岗位津贴和长江学者成就奖可以免缴个人所得税吗？

答：为配合"211工程"建设，吸引和培养杰出人才，加速高校中青年学科带头人队伍建设，教育部和香港实业家李嘉诚先生共同筹资建立了"长江学者奖励计划"。该计划包括实行特聘教授岗位制度和设立"长江学者成就奖"两项内容，即经过一定审核程序，在全国高等学校国家重点学科中，面向国内、外公开招聘学术造诣深、发展潜力大、具有领导本学科在其前沿领域赶超或保持国际先进水平能力的中青年杰出人才，作为特聘教授，在聘期内享受每年10万元人民币的特聘教授岗位津贴，同时享受学校按照国家有关规定提供的工资、保险、福利等待遇；特聘教授任职期间取得重大成就、做出重大贡献，将获得由教育部会同李嘉诚先生审定并公布的每年一次的"长江学者成就奖"，每次一等奖1名，奖金为100万元人民币，二等奖30名，每人奖金为50万元人民币。

对此，《国家税务总局关于"长江学者奖励计划"有关个人收入免征个人所得税的通知》(国税函〔1998〕632号)明确如下：

（1）按照个人所得税法的规定，特聘教授取得的岗位津贴应并入其当月的工资、薪金所得计征个人所得税，税款由所在学校代扣代缴；

（2）为了鼓励特聘教授积极履行岗位职责，带领本学科在其前沿领域赶超或保持国际先进水平，对特聘教授获得"长江学者成就奖"的奖金，可视为国务院部委颁发的教育方面的奖金，免予征收个人所得税。

六、其他奖金的征免规定

24. 见义勇为奖金可以免缴个人所得税吗？

答：《财政部 国家税务总局关于发给见义勇为者的奖金免征个人所得税问

题的通知》（财税字〔1995〕25号）规定，对乡、镇（含乡、镇）以上人民政府或经县（含县）以上人民政府主管部门批准成立的有机构、有章程的见义勇为基金会或者类似组织，奖励见义勇为者的奖金或奖品，经主管税务机关核准，免予征收个人所得税。

25. 青少年消除贫困奖可以免缴个人所得税吗？

答：《财政部 国家税务总局关于国际青少年消除贫困奖免征个人所得税的通知》（财税〔1997〕51号）规定，考虑到"国际青少年消除贫困奖"是由联合国开发计划署和中国青少年发展基金会共同设立的，旨在表彰、奖励在与贫困做斗争中取得突出成绩的青少年，根据个人所得税法第四条第一项的规定，特对个人取得的"国际青少年消除贫困奖"，视同从国际组织取得的教育、文化方面的奖金，免予征收个人所得税。

26. 个人举报违法行为获得的奖金可以免缴个人所得税吗？

答： 根据《财政部 国家税务总局关于个人所得税若干政策问题的通知》（财税〔1994〕20号）的规定，个人举报、协查各种违法、犯罪行为而获得的奖金，暂免征收个人所得税。

27. 个人取得中华宝钢环境优秀奖奖金可以免缴个人所得税吗？

答： 为表彰和奖励为我国环境保护事业做出重大贡献者，促进环境保护事业的发展，经环境保护部批准，中华环境保护基金会设立了中华环境奖（现冠名为中华宝钢环境奖）。由全国人大环境与资源保护委员会、全国政协人口资源环境委员会、教育部、民政部、环境保护部、文化部、国家广播电影电视总局、中华全国总工会、共青团中央、全国妇联等13家单位组成组织委员会，对其评选工作进行指导。该奖评选办公室设在中华环境保护基金会。在第六届中华宝钢环境奖评选工作中，评选出中华宝钢环境优秀奖获奖者个人7名，每人奖金为5万元。

对此，《国家税务总局关于中华宝钢环境优秀奖奖金免征个人所得税问题的通知》（国税函〔2010〕130号）明确如下：

（1）根据个人所得税法第四条第一项有关规定，对第六届中华宝钢环境优秀奖获奖者个人所获奖金，免予征收个人所得税。

（2）对中华环境保护基金会严格按照中华环境奖评奖办法，在以后年度评选出的上述奖项奖金收入，一律按照个人所得税法的有关规定直接免予征收个人所得税。主办单位和评奖办法以后年度发生变化的，主办单位应重新报国家税务总局审核确认。

28. 个人所得税代扣代缴手续费如何领取，有金额限制吗？税务机关查补的税款都能领取手续费吗？

答：（1）关于支付手续费比例和限额。《个人所得税法》第十七条规定，对扣缴义务人按照所扣缴的税款，付给百分之二的手续费。财行〔2019〕11号文件第三条第一项规定，法律、行政法规规定的代扣代缴税款，税务机关按不超过代扣税款的2%支付手续费，且支付给单个扣缴义务人年度最高限额70万元，超过限额部分不予支付，对于法律、行政法规明确规定手续费比例的，按规定比例执行。因此，根据法律优于规范性文件的适用原则，个人所得税的代扣代缴手续费应当不受年度70万元的限制。

（2）给付扣缴义务人手续费的程序。《个人所得税法实施条例》第三十三条规定，税务机关按照个人所得税法第十七条的规定付给扣缴义务人手续费，应当填开退还书；扣缴义务人凭退还书，按照国库管理有关规定办理退库手续。

财行〔2019〕11号文件第四条第一项规定，"三代"税款手续费按年据实清算。代扣、代收扣缴义务人和代征人应于每年3月30日前，向税务机关提交上一年度"三代"税款手续费申请相关资料，因"三代"单位或个人自身原因，未及时提交申请的，视为自动放弃上一年度"三代"税款手续费。各级税务机关应严格审核"三代"税款手续费申请情况，并以此作为编制下一年度部门预算的依据。

（3）给付扣缴义务人手续费的范围。《个人所得税扣缴申报管理办法（试行）》第十七条第一款规定，对扣缴义务人按照规定扣缴的税款，按年付给百分之二的手续费，不包括税务机关、司法机关等查补或者责令补扣的税款。

财行〔2019〕11号文件第四条第三项规定，税务机关对单位和个人未按照法律、行政法规或者委托代征协议规定履行代扣、代收、代征义务的，不得支付"三代"税款手续费。

（4）扣缴义务人手续费的使用范围。财行〔2019〕11号文件第四条第三项规定，"三代"单位所取得的手续费收入应单独核算，计入本单位收入，用于与"三代"业务直接相关的办公设备、人员成本、信息化建设、耗材、交通费等管理支出。上述支出内容，国家已有相关支出标准的，严格执行有关规定；没有支出标准的，参照当地物价水平及市场价格，按需支出。单位取得的"三代"税款手续费以及手续费的使用，应按照法律、法规有关规定执行。

国家税务总局公告2018年第61号第十七条第二款规定，扣缴义务人领取的扣缴手续费可用于提升办税能力、奖励办税人员。

29. 个人取得"母亲河（波司登）奖"奖金可以免缴个人所得税吗？

答：中国青年乡镇企业家协会是共青团中央直属的社会团体，其组织评选的"母亲河（波司登）奖"是经共青团中央、全国人大环资委、国家环保总局等九部门联合批准设立的环境保护方面的奖项。

对此，《国家税务总局关于个人取得"母亲河（波司登）奖"奖金所得免征个人所得税问题的批复》（国税函〔2003〕961号）明确，依据个人所得税法第四条第一项规定，该奖项可以认定为国务院部委颁发的环境保护方面的奖金。个人取得的上述奖金收入，免予征收个人所得税。

30. 受灾地区个人取得的抚恤金、救济金可以免缴个人所得税吗？

答：《财政部　国家税务总局关于认真落实抗震救灾及灾后重建税收政策问题的通知》（财税〔2008〕62号）第二条对抗震救灾有关优惠政策规定如下：

（1）因地震灾害造成重大损失的个人，可减征个人所得税。具体减征幅度和期限由受灾地区省、自治区、直辖市人民政府确定。

（2）对受灾地区个人取得的抚恤金、救济金，免征个人所得税。

（3）个人将其所得向地震灾区的捐赠，按照个人所得税法的有关规定从应纳税所得中扣除。

附录A

个人所得税知识测试题及参考答案

个人所得税知识测试题

一、单选题（每题1分，共30分）

1. 《个人所得税法》规定，下列属于分类所得的项目是（　　）。
   A. 稿酬所得　　　　　　　　　　B. 偶然所得
   C. 其他所得　　　　　　　　　　D. 特许权使用费所得

2. 《个人所得税法》规定，省级政府有权制定的税收优惠政策包括（　　）。
   A. 烈属取得的经营所得　　　　　B. 洪涝灾害但损失不大的
   C. 残疾人张三的赌博收益　　　　D. 孤老人员的利息所得

3. 居民个人取得下列所得按次征税的有（　　）。
   A. 特许权使用费所得　　　　　　B. 利息、股息、红利所得
   C. 劳务报酬所得　　　　　　　　D. 经营所得

4. 下列属于综合所得中依法确定的其他扣除项目的有（　　）。
   A. "三险一金"　　　　　　　　　B. 大病医疗
   C. 商业健康险支出　　　　　　　D. 保险赔款

5. 李某和其妻子钱某购买一套住房，属于首套住房贷款，下列说法正确的是（　　）。
   A. 李某和钱某均可以扣除住房贷款利息
   B. 李某和钱某每月均可扣除的额度是1 000元
   C. 李某和钱某可以由其中一人扣除，每月扣除额度是1 000元
   D. 李某和钱某所购买住房如果在北上广深等城市，扣除的标准要高于1 000元

6. 享受住房贷款利息专项附加扣除的时间为贷款合同约定开始还款的当月至贷款全部归还或贷款合同终止的当月，扣除期限最长不得超过规定时间，这个规定时间是（　　）。
   A. 120个月　　　B. 180个月　　　C. 240个月　　　D. 300个月

7. 纳税人享受住房贷款利息专项附加扣除，应当留存（　　）。
   A. 住房贷款合同　　B. 结婚证　　C. 购房发票　　D. 物业费收据

8. 纳税人赡养（　　）父母以及其他法定赡养人的赡养支出，可以按照标准定额扣除。
   A. 50岁以上
   C. 50岁（含）以上
   B. 60岁以上
   D. 60岁（含）以上

9. 纳税人A有姊妹两人，父母均在老家，由在老家的妹妹负责日常照料。以下分摊方法正确的是（　　）。
   A. A跟其妹妹约定，每人每月均摊扣除1 000元
   B. A跟其妹妹约定，由A全部扣除2 000元
   C. 老人指定A分摊1 500元，其妹妹分摊500元
   D. 老人指定A分摊500元，其妹妹分摊1 500元

10. 子女教育专项附加扣除的标准是（　　）。
    A. 每孩每月1 500元　　　B. 每孩每月800元
    C. 每孩每月1 200元　　　D. 每孩每月1 000元

11. 下列（　　）不是享受子女教育专项附加的主体。
    A. 生父母　　　　　　　B. 养父母
    C. 继父母　　　　　　　D. 不属于监护人的亲属

12. 纳税人享受子女教育专项附加扣除的起始时间为子女接受教育入学或年满三周岁的（　　）。
    A. 当月　　　B. 下月　　　C. 上月　　　D. 下年

13. 纳税人在境内接受学历（学位）继续教育，在学历（学位）教育期间按照每月（　　）的标准定额扣除。
    A. 300元　　　B. 400元　　　C. 500元　　　D. 600元

14. 纳税人同一学历继续教育的扣除期限不能超过（　　）。
    A. 24个月　　　B. 36个月　　　C. 48个月　　　D. 60个月

15. 纳税人接受技能人员职业资格继续教育、专业技术人员职业资格继续教育支出，在取得证书的当年，按照（　　）的标准定额扣除。

　　A. 2 400 元　　　B. 3 000 元　　　C. 3 600 元　　　D. 4 800 元

16. 纳税人发生符合条件的大病医疗支出，超过（　　）元的部分在（　　）元限额内据实扣除。

　　A. 15 000，80 000　B. 10 000，80 000　C. 15 000，60 000　D. 10 000，60 000

17. 在一个纳税年度内，与基本医保相关的医药费用，扣除医保报销后个人负担部分，在一定标准内扣除。其中，扣除医保报销后个人负担部分是指（　　）。

　　A. 医保目录范围内自费和自付部分　　B. 医保目录范围内自付部分

　　C. 个人负担的所有费用　　　　　　　D. 医保目录范围内自费部分

18. 纳税人李某符合住房租金扣除条件，具体租房时间自 2019 年 4 月起，他可开始享受住房租金扣除的具体时间是（　　）。

　　A. 2019 年 3 月　　B. 2019 年 4 月　　C. 2019 年 5 月　　D. 2019 年 6 月

19. 2019 年纳税人李某已享受住房贷款利息专项附加扣除，当年不能扣除的项目有（　　）。

　　A. 子女教育　　　B. 大病医疗　　　C. 继续教育　　　D. 住房租金

20. 纳税人次年需要由扣缴义务人继续办理专项附加扣除的，应当在规定时间对次年享受专项附加扣除的内容进行确认，并报送扣缴义务人。这个规定时间是（　　）。

　　A. 每年 11 月　　B. 每年 12 月　　C. 每年第三季度　　D. 每年第四季度

21. 纳税人选择在扣缴义务人预扣税款时享受专项附加扣除的，扣缴义务人对纳税人填写并签字的《个人所得税专项附加扣除信息表》正确的处理方式是（　　）。

　　A. 报税务机关　　　　　　　　　B. 交由纳税人留存备查

　　C. 由扣缴义务人留存备查　　　　D. 录入信息系统就不再留存了

22. 纳税人报送的《个人所得税专项附加扣除信息表》及其他留存备查资料应当自法定汇算清缴期结束后保存一定时间，这个时间是（　　）。

　　A. 五年　　　　　B. 三年　　　　　C. 二年　　　　　D. 一年

23. 支付工资、薪金所得的扣缴义务人应当于年度终了后（　　）内，向纳税人提供其个人所得和已扣缴税款等信息。

　　A. 一个月　　　　B. 二个月　　　　C. 三个月　　　　D. 四个月

24. 扣缴义务人向居民个人支付（　　）时，应当按照累计预扣法计算预扣税款。
   A. 劳务报酬所得　　　　　　　　B. 稿酬所得
   C. 特许权使用费所得　　　　　　D. 工资、薪金所得

25. 需要办理综合所得汇算清缴的纳税人，应当向任职、受雇单位所在地主管税务机关办理汇算清缴申报，办理时间是（　　）。
   A. 取得所得的次年 1 月 1 日至 3 月 31 日内
   B. 取得所得的次年 3 月 1 日至 5 月 31 日内
   C. 取得所得的次年 1 月 1 日至 5 月 31 日内
   D. 取得所得的次年 3 月 1 日至 6 月 30 日内

26. 纳税人取得经营所得的，应向经营管理所在地主管税务机关办理汇算清缴，办理时间是（　　）。
   A. 次年 3 月 31 日前　　　　　　B. 次年 4 月 30 日前
   C. 次年 5 月 31 日前　　　　　　D. 次年 6 月 30 日前

27. 非居民个人在中国境内从两处以上取得工资、薪金所得的，应当向其中一处任职受雇单位所在地主管税务机关办理纳税申报，办理纳税申报的时间是在（　　）。
   A. 取得所得的次月 15 日内　　　B. 取得所得的季度终了后 15 日内
   C. 取得所得的次年 3 月 31 日前　D. 取得所得的次年 6 月 30 日前

28. 2019 年度，个人取得下列所得项目中实行比例税率的所得项目是（　　）。
   A. 工资薪金所得　　　　　　　　B. 偶然所得
   C. 劳务报酬所得　　　　　　　　D. 经营所得

29. 下列应纳税所得额的计算不正确的是（　　）。
   A. 非居民汤姆先生，当月取得归属于境内的工资收入 10 万元，应纳税所得额为 95 000 元
   B. 某人取得上市公司股息 5 000 元，应纳税所得额为 4 000 元
   C. 2019 年，孙某取得稿酬所得 2 万元，假定其无其他综合所得，应纳税所得额为 0
   D. 刘某转让一套住房，取得收入 500 万元，该房屋原由 120 万元购买，无相关税费，应纳税所得额为 380 万元

30. 下列说法不符合《个人所得税法》规定的是（　　）。
   A. 个人取得的利息股息红利所得、财产转让所得、财产租赁所得和偶然所得，

适用20%的比例税率，计算征收个人所得税

B. 居民个人取得的劳务报酬所得、稿酬所得、特许权使用费所得以收入减除20%费用后的余额为收入额。稿酬所得的收入额减按70%计算

C. 非居民个人从两处以上取得工资、薪金所得的，应在取得的次月15日内，依法办理纳税申报

D. 居民个人取得中国境外所得的，应当在取得所得的次年1月1日至1月31日内，向税务机关办理纳税申报

二、多选题（每题2分，共30分）

1. 下列说法正确的有（　　）。

    A. 张三与李四共同为A公司提供劳务报酬收入10万元，其中张三分得6万元，李四分得4万元，二人可以分别减除费用，分别单独计算个人所得税

    B. 专项附加扣除都可以在扣缴义务人支付工资时预扣预缴环节办理

    C. 张三同时属于甲乙两个合伙企业的合伙人，其从每一合伙企业取得的经营所得，均可分别减除6万元

    D. 综合所得按年计算，适用3%至45%的超额累进税率

2. 其他法定赡养人包括（　　）。

    A. 实际承担对祖父母赡养义务的孙子女

    B. 实际承担对外祖父母赡养义务的外孙子女

    C. 祖父母的子女均已经去世，实际承担对祖父母赡养义务的孙子女

    D. 外祖父母的子女均已经去世，实际承担对外祖父母赡养义务的外孙子女

    E. 外祖父母的孙子女已经去世，实际承担对外祖父母赡养义务的外孙子女

3. 以下关于赡养老人专项附加扣除的说法中，正确的是（　　）。

    A. 纳税人为独生子女的，按照每月2 000元的标准定额扣除

    B. 纳税人为非独生子女的，应当与其兄弟姐妹分摊每月2 000元的扣除额度，每人分摊的扣除额度不能超过1 000元

    C. 分摊方式包括平均分摊、赡养人约定分摊，具体分摊方式在一个纳税年度内不得变更

    D. 采取指定分摊或约定分摊方式的，每一纳税人分摊的扣除额最高不得超过每月1 000元，并签订书面分摊协议

4. 纳税人享受子女教育专项附加扣除政策的，其子女接受学历教育的范围包括（　　）。

    A. 博士后　　　　B. 普通高中　　　　C. 中等职业教育　　D. 大学本科

5. 纳税人子女在境外接受教育的，必须留存（   ）。
   A. 境外学校录取通知书　　　　B. 学费支付证明
   C. 留学签证　　　　　　　　　D. 子女出入境记录
   E. 机票、车票等交通工具支付凭证

6. 下列（   ）发生的符合条件的大病医疗支出，可以由纳税人扣除。
   A. 父母　　　　　　　　　　　B. 未成年子女
   C. 配偶　　　　　　　　　　　D. 兄弟姐妹
   E. 已成年子女

7. 下列有关大病医疗支出扣除的叙述，正确的有（   ）。
   A. 未成年子女的大病医疗支出由父母按比例分摊扣除
   B. 纳税人的大病医疗支出可以由本人和配偶按比例分摊扣除
   C. 未成年子女的大病医疗支出由父母一方扣除
   D. 纳税人的大病医疗支出可以由本人扣除
   E. 纳税人的大病医疗支出可以由配偶扣除

8. 某纳税人在北京工作，不允许享受住房租金扣除的情况有（   ）。
   A. 在纳税人配偶名下拥有北京市远郊区的住房
   B. 纳税人父母名下拥有北京市区的住房
   C. 在纳税人本人名下拥有天津市郊区的住房
   D. 纳税人配偶已申请享受住房贷款利息扣除

9. 取得综合所得且符合下列情形之一的纳税人，应当依法办理汇算清缴，正确的说法包括（   ）。
   A. 从两处以上取得工资、薪金所得，劳务报酬所得，稿酬所得，特许权使用费所得中的一项或多项，且上述所得年收入额超过6万元
   B. 取得劳务报酬所得、稿酬所得、特许权使用费所得中的一项或者多项，且综合所得年收入额减除专项扣除后的余额超过6万元
   C. 纳税年度内预缴税额低于应纳税额
   D. 纳税人申请退税

10. 纳税人取得综合所得办理汇算清缴时，办理地点叙述正确的有（   ）。
    A. 对有两处以上任职、受雇单位的，可以选择其中一处任职、受雇单位所在地主管税务机关申报
    B. 对只有一处任职、受雇单位的，可以选择其任职、受雇单位所在地主管税务机关申报，也可以选择户籍所在地主管税务机关申报

C. 纳税人没有任职、受雇单位的，可以向户籍所在地主管税务机关办理汇算清缴申报

D. 纳税人没有任职、受雇单位的，可以向经常居住地主管税务机关办理汇算清缴申报

11. 个人取得应税经营所得包括的情形有（　　）。

　　A. 个人通过在中国境内注册登记的个体工商户、个人独资企业、合伙企业从事生产、经营活动取得的所得

　　B. 个人依法取得执照，从事办学、医疗、咨询以及其他有偿服务活动取得的所得

　　C. 个人从事设计、审稿、打字等劳务取得的所得

　　D. 个人承包、承租、转包、转租取得的所得

12. 需要向税务机关报送《个人所得税年度自行纳税申报表》的纳税人包括（　　）。

　　A. 注销户籍前办理当年综合所得汇算清缴的纳税人

　　B. 取得综合所得正常办理汇算清缴的纳税人

　　C. 取得综合所得但扣缴义务人未扣缴税款的居民个人

　　D. 在中国境内从两处以上取得工资、薪金所得的非居民个人

　　E. 取得所得没有扣缴义务人的居民个人

13. 符合条件的纳税人向支付工资、薪金所得的扣缴义务人提供专项附加扣除信息，由扣缴义务人在预扣预缴税款时按其在本单位本年可享受的累计扣除额办理扣除的专项附加扣除项目包括（　　）。

　　A. 子女教育　　　　　　　　B. 继续教育

　　C. 住房贷款利息或住房租金　　D. 大病医疗

　　E. 赡养老人

14. 实行个人所得税全员全额扣缴申报的应税所得包括（　　）。

　　A. 工资、薪金所得　　　　　B. 劳务报酬所得

　　C. 稿酬所得　　　　　　　　D. 经营所得

　　E. 利息、股息、红利所得

15. 计算居民纳税人工资薪金所得时，累计预扣预缴应纳税所得额是以纳税人在本单位截至当前月份工资薪金所得累计收入减除（　　）后的余额。

　　A. 累计减免收入　　　　　　B. 累计减除费用

　　C. 累计专项扣除　　　　　　D. 累计专项附加扣除

　　E. 累计依法确定的其他扣除

三、判断题（每题 2 分，共 40 分）

1. 外籍个人李某在境外任职，因工作原因，2019 年 1 月 1 日至 2019 年 6 月 1 日在中国境内提供劳务，境外公司发放给李某的工资薪金所得，按照我国税法规定，应在中国缴纳个人所得税。（ ）

2. 2019 年 1 月 1 日后，非居民个人取得的工资薪金所得，以每月收入额减除费用 5 000 元、专项附加扣除后的余额为应纳税所得额，适用按月换算后的综合所得税率表。（ ）

3. 经夫妻双方约定，纳税人发生的符合条件的住房贷款利息支出，可以选择由其中一方扣除，或由双方分别按照 50% 扣除，具体扣除方式在一个纳税年度内不能变更。（ ）

4. 纳税人享受赡养老人的专项附加扣除的计算时间分别为被赡养人年满 60 周岁的次月至赡养义务终止的次月。（ ）

5. 纳税人的子女年满 3 周岁但未上幼儿园，则不能享受子女教育专项附加扣除政策。（ ）

6. 个人接受本科（含）以下学历（学位）继续教育，符合本办法规定扣除条件的，可以选择由其父母扣除。（ ）

7. 在计算医药费用支出额度时，纳税人及其配偶、未成年子女发生的医疗费用支出不能混合，应按每个人分别计算。（ ）

8. 纳税人张某通过中介机构承租王某的住房，并签订合同，张某符合住房租金扣除条件。考虑到张某配偶的工资收入较高，张某可以选择由其配偶扣除住房租金。（ ）

9. 纳税人从两处或两处以上取得经营所得的，选择其中一处经营管理所在地主管税务机关办理年度汇总申报。（ ）

10. 居民个人取得综合所得且扣缴义务人未扣缴税款的，居民个人应当在取得所得的次年 1 月 1 日至 3 月 31 日内，向综合所得汇算清缴地主管税务机关办理纳税申报。（ ）

11. 非居民个人取得工资薪金所得、劳务报酬所得且有两个以上扣缴义务人未扣缴税款的，应分别向各扣缴义务人所在地税务机关办理纳税申报。（ ）

12. 非居民个人取得工资薪金所得且扣缴义务人未扣缴税款的，如非居民个人在次年 6 月 30 日前离境的，应当在离境前办理纳税申报。（ ）

13. 居民个人取得中国境外所得，如在中国境内没有任职、受雇单位，并且户籍所在地与中国境内经常居住地不一致的，选择其中一地主管税务机关申报。（ ）

14. 纳税人在注销户籍年度取得经营所得的，应当在申请注销户籍前，办理当年经营

所得的汇算清缴。（ ）

15. 一个纳税年度内，纳税人在扣缴义务人预扣预缴税款环节未享受或未足额享受专项附加扣除的，既可以在当年内向该扣缴义务人申请补充扣除，也可以在次年3月1日至6月30日内，向汇缴地主管税务机关办理汇算清缴时申报扣除。（ ）
16. 扣缴义务人向非居民个人支付工资、薪金所得时，应当按照累计预扣法计算预扣税款，并按月办理扣缴申报。（ ）
17. 计算累计应预扣预缴税额时，余额为负值时，暂不退税。纳税年度终了后余额仍为负值时，由纳税人通过办理综合所得年度汇算清缴，多退少补。（ ）
18. 非居民个人达到居民个人条件时，一个纳税年度内税款扣缴方法保持不变。（ ）
19. 纳税人已办理综合所得汇算清缴后，扣缴义务人不可以办理修正申报。（ ）
20. 纳税人可以在年度中间要求扣缴义务人提供其已扣缴税款等信息。（ ）

参考答案

一、单选题

1. B 2. A 3. B 4. C 5. C 6. C 7. A 8. D 9. A 10. D
11. D 12. A 13. B 14. C 15. C 16. A 17. B 18. B 19. D 20. B
21. C 22. A 23. B 24. D 25. D 26. A 27. A 28. B 29. B 30. D

二、多选题

1. AD 2. CD 3. ABD 4. BCD 5. AC
6. BC 7. CDE 8. AD 9. BCD 10. ACD
11. ABD 12. ABC 13. ABCE 14. ABCE 15. ABCDE

三、判断题

1. √ 2. × 3. × 4. × 5. × 6. √ 7. √ 8. × 9. √ 10. ×
11. × 12. √ 13. √ 14. √ 15. √ 16. × 17. √ 18. √ 19. √ 20. √

中华人民共和国个人所得税法

中华人民共和国个人所得税法

（1980年9月10日第五届全国人民代表大会第三次会议通过 根据1993年10月31日第八届全国人民代表大会常务委员会第四次会议《关于修改〈中华人民共和国个人所得税法〉的决定》第一次修正 根据1999年8月30日第九届全国人民代表大会常务委员会第十一次会议《关于修改〈中华人民共和国个人所得税法〉的决定》第二次修正 根据2005年10月27日第十届全国人民代表大会常务委员会第十八次会议《关于修改〈中华人民共和国个人所得税法〉的决定》第三次修正 根据2007年6月29日第十届全国人民代表大会常务委员会第二十八次会议《关于修改〈中华人民共和国个人所得税法〉的决定》第四次修正 根据2007年12月29日第十届全国人民代表大会常务委员会第三十一次会议《关于修改〈中华人民共和国个人所得税法〉的决定》第五次修正 根据2011年6月30日第十一届全国人民代表大会常务委员会第二十一次会议《关于修改〈中华人民共和国个人所得税法〉的决定》第六次修正 根据2018年8月31日第十三届全国人民代表大会常务委员会第五次会议《关于修改〈中华人民共和国个人所得税法〉的决定》第七次修正）

第一条 在中国境内有住所，或者无住所而一个纳税年度内在中国境内居住累计满一百八十三天的个人，为居民个人。居民个人从中国境内和境外取得的所得，依照本法规定缴纳个人所得税。

在中国境内无住所又不居住，或者无住所而一个纳税年度内在中国境内居住累计不满一百八十三天的个人，为非居民个人。非居民个人从中国境内取得的所得，依照本法规定缴纳个人所得税。

纳税年度，自公历一月一日起至十二月三十一日止。

第二条 下列各项个人所得，应当缴纳个人所得税：

（一）工资、薪金所得；

（二）劳务报酬所得；

（三）稿酬所得；

（四）特许权使用费所得；

（五）经营所得；

（六）利息、股息、红利所得；

（七）财产租赁所得；

（八）财产转让所得；

（九）偶然所得。

居民个人取得前款第一项至第四项所得（以下称综合所得），按纳税年度合并计算个人所得税；非居民个人取得前款第一项至第四项所得，按月或者按次分项计算个人所得税。纳税人取得前款第五项至第九项所得，依照本法规定分别计算个人所得税。

第三条 个人所得税的税率：

（一）综合所得，适用百分之三至百分之四十五的超额累进税率（税率表附后）；

（二）经营所得，适用百分之五至百分之三十五的超额累进税率（税率表附后）；

（三）利息、股息、红利所得，财产租赁所得，财产转让所得和偶然所得，适用比例税率，税率为百分之二十。

第四条 下列各项个人所得，免征个人所得税：

（一）省级人民政府、国务院部委和中国人民解放军军以上单位，以及外国组织、国际组织颁发的科学、教育、技术、文化、卫生、体育、环境保护等方面的奖金；

（二）国债和国家发行的金融债券利息；

（三）按照国家统一规定发给的补贴、津贴；

（四）福利费、抚恤金、救济金；

（五）保险赔款；

（六）军人的转业费、复员费、退役金；

（七）按照国家统一规定发给干部、职工的安家费、退职费、基本养老金或者退休费、离休费、离休生活补助费；

（八）依照有关法律规定应予免税的各国驻华使馆、领事馆的外交代表、领事官员和其他人员的所得；

（九）中国政府参加的国际公约、签订的协议中规定免税的所得；

（十）国务院规定的其他免税所得。

前款第十项免税规定，由国务院报全国人民代表大会常务委员会备案。

第五条 有下列情形之一的，可以减征个人所得税，具体幅度和期限，由省、自治区、直辖市人民政府规定，并报同级人民代表大会常务委员会备案：

（一）残疾、孤老人员和烈属的所得；

（二）因自然灾害遭受重大损失的。

国务院可以规定其他减税情形，报全国人民代表大会常务委员会备案。

第六条 应纳税所得额的计算：

（一）居民个人的综合所得，以每一纳税年度的收入额减除费用六万元以及专项扣除、专项附加扣除和依法确定的其他扣除后的余额，为应纳税所得额。

（二）非居民个人的工资、薪金所得，以每月收入额减除费用五千元后的余额为应纳税所得额；劳务报酬所得、稿酬所得、特许权使用费所得，以每次收入额为应纳税所得额。

（三）经营所得，以每一纳税年度的收入总额减除成本、费用以及损失后的余额，为应纳税所得额。

（四）财产租赁所得，每次收入不超过四千元的，减除费用八百元；四千元以上的，减除百分之二十的费用，其余额为应纳税所得额。

（五）财产转让所得，以转让财产的收入额减除财产原值和合理费用后的余额，为应纳税所得额。

（六）利息、股息、红利所得和偶然所得，以每次收入额为应纳税所得额。

劳务报酬所得、稿酬所得、特许权使用费所得以收入减除百分之二十的费用后的余额为收入额。稿酬所得的收入额减按百分之七十计算。

个人将其所得对教育、扶贫、济困等公益慈善事业进行捐赠，捐赠额未超过纳税人申报的应纳税所得额百分之三十的部分，可以从其应纳税所得额中扣除；国务院规定对公益慈善事业捐赠实行全额税前扣除的，从其规定。

本条第一款第一项规定的专项扣除，包括居民个人按照国家规定的范围和标准缴纳的基本养老保险、基本医疗保险、失业保险等社会保险费和住房公积金等；专项附加扣除，包括子女教育、继续教育、大病医疗、住房贷款利息或者住房租金、赡养老人等支出，具体范围、标准和实施步骤由国务院确定，并报全国人民代表大会常务委员会备案。

第七条 居民个人从中国境外取得的所得，可以从其应纳税额中抵免已在境外缴纳的个人所得税税额，但抵免额不得超过该纳税人境外所得依照本法规定计算的应纳税额。

第八条 有下列情形之一的，税务机关有权按照合理方法进行纳税调整：

（一）个人与其关联方之间的业务往来不符合独立交易原则而减少本人或者其关联方应纳税额，且无正当理由；

（二）居民个人控制的，或者居民个人和居民企业共同控制的设立在实际税负明显偏低的国家（地区）的企业，无合理经营需要，对应当归属于居民个人的利润不作分配或者减少分配；

（三）个人实施其他不具有合理商业目的的安排而获取不当税收利益。

税务机关依照前款规定做出纳税调整，需要补征税款的，应当补征税款，并依法加收利息。

第九条 个人所得税以所得人为纳税人，以支付所得的单位或者个人为扣缴义务人。

纳税人有中国公民身份号码的，以中国公民身份号码为纳税人识别号；纳税人没有中国公民身份号码的，由税务机关赋予其纳税人识别号。扣缴义务人扣缴税款时，纳税人应当向扣缴义务人提供纳税人识别号。

第十条 有下列情形之一的，纳税人应当依法办理纳税申报：

（一）取得综合所得需要办理汇算清缴的；

（二）取得应税所得没有扣缴义务人；

（三）取得应税所得，扣缴义务人未扣缴税款；

（四）取得境外所得；

（五）因移居境外注销中国户籍；

（六）非居民个人在中国境内从两处以上取得工资、薪金所得；

（七）国务院规定的其他情形。

扣缴义务人应当按照国家规定办理全员全额扣缴申报，并向纳税人提供其个人所得和已扣缴税款等信息。

第十一条 居民个人取得综合所得，按年计算个人所得税；有扣缴义务人的，由扣缴义务人按月或者按次预扣预缴税款；需要办理汇算清缴的，应当在取得所得的次年三月一日至六月三十日内办理汇算清缴。预扣预缴办法由国务院税务主管部门制定。

居民个人向扣缴义务人提供专项附加扣除信息的，扣缴义务人按月预扣预缴税款时应当按照规定予以扣除，不得拒绝。

非居民个人取得工资、薪金所得，劳务报酬所得，稿酬所得和特许权使用费所得，有扣缴义务人的，由扣缴义务人按月或者按次代扣代缴税款，不办理汇算清缴。

第十二条 纳税人取得经营所得，按年计算个人所得税，由纳税人在月度或者季度终了后十五日内向税务机关报送纳税申报表，并预缴税款；在取得所得的次年三月三十一日前办理汇算清缴。

纳税人取得利息、股息、红利所得，财产租赁所得，财产转让所得和偶然所得，按月或者按次计算个人所得税，有扣缴义务人的，由扣缴义务人按月或者按次代扣代缴税款。

第十三条 纳税人取得应税所得没有扣缴义务人的，应当在取得所得的次月十五日内向税务机关报送纳税申报表，并缴纳税款。

纳税人取得应税所得，扣缴义务人未扣缴税款的，纳税人应当在取得所得的次年六月三十日前，缴纳税款；税务机关通知限期缴纳的，纳税人应当按照期限缴纳税款。

居民个人从中国境外取得所得的，应当在取得所得的次年三月一日至六月三十日内申报纳税。

非居民个人在中国境内从两处以上取得工资、薪金所得的，应当在取得所得的次月十五日内申报纳税。

纳税人因移居境外注销中国户籍的，应当在注销中国户籍前办理税款清算。

第十四条 扣缴义务人每月或者每次预扣、代扣的税款，应当在次月十五日内缴入国库，并向税务机关报送扣缴个人所得税申报表。

纳税人办理汇算清缴退税或者扣缴义务人为纳税人办理汇算清缴退税的，税务机关审核后，按照国库管理的有关规定办理退税。

第十五条 公安、人民银行、金融监督管理等相关部门应当协助税务机关确认纳税人的身份、金融账户信息。教育、卫生、医疗保障、民政、人力资源社会保障、住房城乡建设、公安、人民银行、金融监督管理等相关部门应当向税务机关提供纳税人子女教育、继续教育、大病医疗、住房贷款利息、住房租金、赡养老人等专项附加扣除信息。

个人转让不动产的，税务机关应当根据不动产登记等相关信息核验应缴的个人所得税，登记机构办理转移登记时，应当查验与该不动产转让相关的个人所得税的完税凭证。个人转让股权办理变更登记的，市场主体登记机关应当查验与该股权交易相关的个人所得税的完税凭证。

有关部门依法将纳税人、扣缴义务人遵守本法的情况纳入信用信息系统，并实施联合激励或者惩戒。

第十六条 各项所得的计算，以人民币为单位。所得为人民币以外的货币的，按照人民币汇率中间价折合成人民币缴纳税款。

第十七条 对扣缴义务人按照所扣缴的税款，付给百分之二的手续费。

第十八条 对储蓄存款利息所得开征、减征、停征个人所得税及其具体办法，由国务院规定,并报全国人民代表大会常务委员会备案。

第十九条 纳税人、扣缴义务人和税务机关及其工作人员违反本法规定的,依照《中华人民共和国税收征收管理法》和有关法律法规的规定追究法律责任。

第二十条 个人所得税的征收管理,依照本法和《中华人民共和国税收征收管理法》的规定执行。

第二十一条 国务院根据本法制定实施条例。

第二十二条 本法自公布之日起施行。

个人所得税税率表一
(综合所得适用)

级数	全年应纳税所得额	税率(%)
1	不超过36 000元的	3
2	超过36 000元至144 000元的部分	10
3	超过144 000元至300 000元的部分	20
4	超过300 000元至420 000元的部分	25
5	超过420 000元至660 000元的部分	30
6	超过660 000元至960 000元的部分	35
7	超过960 000元的部分	45

注1:本表所称全年应纳税所得额是指依照本法第六条的规定,居民个人取得综合所得以每一纳税年度收入额减除费用六万元以及专项扣除、专项附加扣除和依法确定的其他扣除后的余额。

注2:非居民个人取得工资、薪金所得,劳务报酬所得,稿酬所得和特许权使用费所得,依照本表按月换算后计算应纳税额。

个人所得税税率表二
(经营所得适用)

级数	全年应纳税所得额	税率(%)
1	不超过30 000元的	5
2	超过30 000元至90 000元的部分	10
3	超过90 000元至300 000元的部分	20
4	超过300 000元至500 000元的部分	30
5	超过500 000元的部分	35

注:本表所称全年应纳税所得额是指依照本法第六条的规定,以每一纳税年度的收入总额减除成本、费用以及损失后的余额。

中华人民共和国个人所得税法实施条例

中华人民共和国国务院令

第 707 号

现公布修订后的《中华人民共和国个人所得税法实施条例》，自 2019 年 1 月 1 日起施行。

总理 李克强
2018 年 12 月 18 日

中华人民共和国个人所得税法实施条例

（1994 年 1 月 28 日中华人民共和国国务院令第 142 号发布 根据 2005 年 12 月 19 日《国务院关于修改〈中华人民共和国个人所得税法实施条例〉的决定》第一次修订 根据 2008 年 2 月 18 日《国务院关于修改〈中华人民共和国个人所得税法实施条例〉的决定》第二次修订 根据 2011 年 7 月 19 日《国务院关于修改〈中华人民共和国个人所得税法实施条例〉的决定》第三次修订 2018 年 12 月 18 日中华人民共和国国务院令第 707 号第四次修订）

第一条 根据《中华人民共和国个人所得税法》（以下简称个人所得税法），制定本条例。

第二条 个人所得税法所称在中国境内有住所，是指因户籍、家庭、经济利益关系而在中国境内习惯性居住；所称从中国境内和境外取得的所得，分别是指来源于中国境内的所得和来源于中国境外的所得。

第三条 除国务院财政、税务主管部门另有规定外，下列所得，不论支付地点是否在中国境内，均为来源于中国境内的所得：

（一）因任职、受雇、履约等在中国境内提供劳务取得的所得；

（二）将财产出租给承租人在中国境内使用而取得的所得；

（三）许可各种特许权在中国境内使用而取得的所得；

（四）转让中国境内的不动产等财产或者在中国境内转让其他财产取得的所得；

（五）从中国境内企业、事业单位、其他组织以及居民个人取得的利息、股息、红利所得。

第四条 在中国境内无住所的个人，在中国境内居住累计满183天的年度连续不满六年的，经向主管税务机关备案，其来源于中国境外且由境外单位或者个人支付的所得，免予缴纳个人所得税；在中国境内居住累计满183天的任一年度中有一次离境超过30天的，其在中国境内居住累计满183天的年度的连续年限重新起算。

第五条 在中国境内无住所的个人，在一个纳税年度内在中国境内居住累计不超过90天的，其来源于中国境内的所得，由境外雇主支付并且不由该雇主在中国境内的机构、场所负担的部分，免予缴纳个人所得税。

第六条 个人所得税法规定的各项个人所得的范围：

（一）工资、薪金所得，是指个人因任职或者受雇取得的工资、薪金、奖金、年终加薪、劳动分红、津贴、补贴以及与任职或者受雇有关的其他所得。

（二）劳务报酬所得，是指个人从事劳务取得的所得，包括从事设计、装潢、安装、制图、化验、测试、医疗、法律、会计、咨询、讲学、翻译、审稿、书画、雕刻、影视、录音、录像、演出、表演、广告、展览、技术服务、介绍服务、经纪服务、代办服务以及其他劳务取得的所得。

（三）稿酬所得，是指个人因其作品以图书、报刊等形式出版、发表而取得的所得。

（四）特许权使用费所得，是指个人提供专利权、商标权、著作权、非专利技术以及其他特许权的使用权取得的所得；提供著作权的使用权取得的所得，不包括稿酬所得。

（五）经营所得，是指：

1. 个体工商户从事生产、经营活动取得的所得，个人独资企业投资人、合伙企业的个人合伙人来源于境内注册的个人独资企业、合伙企业生产、经营的所得；

2. 个人依法从事办学、医疗、咨询以及其他有偿服务活动取得的所得；

3. 个人对企业、事业单位承包经营、承租经营以及转包、转租取得的所得；

4. 个人从事其他生产、经营活动取得的所得。

（六）利息、股息、红利所得，是指个人拥有债权、股权等而取得的利息、股息、红利所得。

（七）财产租赁所得，是指个人出租不动产、机器设备、车船以及其他财产取得的所得。

（八）财产转让所得，是指个人转让有价证券、股权、合伙企业中的财产份额、不动产、机器设备、车船以及其他财产取得的所得。

（九）偶然所得，是指个人得奖、中奖、中彩以及其他偶然性质的所得。

个人取得的所得，难以界定应纳税所得项目的，由国务院税务主管部门确定。

第七条 对股票转让所得征收个人所得税的办法，由国务院另行规定，并报全国人民代表大会常务委员会备案。

第八条 个人所得的形式，包括现金、实物、有价证券和其他形式的经济利益；所得为实物的，应当按照取得的凭证上所注明的价格计算应纳税所得额，无凭证的实物或者凭证上所注明的价格明显偏低的，参照市场价格核定应纳税所得额；所得为有价证券的，根据票面价格和市场价格核定应纳税所得额；所得为其他形式的经济利益的，参照市场价格核定应纳税所得额。

第九条 个人所得税法第四条第一款第二项所称国债利息，是指个人持有中华人民共和国财政部发行的债券而取得的利息；所称国家发行的金融债券利息，是指个人持有经国务院批准发行的金融债券而取得的利息。

第十条 个人所得税法第四条第一款第三项所称按照国家统一规定发给的补贴、津贴，是指按照国务院规定发给的政府特殊津贴、院士津贴，以及国务院规定免予缴纳个人所得税的其他补贴、津贴。

第十一条 个人所得税法第四条第一款第四项所称福利费，是指根据国家有关规定，从企业、事业单位、国家机关、社会组织提留的福利费或者工会经费中支付给个人的生活补助费；所称救济金，是指各级人民政府民政部门支付给个人的生活困难补助费。

第十二条 个人所得税法第四条第一款第八项所称依照有关法律规定应予免税的各国驻华使馆、领事馆的外交代表、领事官员和其他人员的所得，是指依照《中华人民共和国外交特权与豁免条例》和《中华人民共和国领事特权与豁免条例》规定免税的所得。

第十三条 个人所得税法第六条第一款第一项所称依法确定的其他扣除，包括个人缴付符合国家规定的企业年金、职业年金，个人购买符合国家规定的商业健康保险、税收递延型商业养老保险的支出，以及国务院规定可以扣除的其他项目。

专项扣除、专项附加扣除和依法确定的其他扣除，以居民个人一个纳税年度的应纳税所得额为限额；一个纳税年度扣除不完的，不结转以后年度扣除。

第十四条 个人所得税法第六条第一款第二项、第四项、第六项所称每次，分别按照下列方法确定：

（一）劳务报酬所得、稿酬所得、特许权使用费所得，属于一次性收入的，以取得该项收入为一次；属于同一项目连续性收入的，以一个月内取得的收入为一次。

（二）财产租赁所得，以一个月内取得的收入为一次。

（三）利息、股息、红利所得，以支付利息、股息、红利时取得的收入为一次。

（四）偶然所得，以每次取得该项收入为一次。

第十五条 个人所得税法第六条第一款第三项所称成本、费用，是指生产、经营活动中发生的各项直接支出和分配计入成本的间接费用以及销售费用、管理费用、财务费用；所称损失，是指生产、经营活动中发生的固定资产和存货的盘亏、毁损、报废损失，转让财产损失，坏账损失，自然灾害等不可抗力因素造成的损失以及其他损失。

取得经营所得的个人，没有综合所得的，计算其每一纳税年度的应纳税所得额时，应当减除费用6万元、专项扣除、专项附加扣除以及依法确定的其他扣除。专项附加扣除在办理汇算清缴时减除。

从事生产、经营活动，未提供完整、准确的纳税资料，不能正确计算应纳税所得额的，由主管税务机关核定应纳税所得额或者应纳税额。

第十六条 个人所得税法第六条第一款第五项规定的财产原值，按照下列方法确定：

（一）有价证券，为买入价以及买入时按照规定交纳的有关费用；

（二）建筑物，为建造费或者购进价格以及其他有关费用；

（三）土地使用权，为取得土地使用权所支付的金额、开发土地的费用以及其他有关费用；

（四）机器设备、车船，为购进价格、运输费、安装费以及其他有关费用。

其他财产，参照前款规定的方法确定财产原值。

纳税人未提供完整、准确的财产原值凭证，不能按照本条第一款规定的方法确定财产原值的，由主管税务机关核定财产原值。

个人所得税法第六条第一款第五项所称合理费用，是指卖出财产时按照规定支付的有关税费。

第十七条 财产转让所得，按照一次转让财产的收入额减除财产原值和合理费用后的余额计算纳税。

第十八条　两个以上的个人共同取得同一项目收入的，应当对每个人取得的收入分别按照个人所得税法的规定计算纳税。

第十九条　个人所得税法第六条第三款所称个人将其所得对教育、扶贫、济困等公益慈善事业进行捐赠，是指个人将其所得通过中国境内的公益性社会组织、国家机关向教育、扶贫、济困等公益慈善事业的捐赠；所称应纳税所得额，是指计算扣除捐赠额之前的应纳税所得额。

第二十条　居民个人从中国境内和境外取得的综合所得、经营所得，应当分别合并计算应纳税额；从中国境内和境外取得的其他所得，应当分别单独计算应纳税额。

第二十一条　个人所得税法第七条所称已在境外缴纳的个人所得税税额，是指居民个人来源于中国境外的所得，依照该所得来源国家（地区）的法律应当缴纳并且实际已经缴纳的所得税税额。

个人所得税法第七条所称纳税人境外所得依照本法规定计算的应纳税额，是居民个人抵免已在境外缴纳的综合所得、经营所得以及其他所得的所得税税额的限额（以下简称抵免限额）。除国务院财政、税务主管部门另有规定外，来源于中国境外一个国家（地区）的综合所得抵免限额、经营所得抵免限额以及其他所得抵免限额之和，为来源于该国家（地区）所得的抵免限额。

居民个人在中国境外一个国家（地区）实际已经缴纳的个人所得税税额，低于依照前款规定计算出的来源于该国家（地区）所得的抵免限额的，应当在中国缴纳差额部分的税款；超过来源于该国家（地区）所得的抵免限额的，其超过部分不得在本纳税年度的应纳税额中抵免，但是可以在以后纳税年度来源于该国家（地区）所得的抵免限额的余额中补扣。补扣期限最长不得超过五年。

第二十二条　居民个人申请抵免已在境外缴纳的个人所得税税额，应当提供境外税务机关出具的税款所属年度的有关纳税凭证。

第二十三条　个人所得税法第八条第二款规定的利息，应当按照税款所属纳税申报期最后一日中国人民银行公布的与补税期间同期的人民币贷款基准利率计算，自税款纳税申报期满次日起至补缴税款期限届满之日止按日加收。纳税人在补缴税款期限届满前补缴税款的，利息加收至补缴税款之日。

第二十四条　扣缴义务人向个人支付应税款项时，应当依照个人所得税法规定预扣或者代扣税款，按时缴库，并专项记载备查。

前款所称支付，包括现金支付、汇拨支付、转账支付和以有价证券、实物以及其他形式的支付。

第二十五条 取得综合所得需要办理汇算清缴的情形包括：

（一）从两处以上取得综合所得，且综合所得年收入额减除专项扣除的余额超过6万元；

（二）取得劳务报酬所得、稿酬所得、特许权使用费所得中一项或者多项所得，且综合所得年收入额减除专项扣除的余额超过6万元；

（三）纳税年度内预缴税额低于应纳税额；

（四）纳税人申请退税。

纳税人申请退税，应当提供其在中国境内开设的银行账户，并在汇算清缴地就地办理税款退库。

汇算清缴的具体办法由国务院税务主管部门制定。

第二十六条 个人所得税法第十条第二款所称全员全额扣缴申报，是指扣缴义务人在代扣税款的次月十五日内，向主管税务机关报送其支付所得的所有个人的有关信息、支付所得数额、扣除事项和数额、扣缴税款的具体数额和总额以及其他相关涉税信息资料。

第二十七条 纳税人办理纳税申报的地点以及其他有关事项的具体办法，由国务院税务主管部门制定。

第二十八条 居民个人取得工资、薪金所得时，可以向扣缴义务人提供专项附加扣除有关信息，由扣缴义务人扣缴税款时减除专项附加扣除。纳税人同时从两处以上取得工资、薪金所得，并由扣缴义务人减除专项附加扣除的，对同一专项附加扣除项目，在一个纳税年度内只能选择从一处取得的所得中减除。

居民个人取得劳务报酬所得、稿酬所得、特许权使用费所得，应当在汇算清缴时向税务机关提供有关信息，减除专项附加扣除。

第二十九条 纳税人可以委托扣缴义务人或者其他单位和个人办理汇算清缴。

第三十条 扣缴义务人应当按照纳税人提供的信息计算办理扣缴申报，不得擅自更改纳税人提供的信息。

纳税人发现扣缴义务人提供或者扣缴申报的个人信息、所得、扣缴税款等与实际情况不符的，有权要求扣缴义务人修改。扣缴义务人拒绝修改的，纳税人应当报告税务机关，税务机关应当及时处理。

纳税人、扣缴义务人应当按照规定保存与专项附加扣除相关的资料。税务机关可以对纳税人提供的专项附加扣除信息进行抽查，具体办法由国务院税务主管部门另行规定。税务机关发现纳税人提供虚假信息的，应当责令改正并通知扣缴义务人；情节严重的，有关部门应当依法予以处理，纳入信用信息系统并实施联合惩戒。

第三十一条 纳税人申请退税时提供的汇算清缴信息有错误的，税务机关应当告知其更正；纳税人更正的，税务机关应当及时办理退税。

扣缴义务人未将扣缴的税款解缴入库的，不影响纳税人按照规定申请退税，税务机关应当凭纳税人提供的有关资料办理退税。

第三十二条 所得为人民币以外货币的，按照办理纳税申报或者扣缴申报的上一月最后一日人民币汇率中间价，折合成人民币计算应纳税所得额。年度终了后办理汇算清缴的，对已经按月、按季或者按次预缴税款的人民币以外货币所得，不再重新折算；对应当补缴税款的所得部分，按照上一纳税年度最后一日人民币汇率中间价，折合成人民币计算应纳税所得额。

第三十三条 税务机关按照个人所得税法第十七条的规定付给扣缴义务人手续费，应当填开退还书；扣缴义务人凭退还书，按照国库管理有关规定办理退库手续。

第三十四条 个人所得税纳税申报表、扣缴个人所得税报告表和个人所得税完税凭证式样，由国务院税务主管部门统一制。

第三十五条 军队人员个人所得税征收事宜，按照有关规定执行。

第三十六条 本条例自 2019 年 1 月 1 日起施行。

财务知识轻松学

书号	定价	书名	作者	特点
45115	39	IPO财务透视：方法、重点和案例	叶金福	大华会计师事务所合伙人经验作品，书中最大的特点就是干货多
58925	49	从报表看舞弊：财务报表分析与风险识别	叶金福	从财务舞弊和盈余管理的角度，融合工作实务中的体会、总结和思考，提供全新的报表分析思维和方法，黄世忠、夏草、梁多、苗润生、徐珊推荐阅读
62368	79	一本书看透股权架构	李利威	126张股权结构图，9种可套用架构模型；挖出38个节税的点，避开95个法律的坑；蚂蚁金服、小米、华谊兄弟等30个真实案例
70557	89	一本书看透股权节税	李利威	零基础50个案例搞定股权税收
52074	39	财报粉饰面对面	夏草	夏草作品，带你识别财报风险
62606	79	财务诡计（原书第4版）	（美）施利特 等	畅销25年，告诉你如何通过财务报告发现会计造假和欺诈
58202	35	上市公司财务报表解读：从入门到精通（第3版）	景小勇	以万科公司财报为例，详细介绍分析财报必须了解的各项基本财务知识
67215	89	财务报表分析与股票估值（第2版）	郭永清	源自上海国家会计学院内部讲义，估值方法经过资本市场验证
58302	49	财务报表解读：教你快速学会分析一家公司	续芹	26家国内外上市公司财报分析案例，17家相关竞争对手、同行业分析，遍及教育、房地产等20个行业；通俗易懂，有趣有用
67559	79	500强企业财务分析实务（第2版）	李燕翔	作者将其在外企工作期间积攒下的财务分析方法倾囊而授，被业界称为最实用的管理会计书
67063	89	财务报表阅读与信贷分析实务（第2版）	崔宏	重点介绍商业银行授信风险管理工作中如何使用和分析财务信息
58308	69	一本书看透信贷：信贷业务全流程深度剖析	何华平	作者长期从事信贷管理与风险模型开发，大量一手从业经验，结合法规、理论和实操融会贯通讲解
55845	68	内部审计工作法	谭丽丽 等	8家知名企业内部审计部长联手分享，从思维到方法，一手经验，全面展现
62193	49	财务分析：挖掘数字背后的商业价值	吴坚	著名外企财务总监的工作日志和思考笔记；财务分析视角侧重于为管理决策提供支持；提供财务管理和分析决策工具
66825	69	利润的12个定律	史永翔	15个行业冠军企业，亲身分享利润创造过程；带你重新理解客户、产品和销售方式
60011	79	一本书看透IPO	沈春晖	全面解析A股上市的操作和流程；大量方法、步骤和案例
65858	79	投行十讲	沈春晖	20年的投行老兵，带你透彻了解"投行是什么"和"怎么干投行"；权威讲解注册制、新证券法对投行的影响
68421	59	商学院学不到的66个财务真相	田茂永	萃取100多位财务总监经验
68080	79	中小企业融资：案例与实务指引	吴瑕	畅销10年，帮助了众多企业；有效融资的思路、方略和技巧；从实务层面，帮助中小企业解决融资难、融资贵问题
68640	79	规则：用规则的确定性应对结果的不确定性	龙波	华为21位前高管一手经验首次集中分享；从文化到组织，从流程到战略，让不确定变得可确定
69051	79	华为财经密码	杨爱国 等	揭示华为财经管理的核心思想和商业逻辑
68916	99	企业内部控制从懂到用	冯萌 等	完备的理论框架及丰富的现实案例，展示企业实操经验教训，提出切实解决方案
70094	129	李若山谈独立董事：对外懂事，对内独立	李若山	作者获评2010年度上市公司优秀独立董事；9个案例深度复盘独董工作要领；既有怎样发挥独董价值的系统思考，还有独董如何自我保护的实践经验
70738	79	财务智慧：如何理解数字的真正含义（原书第2版）	（美）伯曼 等	畅销15年，经典名著；4个维度，带你学会用财务术语交流，对财务数据提问，将财务信息用于工作